La Mara

Briefe hervorragender Zeitgenossen an Franz Liszt

Nach den Handschriften des Weimarer Liszt-Museums. Dritter Band (1836 - 1886)

La Mara

Briefe hervorragender Zeitgenossen an Franz Liszt
Nach den Handschriften des Weimarer Liszt-Museums. Dritter Band (1836 - 1886)

ISBN/EAN: 9783744683500

Hergestellt in Europa, USA, Kanada, Australien, Japan

Cover: Foto ©ninafisch / pixelio.de

Weitere Bücher finden Sie auf **www.hansebooks.com**

Briefe

hervorragender Zeitgenossen

an

Franz Liszt.

Nach den Handschriften herausgegeben

von

La Mara.

———

Dritter Band: 1836—1886.

Neue Folge.

Leipzig

Druck und Verlag von Breitkopf & Härtel.

1904.

Den im Herbst 1895 von mir herausgegebenen zwei
Bänden »Briefe hervorragender Zeitgenossen an Franz
Liszt«, deren musikgeschichtliche Bedeutung die Presse
mit seltener Einmütigkeit anerkannte, lasse ich gegenwärtig einen dritten Band folgen. Ob auch in sich selb-
ständig, ergänzt er — zugleich einigen poetischen Huldigungen und Curiosa Raum gewährend — die Lücken des
früher Gegebenen, zumal hinsichtlich der letzten Jahrzehnte
im Leben des Meisters, und vervollständigt somit in er-
wünschter Weise das einzigartige Bild seines Weltverkehrs.

Die dem Nachlaß der Fürstin Carolyne Wittgenstein
entstammenden Originale bereichern den Handschriften-
schatz des Weimarer Liszt-Museums.

Leipzig, 22. Oktober 1903.

La Mara.

Inhalt.

Virtuosen- und Wanderjahre 1830—1845.

Seite

1. Hector Berlioz, Paris, 25. Januar 1836 3
2. Derselbe, Paris, 20. Juli 1837 5
3. Derselbe, Paris, 22. Januar 1839 7
4. Heinrich Carl Breidenstein, Bonn, 31. Oktober 1841 . . . 10
5. Delphine Gay de Girardin, Paris, 15. oder 25. April 1844 . 12
6. Marie Dorval, Paris, 13. Mai 1844 12
7. Rosine Stoltz, Paris, 28. Dezember 1845 13

Weimarer Jahre 1851—1861.

8. Nikolaus Baron Josika, Brüssel, 25. März 1851 17
9. Friedrich Wilhelm IV., König von Preußen, Charlottenburg,
   8. Dezember 1851 18
10. Joseph von Radowitz, Erfurt, 15. Dezember 1851 19
11. Hans Christian Andersen, Leipzig, 14. Juni 1852 20
12. Pietro Raimondi, Rom, 8. Juli 1853 20
13. Alphonse de Lamartine, St. Point, 26. August 1855 . . . 23
14. George Sand, Paris, 20. September 1855 24
15. Heinrich Marr, Weimar, 22. Oktober 1855 24
16. Clemens Fürst Metternich, Wien, 20. Januar 1856 25
17. Alexander Baumann, Wien, 23. Januar 1856 25
18. Salomon Mosenthal, Wien, 28. Januar 1856 27
19. Eduard von Bauernfeld, Wien, 29. Januar 1856 29
20. Augustin Thierry, Paris, Mai 1856 30
21. Georg Herwegh, Zürich, 30. Oktober 1856 31
22. Louis Spohr, Cassel, 19. Juni 1857 33
23. Heinrich Hoffmann v. Fallersleben, Weimar 1857? 33
24. Berthold Auerbach, 7. November 1857 35
25. Allwina Frommann, Weimar 1858? 35

*

Seite

26. Otto Roquette, Berlin, 27. Mai 1858 36
27. Charles Graf Montalembert, Paris, 30. Juni 1858 36
28. Napoleon III., Kaiser der Franzosen, Compiègne, 23. November 1858 38
29. Ludwig I., König von Bayern, München, 3. Mai 1859 . . . 38
30. Ludwig Bechstein, Meiningen, 10. Mai 1859 39
31. Maximilian II., König von Bayern, München, 13. Mai 1859. 40
32. Godfried Guffens, Antwerpen, Mai 1859 40
33. Victor Graf Hugo, Hauteville House, 21. Juli 1859 42
34. Kardinal Giacomo Antonelli, Rom, 12. Aug. 1859 42
35. Heinrich Laube, Wien, 12. September 1859 43
36. Charles Baudelaire, Paris, 2. Maihälfte 1861 44
37. Blandine Ollivier, geb. Liszt, Reichenhall, 12. August 1861 45
38. Dieselbe, Les Salins, 25. October 1861 47

Römische Jahre 1862—1868.

39. Blandine Ollivier, Paris, 2. April 1862 51
40. Emile Ollivier, Paris, 10. April 1862 53
41. Blandine Ollivier, Gémenos, 22. Juni 1862 54
42. Emile Ollivier, Gémenos, 5. Juli 1862 57
43. Blandine Ollivier, Gémenos, 27. Juli 1862 58
44. Carl Friedrich Weitzmann, Berlin, 23. Januar 1864 62
45. Carl Alexander, Großherzog von Sachsen-Weimar, Haag, 8. März 1865 66
46. Derselbe, Weimar, 14. April 1865 68
47. Derselbe, Wartburg, 12. Mai 1865 69
48. Emile Ollivier, Paris, 1. Februar 1866 70
49. Derselbe, Paris, 7. und 8. Februar 1866 71
50. Carl Alexander, Großherzog von Sachsen-Weimar, Weimar, 20. Februar 1866 72
51. Alexis Graf Tolstoy, Rom, März 1866 73
52. Friedrich Smetana, Prag, 15. Mai 1866 73
53. Carl Alexander, Großherzog von Sachsen-Weimar, Eisenach, 24. November 1866 76
54. Kardinal Lucien Bonaparte, Paris, 16. Januar 1867 77
55. Georg II., Herzog von Sachsen-Meiningen, Meiningen, 6. März 1867 77
56. Emile Ollivier, Paris, 2. Juni 1867 78
57. Eduard Bendemann, Rom, 28. Juni 1867 79
58. Kardinal Gustav Hohenlohe, Rom, 6. Juli 1867 80
59. Carl Alexander, Großherzog von Sachsen-Weimar, Weimar, 12. Oktober 1867 81
60. Marie von Moukhanoff, geb. Gräfin Nesselrode, Oktober 1867 82
61. Dieselbe, Warschau, 1. Januar 1868 83

Seite

62. Walter Bache, London, 18. Mai 1868 85
63. Ludwig II., König von Bayern. Berg, 31. August 1868 . . 87

Letzte Jahrzehnte: Weimar, Pest, Rom 1869—1886.

64. Marie von Moukhanoff, März 1869 91
65. Franz Witt, Regensburg, 8. Juni 1869 93
66. Carl Alexander, Großherzog von Sachsen-Weimar, Venedig,
    17. Juni 1869 94
67. Franz Servais, München, 23. Juni 1869 95
68. Camille Saint-Saëns, Paris, 2. Julihälfte 1869 98
69. Franz Servais, München, 6. August 1869 99
70. Adolph Henselt, Planegg, 22. August 1869 101
71. Franz Witt, Stadtamhof, 2. Februar 1870 102
72. Marie Gräfin Rossi, Preßburg, 11. April 1871 104
73. Franz Kroll, Wildungen, 15. Juli 1871 105
74. Derselbe, Wildungen, 31. Juli 1871 106
75. Marie von Moukhanoff, Ottensheim, November 1871. . . . 108
76. Anton Rubinstein, Wien, 27. Februar 1872 110
77. Georg II., Herzog v. Sachsen-Meiningen, Meiningen, März
    1872 110
78. Robert Franz, Halle, 10. März 1872 111
79. Marie von Moukhanoff, München, 10. August 1872 113
80. Robert Franz, Halle, 7. Dezember 1872 114
81. Sofie Menter, Wien, Februar oder März 1873 116
82. Robert Franz, Halle, 6. März 1873 117
83. Derselbe, Halle, 18. März 1873 118
84. Franz Servais, Amsterdam, 29. März 1873 120
85. César Cui, April 1873? 122
86. Anna Mehlig, Stuttgart, 1. Juni 1873 123
87. Friedrich von Bodenstedt, Meiningen, 6. Nov. 1873 124
88. Adolf Stahr, Berlin, 6. November 1873 126
89. Fanny Lewald Stahr, Berlin, 6. November 1873 127
90. Josef Dessauer, Ischl, 6. November 1873 128
91. Friedrich Preller, Weimar, 7. November 1873 129
92. Stanislaus Graf Kalckreuth, Weimar, 8. November 1873 . . 129
93. Gräfin von Hacke, Coblenz, 10. November 1873 130
94. Julius Graf Andrássy, Ofen, 29. November 1873 131
95. Walter Bache, London, 29. November 1873 132
96. Albert Graf Apponyi, Eberhard, 30. Dezember 1873 133
97. Francis Hueffer, London, 15. Januar 1874 134
98. Friedrich Feustel, Bayreuth, 7. März 1874 135
99. Friederike Fürstin Auersperg, 13. März 1874 136
100. Carl Alexander, Großherzog von Sachsen-Weimar, Weimar,
     13. April 1874 138

	Seite
101. Sofie Menter, Graz, 14. April 1874	139
102. Der Vorstand des Maria Elisabethen-Vereins in Preßburg, 28. April 1874.	139
103. Sofie Menter, Steyersberg, 24. Mai 1874	141
104. Theodor Ratzenberger, Düsseldorf. 12. Juni 1874	142
105. Serge von Moukhanoff, Warschau, 14. Juni 1874	144
106. Franz Haberl, Regensburg, 25. Juni 1874	145
107. Derselbe, Regensburg, 24. Juli 1874	146
108. Peter Cornelius, Mainz, 26. Juli 1874	147
109. August Freiherr von Loën, Eisenach, 26. Juli 1874 . . .	149
110. Franz Doppler, Wien, 14. August 1874	150
111. Marianne Brandt, Bayreuth, 17. August 1874	151
112. Lina Ramann, Nürnberg, 22. Aug. 1874	154
113. Laura Kahrer, Stettin 28. September 1874	156
114. Filippo Filippi, Mailand, 12. Oktober 1874	158
115. Carl Riedel, Leipzig, 19. Oktober 1874	160
116. Jessie Laussot, geb. Taylor, Florenz, 19. Oktober 1874. .	162
117. Walter Bache, London, 19. Oktober 1874	163
118. Marie Espérance von Schwartz, 22. Oktober 1874	165
119. Jessie Laussot, Florenz, 30. Oktober 1874	165
120. C. F. Weitzmann, Berlin, 15. November 1874	166
121. Baron de Heeckeren, Wien, 18. November 1874	168
122. Jules de Swert, Paris, 24. November 1874	169
123. Oscar Eichberg, Berlin, 28. November 1874	170
124. Ettore Pinelli, Rom, 4. Dezember 1874	171
125. Julius Stern, Berlin, Anfang Januar 1875	172
126. Karl Hoffbauer, München, 7. Januar 1875	173
127. Ottilie Gräfin Waß, Klausenburg. 10. Januar 1875	176
128. Don Guerrino Amelli, Mailand, 13. Januar 1875.	178
129. Franz Witt, Regensburg, 15. Januar 1875	178
130. Elise Polko, geb. Vogel, Minden, 21. Januar 1875	180
131. Hans v. Bronsart, Hannover, 25. Januar 1875	181
132. Kardinal Gustav Hohenlohe, Rauden, 18. Februar 1875 .	183
133. Johann von Herbeck, Wien, 25. Februar 1875	184
134. Walter Bache, London, 7. März 1875	185
135. General Georg Klapka, Budapest, 24. März 1875	187
136. Ludwig II., König von Bayern, München, 12. April 1875.	188
137. Karl Hillebrand, Florenz, 26. April 1875	189
138. Wilhelm III., König von Holland, Schloß Loo, 23. Mai 1875	191
139. Franz Servais, Hal, 29. Mai 1875	192
140. Minnie Hauk, Rigi-Kaltbad, 12. Juli 1875	194
141. Kardinal Gustav Hohenlohe, Ragaz, 18. Juli 1875	195
142. Carl Alexander, Großherzog von Sachsen-Weimar, Ostende, 12. August 1875	196
143. Karl Hillebrand, bei Laibach, 14. August 1875	197

Seite

144. August Wilhelmj. Wiesbaden. 17. September 1875 198
145. Theodor Forchhammer, Wismar. 18. Oktober 1875 199
146. Carl Alexander, Großherz. v. Sachsen-Weimar, Heinrichsau,
     31. Oktober 1875 201
147. Eduard von Liszt, Wien, 31. Oktober 1875 202
148. H. Graf Dumonceau, Haag. Oktober 1875 203
149. Theodor Ratzenberger, Düsseldorf, 15. November 1875 . . 204
150. Wilhelm III., König v. Holland, Schloß Loo, 1. Dez. 1875 206
151. Kardinal Gustav Hohenlohe, Schillingsfürst, 2. Dez. 1875. 207
152. Richard Metzdorff, Weimar, 28. Dezember 1875 208
153. Alexandra, Gräfin Széchényi, Venedig. 31. Dezember 1875 210
154. Ludwig Meinardus, Hamburg, 1. Januar 1876 212
155. Carl Alexander, Großherzog von Sachsen-Weimar, Weimar,
     7. Januar 1876 213
156. Eduard von Liszt, Wien, Anfang 1876 214
157. Eduard Reményi, Brüssel, 17. Januar 1876 215
158. Emile Ollivier, St. Tropez, 10. März 1876 217
159. Ludwig Nohl, Heidelberg, 19. März 1876 218
160. Heinrich Schulz-Beuthen, Hottingen, 31. März 1876 . . . 220
161. M. E. von Schwartz, Khalepa, 2. April 1876 222
162. Ernst Dohm, Berlin, 8. April 1876 225
163. Heinrich Ehrlich, Berlin, 12. April 1876 225
164. Julius Wächter, Wien, 16. April 1876 226
165. Kardinal Gustav Hohenlohe, Villa d'Este, 17. April 1876 . 229
166. Augusta Götze, Dresden, 26. April 1876 231
167. Camille Saint-Saëns, Paris, 1. Mai 1876 232
168. Ludwig Nohl, Heidelberg, 7. Mai 1876 233
169. Eduard Reményi, Paris, 13. Mai 1876 234
170. Theodor Ratzenberger, Düsseldorf, 14. Mai 1876 235
171. Camille Saint-Saëns, Paris, 16. Mai 1876 236
172. Hans von Bronsart, Hannover, 18. Mai 1876 237
173. Julius Schulhoff, Dresden, 21. Mai 1876 238
174. Franz von Dingelstedt, Anfang Juni 1876 239
175. Michael von Asantschewski, Petersburg, 7. Juni 1876 . . 240
176. Carl Fürst Lichnowsky, Kuchelna, 13. Juni 1876 241
177. Edouard de Hartog, Amsterdam, 21. Juni 1876 242
178. Franz von Dingelstedt, Ems, 24. Juni 1876 244
179. Eduard von Liszt, Wien, 4. Juli 1876 244
180. Ludwig Nohl, Heidelberg, 7. Juli 1876 245
181. Anton Baron Augusz, Szegzárd, 17. Juli 1876 246
182. Maurice Sand, Baron Dudevant, 2. August 1876 248
183. Cyprian Godebski, Neuilly, 20. August 1876 248
184. J. Elion, Amsterdam, 24. August 1876 249
185. Hans von Bronsart, Hannover, 27. August 1876 250

186. Franziska Freifrau von Loë, geb. Gräfin von Hatzfeldt-
   Trachenberg, Bonn, 5. September 1876 252
187. Kardinal Gustav Hohenlohe, Villa d'Este, 9. September 1876 255
188. Camille Saint-Saëns, 6. Oktober 1876 256
189. Erzbischof Ludwig Haynald, Pest, 11. Oktober 1876 . . . 257
190. Marianne Brandt, Berlin, 30. November 1876 258
191. Dieselbe, Berlin, 14. Dezember 1876 260
192. Leopold Damrosch, New York, 20. Januar 1877 261
193. Ingeborg von Bronsart, Hannover, 11. März 1877 262
194. Ferdinand Peter Graf Laurencin, Wien, 18. März 1877 . . 264
195. Ludwig Nohl, Heidelberg, 26. März 1877 266
196. Leopold Damrosch, New York, 27. März 1877 267
197. Hans von Bronsart, Hannover, 29. März 1877 268
198. Henry Viotta, Amsterdam, 29. März 1877 270
199. Vera Timanoff, St. Petersburg, 9. April 1877 273
200. Theodor Kullak, Berlin, 22. April 1877 274
201. Berthold Kellermann, Berlin, 28. April 1877 274
202. Xaver Scharwenka, Berlin, 2. Mai 1877 276
203. Ludmilla Fürstin Beauvau, geb. von Komar, Paris, 26. Mai
   1877? 277
204. Franz von Holstein, Leipzig, 5. Juni 1877 278
205. Kardinal Gustav Hohenlohe, Villa d'Este, 12. Juni 1877 . 279
206. Pauline Erdmannsdörfer-Fichtner, Sondershausen, 16. Juni
   1877 281
207. Marie Gräfin Schleinitz, geb. v. Buch, Berlin, 17. Juni 1877 282
208. Ludwig Nohl, Heidelberg, 17. Juni 1877 282
209. Eduard von Liszt, Wien, 21. Juni 1877 283
210. Franz von Liszt, Graz, 28. Juni 1877 285
211. Marianne Brandt, Weidlingau, 16. Juli 1877 286
212. Anna Lankow, Weimar, 16. Juli 1877 287
213. Siegmund von Noskowski, Constanz, 21. Juli 1877 . . . 288
214. Berthold Kellermann, Berlin, 28. Juli 1877 290
215. Leopold Damrosch, New York, 2. August 1877 291
216. Cyprian Godebski, Paris, 17. August 1877 292
217. Hans von Bronsart, Hannover, 19. August 1877 293
218. Eduard von Liszt, Mödling, 28. August 1877 295
219. Fanny Lewald Stahr, Rom, 21. Oktober 1877 295
220. Hans von Bronsart, Hannover, 17. April 1878 296
221. Fanny Fürstin Champagny-Rospigliosi, geb. Herzogin de
   Cadore, Spicchio, 8. Mai 1878 298
222. C. F. Weitzmann, Berlin, 11. Mai 1878 299
223. Wanda Lipinska, Lemberg, 16. Mai 1878 300
224. Fanny Fürstin Champagny-Rospigliosi, Spicchio, 19.Mai 1878 302
225. Adolph Henselt, St. Petersburg, 19. Mai 1878 303
226. Niels W. Gade, Kopenhagen, 3. Juni 1878 304

Seite

227. Ambroise Thomas. 15. Juni 1878 305
228. Judith Gautier, Paris, Juni 1878 306
229. Carolus Agghàzy, Budapest, 25. September 1878 306
230. Max Pinner. New York. 7. Oktober 1878 307
231. Martha Remmert. Grütz. 18. Oktober 1878 310
232. Franz Servais, Hal, 18. Oktober 1878 310
233. Hans von Bronsart, Hannover, 20. Oktober 1878 311
234. Eduard Reuß, Göttingen, 20. Oktober 1878 313
235. Franziska Freifrau von Loë, Lugano, 12. November 1878. 314
236. Kardinal Ludwig Haynald, Budapest, 12. November 1878. 315
237. Alfred von Reumont. Burtscheid, 24. November 1878 . . . 316
238. Walter Bache, London, 24. November 1878 317
239. Jenö Hubay. Paris, 29. November 1878 318
240. Clémence Autran, Marseille. 8. Dezember 1878 321
241. Jules de Zarembski, Schweidnitz, 16. Dezember 1878 . . 322
242. Hans von Bronsart, Hannover. 29. April 1879 323
243. Francesco Florimo, Neapel. 1. Mai 1879 325
244. Ferdinand von Saar, Döbling. 29. Mai 1879 326
245. Kardinal Ludwig Haynald, Budapest, 5. Juni 1879 327
246. Kardinal Gustav Hohenlohe, Rom. 16. Juni 1879 328
247. Franz Servais, Hal, Juni oder Juli 1879 329
248. Julius Kniese, Frankfurt a. M., 9. Juli 1879 330
249. Kardinal Gustav Hohenlohe. Villa d'Este, 10. Juli 1879 . 332
250. Derselbe, Tivoli, 14. Juli 1879 332
251. Franz Erkel, Budapest, 22. Juli 1879 333
252. Kardinal Gustav Hohenlohe, Villa d'Este, 4. September 1879 334
253. Sir William Cusins, London, 9. September 1879 335
254. Giovanni Sgambati. Lucca, 10. September 1879 336
255. Siegmund von Noskowski, Constanz, 16. September 1879 336
256. Elisabeth. Prinz. v. Sachsen-Weimar, Wartburg, 17. Sept. 1879 337
257. Josephine von Kaulbach. München, 2. Oktober 1879 . . . 338
258. Leopold Damrosch. New York, 5. Oktober 1879 339
259. Hugo Riemann, Leipzig. 6. Oktober 1879 340
260. Felix Mottl, Hietzing. 10. Oktober 1879 349
261. Nadine Helbig. geb. Prinz. Schahawskoi, Moskau, 15. Oktober
        1879 350
262. Hans von Bronsart, Hannover, 19. Oktober 1879 351
263. Max Meyer-Olbersleben. Würzburg, 19. Oktober 1879 . . 352
264. Karl Pohlig, Würzburg, Oktober 1879 354
265. Otto Leßmann, Charlottenburg, 20. Oktober 1879 355
266. Malwida von Meysenbug, Rom, 22. Oktober 1879 356
267. Ludwig Nohl, Heidelberg. 22. Oktober 1879 357
268. Lilla von Bulyovszky, Gmunden, 28. Oktober 1879 . . . 358
269. Arnold Senfft von Pilsach, Venedig, 9. November 1879. . 359
270. Giovanni Sgambati, Rom. 24. November 1879 360

Seite

271. Anatole Liadow, St. Petersburg. 26. November 1879 . . . 361
272. Kardinal Gustav Hohenlohe. Albano. 9. Dezember 1879 . 361
273. Heinrich von Stein. Halle. 1. Januar 1880 362
274. Gerhard Rohlfs. Rom. 4. Januar 1880 363
275. Adalbert von Goldschmidt. Hannover. 22. Januar 1880 . 364
276. Kardinal Ludwig Haynald. Rom. 13. März 1880 365
277. Emmerich Baron Augusz. Szegzárd. 30. März 1880 . . . 365
278. Kardinal Ludwig Haynald. Kalocsa. 16. April 1880 . . . 366
279. César Franck, Paris. 18. Mai 1880 367
280. Marianne Brandt, Vöslau, 7. Juli 1880 368
281. Karl Klindworth, Hall, 13. Juli 1880 370
282. Kardinal Ludwig Haynald. Karlsbad. 23. Juli 1880 . . . 371
283. Amy Fay, Chicago, 21. August 1880 372
284. Karl Klindworth. Hall, 3. September 1880 374
285. Bertrand Roth. Frankfurt a. M.. 22. September 1880 . . . 376
286. Max Schwarz. Frankfurt a. M., 19. Oktober 1880 377
287. Marianne Brandt, Berlin. 20. Oktober 1880 378
288. Adalbert von Goldschmidt, Wien. 3. November 1880 . . 379
289. Marcelline Fürstin Czartoryska, geb. Prinzessin Radziwill.
      Krakau, 18. November 1880 380
290. Fanny Lewald-Stahr, Rom. 29. November 1880 381
291. Ferdinand von Saar. Blansko, 13. Dezember 1880 . . . 382
292. Eduard Stehle, St. Gallen, 14. Dezember 1880 383
293. Adalbert von Goldschmidt, Wien. 20. Dezember 1880 . . 385
294. Sara Ole Bull, 1881 386
295. Franz von Lenbach. Berlin. 27. oder 28. April 1881 . . . 387
296. Géza Graf Zichy. Tetétlen, 16. Oktober 1881 388
297. Derselbe, Budapest. 18. Mai 1882 389
298. Derselbe. Budapest. 18. Oktober 1882 390
299. W. V., Emmerich, 21. November 1882 391
300. Alexis Holländer. Berlin. 23. November 1882 392
301. Carl Reinthaler, Bremen. 27. November 1882 393
302. Ettore Pinelli. Rom, 30. November 1882 394
303. Camille Saint-Saëns. Paris. 9. Februar 1883 395
304. Fanny Fürstin Champagny-Rospigliosi. Februar 1883 . . 396
305. Anton Urspruch. Frankfurt a. M., 15. Februar 1883 . . 397
306. Paul von Joukowsky. Bayreuth, 20. Februar 1883 . . . 397
307. Hans Freiherr von Wolzogen. Bayreuth. 26. Februar 1883 400
308. Richard Pohl, Baden-Baden. 26. Februar 1883 401
309. Marianne Brandt, Weimar. 27. Februar 1883 402
310. Paul von Joukowsky. München. 5. März 1883 404
311. Imre Graf Széchényi. Berlin. 8. März 1883 406
312. César Cui. St. Petersburg. 26. November 1883 407
313. Joseph Arthur Graf Gobineau. Rom. 4. Mai 1886 . . . 408
314. Kardinal Ludwig Haynald. Budapest. 6. Juni 1886 . . . 409

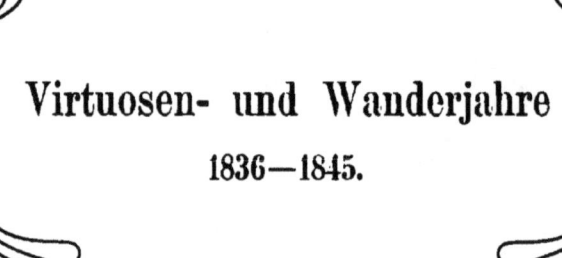

Virtuosen- und Wanderjahre
1836—1845.

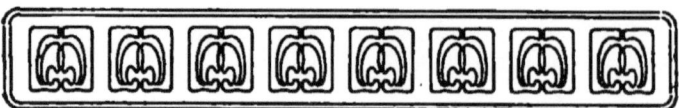

1. Hector Berlioz[1]),

der große französische Tonschöpfer und geistsprühende Schriftsteller.
geb. 11. Dez. 1803 zu Côte-St.-André (Dep. Isère), gest. 8. März 1869
in Paris.

25 janvier 1836.

Je reçois ta lettre et j'y réponds à l'instant. J'avais déjà vu M. Bartholoni, et avant de l'avoir vu, sur un prospectus imprimé qu'il m'avait envoyé, j'avais écrit un article sur ton conservatoire[2]).

Ce demi-feuilleton était nécessairement fort incomplet, mais il servira de prétexte à un second article plus digne de son objet et pour lequel je profiterai des instructions que tu me donneras. Je verrai ces jours-ci M. Lévy. Tu me surprends dans un de ces moments de profond abattement qui succèdent toujours à ces rages concentrées qui rongent intérieurement le cœur sans pouvoir faire explosion ... tu les connais malheureusement aussi bien que moi.

Le sujet de ce *tremblement de cœur sans éruption*, le voici: on m'avait nommé directeur général du Gymnase musical avec des appointements de six mille francs, plus deux concerts sans frais à mon bénéfice et des droits d'auteur pour chacune de mes compositions; Thiers[3], me fait perdre cette place en refusant obstinément *de permettre le chant au Gymnase*. En conséquence, cet établissement auquel j'allais adjoindre une

---

1) Das Original dieses und der zwei folgenden Schreiben befindet sich nicht im Liszt-Museum, sondern im Besitz Herrn Emile Olliviers in Paris, der dieselben im »Gaulois« vom 2. Jan. 1896 veröffentlichte.

2) Liszt unterrichtete damals am Genfer Konservatorium.

3) Adolphe Th. (1797—1877), französischer Historiker und Staatsmann, 1871—73 Präsident der Republik.

1*

école de chœurs dans le genre de celle de Choron[1]), est aujourd'hui ruiné et fermé. On y donne des bals ...

De plus, la commission de l'Opéra a demandé à ce même M. Thiers d'autoriser Duponchel à contracter avec moi pour mon opéra (le poème est de Devigny, Barbier et Léon de Wailly). M. Thiers s'y refuse, en disant que M. Duponchel n'étant pas assuré d'être directeur de l'Opéra à l'époque où ma partition pourrait être représentée, il ne doit pas grever la succession du directeur futur d'un ouvrage qui pourrait ne pas lui convenir. — A présent je propose à Duponchel de faire un contrat conditionnel; il hésite, en mettant en avant l'incertitude où il est que cet engagement convienne à Rossini et à Aguado, son banquier.

Cet homme s'est jeté à corps perdu dans les bras de Rossini depuis quelque temps, et tu penses quelles conséquences cela peut amener, les bras de Rossini! ...

A présent, Meyer-Beer et Bertin[2]) m'engagent à écrire néanmoins mon opéra, persuadés qu'au moment de le monter on trouvera un biais pour y parvenir; c'est ce que je vais faire.

Tu me parles de mon morceau de Napoléon[3]); je crois aussi que c'est bien: c'est grand et triste; malheureusement, j'ai été obligé de le faire chanter par vingt basses, faute d'en avoir une bonne, et tu connais l'expression des choristes.

Richault m'avait demandé, il y a un mois, d'arranger à quatre mains l'ouverture des *Francs-Juges*[4]). J'ai fait cette besogne avec les conseils de Chopin[5]); on la grave en ce moment, ainsi que la grande partition. Je t'enverrai le tout. *Harold*[6]) a eu cette année un énorme succès, grâce à la magnifique exécution que j'en ai obtenue pour la première fois.

---

1) Alexandre Ch. (1772—1834), bedeutender französischer Theoretiker, 1816—17 Direktor der Großen Oper in Paris, sodann Begründer und Leiter des sehr florierenden »Conservatoire de musique classique et religieuse«.
2) Armand B., Eigentümer des »Journal des Débats«.
3) »Le cinq Mai«, für Baß mit Chor, Op. 6, Paris, Richault.
4) Von Berlioz, Op. 3, Paris, Richault.
5) Frédéric Ch. (1809—49), der Poet des Klaviers.
6) »Harold en Italie«, Symphonie, Op. 16, Paris, Brandus.

Je conduis moi-même mes concerts à présent, et l'exécution s'en ressent; les mouvements avaient toujours été pris imparfaitement. Je ne sais comment t'envoyer les deux partitions que tu me demandes, j'aurais une peur ridicule de les voir s'égarer en route. Si tu pouvais sans un terrible dérangement venir nous embrasser et nous réjouir le cœur par ta présence, ne fût-ce que pour trois semaines et fallût-il te cacher dans la lanterne du panthéon, je t'avoue que j'en serais bien heureux.

Tu es dans la meilleure position possible pour écrire de grandes choses, profites-en. Va en Suisse et Italie à pied. Ce n'est qu'ainsi qu'on voit et qu'on comprend ces belles natures. Tu ne me dis rien de ton intérieur à Genève, de mille choses qui te touchent de près. Crois-tu qu'il existe entre nous une ligne de démarcation où finissent l'amitié et les confidences? Je ne le croyais pas. N'importe, je n'en suis pas moins tout à toi.

H. Berlioz[1]).

Dis mille choses de ma part à Bloc et assure-le que je ne négligerai rien de ce qui l'intéresse.

2. Derselbe.

20 juillet 1837.

Mon cher ami,

J'ai fait ta commission auprès de M. Bertin. Armand fera remettre les cinq cents francs chez ta mère.

Remercie mille fois pour Henriette[2]) et pour moi Mme Sand[3]) de sa gracieuse promesse en attendant que nous puissions lui en parler directement. Viendra-t-elle bientôt à Paris? ...

---

1) Faksimile, die in den zwei ersten Bänden dieses Buchs gegeben wurden, werden hier nicht wiederholt. Dagegen schien es in Rücksicht auf die selbständige Lektüre dieses Bandes geboten, die biographischen Notizen über die Briefautoren auch bei den in den früheren Bänden bereits vertretenen nicht fehlen zu lassen.

2. Berlioz' Gattin, unter ihrem Mädchennamen Smithson eine gefeierte Schauspielerin.

3) George S., deren Gäste Liszt und die Gräfin d'Agoult damals in Nohant, ihrem Besitztum, waren.

Tu sais peut-être déjà le nouveau coup de massue que je viens de recevoir! Heureusement j'ai la tête dure et il faudrait un fameux tomahawk pour me la casser. Le conseil des ministres, après trois jours d'indécision, a décidément supprimé la fête funèbre des Invalides[1]).

Qu'il ne soit plus question des héros de juillet! Malheur aux vaincus! et malheur aux vainqueurs! En conséquence, après trois répétitions partielles des voix, j'ai appris *par hasard* (car on me laissait faire), que la cérémonie n'aurait pas lieu et que mon *Requiem*, par conséquent, ne serait pas exécuté. Dis-moi s'il n'y a pas là de quoi souffler comme un cachalot! Tout marchait à souhait, j'étais sûr de mon affaire, l'ensemble des quatre cent vingt musiciens était disposé et accordé comme un de tes excellents pianos d'Erard, rien ne pouvait manquer, et je crois qu'on allait entendre bien des choses *pour la première fois*.

La politique est venue y mettre bon ordre. J'en suis encore un peu malade. Voilà à quoi s'expose l'art en acceptant l'aide d'un pouvoir aussi mal assis que le nôtre. Mais faute d'autre il faut bien admettre cet appui, tout incertain qu'il soit. Oh les gouvernements représentatifs, et à bon marché encore, stupide farce!

Mais ne parlons pas de ça, nous nous entendrions, je crois, assez peu. Heureusement nos sympathies sont les mêmes pour tout le reste.

Adieu! adieu! Mille amitiés. Mes hommages à ces dames.

H. Berlioz.

J'attends la musique et ton article sur Schumann[2]).

---

1) Im Auftrag des Ministers des Innern, de Gasparin, hatte Berlioz seine Totenmesse geschrieben, die die Opfer der Julirevolution feiern sollte. Schon hatten die Proben begonnen, als der Nachfolger Gasparins, de Montalivet, bestimmte, daß die Feier ohne Mitwirkung der Musik stattfinden solle. Erst am 5. Dez. 1837 kam das Requiem bei einem Trauergottesdienst für die bei Constantine gefallenen französischen Krieger zur ersten Aufführung.

2) Liszt hatte kurz zuvor in der »Gazette musicale« Schumanns Klavierkompositionen Op. 5, 11 und 14 ebenso warm als künstlerisch feinfühlig besprochen. Siehe Ges. Schriften, II. Leipzig, Breitkopf & Härtel.

3. Derselbe.

22 janvier 1839.

Cher ami,

J'allais t'écrire pour te remercier précisément de l'article dont tu me parles. Il a paru dans la *Gazette musicale*, deux jours après la reprise de mon opéra[1]), et je t'avoue qu'il m'a touché plus que je ne saurais dire; l'à propos de son insertion est, en outre, un hasard heureux qui ne te fâchera pas. Oh! tu m'as fait bien plaisir! Je n'ai rien changé à la rédaction, n'ayant appris l'existence de ton article qu'en le lisant dans le numéro du journal où l'on rendait compte de ma représentation ... Merci! tu es un bon, un excellent ami!

La reprise de *Benvenuto* a été très heureuse, tu sais déjà cela par les journaux; tu as dû le voir par le feuilleton de Janvier où il racontait la soirée chez le grand-duc et la charmante délicatesse avec laquelle la grande-duchesse a imaginé de te faire un présent dans la personne d'un de tes compatriotes. J'ai été agréablement surpris de la nouvelle coïncidence qui nous a fait nous rencontrer encore dans le feuilleton des *Débats*. A présent, *Benvenuto* sera joué aussi souvent que le permettront les arrangements des ballets.

Je dépends en conséquence des caprices de Fanny Elsler[2]), elle est enchantée de danser devant moi (terme de coulisses), mais comme le nombre des ballets dont l'étendue permet de les donner avec mon ouvrage est très petit et que d'ailleurs elle n'a pas de succès dans la *Fille du Danube*, ni dans la *Sylphide*, la fréquence de nos représentations dépend aujourd'hui de la durée de la *Gitane* qu'on monte en ce moment pour elle. Nous allons voir.

Ma quatrième représentation, retardée, comme tu sais, par l'abandon subit du rôle par Duprez[3]) a été fort belle, salle

1) ›Benvenuto Cellini‹, im Sept. 1838 dreimal mit Mißerfolg aufgeführt, am 11. Jan. 1839 wieder aufgenommen.
2) Berühmte Tänzerin.
3) Der erste Tenor der Großen Oper hatte die von ihm gesungene Titelrolle abgegeben.

comble et grands applaudissements (un seul morceau excepté, dont la longueur paraissait démesurée en égard à la faiblesse du jeu de Dupont[1]), qui n'animait pas assez une scène déjà ennuyeuse et longue par elle même).

Je t'enverrai le petit nombre de morceaux gravés, il n'y en a que neuf et pas un chœur; j'attends d'avoir fini de corriger les épreuves de la grande partition de l'ouverture pour que tu puisses avoir le tout ensemble.

J'ai cédé à Schlesinger[2] la propriété de mon *Requiem*; tu penses bien que je ne t'ai jamais compté parmi mes souscripteurs sérieux (terme de boutique) et je te prie d'accepter l'exemplaire que tu recevras avec le reste.

Quel monde que notre monde à l'Opéra! Quelles intrigues! Toutes ces rivalités! toutes ces haines! tous ces amours! C'est vraiment plus curieux de jour en jour.

On ne me dit rien de Paganini! c'est beau pourtant! Tu aurais fait ça, toi[3]! ... Réellement, mon dernier concert a été magnifique, je n'ai jamais été exécuté ni compris comme ce jour-là. Je rumine en ce moment une nouvelle symphonie[4], je voudrais bien aller la finir près de toi, à Sorrente ou à Amalfi; (vas à Amalfi) mais impossible, je suis sur la brèche, il faut y rester. Je n'ai jamais mené une vie aussi agitée; la lutte musicale à laquelle je viens de donner lieu est d'une animation et même d'une violence rares.

J'ai reçu bien des lettres en prose et en vers de mes partisans, mais aussi des invectives anonymes de mes adversaires: l'un, entre autres, poussait la stupidité jusqu'à m'engager à

---

1) Alexis D., der zweite Darsteller des Cellini.
2) Pariser Musikverleger und Eigentümer der »Gazette musicale«.
3) Paganini hatte nach Anhören der Harold-Symphonie dem in Bedrängnis lebenden Berlioz, in dem er den Erben Beethovens begrüßte, 20000 Francs gesandt. Laut Liszts Mitteilung soll Jules Janin, der allmächtige Kritiker der »Débats«, dem geizigen Geigerkönig geraten haben, sich durch diesen Akt der Freigebigkeit die Gunst der Pariser zurück zu gewinnen, die er sich durch seine Weigerung, in einem Wohltätigkeitskonzert unentgeltlich mitzuwirken, verscherzt hatte.
4) »Roméo et Juliette«.

me brûler la cervelle ... N'est-ce pas joli? Quand Paganini m'a écrit sa fameuse lettre et quand on a su son exaltation en entendant pour la première fois *Harold* au Conservatoire, il y a eu des grincements de dents d'une part et des applaudissements furieux de l'autre.

Je suis sûr que si j'avais habité l'Italie et que le théâtre de la guerre eût été Rome, par exemple, certaines gens se seraient donné le plaisir de me faire assassiner, à moins toutefois que je ne les eusse prévenus. Bah! j'aime cette vie-là; j'aime à nager en mer, tout comme toi.

Et à force de nous rouler dans les vagues, nous finirons par les dompter et par ne plus leur permettre de nous passer sur la tête. Te voilà donc à Rome! M. Ingres[1]) va te faire un fier accueil, surtout si tu veux lui jouer notre adagio en *ut* mineur, de Beethoven, et la sonate en *la* bémol, de Weber. J'admire beaucoup le fanatisme des admirations musicales de ce grand peintre, et tu lui pardonneras de bon cœur de me détester en songeant qu'il adore Gluck et Beethoven.

Ah! tu vas à Rome! Tu vas faire connaissance avec le *siroco*, tu me diras des nouvelles de ce vent d'Afrique qui fait tant souffrir les organisations nerveuses.

Je te recommande une chose sans laquelle tu ne connaîtras que fort incomplètement le sens poétique de ce grand nom de la Ville Eternelle: prends un fusil — c'est un prétexte — et vas chasser pendant deux ou trois jours dans la plaine, du côté du lac de Gabia; il y a là des ruines, des oasis, des monticules qui te diront bien des choses. Ensuite garde-toi autant que possible des *conversazioni* romaines, tu ne trouverais pas à parler à des visages; il n'y a pas d'épicier pire que l'épicier romain.

Que je suis content de bavarder avec toi, ce soir! Je t'aime beaucoup, Listz. Quand nous reviendras-tu? Auronsnous encore des heures de causeries enfumées, avec tes longues pipes et ton tabac turc? ... J'ai eu une bronchite très violente,

---

1) Französischer Historienmaler (1781—1867, damals Direktor der französischen Akademie zu Rom.

qui m'a fait un instant penser à l'ode de Gluck, »Caron t'appelle«, et dont je ne suis pas encore guéri entièrement.

Pourquoi donc suis-je gai? Nos amis sont pour la plupart assez tristes; Legouvé[1]) a une cruelle gastrite; Schœlcher[2]) vient de perdre sa mère; Heine[3]) *n'est pas heureux*, Chopin est souffrant aux îles Baléares; Dumas[4]) traîne un boulet dont le poids augmente de jour en jour; Madame Sand a un enfant malade. Hugo[5]) seul reste tranquille et fort.

Ah! bon! me voilà vexé. On devait me jouer demain et voilà que Dupont est malade; on joue la *Fille mal gardée* et le ballet de *Gustave*, 400 fr. de recette!

»Tant pis!« comme dit mon gamin d'Ascanio; je ne prendrai pas pour cela le mode mineur. Rappelle-moi au souvenir de Mme d'A... Je la remercie sincèrement de l'intérêt qu'elle veut bien prendre aux péripéties de mon drame; c'est par affection pour toi, mais je n'en suis pas moins reconnaissant.

Adieu, adieu, je t'embrasse de toute mon âme et te souhaite le vent du Nord, puisque tu es à Rome.

Ton ami,

H. Berlioz.

4. Heinrich Carl Breidenstein,

geb. 28. Febr. 1796 zu Steinau in Hessen, gest. 13. Juli 1876 in Bonn, wurde daselbst 1823 Universitätsmusikdirektor und später Professor der Musik. Die Errichtung des Bonner Beethoven-Denkmals, das in Liszt seinen opferfreudigsten Förderer fand, ward durch ihn angeregt.

Toast auf Dr. Franz Liszt,

ausgebracht zu Bonn am 31. Okt 1841 durch Prof. Dr. Breidenstein.

Meine Herren,

Das was uns heute hier zu einer festlichen Feier zusammengeführt hat, ist die Absicht, einem Manne unsre Verehrung

1 Ernest L., französischer Dramatiker (1807—1903).
2) Victor Sch., französischer Staatsmann (1804—93).
3) Heinrich H., der geniale Dichter 1799—1856).
4) Alexandre D., französischer Romanschriftsteller (1803—70).
5) Victor Hugo.

und Liebe zu bezeugen, der eben so sehr durch sein eminentes Talent als durch seine hohe großherzige Gesinnung der Welt bekannt ist. Seine Verdienste um die Förderung der Tonkunst durch seine bis dahin unerhörten Leistungen auf einem Instrumente, welches allein den ganzen Reichthum der Harmonie mit allen Reizen der Melodie und des Rhythmus verbindet, müssen selbst von denen anerkannt werden, die durch den Glanz seines Namens mehr oder minder in Schatten gestellt wurden, oder die, in einseitiger und engherziger Auffassung und Beurtheilung künstlerischer Thätigkeit befangen, den Fortschritten der Zeit und den Ergüssen eines hochbegabten erfinderischen Genius zu folgen nicht im Stande sind. Nicht minder ausgezeichnet sind seine originellen und geistvollen Schöpfungen im Gebiet der Tondichtung, von welchen man freilich nur dann erst eine richtige Vorstellung und den höchsten Genuß empfängt, wenn man sie unter den Zauberhänden des Meisters selbst hat ertönen hören. Aber so groß und bewundernswerth der Künstler ist, der bis zu dieser Höhe der Vollkommenheit sich emporgeschwungen, so ist er doch noch größer und achtungswerther, wenn er neben dem seinigen auch fremdes Verdienst gelten läßt, wenn er großen Vorgängern, die ihm zugleich Vorbilder waren, den Tribut der Dankbarkeit und Bewunderung nicht versagt und wenn er willig und freudig anerkennt, was er ihnen schuldig ist. Und auch hiervon hat unser gefeierter Gast die glänzendsten Beweise gegeben, vor Allem aber durch die wahrhaft rührende Pietät, welche er bei jeder Gelegenheit gegen den unsterblichen Meister bewiesen, dessen Wiege umstanden zu haben unsere Mauern stolz sind, und auf dessen Altar er noch unlängst unaufgefordert ein so reiches Opfer niederlegte. Wer so denkt und handelt, meine Herren, der beweist, daß er der höheren Gaben und der Güter, womit ein gütiges Geschick ihn gesegnet, würdig ist, und doppelt wohlthuend ist uns die Gewißheit, daß der Mann der Ehre auch der Ehrenmann ist. Und so rufe ich denn aus vollem Herzen, rufe es im Namen aller seiner zahllosen Verehrer, und rufe es insbesondere im Namen der dankbaren Stadt Bonn: Es lebe Herr Franz Liszt hoch!

5. Delphine Gay de Girardin,

französische Schriftstellerin, Tochter der französischen Dichterin Sophie Gay, seit 1831 Gattin des Publizisten Emile de Girardin (1802—81), wurde 26. Jan. 1804 zu Aachen geboren und starb in Paris 29. Juni 1855.

Vous croirez à tous mes regrets n'est-ce pas, Monsieur, quand je vous aurai dit que demain M. Victor Hugo, M. de Balzac et M. de Lamartine doivent dîner chez moi. Vous comprenez que je ne peux pas les quitter même pour aller vous entendre.

Voulez-vous venir nous voir mercredi soir un moment? Je pourrais du moins vous parler de vos succès et vous remercier encore de votre aimable souvenir.

Lundi soir. [Paris, 15. od. 25. April 1844.]

6. Marie Dorval,

berühmte französische Schauspielerin, gest. 1849.

Monsieur Listz, je me suis présentée deux fois à votre hôtel sans avoir eu le bonheur de vous y rencontrer. Je ne veux point faire de phrases avec vous. Je vous place trop haut dans ma pensée pour cela. Je venais à vous pleine de confiance vous rappeler une conversation que nous avons eue ensemble chez moi la dernière fois que je vous ai vu, au sujet de mad. Pauline D. Je vous dis alors qu'elle était fort malheureuse, et vous, à l'instant, vous m'avez manifesté le désir de lui être utile. Je ne vous en ai plus reparlé — mais depuis ce terme rien n'a changé à sa situation, au contraire! — voulez-vous m'aider à lui venir en aide? mais je ne suis pas riche tant s'en faut! et je souffre horriblement de ne pouvoir comme je le voudrais lui témoigner mon amitié. J'ai

cherché autour de moi, et dans le passé ... et je n'ai osé
m'adresser qu'à vous, car je le sais, monsieur Listz, vous êtes
admirable, vous êtes prince par le cœur comme par le talent.

Je joins ici une lettre de mad. D. écrite à moi. Brûlez-la
après l'avoir lue.

A vous monsieur, et de toute mon âme

Marie Dorval

Le 13 mai [18]44. rue du Bac 100) bis.

7. Rosina Stoltz,

ausgezeichnete Mezzosopranistin, geb. 13. Febr. 1815 zu Paris, gest.
daselbst Juli 1903, sang zuerst in Brüssel, 1837—47 an der Pariser
Großen Oper. Danach trat sie gastierend auf verschiedenen Bühnen,
sowie in Konzerten auf, um sich bald von der Öffentlichkeit zurück-
zuziehen. Sie hat Lieder veröffentlicht.

Permettez-moi, illustre ami, de recommander à votre sollicitude M. Cacini, poète de talent et homme intègre.

Soyez assez bon pour lui faire espérer qu'il pourra un jour
être assez heureux pour se trouver près de vous.

Pardonnez et croyez aux sentiments dévoués de

Rosina Stoltz

Paris, ce 28 Décembre [1845].

Weimarer Jahre

1851—1861.

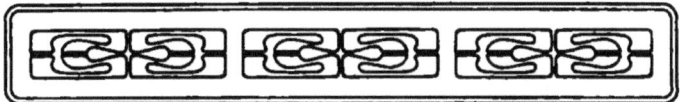

8. Nikolaus Baron Josika,

ungarischer Romanschriftsteller, geb. 28. April 1796 zu Torda in Siebenbürgen. Zufolge seiner Beteiligung an der ungarischen Revolution sah er sich nach der Katastrophe von Világos genötigt, ins Ausland zu flüchten. Seit 1850 lebte er in Brüssel, von 1864 an in Dresden, wo er 27. Febr. 1865 starb.

Bruxelles, 25 Mars 1851.

Monsieur,

Je suis touché de reconnaissance pour l'aimable accueil que vous fîtes à la prière que notre ami Szerdahélyi[1]) a eu la bonté de vous transmettre de ma part, et j'ai deviné d'avance la seule réponse possible que vous pouviez me faire parvenir, au sujet du début littéraire d'un auteur hongrois — par le temps qui court: — car je ne me faisais jamais l'illusion d'une réussite prochaine.

La sympathie que vous montrez pour la meilleure, mais aussi pour la plus malheureuse des causes, dont nous sommes les victimes, m'encourage à vous dire, sans détour, la seule prière que je désirerais vous adresser — en cas que vous alliez à Paris.

Tout ce que je voudrais savoir est: s'il se trouverait un éditeur qui se déciderait à courir les chances d'une édition, s'il m'était possible de pouvoir lui présenter une traduction française faite avec soin et discernement, — et si j'aurais la chance de trouver à Paris un traducteur, qui oserait entreprendre une traduction, au risque de perte et gain, de moitié avec moi?

---

1) Ein Ungar, der sich um Liszts willen damals in Weimar aufhielt.

Je vous dirai franchement que je doute de la réussite de parcilles recherches; mais je crois en même temps qu'il est de mon devoir de les entreprendre pour n'avoir point à me reprocher de les avoir négligées.

Recevez, Monsieur, l'expression de ma reconnaissance la plus sincère pour votre bonté, et permettez-moi de me nommer de cœur et d'âme votre ami, et de vous exprimer ma haute estime, ainsi que la sympathie la plus vraie

de votre dévoué

9. Friedrich Wilhelm IV., König von Preußen,

geb. 15. Okt. 1795, gest. 2. Jan. 1861 in Sanssouci bei Potsdam.

An den Großherzoglich Weimarischen Kapellmeister
F. Liszt in Weimar.

Ich habe mit Interesse Ihre Schrift über die letzten musikalischen Schöpfungen des Kapellmeisters Wagner zu Dresden[1]), eines Mannes, welchen sein Talent eben so bewundern läßt, als leider sein Verbrechen ihn herabsetzt, entgegengenommen und sage Ihnen dafür Meinen Dank. Charlottenburg, den 3. December 1851.

Friedrich Wilhelm[2]).

---

1) ›Lohengrin und Tannhäuser‹. Ges. Schriften. III. 2. Abt.
2) Nur die Unterschrift ist eigenhändig.

10. Joseph von Radowitz,

preußischer General und Staatsmann, geb. 6. Febr. 1797 zu Blanken-
burg, gest. 25. Dez. 1853 in Berlin. wo er 1850 Minister des Aus-
wärtigen, 1852 Direktor des Militärstudienwesens war. Literarischen
Arbeiten hingegeben, lebte er 1851 zurückgezogen in Erfurt.

Erfurt, den 15ten Decbr. 51.

Ihre gütige Zuschrift und Sendung, geehrter Herr, verpflichtet mich zu dem verbindlichsten Danke. Von der Schrift
über die Goethe-Stiftung[1]) hatte ich bereits Kenntniß erhalten
und bin mit dem lebhaftesten Interesse dem schönen Gedanken
gefolgt, dem Sie eine so warme und beredte Fürsprache gewidmet haben. Dem Unternehmen selbst ist in jeder Hinsicht,
zur Ehre des großen Gefeierten wie zum Gedeihen der deutschen Kunst, der beste Fortgang zu wünschen.

Die Schrift über Wagner's Opern werde ich sofort lesen
und mit lebhaftem Interesse Ihre Ansicht über dessen Weg in
der dramatischen Musik kennen lernen.

Mein Vortrag in der hiesigen Aula, dessen Sie gütig erwähnen, bezog sich auf die ästhetische Bedeutung der Curven
in der altgriechischen Architectur. Das was über diesen noch
wenig beachteten Gegenstand zu sagen ist, konnte ich in einer
Zusammenkunft erschöpfen, so daß fernere Vorträge hierüber
nicht stattfinden werden.

Die Aussicht die Sie eröffnen, mir einmal das Vergnügen
Ihres Besuches in Erfurt zu gewähren, nehme ich mit bestem
Danke an; ich werde mich herzlich an dem Wiedersehen erfreuen.

Genehmigen Sie, hochgeehrtester Herr, den Ausdruck meiner
vorzüglichsten Hochachtung.

---

1) »De la Fondation Goethe«. Leipzig, Brockhaus, 1851. Deutsch
bearb. von L. Ramann. Liszt, Ges. Schriften V.

11. Hans Christian Andersen,

feinsinniger dänischer Dichter. geb. 2. April 1805 zu Odense auf Fünen, gest. 4. Aug. 1875 in Kopenhagen.

Hochwohlgeboren Herrn Dr. Liszt in Weimar.

Leipzig, d. 14. Juni 1852.

Theurer, verehrter Hr. Dr. Liszt!

Meinen innigsten Dank für all die Güte und Freundschaft, die sie mir geschenkt die schönen Tage in Weimar. Hier sind meine Lieder, suchen Sie die aus, welche Ihnen am besten gefallen; ich freue mich der Tönen-Taufe, welche sie erhalten sollen.

Ihr innig ergebener

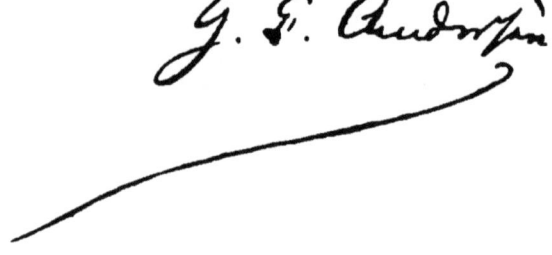

12. Pietro Raimondi,

überaus fruchtbarer italienischer Komponist und hervorragender Kontrapunktist. geb. 20. Dez. 1786 zu Rom, gest. 30. Okt. 1853 daselbst als Kapellmeister der Peterskirche.

Sti^{mo} Amico,

Subito ricevuta la vostra del 25 Giugno, nella quale domandate schiarimento sull' esecuzione si degli Oratorj, come della doppia Opera, mi affretto di farlo più chiaramente mi sia possibile. Ed incominciando dagli oratorj sono essi tre separati spartiti intitolati *Potifar-Giacobbe-Giuseppe* — di tre parti ciascuno, brevi però, cosichè si può calcolare che durino circa un'ora e un quarto per spartito. Questi si eseguiscono uno dopo l'altro alla bocca d'opera del palco scenico, colla carta in mano a modo d'accademia. In Roma sono stati fatti tutti ogni sera, ma si potrebbe anche eseguirli una sera primo e secondo spartito, l'altra sera terzo spartito, e l'unione di tutti e tre insieme. Ed a proposito dell' unione, ecco come fu disposto qui in Roma. I posti degli individui che eseguiscono gli spartiti divisi sono sempre quelli a bocca d'opera, nei quali si piazzano dopo gli esecutori del primo quelli del secondo, ecc., e sono chiusi da una scena che lascia libero il resto del palco scenico in cui dovrà erigersi un palco a gradi, e questo con una divisione in mezzo. Allorchè si è all' unione su questo palco, si pongono gli esecutori di un oratorio a dritta, quelli dell' altro a sinistra, e levandosi in aria quella scena divisoria, si viene a formare tutto un corpo con quelli che erano al loro posto di bocca d'opera, e così si cammina insieme. S'intende bene che le relative orchestre saliranno a dritta e sinistra di quel palco che si è detto, e la terza resterà al suo solito posto. Dei cantanti dirò tutto insieme, ben inteso che le parti sono corte e facili, e che tutto insieme si può mandare in scena anche in quindici giorni. Abbisognano dunque in tutto tre soprani, due più forti ed uno più debole — tre tenori, due più forti ed uno più debole — quattro bassi, tre più forti ed uno più debole, non avendo che un recitativo e i concerti. Riguardo alla tessitura dei cantanti in genere, è sempre nei dovuti limiti, non avendo avuto mai inclinazioni di servirmi delle ultime estremità delle voci, sia nel salire che nel discendere, abuso un poco invalso nel momento presente. I cori, composti di soprani, contralti, tenori e bassi per ciascuno oratorio, possono essere in quel numero che più si adatti al luogo ed alle circostanze, cioè di trenta o trentasei per oratorio fra uomini e donne, sino a 60 o 70 per oratorio. Le orchestre devono essere tre come le communi orchestre con di più due coppie di trombe in luogo di una ed i violini corrispondenti a trentasei voci di coro, potrebbero essere sedici per orchestra. I direttori o portatori di battuta devono essere tre, poichè nell' insieme si combinano dei tempi dispari uno dall' altro, specialmente in un punto nel quale uno batte il quattro tre contro due tempi pari. Credo che più minuto dettaglio sia inutile con un professore quale voi siete.

Riguardo poi alle due opere, l'*Adelasia* è un' opera seria in tre parti, simile nell' andamento a qualunque spartito moderno. Abbisogna essa di un primo soprano forte, un tenore, un baritono ed un basso, tutti di abilità, essendovi per ciascuno molto da cantare, e in questa parola ho detto tutto. Serve anche un contralto, ma non è parte del peso delle altre, i soliti cori di ambo i sessi ed un' orchestra conveniente. Nel fatto vi sono anche delle decorazioni e scene d'interesse.

I Rustici poi, opera buffa in tre parti, ha necessità dei seguenti soggetti. Un primo soprano grazioso ed elegante, un tenorino franco di scena, una mamma mezzo soprano, e due bassi, uno poco più sostenuto, l'altro più tendente al buffo; e due altri bassi di meno importanza. Cori di soli uomini e corrispondente orchestra, forte specialmente nei violini. Queste debbono eseguirsi una sera o più sere l'una, e così l'altra, e quando il pubblico se n'è impossessato allora della bocca d'opera, debbono formarsene due, una accanto all'altra, con scene piccole corrispondenti al mezzo teatro per l'*Adelasia* all'altro mezzo per *i Rustici*, due sipari, l'orchestre poste l'una a dritta, l'altra a sinistra al solito luogo, e così incominciare a seconda della composizione con tutto ciò che si praticò quando si eseguirono separate.

L'elenco di tutte le altre opere mie lo troverete sotto fascia essendo in stampa.

Tanto in replica alla vostra graditissima: salutatemi il Muratori, ed essendo stato per necessità prolisso, lasciate che mi ripeta

Roma, alli 8 Luglio 1853.

Essendo indisposto, ho dovuto pregare persona onde esprimere i miei sentimenti in questa, senza poter formare la lettera con i miei caratteri.

Salutatemi caramente il M. Costa[1]). Spero mi risponderete subito.

Aff. Amico Vero

[2])

13. Alphonse de Lamartine,

der französische Dichter und Staatsmann, geb. 21. Okt. 1790 zu Macon, gest. 28. Febr. 1869 in Paris.

St. Point, 26 août 1855.

Mon cher et illustre ami; cette lettre n'est qu'un regret — puisque je n'ai pu voir la princesse[3]), mais c'est un remercîment, puisque vous avez voulu me procurer le bonheur de la voir et de parler de vous avec elle. J'étais parti huit jours avant son arrivée à Paris. Son billet m'arrive à St. Point.

J'y vis dans une retraite plus sévère qu'à l'époque où vous y avez improvisé un de ces chefs-d'œuvre dont nos échos retentiront jusqu'à l'éternel silence. Il n'y a pas quatre jours que quelqu'un qui vous y avait entendu disait en regardant ce piano muet: »qu'il se taise toujours par respect pour la voix qu'il a eue un jour!«

Je pense à vous souvent, indépendant de toute musique. Le musicien en vous ne m'a jamais paru si admirable que par ce que l'homme était dans l'artiste. Depuis ces heureux jours nous avons vu, vous et moi, bien des faces et bien des revers des choses humaines. Mais nos natures n'ont pas changé avec les circonstances, car il n'est donné aux circonstances de défaire que les caractères qu'elles ont fait. Nous sommes fils de Dieu et non du temps.

Adieu et amitié.   Lamartine.

----

1) Sir Michael C. (1810—84), Komponist, Kapellmeister und Hofkonzertdirektor in London.
2) Nur Nachschrift samt Unterschrift eigenhändig.
3) Die Fürstin Carolyne Wittgenstein verweilte damals in Paris.

14. George Sand,

große französische Romanschriftstellerin, deren eigentlicher Name Aurore Dupin, seit ihrer Vermählung 1822 Mad. Dudevant lautete. 1804 zu Paris geb., starb sie 1876.

J'ai été bien épouvantée de ce madame qui commence votre lettre, mon cher Franz. Je ne savais d'où cela sortait. La princesse m'assure qu'il n'y a pas de raison à cela, et je me rassure. Quand on a été si longtems sans se voir, on ne sait quels propos peuvent s'être mis en travers des bons souvenirs. Quant à moi, je n'ai pas changé.

J'ai vu Mme de W. J'ai diné avec elle aujourd'hui. Elle me paraît être une personne de grand mérite et du moment qu'elle est l'objet de votre entier dévouement, elle ne peut que m'inspirer tous les bons sentimens que vous me recommandez d'avoir pour elle. Elle me fait espérer que vous me chercherez jusqu'à Nohant, si j'y suis, quand vous viendrez ici. Je souhaite que ce soit bientôt, n'en doutez pas, non plus que de ma constante amitié.

George Sand.

Paris, rue Racine 3. 20 7bre 55.

15. Heinrich Marr,

ausgezeichneter Schauspieler, geb. 30. Aug. 1797 in Hamburg, war 1837—47 Mitglied des Wiener Burgtheaters, 1852—57 artistischer Direktor der Weimarer Hofbühne und sodann des Thaliatheaters in Hamburg, wo er 16. Sept. 1871 starb.

»Gesundheit und recht langes Leben,
»Ein sorgenfreyes täglich Brod«,
Daran mag der Philister kleben
In seines Herzens Angst und Noth!
Ich wünsche Dir aus ganzer Seele
Ein Leben — ruhlos, thatenvoll,
Wünsch', daß der Kampf den Kämpfer stähle,
Zu neuem Sieg ihn führen woll'!
Und wirst Du einst im Silberhaar
Auf Trümmern stolz als Sieger steh'n,

Dann ziert der Kranz Dich schöner noch fürwahr,
Denn — Grün auf Silberweiß steht schön!

So gut ich's kann hab' ich den Vers gemacht.
Nimm was aus gutem Herzen ich gebracht.

Weimar, d. 22ten Oct.[1] 1855.

16. Clemens Fürst Metternich,

Österreichischer Staatskanzler, geb. 15. Mai 1773 zu Coblenz, gest. 11. Juli 1859 in Wien, lenkte fast 40 Jahre hindurch die äußere und innere Politik Österreichs.

Ce 20 Janv. 1856.

Je recevrai M\r Liszt tel jour qu'il lui conviendra de choisir, entre une et trois heures.

17. Alexander Baumann,

der Dichter des ›Versprechens hinterm Herd‹, geb. 7. Febr. 1814 in Wien, gest. 26. Dez. 1857 zu Graz, gab mehrere Sammlungen nieder-österreichischer Dialektdichtungen heraus, die er teilweise selbst in Musik setzte. Die aus den Spitzen des literarischen Wien bestehende Männergesellschaft ›Baumannshöhle‹, eine Zufluchtsstätte der harm-losen altwienerischen Fröhlichkeit, empfing durch ihn den Namen. Bis an sein Ende war er ›König‹ derselben, und in seiner Wohnung versammelten sich die Mitglieder, Gnomen genannt; unter ihnen Grillparzer, Bauernfeld.

Wien, am 23. Januar 1856.

Mittwochblatt in der Baumannshöhle.

Aufgepaßt! meine Herren, es sitzt heute ein Mann unter uns mit langen Fingern! — aber beruhigen Sie sich, — er

---

1] Liszts Geburtstag.

wird Ihnen nichts stehlen als Bewunderung, Achtung, Anerkennung. Er wird Ihnen nichts rauben, als die Hoffnung, jemals wieder einen Künstler zu schauen seiner Art. Nennt ihn auch von der Newa bis zum Nil, vom Ohio bis zum Ganges Alles sein eigen, so lassen doch wir uns vor Allem die gute Landsmannschaft nicht abstreiten, und trotz vieler Übersetzungen aus dem Ungarischen in's Deutsche, aus dem Deutschen in's Französische, Russische und Weimarische, lassen wir uns das ächte Original-Werk nicht ganz entreißen, und so gilt mein herzlichster Gruß dem Österreicher Liszt; — aber noch mehr, auch unser kleiner Staat hat Anspruch auf seine Zugehörigkeit; er war Soupirer, er ist jetzt in der Höhle mit Haut und langem Haar — darum dem Gnomen Liszt ein dreifaches Hurrah! —

Ja, meine Herren, Liszt sitzt unter uns — er, der alle Länder und Städte durchwandert hat, er verschmäht es nicht, in eine Höhle hinunter zu steigen, die im 4ten Stock oben liegt, er, der von Weibern und Männern gehätschelt, von Aristokraten und Demokraten auf den Händen getragen wurde, da sitzt er, und reicht Christen und Juden seine unübertroffenen Hände. Nur den Finger durft' er rühren, um alle Elviren heimzuführen, und jetzt sitzt er da unter den Gnomen und ißt Kälbernes mit uns ganz wie ein wirklicher Mensch! — Wissen Sie, wem Sie das zu verdanken haben, meine Herren? — nichts Anderem, als Ihren musikalischen Leistungen, deren Ruf bis weithin zu der Ilm erklang, und den bewährten Musikfürsten anregte, sich persönlich von dem Werth Eurer höhlischen Musik zu überzeugen. — Wie bekannt, meine Herren, interessirt sich Liszt für die Musik der Zukunft; daß er sich für jene der Vergangenheit interessirt, wird Niemand ableugnen, der ihn jemals Schubert, Weber, Beethoven vortragen hörte; ob ihn die Gegenwart interessirt, brauch' ich Ihnen nicht erst auf die Nase zu binden — aber eine Gattung fehlt ihm noch — eine Musik, worin gerade Sie, meine Herren, excelliren — die negative Musik, die gänzliche Abwesenheit aller Musik, die absolute Nicht-Musik. Wer könnte ihm solche Männer-Quartetten verschaffen ohne Männer? wo würde er solche Lieder ohne Worte hören, wozu die Musik fehlt? wo wieder Chöre

vernehmen, die für Taubstumme componirt wurden? — Welche
Wohllust erwartet den viel angesungenen, angegeigten, durch-
gepaukten und fortgeblasenen Mann, wenn er nun Euren musi-
kalischen Leistungen zuhorcht, und gar keinen Anlaß zum
Tadel findet? nirgends Trommelfell-Erschütterung und lange
Weile, sondern ringsum blos guten würzhaften Kalbsbraten?

Welche Ehre für Euch, wenn Ihr sagen könnt: »Auch Liszt
hat unserer Musik zugehorcht, und er lächelte, war zufrieden,
— und war satt!« — Freuen wir uns also gegenseitig über
diesen musikalischen Triumph ohne Musik — und rufen wir:
es lebe der Musiker der Vergangenheit — der Gegenwart, der
Zukunft — und der absoluten Nicht-Musik — Dr. Franz Liszt.
— de eadem.

Alexander Baumann

Zur Erinnerung an
den König der Baumannshöhle.

18. Salomon Mosenthal,

dramatischer Dichter, geb. 14. Jan. 1821 in Cassel, gest. als kaiser-
licher Rat in Wien 17. Febr. 1877.

Ein Hoch für Liszt!

(Am 28. Januar 1856[1]).)

Hoch lebe Liszt! Es tönt das Wort
Zu jeder Zeit, an jedem Ort;
Wo je sein Name klang, sein Ton,
Da klang auch dieser Segen schon.
Doch, wie ihn auch der Ruhm erhöht,

---

1) Liszt hatte die Festaufführungen der Mozart-Centenarfeier in
Wien dirigiert.

Gekrönt mit ewig grünen Kränzen,
Durch eins muß ich den Preis ergänzen:
Hoch lebe Liszt! hoch der Poet,
Der nie berührt die keusche Leier,
Dem nie ein Ton der Laute klang,
Wenn nicht der Muse heil'ges Feuer
Durch seine tiefste Seele drang;
Der nie die Hand zur Taste führte,
Wenn nicht der Kuß der Poesie
Die Lippe weihend ihn berührte
Und seinen Fingern Schwingen lieh.
Daher das ahnungsvolle Lauschen,
Wenn Liszt zu uns in Tönen sprach:
Wir hörten einen Flügel rauschen:
Es war der Dichtkunst Flügelschlag.

Und birgt er auch sein Saitenspiel
Jetzt karg in seines Mantels Falten,
Es lebt dies heilige Gefühl
In seiner Brust, in seinem Walten;
Denn wenn es gilt, der Muse Glanz
Zu huldigen in ihren Söhnen,
So ist er da, mit vollem Kranz
Die Stirn des Genius zu krönen;
Und fragt man mäkelnd: wer ihn hier
Berufen hat zu solchem Amte:
Die Poesie, antworten wir,
Die ihm verwandte, gottentstammte!
Drum Hoch Dir, der Du beigesteuert
Zu Mozart's Jubeltage hast;
Wo je die Muse Feste feiert,
Da ist Franz Liszt ihr erster Gast!

Mosenthal.

[Außen:] Zur freundlichen Erinnerung an den
von Herzen ergebenen Verfasser.

19. Eduard von Bauernfeld,

österreichischer Lustspieldichter, geb. 13. Jan. 1802 zu Wien, gest. 9. Aug. 1890 daselbst, nachdem er 1872 zum Ehrenbürger Wiens ernannt und geadelt worden war.

War Einer frisch in's Meer gesprungen,
Ist in die Tiefe gleich gedrungen,
Ein kühner Taucher wohlgemut,
Bracht' reich Korallen und Muschelgut
An's Licht der Welt mit vollen Händen —
Die thät er anfangs gern verschwenden,
Und überschüttet groß und klein
Mit schimmernden Perlen und Edelstein.
Die Leute fanden d'ran Behagen,
Des Tauchers bunten Schmuck zu tragen.
Ihn hatte lang dies Spiel ergötzt —
Doch ernster ward sein Sinn zuletzt;
Was soll er mit der Welt, den Leuten,
Die nicht erkennen des Schmucks Bedeuten?
Sie lobt das Spielzeug, lobt den Glanz —
Glasperlen thun dasselbe ganz!
Und soll der Künstler für die Massen
Die edeln Perlen edel fassen?
Sie halten's doch für leeren Tand —
So scheinbar ruht der Geist, die Hand.
Doch galt's ein Werk der Kunst zu schaffen,
Er ließ sich nicht in's Zimmer gaffen,
Zog aus der Welt, zog aus dem Braus
Sich still zurück in's stille Haus.
Und gilt's, was andre Meister schufen,
So recht an's Licht der Welt zu rufen,
Zeitig und fertig, nicht zu früh —
Da schont er Arbeit nicht und Müh'!
Das Werk gelang — wir dürfen's loben —
Mit Seel' und Geist, und auch — mit Proben!

Drum Heil dem Taucher, der zur Zeit
Der frischen Jugend-Freudigkeit

Den Schatz gehäuft mit vollen Händen,
Ihn jetzt als Künstler zu verwenden:
Edle Roh-Perlen der Natur
Sie fügen sich zur Perlenschnur,
Des Liebchens Brust damit zu schmücken,
Dem klugen Kenner zum Entzücken.
Drum findet sich ein Freundeskreis,
Der ihren Werth zu würd'gen weiß.
So laß sie klingen in alter Schöne
Die Perlenreihe Deiner Töne!

29. Januar 56 ¹).   Bauernfeld.

20. Augustin Thierry,

großer französischer Geschichtsschreiber, geb. zu Blois 10. Mai 1795,
gest. 22. Mai 1856 in Paris. Erblindet und nervenleidend infolge
zu anhaltender Arbeiten, setzte er dieselben doch unentwegt mit
Hülfe von Freunden fort.

˜Paris, zwischen 1. u. 20. Mai 1856.]

Monsieur,

Quand je suis venu en aide, il y a quatre ans, à la personne qui cherchait pour vous les règlements de l'Institut ²),
je n'ai eu aucun mérite, j'ai saisi de grand cœur l'occasion
de m'acquitter d'une ancienne dette de reconnaissance. Je me
souvenais qu'à Port Marly, dans les jours les plus douloureux
de ma vie, vous aviez eu la bonté de m'offrir, avec une grâce
égale à votre admirable talent, la seule distraction qu'il y eût
alors pour moi ³). Croyez Monsieur, que je n'oublierai jamais
ces moments que vous avez bien voulu donner à moi seul,
sans autre auditoire, parce que j'avais besoin de consolation.
La personne de tant de cœur et d'esprit dont l'amitié nous
est commune, et à laquelle j'ai dû l'avantage de faire person-

---

1) Das Datum von Liszts Hand hinzugefügt.
2) Fürstin Cristina Belgiojoso (1808—71), berühmt als Schriftstellerin und Patriotin.
3) Liszt verweilte im Juni 1844 in Port Marly.

nellement votre connaissance, vient d'arriver ici. Le séquestre
de ses biens est levé[1]) et elle n'attend plus qu'un passeport
de l'ambassade d'Autriche pour se rendre à Milan. Vous ap-
prendrez, j'en suis sûr, Monsieur, cette nouvelle avec un grand
plaisir, et ce qui ne vous en fera pas moins, c'est que la
Princesse de Belgiojoso, sachant que j'allais vous écrire, m'a
enjoint de ne pas oublier de vous parler d'elle et de vous transmettre ses amitiés les plus vives. J'ai à remercier Mme la
Princesse Wittgenstein de bien des choses, de son extrême
bienveillance pour moi, du charme que j'ai trouvé à sa conversation et du plaisir qu'elle m'a fait en m'envoyant votre
notice sur Chopin[2]) et l'exposé de votre fondation académique[3]).
La lecture de ces deux écrits m'a intéressé vivement. Il y
a dans le premier une émotion vraie et d'heureux traits de
poésie; dans le second, de l'histoire bien faite et des vues très
ingénieuses. J'aimerais, Monsieur, à pouvoir quelque jour en
causer avec vous; en attendant je vous prie d'agréer l'assurance
de mes sentiments d'affectueuse gratitude et de haute admiration.

Augustin Thierry[4]).

21. Georg Herwegh,

politischer Lyriker, geb. 31. Mai 1817 in Stuttgart, gest. 7. April
1875 zu Baden-Baden, woselbst er 1842 aus Preußen verwiesen,
nach wechselndem Aufenthalt in der Schweiz und Paris, seit 1866 lebte.

Die lichte Blum' im dunkeln Kranz,
Den aus Geschicken Du gewunden,

---

1) Die Einnahme von Mailand durch die Österreicher im Aug.
1848 hatte die Verbannung der Fürstin Belgiojoso und die Ein-
ziehung ihrer Güter nach sich gezogen, bis im Mai 1856 die Amnestie erfolgte.

2) »F. Chopin«, Paris, Escudier 1852. In deutscher Übertragung
von La Mara, Ges. Schriften I, 2. Aufl. 1896.

3) »De la Fondation Goethe.« Ges. Schriften V.

4) Da Thierry blind war, ist das Schreiben nicht eigenhändig,
sondern diktiert.

Francesca war's, o Meister Franz,
Drin ich Dein Wesen tief empfunden [1]).

Hinan, hinaus zieht uns der Klang,
Wo Erd' und Himmel sich berühren;
Zum wonnevollsten Untergang
Läßt sich das Herz durch Dich verführen.

Die namenlose Trauer klärt
Sich auf in Paradieses Weise;
Der Engel senkt sein flammend Schwert
Und öffnet uns die Pforten leise.

Ich hör' und möchte nimmersatt,
Den Athem in die Brust beschwören,
Als könnt' ein fallend Rosenblatt
Den Frieden, den Du bringst, zerstören.

O mehr als Zauber von Merlin!
Wie goldne Himmelsfunken blitzen
Die überird'schen Melodie'n
Aus Deinen trunknen Fingerspitzen.

Und diese Hand voll Seel' und Geist
Darf ich nach Jahren wieder drücken —
Du lieber Magier, das heißt
Mein Haus zehntausendfach beglücken.

G. Herwegh.

Zürich, Sonnenbühl, 30. Oct. 56.

———————

1) Das Gedicht wurde nach Anhören von Liszts Dante-Symphonie auf dem Klavier. gelegentlich eines Besuchs des Meisters bei Richard Wagner in Zürich, geschrieben.

22. Louis Spohr,

gefeierter Violinvirtuos, Komponist, Lehrer und Dirigent, geb.
5. April 1784 zu Braunschweig, gest. 22. Okt. 1859 in Cassel als
Hofkapellmeister daselbst.

Sr. Wohlgeboren dem Herrn Hofkapellmeister Dr. Liszt in Weimar.

Cassel, den 19ten Juni 1857.

Hochgeehrter Herr Doctor und College,

Sie haben mir durch die überaus freundliche Übersendung
der mir noch fehlenden 3 symphonischen Dichtungen abermals
eine so große Freude bereitet, besonders durch Nro 1: *Ce
qu'on entend sur la montagne*, von der ich so viel interessantes
und anziehendes gehört und gelesen habe, daß ich die lang ersehnte Ferienreise nicht antreten kann, ohne Ihnen vorher auf
das herzlichste gedankt zu haben. Meine Ungeduld, die genannte Nummer zu hören, ist so groß, daß ich mich schon
jetzt auf unsere nächsten Winterconcerte freue, die mir dazu
Gelegenheit bieten werden.

Hoffentlich werden Sie nun ganz von Ihrem, aus Ungarn
mitgebrachten Übel befreit seyn! und sich der besten Gesundheit erfreuen!

Dieß hoffend und wünschend ganz

der Ihrige

Louis Spohr.

23. Heinrich Hoffmann von Fallersleben,

Dichter, Sprachforscher und Literarhistoriker, geb. 2. April 1798 zu
Fallersleben, gest. 19. Jan. 1874 in Schloß Corvey a. d. Weser, als
Bibliothekar des Herzogs v. Ratibor. 1854—60 lebte er in Weimar.

[Weimar, 1857?]

Der Mann,

Der die Kunst übt mit Meisterschaft
Und Kunstwerke wie ein Meister schafft,

Der das Wesen der Kunst hat erkannt
Und jedem Künstler reicht die Hand,
Und jeden unterstützt mit Rath und That
Wie ein alter Freund und Kamerad;
Nie über der Kunst den Künstler vergißt
Und unter den Künstlern ein Mensch noch ist,
 Immer und überall Liszt ist;
Dem für fremde Freude, für fremden Schmerz
Schlägt in der Brust ein liebend Herz;
Der da versteht zu scherzen und zu lachen
Und uns die Fremde heimisch zu machen,
Und sich dann am meisten freut,
Wenn er uns am meisten Freude beut;
Der nicht um seine Ehren zu mehren,
Andre will bekehren und lehren,
Sondern in der Künste Glanz und Gedeih'n,
Suchet seines Lohnes Kranz allein;
Der die Philister haßt
Als eine unerträgliche Last,
Und jeden, auch mit Glacéhandschuh,
Begrüßen möchte mit dem Kantschu —
Aber dem Edlen und Schönen, wo es sich zeigt,
Huldigend naht und sich fröhlich neigt
Und offen bekennt vor aller Welt,
Was er liebt und verehrt, was ihm gefällt:

O daß er noch lange mit frischem Gemüthe,
In seines Geistes voller Blüthe
Im Gebiete der Töne
Wie ein König schalte,
Und das Hohe, Schöne
Meisterhaft entfalte!

24. Berthold Auerbach,

Romanschriftsteller, geb. 28. Febr. 1812 zu Nordstetten im württem-
bergischen Schwarzwald, gest. 8. Febr. 1882 in Cannes.

Die Musik ist im Reiche der Seelenbewegungen das, was
im Reiche der Körperbewegung das Fliegen ist. Fliegen! Das
läßt sich nicht mit Gehen, Fahren, Reiten, Schwimmen ver-
gleichen. Es bewegt sich in seinem eigenen Elemente und hat
seine Bedingungen in sich, die nothwendig sind, sonst wären sie
nicht da!

Für und durch Franz Liszt am 7. Nov. 1857.

Berthold Auerbach.

25. Allwina Frommann,

Malerin, Vorleserin der Königin und nachmaligen Kaiserin Augusta.

[Weimar, 1858?]

Hoch Verehrter!

Sehr hoffte ich heute selbst meinen Dank zu sagen für die
große Güte mir Edles und Schönes zu gönnen, aber ein Ueber-
fall meiner feindlichen Brustkrämpfe macht mich leider unfähig
zu Allem auf Stunden! so bleibt mir nur durch ein Wort warm
zu danken, daß Sie mein gedacht; die Karte mögte ich behalten
da es mir Ihre Handschrift scheint, die ich mir aufheben
mögte! —

In Entbehrung, warmem Dank und besten Wünschen,
daß Cosima gekommen!

ergebenst

Allwina Frommann

Donnerstag Mittag.

3*

26. Otto Roquette.

Schriftsteller und Dichter, Verfasser des Textes von Liszts ›Heiliger Elisabeth‹, geb. 19. April 1824 zu Krotoschin in Posen, gest. 18. März 1896 als Professor am Polytechnikum in Darmstadt.

Sehr verehrter Freund!

Der Copist meines Musengefolges fühlt sich durch Ihre liebenswürdige Sendung in hohem Grade entschädigt, und dazu erfreut, daß der Oberpriester der göttlichen Schwestern sich grade an ihn und seine subalterne Wirksamkeit gewandt hat. Er trägt mir auf, seinen ergebensten Dank auf den Altar der Kunst nieder zu legen, was ich hiermit in angenehmer Pflichterfüllung ausführe. —

Daß die Arbeit und die Beschäftigung mit unsrer Heiligen Ihnen Freude macht, gereicht auch mir zu freudiger Genugthuung, und ich sehe mit hoher Erwartung der Vollendung entgegen. Sie laden mich so freundschaftlich nach Weimar ein, daß ich nur um so lieber dahin kommen werde. Ob und zu welcher Zeit ich aber die Reise unternehmen kann, hängt leider noch von Umständen ab. Doch gebe ich weder den Vorsatz, noch die Hoffnung auf. Inzwischen lege ich der Frau Fürstin meine Empfehlung zu Füßen, und sage Ihnen, mit dem Segenswunsche aller Musen und Grazien, einen herzlichen Gruß!

Hochachtungsvoll und freundschaftlich der Ihrige,

Berlin, 27. Mai 1858.   Otto Roquette.

27. Charles Graf Montalembert,

französischer Publizist und Staatsmann, glänzender Redner, geb. 29. Mai 1810 zu London, gest. 13. März 1870 in Paris.

Paris, ce 30 Juin 1858.

Cher M. Liszt, je reçois au moment de quitter Paris votre bonne et intéressante lettre du 24. J'ai été charmé de votre bon souvenir qui m'a rajenni de plusieurs années. Je voudrais pouvoir vous répondre d'une façon satisfaisante — mais cela m'est impossible. — Il y a plus de vingt-cinq ans que j'ai recueilli les matériaux de l'histoire de Sainte Elisabeth sur lesquels vous voulez bien me consulter[1]. Je vous avoue que j'ai perdu de vue l'origine de la plupart des documents liturgiques que j'ai cités, et je n'ai pas à ce sujet d'autres renseignements que ceux imprimés avec le texte même. Mais, si ma mémoire ne me trahit pas, je crois pouvoir affirmer qu'il n'y avait aucune notation ancienne dans ces manuscrits que j'ai consultés: s'il y en avait eu, j'en aurais probablement parlé dans une édition subséquente; car, sans que je puisse me vanter de savoir la musique, mon attention a été de bonne heure appelée sur les anciennes mélodies liturgiques, par les travaux de M. Bottée de Toulmon[2] dont j'étais le collègue au Comité historique des arts et monuments.

Je suis heureux de vous savoir engagé dans un travail si digne de vous et si bien fait pour vous inspirer: j'espère que vous viendrez nous le faire entendre à Paris, et je demeure en attendant, avec une haute considération, votre dévoué serviteur,

---

1) Er hatte 1836 eine mehrere Auflagen erlebende »Histoire de Ste Elisabeth de Hongrie« veröffentlicht.
2) Auguste B. de T. (1797—1850), Musikschriftsteller, Bibliothekar am Pariser Konservatorium.

28. Napoléon III., Kaiser der Franzosen,

geb. 20. April 1808 zu Paris, regierte 1852—70 und starb, durch den Sieg der deutschen Waffen seines Thrones verlustig, 9. Jan. 1873 in Chislehurst in England.

Palais de Compiègne, 23 N^{bre} 1858.

Monsieur, Je ne pouvais recevoir qu' avec une vive satisfaction la messe en musique dont vous êtes l'auteur et dont vous avez bien voulu vous-même diriger l'exécution à Weymar, lors de la première célébration de ma fête[1]. Le sentiment qui a inspiré le grand artiste donne, vous le pensez bien, un prix particulier pour moi à son œuvre. J'en accepte très volontiers l'hommage et je vous en offre, monsieur, avec tous mes remerciments l'expression de ma sincère estime.

Mr Liszt à Weymar.

29. Ludwig I., König von Bayern,

geb. 25. Aug. 1786 zu Straßburg, gest. 29. Febr. 1868 in Nizza. nachdem er 1848 der Regierung entsagt hatte.

An den Hof-Kapellmeister Herrn Dr. Franz Liszt zu Weimar.

Herr Hofkapellmeister Dr. Liszt! Habe vermittelst des Hofmusik-Intendanten Grafen von Pocci mit Ihrem Schreiben vom 26ten des vorigen Monats zugleich auch das von Ihnen componirte Tonwerk »die große Messe«[2] empfangen. — Indem Ich Ihnen für die Mir durch deren Uebersendung bewiesene Aufmerksamkeit, Ihr großes Talent und ausgezeichneten Leistungen zu schätzen wissend, gerne meinen Dank ausspreche, versichert Sie mit Vergnügen der Gesinnungen seiner Werthschätzung

Ihr Ihnen wohlgeneigter

München den 3ten May 1859.

[3]

---

1. Die Messe für Männerstimmen.
2. Die Graner Messe.
3. Nur die Unterschrift ist eigenhändig.

30. Ludwig Bechstein,

Märchenerzähler und -Sammler, insbesondere durch seine Bemühungen um Sagen und Altertumskunde seiner thüringischen Heimat verdient, geb. 24. Nov. 1801 in Weimar, gest. 14. Mai 1860 zu Meiningen, wo er als Bibliothekar lebte.

Hochverehrtester Freund und Gönner!

Bereits unterm 5. April erlaubte ich mir, Sie brieflich zu ersuchen, mir das »Thüringer Lied«, das ich in Ihren Händen ließ, wieder zurück zu senden, indem ich noch manches daran feilen will, und ich wiederhole jetzt diese Bitte.

Leider trübt die Kriegsdrohung jetzt jede Aussicht auf das baldige Erscheinen meines Gedichtes im Druck, was mich äußerst verstimmt, denn ich bin in sehr übler Lage durch die Stockungen im Buchhandel. Voigt und Günther scheinen keine Neigung zu haben, den Verlag zu übernehmen, und jetzt bei andern anzufragen, würde nur abschlägliche Antworten zum Erfolg haben.

Gern hörte ich auch zugleich, ob Sie die elegische Dichtung, resp. das symphonische Märchen behalten und componiren wollen? Sollte dies nicht der Fall sein, so würde ich es zurückerbitten, um anderweit darüber zu verfügen. Hr. v. Bronsart hatte ja auch Lust zu etwas dergleichen.

Bitte lassen Sie mich nicht ohne baldige Antwort und erhalten Sie mir Ihr schätzbares Wohlwollen, der ich mit größter Verehrung mich nenne Ihren ganz ergebensten

Meiningen d. 10. Mai 1859.

Bechstein.

Um Ihnen die Mühe des Einpackens zu ersparen, soll der Überbringer dieses, Herr Bauconductor Möder, sich das Manuscript von Ihnen erbitten, um dasselbe an mich zu befördern.   D. O.

31. Maximilian II, König von Bayern,

geb. 28. Nov. 1811, bestieg 1848 den Thron und starb 10. März 1864
zu München.

Herrn Kapellmeister Dr. F. Liszt in Weimar.

Herr Kapellmeister Dr. Liszt, Durch Vermittlung Meines
Hofmusik-Intendanten habe Ich das von einer Zuschrift an
Mich begleitete und Mir bestimmte Exemplar Ihrer »Missa
solemnis« erhalten.

Ich spreche Ihnen Meinen Dank dafür aus und setze Sie
in Kenntniß, daß Ich die großartige Composition Meiner Hof-
und Staats-Bibliothek zur würdigen Aufbewahrung übergeben
habe.

Mit wohlwollenden Gesinnungen

Ihr

wohlgeneigter

München,
den 13. Mai
1859.

 ¹)

32. Godfried Guffens,

belgischer Monumentalmaler, geb. 22. Juli 1823 zu Hasselt, Schüler
von N. de Keyser, bildete sich in Italien und Deutschland weiter
aus und lebte, gleich seinem Studiengenossen und Freund Jan Swerts
(1820—79, mit dem er sich wiederholt zu gemeinsamer Arbeit verband, in Antwerpen, dann Brüssel, woselbst er 11. Juli 1901 starb.

Anvers, ce mai 1859.

Illustre maitre,

La bienveillance que vous avez bien voulu nous témoigner
pendant notre séjour à Munich nous encourage à prendre la
liberté de vous adresser ces lignes.

Nous sommes parvenus, illustre maitre, à réunir à Bruxelles
un nombre considérable des principales œuvres d'art, produites
par l'école allemande depuis Cornelius [2]).

1) Nur die Unterschrift ist eigenhändig.
2 Peter v. C. 1783—1867., der berühmte Maler.

Pour pouvoir mettre sous les yeux de la nation Belge un ensemble complet de l'art monumental allemand, il nous manque une œuvre de la plus haute importance, les sept corbeaux de Mr Moritz von Schwind[1]).

Cet éminent artiste nous avait déjà promis son œuvre, à Munich même. Depuis il a écrit pour autoriser le gouvernement Belge à la demander au Grand-Duc de Saxe-Weimar. Cette demande a été faite par l'intermédiaire de Mr Nothomb.

Avant-hier, illustre maître, le ministre des affaires étrangères nous a appris que l'œuvre tant désirée de M^r von Schwind n'est pas accordée.

A cause de l'importance de cette œuvre magistrale, et pour éviter la lacune regrettable que son absence laisserait dans notre exposition, le gouvernement Belge ferait avec bonheur tous les sacrifices pour l'obtenir.

Votre position à la cour de Weimar, illustre maître, et votre sympathie pour tout ce qui est et progrès et gloire pour l'Allemagne nous font espérer que vous pourrez puissamment nous aider à obtenir pour un mois ou six semaines l'œuvre demandée.

Nous vous serions bien obligés, illustre maître, si vous vouliez au plus tôt nous faire savoir, si un envoyé spécial, venant au nom du Gouvernement Belge faire personnellement la demande au Grand-Duc, aurait selon vous quelque chance de réussir. Dans ce cas, l'un de nous serait chargé de cette honorable mission, et aurait ainsi l'occasion de vous remercier verbalement pour les bons souvenirs que, grâce à votre bienveillance, notre séjour à Munich nous a laissé.

Osant espérer un mot de réponse, illustre maître, nous vous prions de bien vouloir agréer l'expression de nos sentiments d'admiration et de dévouement.

G. Guffens et Jan Swerts

rue des arquebusiers 3.

_____

1) Der poesievolle Märchenmaler (1804—71).

P.S. Nous prendrons la liberté de vous faire parvenir demain ou après-demain un n° du Journal des Beaux-arts. Vous
y verrez quel inappréciable trésor d'art l'Allemagne a confié
à la Belgique.

33. Victor Marie Graf Hugo,
berühmter französischer Dichter, Haupt der romantischen Schule,
geb. 26. Febr. 1802 zu Besançon, gest. 22. Mai 1885 zu Paris.

Hauteville house — 21 juillet 1859.

Vous m'avez fait d'admirables envois. Je pense que ma
lettre, confiée à notre ami commun Teleki [1]), vous est parvenue.
Laissez-moi aujourd'hui, mon cher poète (car qui l'est plus que
vous?) vous présenter un jeune allemand-français, M. Louis
Koch, qui mérite toutes vos bonnes grâces. Son père est un
des hommes les plus dignes et les meilleurs que je sache; je
vous recommande de toutes mes forces le fils, jeune homme
déja fort distingué. S'il vous est possible de le couvrir de
votre glorieux nom dans les honorables efforts qu'il fait vers
la science et vers l'avenir, je vous en serai personnellement
reconnaissant.

Je vous serre la main.

Ex imo corde.

34. Kardinal Giacomo Antonelli,
geb. 2. April 1806 in Sonnino, 1847 von Pius IX. zum Kardinal,
1850 zum Staatssekretär ernannt, leitete auch nach 1870 die aus-
wärtigen Beziehungen des Papstes und starb 6. Nov. 1876.

Sig^r Professore Liszt a Weymar.

Illm^o Signore,

In corrispondenza al di Lei foglio del 12 Luglio mi fo un
dovere di assicurarla che il S. Padre ha accettato l'esemplare

---

1) Sandor Graf T., ein Jugendfreund Liszts.

della Messa con tanto sapere da Lei composta nella circostanza della Consagrazione della Basilica di Gran in Ungheria, che Lei ha offerto, e non ha potuto non riconoscere in ciò un atto della sua figliale devozione verso il Capo della Nostra Santa Religione.

Volendo poi Sua Santità testimoniarle in qualche modo la Sua Sovrana soddisfazione, si è degnata conferirle la Commenda dell' Ordine di S. Gregorio Magno, le cui insegne ho il piacere di accluderle alla presente, riserbandomi di farle più tardi pervenire l'atto, con cui Le viene conferita questa distinzione. Non lascio poi di renderle le più sincere grazie per l'esemplare di detto suo lavoro che si è compiaciuta destinarmi; esemplare che conserverò carissimo, come prodotto dell' ingegno di un buon Cattolico così distinto nella scienza della Musica.

Colgo con piacere questo incontro per assicurarla della più distinta stima, con cui Le sono

affmō per servirla

Roma
12 Agosto
1859.

G. card. Antonelli [1]

35. Heinrich Laube,

Dichter und Dramaturg, geb. 18. Sept. 1806 zu Sprottau, war 1850—66 Direktor des Wiener Burgtheaters, 1867—70 Theaterdirektor in Leipzig, 1871—79 abermals in Wien, wo er 1. Aug. 1884 starb.

Wien, d. 12. Septbr. 59.

Ich danke Ihnen ergebenst, verehrter Herr, für Ihren freundlichen Antrag, der leider wohl auch unter andern Umständen für unser kleines Orchester zu kostbar wäre.

1) Nur die Unterschrift ist eigenhändig.

In vorliegendem. Falle ist das Halm'sche Festspiel [1]) schon seit Monaten dem Capellmeister des Hofburgtheaters, Herrn Titl, zur musicalischen Bearbeitung übertragen worden, und dieser ist demgemäß schon lange damit beschäftigt.

Ich bin also schon deshalb nicht mehr in der Lage, eine auswärtige Composition ansprechen und annehmen zu können, auch wenn die musicalischen Hilfsmittel unsers Schauspiel-Theaters größer und die Akustik unsers schmalen Hauses besser wären als sie sind.

Es bleibt mir also nichts übrig als meinen aufrichtigen Dank zu wiederholen dafür, daß Sie unsre beschränkten Mittel für würdig erachtet, eine Musik von Ihnen aufzuführen.

Unter Versicherungen großer Hochachtung bitte ich Ihrem Wohlwollen empfohlen bleiben zu dürfen als

Ihr

ergebener Diener

An Herrn Franz v. Liszt, Weimar.

36. Charles Baudelaire,

französischer Dichter, geb. 21. April 1821 in Paris, gest. 31. Aug. 1867 daselbst; begeisterter Anhänger Richard Wagners.

[Paris, zweite Maihälfte 1861.]

Monsieur,

J'ai rencontré aujourd'hui Madame Wagner qui m'a instruit que vous aviez reçu une brochure de moi sur Wagner [2]), et que vous seriez bien aise de me voir. J'ai voulu prévenir

---

1 »Vor hundert Jahren«, Festspiel zur Schillerfeier; Liszt hatte die bisher nicht edierte Musik dazu komponiert.

2. »R. Wagner et le Tannhäuser à Paris«. (Paris, E. Dentu, 1861.)

votre visite, craignant que vous ne me trouviez pas, car je suis
plein d'affaires. Je sais que vous partez le 20. Je viendrai
vous voir. Il y a bien des années que je désirais trouver
l'occasion de vous témoigner toute la sympathie que m'inspirent votre caractère et votre talent.

Ch. Baudelaire

37. Blandine Ollivier[1],

Liszts älteste Tochter, seit 1857 mit dem französischen Advokaten
Emile Ollivier verheiratet.

Reichenhall, ce 12 Août 1861.

Notre cher Unique,

Nous sommes arrivés aujourd'hui à Reichenhall où nous
avons trouvé Cosima avec une mine superbe, un entrain d'enfer,
et un esprit des anges[2]. Notre petit voyage a été ravissant:
beau temps, belle humeur, et souvenirs plus beaux encore que
nous remémorions avec amour; tout contribuait à l'heureuse
disposition de nos âmes. Dieu sait le nombre d'habitations que
nous nous sommes choisies en Thuringe dont le charme recueilli
nous gagnait tour à tour. Nuremberg nous a reportés en
plein moyen-âge, nulle part je n'avais vu un aspect de ville
aussi curieux et aussi complètement intéressant; d'ordinaire on
voit quelques ruines au milieu de maisons modernes, là presque tout est resté comme autrefois, pignons chantournés, tri-
bunes, clochetons bizarrement ornés, la fantaisie individuelle
s'est déployée sans obstacles, tout est spontané, plein de vie,
et l'art officiel n'a pas imposé ses lignes droites et ses mornes
pendants.

---

1) Die Originale der Briefe von Mad. O. sind im Besitz ihres Gatten.
2) Madame O. und ihr Gatte hatten, gleich Richard Wagner, der
von Liszt anfangs August 1861 geleiteten Tonkünstlerversammlung
des »Allgemeinen deutschen Musikvereins« in Weimar beigewohnt
und in Begleitung Wagners die Reise nach Reichenhall gemacht.
wo Frau Cosima v. Bülow, Liszts zweite Tochter, die Kur gebrauchte.

A Munich c'est autre chose, c'est la ville d'un roi; mais d'un artiste avant tout: ces monuments de genres si divers sont tous d'un goût exquis, ils sont inspirés des chefs-d'œuvre de l'architecture sans être des copies, on s'y sent à l'aise, l'œil est satisfait, l'esprit n'est pas tendu, on éprouve du bien-être au milieu de ces lignes exquises, de ces couleurs harmonieuses, de ces proportions si justes; tous nous avons quitté Munich à regret en disant trois fois *hoch!* au roi Louis.

Quel malheur que nous n'ayions pas pu faire ce voyage avec vous! Il est vrai que nous eussions été gênés d'une part, nous n'aurions pas pu parler autant que nous l'avons fait de la *Faust-Symphonie* dont nous chantions les phrases, en ajoutant mille commentaires[1]. Wagner était dans l'enthousiasme, il nous exprimait la reconnaissance qu'il vous devait de la jouissance si rare que cette symphonie lui avait donnée; depuis longtemps il n'avait éprouvé d'émotion complète par une œuvre musicale, et votre *Faust* d'un bout à l'autre l'a intéressé et remué jusqu'aux entrailles.

Cosima est étendue en ce moment sur un canapé; elle me demande ce que je fais. — »Ah tu lui écris! je lui écrirai demain!«

Wagner me charge de vous dire qu'il est toujours aussi *albern*. Tous nous vous embrassons en vous adorant, en particulier votre ensorcelée

P.S. Ce matin, nous avons fait toutes les deux une course dans la montagne, nous avons parlé de vous, jabotant comme des pies; au bout de l'entretien chacune s'est retirée jalouse de sa sœur. Je suis jalouse de Cosette, et Cosette par politesse est jalouse de moi, bonne à rien, qui ne fume, ni ne joue au whist.

Adieu, pensez-vous toujours à Dresde? rappelez-nous au bon souvenir du cousin[2], mille tendresses encore du fond du cœur.

---

1) Liszts Faust-Symphonie war in Weimar aufgeführt worden.
2) Eduard Liszt.

38. Dieselbe.

Les Salins, ce 25 8bre 1861.

La secousse a été si forte qu'il m'a fallu quelque temps pour me remettre[1]. Votre chambre était prête, j'y avais mis la table de Wagner, son encrier, votre papier à musique, quelques brochures, et je déplorais l'absence de dictionnaires; mais vous me donnez le temps de combler la lacune et de vous réunir ces amis. Je vous adressais mille discours, tout en arrangeant votre chambre, je m'étais vue dans vos bras, j'avais quitté un instant la froide planète, et maintenant il faut y revenir.

Vous avez eu, Dieu merci, une belle traversée, la mer a été calme; je me suis imaginée voir le Quirinal, et j'ai envoyé des baisers à un beau navire qui défilait majestueusement devant notre côte, persuadée qu'il vous portait. L'heureuse traversée aura été d'un bon augure, et la précipitation de votre départ me fait croire que vous allez enfin trouver la paix, le repos, et arriver au dénouement désiré depuis si longtemps. Ce sont les vœux que je faisais pour vous le 22 Sbre, ce matin où j'avais le cœur si gros de mon espoir déçu. Les larmes me venaient aux yeux, malgré tout j'avais beau me dire que je serais amplement dédommagée plus tard, parce que je vous saurais plus heureux, que tout est pour le mieux dans le meilleur des mondes et que tout vient à point pour qui sait attendre. J'avais beau me farcir la tête de proverbes et vouloir me cuirasser de la sagesse des nations, l'instinct parlait plus fort en ce moment-là, et je n'ai pu soulager mon âme que par la prière. Je demandais alors à Dieu d'accepter mes larmes, de les agréer comme un faible tribut offert pour votre bonheur.

Lecourt[2] a écrit à Emile que vous lui aviez donné à lui et à Boisselot[3]) une séance complète chez Roubion, le splen-

---

1) Liszt hatte auf dem Weg nach Rom, woselbst er seine Vermählung mit der Fürstin Wittgenstein zu feiern gedachte, seine Tochter Blandine in Saint-Tropez, ihrem Sommeraufenthalt, besuchen wollen, war dann aber direkt gereist.
2) Freund Olliviers.
3. Klavierbauer in Marseille.

dide Roubion! Vous leur avez joué le *Faust*, et ils sont été renversés d'admiration. Les puissantes sonorités de *Faust*, les suavités enivrantes de la seconde partie leur ont ouvert un horizon inconnu. Lecourt a demandé à Boisselot de lui communiquer la musique que vous avez laissée à ce dernier, et il veut l'étudier. Il est musicien jusque dans le bout des ongles, et il a une compréhension vive des choses. Mais érudit ou ignorant, il est impossible, pourvu que l'on soit de bonne foi, de vous résister, cher enchanteur des mondes, comme disait avec justesse l'auteur du monde enchanté.

J'envoie ces lignes à la Princesse, ainsi qu'une lettre de Cosima et une de grand'maman, qu'elle m'a adressée avec un mélange de français et d'allemand à Monsieur Franz de Liszt, chambellan de seiner Altesse le Grand duc de Weimar à Tropez (le Saint est supprimé comme toujours), Var. Dans quinze jours je serai auprès d'elle, je lui écris très souvent pour lui abréger un peu le temps d'attente.

Adieu, mon cher père, laissez-moi espérer que vous nous dédommagerez bientôt en venant avec la Princesse partager notre modeste retraite, et nous l'embellir par votre présence, comme nos collines et nos bois sombres sont rendus radieux par la lumière transparente et la splendeur du soleil. Mon beau-père était tout heureux de l'idée de vous recevoir; c'est un homme plein de cœur et de tact, généreux et délicat, une nature de femme dans le bon sens du mot. Au revoir et d'ici-là les plus tendres baisers de votre fille dévouée,

Blandine Ollivier.

[Ein beiliegendes Blatt an die Fürstin Wittgenstein lautet:]

Chère, je vous adresse quelques lignes pour mon père avec une lettre de Cosima et une de grand'maman pour lui. Son départ précipité me fait espérer que vous touchez au terme des chagrins et des amertumes, et que votre sentiment persévérant et courageux va trouver sa récompense. Je vous embrasse de cœur en faisant des vœux pour vous et en nous souhaitant de pouvoir bientôt vous recevoir. Votre affectionnée

B. Ollivier.

Römische Jahre

1862—1868.

39. Blandine Ollivier.

Paris, ce 2 avril 1862.

Mon cher père,

Ce matin ma première pensée a été pour vous [1]); il n'y a plus moyen maintenant de faire comme autrefois un pèlerinage à la petite chapelle Saint Vincent de Paul, que vous avez tant fréquentée; cette chapelle est fermée; je n'ai pas non plus mon petit jardin où je plantais les beaux rosiers-roi que vous m'envoyiez au 2 avril; nous ne pouvons plus aussi nous réunir tous les trois auprès de grand'maman, nous exalter les uns les autres à votre sujet. C'était à qui aimerait au mieux ce père, incarnation vivante de l'idéal, nous projetions bien dès lors de prouver aux aimables bourgeois qui laissaient échapper devant nous que les enfants des hommes de génie n'étaient d'ordinaire que des crétins, de leur prouver à ces gens-là qu'ils ne sont eux-mêmes que des imbéciles. L'un de nous a été enlevé au moment de sa floraison, alors qu'il aurait pu réaliser tant de beaux rêves [2]); Cosima est en Allemagne, moi seule suis auprès de grand'maman comme autrefois, vous toujours loin comme autrefois, et nous fêtons ensemble le 2 avril sûres que Cosima au loin et Daniel plus loin encore, sont unis à nous dans votre pensée et se joignent à notre prière, cette prière qui voudrait attirer sur vous toutes les bénédictions.

Le curé de Saint-Eugène est enthousiaste quand il parle de votre messe, il espère que ses chanteurs seront prêts pour

1) Der 2. April war Liszts Namenstag.
2. Ihr reichbegabter jüngerer Bruder Daniel. 1859 kaum 20jährig verstorben.

4*

Pâques, il désire que ce soit très bien exécuté et à un jour de solennité religieuse; il n'a pas encore voulu me laisser assister à une répétition, il met de l'amour-propre à vouloir me satisfaire et il n'est pas encore assez content de l'exécution, m'a-t-il dit, pour supposer que je puisse y trouver du plaisir.

Je partirai dans six semaines pour le midi, je peux être délivrée de mon précieux fardeau qui se fait déjà beaucoup sentir, à la fin de juin ou au commencement de juillet. Cosima m'a demandé à être la marraine de mon mioche; et Emile se joint à moi pour vous prier d'en être le parrain. Ne me refusez pas; car vous savez: la croyance générale est qu'un refus semblable porte malheur au nouveau-né. J'ai tant pensé à vous et j'y pense tellement tous les jours que j'imagine que mon mioche vous ressemblera; j'ai cette présomption; je veux donc le rattacher à vous par un double lien.

Mme d'Haussonville que j'ai rencontrée dernièrement m'a donné de vos nouvelles, et m'a dit que vous aviez tenu rigueur aux Romains; je lui ai fait comprendre alors qu'ayant beaucoup pratiqué le métier de faire des heureux, il était assez naturel que dans certaine branche de ce métier vous eussiez un peu de lassitude.

Les Misérables[1]) ont paru, traduits à la fois en neuf langues! La seconde partie a pour titre Cosette. Nous devons aller voir M. de Lamartine cette semaine. Vous avez dû voir dans les journaux que Wagner est autorisé à rentrer en Saxe, à Dresde, sans condition aucune.

Adieu, cher et adorable père, je vous embrasse comme je vous aime, du fond de mon cœur. Emile vous exprime ses sentiments d'affection profonde et de dévouement. Grand'maman marche toujours sur deux béquilles dans son appartement[2]), elle a très bonne mine, le teint pur, la peau transparente, l'œil vif, à tel point que je lui dis quelquefois très sincèrement: »Comme tu es jolie, grand'maman!« Elle pense certainement à vous;

---

1 Victor Hugos Roman.
2) Liszts Mutter, die in Olliviers Hause lebte, hatte einen Beinbruch erlitten.

mais elle a prié particulièrement pour vous aujourd'hui; elle vous bénit et vous embrasse du fond de son cœur, vous remerciant de toutes les joies maternelles que vous lui avez données. Je passe mon temps maintenant à l'envier; elle a retrouvé d'anciennes toiles portées par vous; vraies reliques que je veux faire porter à mon mioche qui me fait déjà coudre avec frénésie. Espérons qu'il continuera à opérer des merveilles!

Adieu, et mille tendresses.

Blandine.

40. Emile Ollivier,

französischer Staatsmann, geb. 2. Juli 1825 in Marseille, wurde 1847 in Paris Advokat, trat 1857 dem gesetzgebenden Körper bei, übernahm Jan. 1870 mit dem Justiz- und Kultusministerium zugleich das Ministerpräsidium. Nach Sturz des Ministeriums im Aug. 1870 verließ er für mehrere Jahre Frankreich, wo er seit 1870 Mitglied der Akademie ist. Er hat zahlreiche Schriften veröffentlicht.

Mon cher Liszt,

Ce billet vous sera remis par mon ami Cochin, directeur du journal catholique le Correspondant. Ainsi que vous le verrez, c'est un homme fort intelligent. Il vous donnera de nos nouvelles et nous rapportera des vôtres: ce qui nous réjouira fort. Il vous remettra 2 exemplaires de mon discours.

Blandine continue à porter merveilleusement sa grossesse. Elle n'en a pas souffert un jour. Vers le milieu du mois prochain, elle partira pour le Midi; elle ira s'établir pour faire ses couches, à côté de Marseille, chez mon beau-frère, médecin très habile, où elle trouvera en même temps les soins de ma sœur: ce qui enfin la mettra à l'abri des mauvaises fièvres qui fondent quelquefois ici sur les femmes en couche, notamment dans les mois d'été.

Votre mère se fortifie, et elle commence à marcher un peu plus vite.

Votre messe est toujours en répétition à St Eugène: peut-être sera-t-elle chantée à Pâques; nous vous en donnerons des nouvelles.

Veuillez présenter nos vives et respectueuses amitiés à la Princesse.

Nous vous embrassons de cœur.

Emile Ollivier.

10 avril 62.

Cochin est le gendre de Mr Benoit d'Azy, le très intime ami de Montalembert, Falloux [1]), Lacordaire [2]). Il a été maire de Paris — puis conseiller municipal. Il a donné sa démission à la suite d'un article en faveur du pape qui avait été averti. Il est des catholiques libéraux. J'ai fait mes études de droit avec eux.

Lamartine et Delacroix [3]) auxquels j'ai parlé de vous, vous envoient leurs amitiés.

41. Blandine Ollivier.

Gémenos, 22 Juin 1862.

Mon cher père,

Toujours, mais en ce moment surtout, une marque de tendresse de votre part me ravive; votre dernière lettre si bonne, si élevée, si paternelle m'a pénétrée de reconnaissance et je puis dire aussi que je remplissais de ma joie intérieure tous les objets environnants. Petit-petit a tressailli lorsque sa mère a aperçu votre chère écriture. S'il est vrai que l'enfant soit le reflet des impressions qu'a eues sa mère en le portant, je me flatte de l'espoir qu'il vous ressemblera un peu. Vous serez son seul parrain et Cosima sera sa seule marraine. Approuvez-vous les noms que nous avons choisis? Si c'est un garçon Daniel-Emile, si c'est une fille Geneviève-Rachel. Geneviève est le nom de la mère d'Emile et Rachel l'un des miens.

---

1) de F., französischer Gelehrter, Minister unter Louis-Philippe.
2) Jean Baptiste L., französischer Dominikaner und Kanzelredner (gest. 1861).
3) Eugène D., der französische Maler (1798—1863).

Si j'avais le moindre petit espoir de vous voir venir cet
automne ou cet hiver à St Tropez, nous ferions simplement
ondoyer notre enfant, et nous demanderions une dispense, ce
qui nous permettrait de retarder le baptême jusqu'au moment
où vous seriez libre de venir un peu auprès de nous. Ne
pourriez-vous pas vous échapper un moment? La Princesse est-
elle si tenue d'être à Rome qu'elle ne puisse, elle aussi, s'absenter
pour une quinzaine de jours? Comme je ne connais pas du
tout l'état actuel de ses difficultés je me hasarde à lui envoyer
mon invitation par votre intermédiaire, elle m'excusera si je lui
fais une demande intempestive. — Emile a reçu le peintre que
vous nous aviez adressé, celui-ci lui a remis vos boutons de
manchettes, qui, parait-il, sont exquis. Merci de les avoir
portés à mon intention, ce seront pour moi de vraies reliques.
A propos de reliques, il faut vous dire que mon petit en portera dès sa naissance. Grand'maman, qui est toujours restée
le grand conservatoire, m'a donné de vieilles chemises à
vous, dans lesquelles j'ai taillé 6 petites chemises pour chéri,
que j'ai cousues, piquées, ornées moi-même, tout en priant pour
lui et demandant à Dieu, qui m'a accordé la grâce unique
d'avoir un père tel que vous, un mari tel qu'Emile, de me
donner encore l'épanouissement complet de la maternité. Ah
quelle belle vie de femme j'aurai ainsi, fille d'un grand génie,
d'un noble cœur, d'un être marqué du sceau divin, compagne
d'une nature remarquable, d'un grand caractère et d'un tendre
cœur, je devenais encore la mère d'une âme d'élite! Vos
prières, celles de grand'maman, la sympathie que tous me té-
moignent en ce moment me porteront bonheur, je serai récom-
pensée dans mon enfant non pas pour mes mérites, mais pour
les mérites des miens.

Emile est maintenant surchargé de besogne. Lui, qui
m'écrivait tous les jours assez longuement, a juste le temps de
me donner signe de vie, rien de plus. Jules Favre [1]) vient de
perdre son gendre, de sorte que tout le fardeau de la discus-
sion retombe sur Emile et sur M. Picard [2]). C'est le budget

1) Französischer Advokat und Staatsmann (1809—1880).
2) Ernest P. 1821—77), französischer Advokat und Staatsmann.

qui se discute en ce moment. Emile a dit quelques mots qui ont eu du succès, il prend de jour en jour plus d'autorité sur ses collègues, on sent en lui la loyauté, la conviction, il élève les questions, ne fait pas de mesquines chicanes, et jamais n'abuse de son esprit, ou de ses talents d'orateur pour écarter la vérité. Dernièrement, il a si bien parlé dans les bureaux que M. de Morny[1]) lui a dit qu'il allait demander des voix pour qu'il fut nommé Commissaire. Ceci tenait du prodige, aussi Emile ne crut-il pas au résultat; mais le miracle fut opéré, Emile fait partie de la commission qui s'occupe de la question du Mexique.

J'ai reçu dernièrement une lettre très affectueuse de Lecourt, qui me demande: »Où trône le grand Franz?« Le curé de St Eugène, qu'Emile a vu, il y a quelques jours, fait toujours répéter votre messe que l'on trouve très difficile et qu'il tient à faire exécuter dans tout son éclat.

Vous ne me parlez pas de vos travaux, et cependant je sais que vous êtes occupé à de saintes et belles œuvres; vous composez beaucoup de musique religieuse, et vous ravivez le chant grégorien. Ah, si je pouvais tranquille, dans un coin de votre chambre, vous entendre phraser quelque belle pensée à peine échappée de votre plume, et partager un peu de ce Paradis que vous créez immédiatement autour de vous, je laisserais bien de côté toutes les solennités qui agitent Rome en ce moment! Le clergé français se distingue en effet par le bruit de ses manifestations; un supérieur de je ne sais plus quel ordre d'Italie disait dernièrement: »Nous avons deux Français au convent, rien que deux: ils nous rendront fous!« Je fréquenterai Mme Cochin à mon retour. Nous parlerons de vous; car vous l'avez ensorcelée, enchantée, elle aussi, cher grand prêtre de la magie blanche.

Je vous embrasse du fond du cœur, en vous demandant votre bénédiction pour nous deux.

Votre fille affectionnée

Blandine Ollivier.

---

1) Herzog von M. (1811—65, Président des Corps législatif.

Grand'maman va bien, elle lit avec beaucoup d'intérêt *les Misérables;* son indignation contre les Rhénardier commence à devenir inquiétante. Elle prie tous les matins pour moi, ma bonne grand'mère! Puisse cet enfant, qu'elle aime déjà d'un si touchant amour, lui donner beaucoup de joie! Cosette va venir le soir pour lui tenir compagnie pendant mon absence et veiller un peu sur son régime. Elle s'installera dans mon petit appartement.

42. Emile Ollivier.

Gémenos.

Mon cher Liszt,

Me voici auprès de Blandine[1]. Je l'ai trouvée en parfait état: calme, souriante, reposée comme si elle revenait d'une promenade un peu longue, et non pas comme au sortir d'une crise violente. Les douleurs l'ont prise dans la nuit du 2 Juillet. Elle les a supportées seule jusqu'à 7 heures. A 7 heures, elle a appelé. A $9\frac{1}{2}$ l'enfant est né en poussant un cri d'une force remarquable, qui annonçait son sexe. Elle n'a presque pas souffert et son visage ne s'est pas altéré un instant, ni la sérénité de son esprit. A peine a-t-elle fait entendre quelques interjections italiennes: *Dio santo*, etc. La nature a opéré en elle d'une manière bienveillante et calme. Si la fièvre de lait se passe bien, comme nous l'espérons, tout sera terminé quant à elle.

De l'enfant je ne puis vous dire grand'chose. Il paraît fort: il est brun; il a des cheveux qui sont noirs. Est-il beau, est-il laid? à qui ressemble-t-il? Je n'en sais rien. On a seulement remarqué dès le premier moment en lui deux choses: des yeux grands et noirs qui brillent comme de vrais miroirs; son cri plein, sonore, musical, comme la voix de sa mère.

---

[1] Sie hatte am 3. Juli einem Knaben das Leben geschenkt: Daniel Ollivier, der gegenwärtig zu den geschätztesten Advokaten in Paris zählt.

Nous allons le faire baptiser en votre nom et en celui de Cosima. Demandez à Dieu qu'il nous le conserve et qu'il en fasse un homme de bien.

Blandine, mon père et moi, nous vous embrassons de cœur. Mes meilleures amitiés à la Princesse.

Samedi, 5 Juillet 1862. Emile Ollivier.

43. Blandine Ollivier.

Mon cher père,

Je vous écris de mon lit où j'ai été obligée de me fourrer de nouveau depuis hier. Je m'étais laissé aller à piétiner dans la chambre, au lieu de rester tranquillement étendue sur la terrasse. Je courais au berceau quand le petit était rentré, je restais debout, penchée sur lui à le dorloter ou bien à lui conter moult choses que je m'imaginais être comprises, tant la physionomie du picioun est animée et mobile, vive et mutine parfois, comme celle d'un gamin de Paris, réfléchie, pathétique dans d'autres moments. Je voudrais vous le montrer, bien qu'à 23 jours on ne soit d'aucune façon un antique. Nous avons la peau qui pèle encore, nous avons grand besoin de nous remplir; mais ce que nous avons pour nous, ce qui est incontesté, ce sont les plus beaux yeux du monde, ils sont grands, noirs, vifs, brillants, humides, le blanc de l'œil est bleu, et nous avons déjà de longs cils noirs. Jusqu'à présent cet enfant n'a rien de moi et c'est tout le portrait de son père. C'est par les yeux seulement qu'il diffère de lui, les yeux du petit sont moins rapprochés du nez, plus longs, plus en amande, ce qui me fait espérer qu'il ne sera pas myope, mais il a le front d'Emile, les cheveux plantés comme lui, il a comme lui les oreilles bien faites, fines, bien bordées, détachées, ce qui est assez rare, les mains longues et effilées, mains d'artiste, il a, lui aussi, la bouche démosthénienne, la lèvre supérieure qui avance à la façon des masques antiques; cette conformation de la bouche donne à la voix plus de portée, et lui permet de se

faire entendre de très loin, sans effort. En attendant que
Daniel-Emile nous fasse entendre sa parole, de ses petites lèvres
s'échappent une puissance de cris pleins, sonores, très mâles.
Heureusement qu'il est bon enfant, il ne crie que juste ce qu'il en
faut pour ne pas nous donner d'inquiétudes sur sa santé. Il n'est
pas gros, et ne sera jamais, je crois, un pouffias; mais il est vi-
goureux, ses petites mains serrent mon poignet avec force. Je le
nourris, mon lait parait lui convenir; car il fait de bons sommeils,
et la nuit il me laisse cinq heures de suite tranquille. Au commencement de Septembre nous partirons pour St Tropez, où je
compte rester un an au moins, voulant finir de nourrir picioun
à la campagne, pour lui donner un fonds de santé qui lui per-
mette plus tard d'exécuter tout ce qu'il projetera de bon et de
grand. Pauvre être fragile, je ne me réveille pas une fois sans
remercier Dieu de me l'avoir conservé pendant la nuit, et je
ne m'endors pas une fois sans le lui recommander et sans prier
les êtres chers, qui ne sont plus auprès de nous en chair et
en os, mais qui continuent de vivre parmi nous, par la prière
et le souvenir, mon pauvre Daniel, le frère d'Emile, sa mère,
de veiller sur lui. Puisse cet enfant croître, prospérer, réaliser
nos rêves, et continuer la tradition de son père! Aimez-le
aussi un peu, votre tendre sollicitude lui portera bonheur, elle
lui attirera, comme elle a attiré sur nous autres, les grâces de
Dieu dont vous êtes l'élu à tant de titres . . — .

Les plaisanteries de G. sur Etex[1]) ne sont pas mauvaises!
Etex les mérite. Je n'ai jamais vu de vanité plus nauséabonde.
La vanité rend sot, dit-on, chez lui elle est si colossale, si
disproportionnée avec ses autres facultés, qu'elle l'a rendu fou.
Il se croit sérieusement un nouveau Michel-Ange. Au lieu de
continuer à sculpter de son mieux, il abandonne le marbre et
le ciseau, pour se livrer à une peinture extravagamment difforme.
Son atelier est tapissé de nudités épouvantables, qu'il va envoyer à l'exposition. Comme il nous parlait de ses déboires
comme architecte, on n'avait pas adopté son plan de l'opéra

---

1) Antoine E., französischer Bildhauer, auch Historienmaler
und Architekt (1808—88).

ainsi conçu: la scène en forme de cathédrale gothique, haute comme les tours de Notre-Dame, la salle en forme de cirque romain, avec galeries extérieures et jardins, style moderne. Etex était donc indigné contre le siècle, contre l'Empire, contre la France, contre les contemporains, contre le crétinisme actuel qui avait rejeté son plan. Je me hasardais alors à lui demander si l'on (les crétins du jury) recevait ses peintures. — »Ah je les attrape bien!« — me répondit-il, — »je suis décoré!« Etant décoré comme sculpteur, il en profite pour inonder l'exposition de ses croûtes détestables, que l'on est forcé de recevoir de par le petit ruban rouge.

Avez-vous lu *les Misérables?* Je viens de les terminer. J'y trouve bien des imperfections et peu de beautés comparables à celles que contient le deuxième volume. Mais décidément ce livre est bon par le sentiment humain, miséricordieux, pathétique qui s'en dégage. Il n'atténue pas l'horreur du crime, mais il attendrit sur les coupables, et surtout sur les malheureux. Je vous assure, je ne puis parler que pour moi, je sens qu'il me rend meilleure, et si mon goût littéraire se révolte quelquefois, mon âme se dilate et est excitée à de bons desseins. Je trouve que nous, qui à des degrés différents sommes les privilégiés, les heureux de ce monde, nous oublions trop les immenses multitudes qui souffrent, qui pleurent, qui courbent en silence leur tête sous des fatalités inexorables. L'Eglise a raison lorsque le mercredi des Cendres elle nous met de la poussière au front, pour nous rappeler d'où nous venons et où nous allons, et pour abattre nos orgueils terrestres. Ils ont raison aussi les hommes de génie qui nous arrêtent un moment dans nos ambitions, dans nos cupidités, dans nos égoïsmes, dans nos raffinements sur nous-mêmes, dans nos voluptés, dans nos amitiés, dans nos amours, dans nos haines, dans tous les emportements divers de notre vie, pour nous dire: Songez à ceux dont la seule pensée est de savoir comment ils mangeront ce soir! Songez à ceux dont aucune clarté n'a jamais illuminé la conscience! Songez aux parias et aux maudits; une main tendue à propos, une parole prononcée avec douceur peut éviter un naufrage!

Pardon de ce bavardage. Je n'ai commencé cette lettre que pour vous remercier des deux vôtres, pour vous dire que je vous adore, qu'Emile vous porte dans son cœur, et c'est ce que j'allais oublier, tant il me semble inutile de vous l'apprendre. Nous voudrions bien entendre l'oratorio *Ste Elisabeth*. Aux fêtes de Noël Emile viendra me rejoindre à St Tropez. Si nous pouvions vous y voir!

Je vous embrasse du fond du cœur.

Votre fille affectionnée

Blandine Ollivier.

Grand'maman est ravie de votre lettre. Elle attend le père Hermann[1]), et lui fera une réception cordiale »puisqu'il est bien changé«. Elle était un peu triste de n'avoir point de vos nouvelles. Ecrivez-lui le plus que vous pourrez, elle lit et relit vos lettres, les rumine, les admire, les médite et les communique aux privilégiés. Cela la fait vivre et la rend heureuse pour longtemps. Je lui ai écrit avant-hier, bien qu'étant fatiguée. Le 26, c'était la Ste Anne, et je ne voulais pas que mes souhaits lui manquassent. Je lui ai envoyé une mèche de cheveux de Daniel-Emile, il est né avec des cheveux châtain-foncé. Cosima m'écrit qu'elle est fatiguée et souffrante. Je crains qu'elle ne puisse pas aller voir grand'maman cette année. Wagner, paraît-il, a loué la plus belle maison de Biebrich, il a un superbe jardin, bordé par le Rhin; mais il est d'une humeur de dogue parce qu'il n'a pas d'argent. — M. de Lamartine nous a écrit une charmante lettre de félicitations. Michelet[2]) aussi, il envoie à mon Daniel-Emile ses c a r e s s e s p a t e r n e l l e s.

Adieu encore et de nouveau un tendre baiser.

Gémenos, ce 27 Juillet 1862[3]).

---

1) Hermann Cohen, früher Schüler Liszts, gefeierter Pianist, war als Frater Augustin in Paris dem Karmeliterorden beigetreten.
2) Jules M.. französischer Historiker (1798—1874).
3) Wenige Wochen später, im September schon, erlosch das Leben der an Anmut der Seele und des Körpers so reichen jungen Frau.

44. Carl Friedrich Weitzmann,

fortschrittlich gesinnter Theoretiker und Schriftsteller, gewiegter Kontrapunktiker, geb. 10. Aug. 1808 in Berlin, gest. 7. Nov. 1880 daselbst, wo er seit 1847 als Lehrer wirkte.

Hochgeehrter Herr!

Mit großer Freude empfing ich von Frau v. Bülow die Erlaubniß, Ihnen diese Zeilen zusenden zu dürfen. Denn das Stillleben unter dem tiefblauen Himmel Italiens sollte bisher durch keine Erinnerung an die Stürme des kalten Nordens getrübt werden, und so mußten selbst Ihre innigsten Freunde und Verehrer sich schweigend begnügen, von Zeit zu Zeit die Versicherung zu erhalten, daß es Ihnen wohl gehe! Ihre duftig frischen »Römischen Blätter« aber haben uns von Neuem bewiesen, daß Sie sich nur in dem *Dolce far — molto* wohl fühlen können. Ihr erschütterndes Gemälde[1]) läßt uns die Wirkung des erhabenen *Miserere* Allegri's[2]) nachfühlen, wenn es unter den Geheimnißschauern des heiligen Charfreitags im hohen Dome St. Peters vom gläubigen Chore angestimmt wird; die süßen Töne Ihres *Schlummerliedes*[3]) flehen vertrauensvoll zum Himmel, dem Kinde seine Unschuld, seinen seligen Frieden zu bewahren, und Ihre treffende Schilderung der Stimmung, in welche die andächtige Gemeinde einer längst entschwundenen Zeit durch die einfach frommen Töne von Arcadelt's[4]) *Ave Maria* versetzt wurde, erfüllt uns mit Wehmuth über das verlorene Paradies der Kindheit!

Werden Sie es aber verzeihen, daß ich gewagt habe, das Secirmesser, dessen Heft ohne Schneide hier beiliegt, an eine Ihrer lebensvollsten Tondichtungen zu legen, um Blinden den sinnvollen Organismus derselben zu zeigen? Dürfen wir ferner wagen Sie zu bitten, uns wo möglich einigen südlichen Leucht-

---

1) »Evocation à la Chapelle Sistine« für Klavier oder Orgel. Leipzig, Peters.
2) Gregorio A. (1590—1652), Komponist römischer Schule.
3) Berceuse für Klavier. Leipzig, Peters.
4) Jacob A., niederländischer Komponist (1514—75).

und Brennstoff für die nordische *Fackel*[1]) zukommen zu lassen?
Daß H. von Bülow wiederum die Hauptflamme derselben ange-
zündet hat, zeigen die inliegenden, von ihm »gesammelten glü-
henden Kohlen«. Seine rastlose Thätigkeit überhaupt grenzt
an das Unglaubliche. Er hat für diese Saison nicht nur
4 Orchesterconcerte und 3 Claviersoiréen in Berlin unternommen,
sondern ist dabei fortwährend auf Kunstreisen, ohne seine vielen
abspannenden Unterrichtsstunden außer Acht zu lassen. So
giebt er z. B. heute deren 6, spielt morgen in Dresden, setzt
übermorgen seinen Unterricht hierselbst fort und concertirt Tags
darauf in Hamburg, von wo er in selber Nacht abreist, um
das Hofconcert in Berlin nicht zu versäumen. Auch er gehört
zu den Feuergeistern, die ihren Genuß nur im Genußschaffen,
ihren Frieden nur im fortgesetzten Kampfe finden.

Noch geben wir nicht die Hoffnung auf, Sie, hochverehrter
Meister, bei der nächsten Tonkünstlerversammlung freudig zu
begrüßen und unsere Aufführungen mit Ihren Compositionen
zu schmücken. Denn unter den zur Aufführung eingesandten
Partituren habe ich bis jetzt nur eine einzige von Bedeutung
gefunden, eine hohe Messe für Solo- und Chorstimmen mit
großem Orchester von dem Organisten C. August Fischer in
Dresden[2]). Alle übrigen Eingaben erschienen mir wie spottende
Karikaturen auf die alte classische oder die neuromantische
Musik.

Frau von Bülow ersucht mich, Ihnen mitzutheilen, daß ihr
letztes Schreiben nach Rom zwar schon vor 14 Tagen abgegangen sei, daß aber leider vergessen wurde, auf die Adresse
par Marseille zu setzen. Ebenso fordert sie mich auf, Ihnen,
hochgeehrter Herr, folgende Erläuterungen über die schon früher
nach Rom geschickte *Folie d'Espagne* zu geben. Im britischen
Museum zu London fand ich eine Handschrift vom Jahre 1732
mit mehreren Claviercompositionen aus jener Zeit und copirte
einige derselben. So z. B. die in meiner Geschichte des Clavier-

---

1) Eine seit 1864 erscheinende Berliner »Wochenschrift zur
kritischen Beleuchtung der Theater- und Musikwelt«.
2) Hervorragender Orgelvirtuos, auch Komponist (1828—92.

spiels abgedruckten Tonstücke des Pasquini[1]) und Durante[2]). Dieser Codex enthielt unter Anderm eine Folge von Variationen über die *Follia* von D. Scarlatti[3]), deren Thema allein ich jedoch copirte, und welches Frau von Bülow Ihnen vollständig zukommen ließ. Die 22 Partite bestanden größtentheils nur aus den das Thema tragenden, mannigfaltig arpeggirten Accorden, waren also im Geschmacke der »galanten Veränderungen« jener Zeit. Die Bezeichnung der Handschrift war entweder: Add. Mss. 14, 166 oder findet sich vor in der *List of additions*, 1843. Corelli[4]) hat jene Melodie ebenfalls zu 24 Variationen für die Geige benutzt, die sich am Schlusse seiner in Rom und später in Amsterdam gestochenen: *Sonata a Violino e Violone o Cimbalo*, op. 5 vorfinden. Diese letztere *Follia* beginnt wie folgt:

1. *Adagio.*

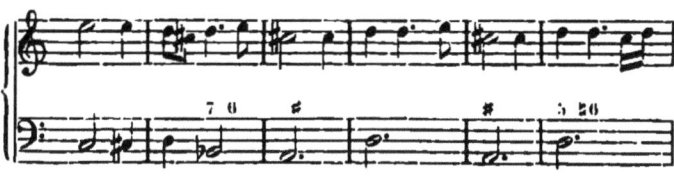

1) Bernardo P. (1637—1710), Organist an S. Maria Maggiore in Rom.

2) Francesco D. (1684—1755), Komponist neapolitanischer Schule.

3) Domenico Sc. (1685—1757), berühmter Klavierspieler und -Komponist.

4) Arcangelo C. (1653—1713), römischer Violinvirtuos und -Komponist.

Die Variationen von Scarlatti sowohl wie die von Corelli sind wahrscheinlich in der reichen Musiksammlung des Abate Santini zu Rom befindlich.

Ihr mir durch H. v. Bülow freundlichst mitgetheiltes gütiges Urtheil über meine *Geschichte des Clavierspiels*[1]) hat mich hoch erfreut, ebenso ein wohlwollendes Schreiben über dieselbe von Fétis[2]) aus Brüssel; endlich hat mir der Fürst zu Hohenzollern-Hechingen soeben huldvoll das Ehrenkreuz seines Hausordens verliehen. In Arbeit habe ich jetzt eine Geschichte des Claviers selbst, dessen Anfänge noch sehr im Dunkeln liegen, und gleich-zeitig habe ich die Materialien zu einer Geschichte der Fuge und des Canons gesammelt, die zu sichten, zu ordnen und zu gruppiren ich bereits begonnen habe.

Mit den herzlichsten Wünschen für Ihr Wohlsein von H. und Frau von Bülow und von meiner ganzen Familie, deren stolzestes Mitglied jetzt Hugo ist, weil ihm Ihr vortreffliches Medaillon-Relief zu Weihnachten wurde, und mit innigster Hochachtung Ihr treuergebener

C. F. Weitzmann.

Berlin, d. 23. Januar 1864.

45. Carl Alexander, Grofsherzog von Sachsen-Weimar,
geb. 24. Juni 1818 zu Weimar. gest. 5. Jan. 1901 daselbst, wo er seit 1853 regierte.

Votre lettre du 16 de ce mois me prouve que Vous con-tinuez, mon cher, à conserver quelqu'intérêt à Weimar. Je m'en réjouis d'autant plus que je commençais à en douter, de-puis que Vous ne m'avez pas répondu à la lettre si pressante que je Vous écrivis, il y aura maintenant 2 mois. Elle Vous disait que Bronsart était appelé à Berlin, elle Vous racontait

---

1) 1863 erschienen.
2) François Joseph F. (1784—1871), Direktor des Brüsseler Kon-servatoriums. Musikgelehrter, Theoretiker, Schriftsteller, Komponist.

que je ferais mon possible pour fixer Müller-Hartung [1]) à Eisenach,
elle Vous demandait conseil pour remplacer Bronsart. Comme
Vous ne m'avez pas répondu et que ni le magistrat ni les
habitants d'Eisenach n'ont voulu augmenter les sommes que les
uns et les autres ont accordées pour réaliser les projets Müller-
Hartung, il a bien fallu le placer ici pour remplacer Montag [2]).
Je tâche et tâcherai, si Dieu permet, de lui faciliter la réalisation
de ses projets, et cela tant pour Weimar que pour Eisenach
et le pays.

En attendant veuillez Vous occuper du choix d'un bon
maître de chapelle pour mon théâtre et les concerts de la cour
qui, dans Votre absence, puisse revoir Vos intérêts qui sont
les miens. Je veux un homme habile et à horizon large,
car mon acceptation du protectorat sur le *Deutsche Musikverein* doit être une réalité, non une phrase.

Dresde et d'autres villes nous contestent encore la résidence
de la direction de la *Schillerstiftung* à Weimar. J'espère que
nous l'emporterons. La décision à l'égard de la publicité des
dons et des noms est en attendant une victoire véritable du
bon sens.

Vous finissez Votre lettre par une phrase spirituelle mais
fort impatientante pour quelqu'un qui s'intéresse à Votre bien
véritablement (comme je Vous l'ai prouvé). Je veux que Vous
me parliez de Vous clairement et immédiatement. Où en
êtes Vous de Vos affaires? Maintenant qu'il y a un an de
passé depuis la mort du prince Wittgenstein [3]), il n'y a plus
de raison humaine ou de pouvoir terrestre qui puisse s'opposer
à Votre union. Si elle n'a pas lieu, la raison en est en Vous,
ou en elle. Répondez-moi là-dessus, je Vous prie.

Cette lettre commencée à Weimar est terminée à La Haye,
où la maladie de la Reine, ma belle-mère, a appelé la Grande-

---

1) Karl M.-H. (geb. 1834), seit 1858 Musikdirektor in Eisenach,
wurde 1865 Kirchenmusikdirektor in Weimar und war 1872—1902
Direktor der großherzogl. Musik- und Orchesterschule daselbst; er
lebt jetzt in Berlin.
2) Musikdirektor in Weimar.
3) Der Gatte der Fürstin Carolyne W. war im März 1864 unerwartet gestorben.

Duchesse d'abord et où la mort de S. M. m'a forcé ensuite à me
rendre moi-même. Répondez toutefois à Weimar, où je serai
de retour, si Dieu permet, bientôt. De loin comme de près
je Vous tends la main bien amicalement, quoique Vous com-
menciez à me donner l'idée que je sois seul à le faire.

La Haye, ce 8 Mars 1865.

46. Derselbe.

Weimar, ce 14 d'Avril 1865.

Votre lettre du 31 de Mars, mon cher, replace la plume
dans ma main d'autant plus que les intérêts de Weimar, qui
m'avaient dicté ma précédente lettre, ne me permettent pas de
trève dans nos rapports épistolaires. — Si j'apprécie Votre
opinion à l'égard du choix d'un nouveau maître de chapelle
que Vous désirez voir soumis au jugement de Dingelstedt pour
›cause d'amitié‹, il est cependant tout naturel que nous de-
mandions conseil à Vos lumières. En conscience, mon cher,
il n'en pouvait être autrement. Veuillez donc me conseiller si
Vous ne souhaitez pas nous conseiller. Vous ne pouvez me
refuser ce service d'autant moins que je suppose que ce n'est
pas pour faire une phrase que Vous m'avez remis le protectorat
du *neue deutsche Musikverein*. — Je ne connais pas personnellement Gottschalg[1] de Tiefurt, mais j'en ai toujours entendu
dire beaucoup de bien, à part celui que Vous m'en dites.
Votre recommandation suffit pour qu'il devienne pour moi
un sujet d'intérêt particulier que l'avenir prouvera, si Dieu
permet. —

---

1) Alexander Wilh. G. (geb. 1827), nachmals Hoforganist in
Weimar, Redakteur mehrerer Musikzeitungen.

J'ajoute à cette lettre la copie d'un rapport qui vient de m'être adressé et qui se rapporte aux affaires de théâtre. Je n'ai pas voulu prendre de résolution sans Vous avoir consulté et l'ai déclaré nettement en plein conseil. Veuillez donc m'éclairer et me diriger maintenant.

Si je ne trouvais pas parmi les choses banales la plus banale la plainte, je Vous plaindrais, mon cher. Je me réserve de le faire lorsque je verrai que décidément il n'y a plus d'issue pour Vous de ce qui depuis 12 ans est pour Vous la cause de tant de joies et surtout de tant de douleurs[1]). Or, mon ami, ma raison se refuse pour l'heure à admettre cette impossibilité. Le seul obstacle réel a cessé par la mort du prince; sans doute, comme Vous le dites très bien: »le cœur a ses raisons auxquelles la raison ne comprend rien«, aussi est-ce à Votre cœur que j'appelle pour me donner raison si je Vous observe que Vos nombreux amis en deçà des Alpes ont aussi des droits sur Vous, surtout depuis que Vous leur avez enseigné à former phalange et à Vous respecter comme guide, et que leur cause, qui est la Vôtre, leur donne le droit de désirer pour le bien de leur cause comme pour la Vôtre de Vous voir mettre énergiquement la main à ce qui peut Vous assurer le bonheur.

Adieu, mon cher, la Grande-Duchesse me charge de ses compliments pour Vous, répondez-moi bientôt et prêtez assistance à

Votre affectionné

C. A.

47. Derselbe.

De la Wartbourg, ce 12 de Mai 1865.

La lettre que Vous m'avez adressée du Vatican, le 3 du mois, vient de me parvenir[2]). Je l'ai lue avec une douloureuse

1) Seine Beziehungen zur Fürstin Wittgenstein und die vereitelte Vermählung mit ihr.
2) Der Brief enthielt die Mitteilung von dem am 25. April 1865 erfolgten Eintritt Liszts in den geistlichen Stand.

émotion. Si tout changement d'existence est chose sérieuse, il nous le paraît doublement lorsque le cœur est accoutumé depuis longtemps à attacher un intérêt particulier à la personne qui brisant avec un passé glorieux à tant de titres, va au-devant d'un avenir d'un tout autre caractère. Puisse-t-il Vous porter bonheur!

Comme Vous m'avez donné Votre parole d'honneur de veiller sur les intérêts artistiques de Weimar lorsque, au moment de le quitter, j'ai rempli à Wilhelmsthal le désir que Vous m'avez indiqué comme condition — même de Votre retour — et qu'une parole donnée est chose sacrée, Vous ne trouverez que naturel et conséquent que, m'appuyant sur le mot »sacré« attaché à cette parole donnée, je continue à Vous demander Votre aide pour tout ce qui en a besoin.

Je Vous tiendrai au courant des nominations qui devront être la conséquence de Votre réponse à mes questions et qui a accompagné Votre lettre. Pour aujourd'hui je me borne à Vous dire qu'en formant des vœux pour Votre bien, je le fais, mon cher, avec l'âme bien sérieuse et bien tristement préoccupée, étant

Votre tout affectionné

C. A.

48. Emile Ollivier.

Mon cher Liszt,

Depuis hier, votre mère est très gravement malade. Je pèse mes mots: il y a gravité, mais non péril. Quand vous recevrez cette lettre, tout sera fini d'une manière ou de l'autre. Si l'état s'est aggravé, je vous en aurai averti télégraphiquement. Si vous n'avez rien reçu, il n'y aura plus rien à craindre. Le mieux se sera prononcé. J'ai aussitôt instruit Mʳ Buquet[1]) de son état, quoiqu'elle m'ait dit qu'elle ne voulait personne et qu'elle ne demandait personne en appuyant sur ces mots. Il viendra la voir . . . — .

1) Abbé B.. Beichtvater der Familie.

Adieu. Je vous embrasse de cœur. Je vous le répète, quand cette lettre vous arrivera, le sort de votre mère sera fixé. Si elle a dû nous quitter: ce sera accompli, et vous le saurez par dépêche. Si non, elle sera en voie de guérison. La maladie est une bronchite capillaire. Je n'ai pas besoin de dire que nous ne négligeons aucun soin.

Emile O.

1er février 1866.

49. Derselbe.

7 février 66.

Mon cher Liszt,

Le mieux que je vous signalais n'a point duré. Et hier soir, à onze heures, elle a cessé de vivre. Mes frères et moi, nous lui avons fermé les yeux, nous l'avons fait ensevelir, puis j'ai déposé un baiser sur son front pour vous, pour Blandine, pour moi. Elle a reçu l'Extrême onction. Demain, nous la conduirons au lieu du repos.

8 février.

Je reviens de la triste cérémonie: Voici les paroles que j'ai prononcées — j'ai acquis un terrain et j'y ferai mettre une pierre avec son nom et cette inscription de l'Ecclésiaste: *Qui inveniet feminam bonam, hauriet jucunditatem a domino.* —

Vous m'obligeriez en écrivant deux lignes affectueuses à mon frère Adolphe, qui, sans y avoir les mêmes raisons que moi, à été pour votre mère, dans ses dernières heures, aussi dévoué que le fils le plus tendre, et sans l'assistance duquel je n'aurais pu m'acquitter de tous ces tristes soins.

Mes remerciements à la Princesse pour son télégramme.

Je vous embrasse de cœur.

Emile Ollivier.

50. Carl Alexander, Grofsherzog von Sachsen-Weimar.

Weimar, ce 20 de février 1866.

Les journaux m'ont appris la mort de Votre Mère: je viens, mon cher, Vous exprimer la part que je prends à Votre douleur et Vous croirez à ma sincérité si Vous consultez Vos souvenirs. Ils Vous diront que si même l'époque est loin derrière nous, où de fait je Vous tendais la main au lieu de prendre la plume, je ne le fais pas moins aujourd'hui en idée parce que je Vous sais dans l'affliction. Je demande à Dieu de Vous soutenir afin que Vous puissiez trouver une consolation dans Sa miséricorde, une distraction dans les talents dont Il Vous a doué.

Mon fils en Vous apportant mes compliments affectueux, Vous a prouvé encore avant que Vous ne receviez cette lettre, que nous ne cessons ni ne cesserons d'aimer et de cultiver à Weimar les noms qui lui sont chers. C'est Vous dire si nous avons soin d'y cultiver ce que Vous y avez créé. Du reste, je sais que d'autres plumes que la mienne Vous le prouvent en Vous tenant au courant de notre activité musicale. Je viens d'assister hier à un très beau concert à Iéna où la nouvelle composition de Bruch[1]) *Frithjofssage* a été représentée avec succès après que son opéra: *Loreley* a été applaudi au théâtre de Weimar, et je vais assister à un nouveau concert sous la direction de Müller-Hartung qui, j'espère, sera aussi beau que les autres, secondé qu'il est par l'académie de chant que nous devons à son infatigable zèle. J'ai assuré à notre *deutsche Musikverein* Cobourg comme arène pour cette année et M. Gille[2]) Vous dira si mon activité répond à mes promesses de protecteur.

Adieu, mon cher, la Grande-Duchesse me charge de ses

1, Max B. im Originale steht irrtümlich Bruckner], Komponist, Professor an der Berliner Hochschule (geb. 1838).

2) Carl G. (1813—99), Justizrat in Jena, Generalsekretär des Allgem. deutschen Musikvereins, nach Liszts Tode auch Kustos des durch Fürstin Marie Hohenlohe gestifteten Weimarer Liszt-Museums.

compliments pour Vous; je Vous salue par le souvenir de
Weimar comme d'une sorte de patrie pour Vous. Elle l'est
en effet, car tout lieu le devient où l'on a semé le bien et où
on le sait consciencieusement cultivé.

Charles Alexandre.

51. Alexis Graf Tolstoy,

russischer Dichter, geb. 24. Aug. 1817 in St. Petersburg, gest. 28. Jan. 1875.

[Rom, März 1866.]

Mon très cher Monsieur Liszt!

Votre proposition d'hier était trop belle et trop flatteuse
pour que je ne la saisisse pas au vol. Voici donc deux petites
poésies A et B, qui, peut-être, pourront fournir l'argile à Michel-
Ange, ou encore deux petits cailloux qui deviendront précieux
quand Benvenuto daignera les monter[1]). A ce soir donc, et
si Votre lit n'a pas été trop incommode, nous serons heureux
de Vous l'offrir encore. Considérez-nous comme Vos Philémon
et Baucis, nous Vous offrons ce que nous pouvons.

NB. Dans mon orthographe latine j'ai suivi la prononciation
allemande.

Encore une fois à revoir au Monte Mario à 6 heures. Que
Dieu vous garde! A Vous de tout mon cœur.

Alexis Tolstoy.

52. Friedrich Smetana,

eigenartiger böhmischer Tondichter, auch Klaviervirtuos, geb. 2. März
1824 zu Leitomischl in Böhmen, war 1866—74 Kapellmeister am
Nationaltheater in Prag, wo er, geistesgestört, 12. Mai 1874 starb.

Hochverehrter Meister!

Es wurde mir die angenehme Aufgabe zu Theil, mich im
Namen der *Umélecká Beseda* für die bereitwillige Erlaubniß Ihr

---

1) Liszt schrieb später zu Tolstoys Ballade »Der blinde Sänger«
die melodramatische Klavierbegleitung. (St. Petersburg, Bessel.)

Meisterwerk vorführen zu dürfen zu bedanken, und auszudrücken,
wie unser Verein diese Auszeichnung hochzuschätzen weiß,
durch welche er in den Stand gesetzt wurde, ein so hervor-
ragendes, das Gepräge der Vollendung, des Genies, manifesti-
rendes Kunstwerk zuerst in unserer Stadt zur That gebracht
zu haben. — —

Wenn ich aber auch nicht offiziell dazu bestimmt worden
wäre, diesem Ausdrucke der Bewunderung und des tiefsten
Dankes zum Dolmetsch zu dienen, so hätte ich mir nie die Gelegenheit rauben lassen, schriftlich meinen speziellen Gefühlen
Ihnen gegenüber Luft geben zu dürfen.

Es war in Pest, wo Sie, mein hochverehrter Meister, mir
die Erlaubniß zur Aufführung des Oratoriums in Prag in Aussicht gestellt haben, jedoch unter der Bedingung, daß ich
selbst das Werk studiere und leite. — Gedenk dieser ehren-
vollen Mission, habe ich das Werk mit dem Aufgebot aller
meiner Kräfte, mit der ganzen unbegrenzten Hinneigung enthu-
siastischer Bewunderung in Angriff genommen, (wenn ich mich
so ausdrücken darf) und auch geleitet. — Die Aufführung war
tadellos. — Es ist freilich schwer, zu sagen, es war tadellos,
wenn man selbst dirigirt hat, und dann darüber schreiben soll.
— Aber Ihnen, meinem geliebten, verehrten Meister gegenüber
brauche ich nicht in übel angebrachter Bescheidenheit mit den
Worten zurückzuhalten, wo es gilt, die Wahrheit zu berichten.
Also wie gesagt, Orchester, verstärkt auf 10 Contrabässe von
beiden Landestheatern und sonstigen tüchtigen Privatkräften,
16 Violinen 1mi, 16 Secundi, 10 Violen, 10 Violoncellen,
überbot sich selbst, Alles makellos, die Begleitung auf ein Haar
in den schwierigsten Eintritten, voll Schwung und Kraft; die
Chöre rein, sauber, fest, voll Zartheit und wieder voll Kraft
und Macht; die Soli in besten Händen, namentlich die h. Elisabeth. Diese Partie wurde von Frl. Bubenicek so meisterhaft
gesungen, so voll Gefühl, dramatischer Wahrheit, daß beinahe
alle ihre Solostellen von einem wahrhaften Beifallssturme des
hingerissenen Publikums begleitet wurden, und ich selbst beim
Dirigentenpulte, von ihrer Leistung mit hingerissen, zu thun
hatte, um nicht in laute Jubelrufe auszubrechen. Überhaupt

war das Publikum zu meinem Leidwesen in seinem Enthusiasmus gar nicht zu stillen; ich sage zu meinem Leidwesen, denn
es verdarb mir nur zu oft die herrlichsten Nachspiele und
orchestralen Verbindungen zwischen manchen Stellen durch
seinen Beifallssturm. — Nach der ersten Abtheilung wurde ich
zweimal, zu Ende des ganzen Oratoriums dreimal gerufen. Dies
schreibe ich nur, um Ihnen eine Vorstellung zu machen, welchen
Eindruck Ihr bewundertes Meisterwerk hier in Prag auf das
alle Räume des großen Neustädtertheaters überfüllende Publikum gemacht hatte.

Leider ging die sehnlichst erwartete Wiederholung des Oratoriums durch egoistische Sonderinteressen der II. Theaterdirektoren in die Brüche. Gastspiele im deutschen, Gastspiele
im böhmischen Theater, die Geldtasche der Theaterdirektoren
waren unüberwindliche Hindernisse! Denn nur durch die Über-
lassung der beiden Theaterorchester auf einen Abend war die
Aufführung des Oratoriums ermöglicht. Auf einen Abend thaten
die Herren, natürlich gegen Bezahlung, was wir verlangten, auf
einen zweiten Abend jedoch war alle unsere Bemühung umsonst.
Indeß kam die telegrafische Nachricht aus München um die
Zurückstellung der Partitur an, und so verschwand auch die
letzte Hoffnung für eine nahe spätere Zeit von selbst. — Wir
hofften für Mai eine Wiederholung; indeß brach der drohende
Zwiespalt zwischen Preußen und Österreich bis zum nahenden
Kriege aus, und somit verschwand alle Hoffnung für die Ausführung. Doch geben wir die Zukunft nicht auf, und freuen
uns abermals auf ein ähnliches Musikfest im wahren Sinne
des Wortes. —

Genehmigen Sie, meine ewig treuen und unwandelbar be-
wundernden Gesinnungen hiermit wiederholen zu dürfen.

Ihr ewig dankbarer

Friedrich Smetana.

Prag, 15. Mai 1866.

53. Carl Alexander, Grofsherzog von Sachsen-Weimar.

Eisenach, ce 24 de Novembre 1866.

La lettre que j'ai reçue de Vous, mon cher, après Votre retour à Rome, m'a prouvé que Vous ne nous avez pas encore entièrement oublié. Votre mémoire — celle du cœur surtout — sera mon interprète, si j'ajoute que si cette preuve m'a apporté une certaine satisfaction, elle est mêlée à des sentiments dont personne mieux que Vous ne saurait mesurer les peines. Mais ce n'est pas pour récriminer que j'ai pris la plume, c'est pour faire appel aux riches dons que Dieu Vous accorda, en même temps qu'à cet esprit supérieur qui avec ses aspirations nobles, libres et élevées, me montrait jadis des horizons toujours nouveaux et toujours larges.

L'été prochain, si Dieu permet, sera le jubilé des huit cents ans d'existence de la Wartbourg. J'aimerais marquer cette époque d'une façon qui en soit digne; l'idée d'y faire exécuter Votre oratorio de *Ste Elisabeth* se présente tout naturellement, comme répondant à la fois à la signification du moment comme à celle du lieu. Mais il va sans dire — tout aussi naturellement — que cette idée ne trouverait une exécution complète que si Vous-même, Monsieur, Vous Vous chargiez de la direction de Votre ouvrage[1]). Vous demander de le faire est le but de ces lignes. Veuillez me répondre à ce sujet et bientôt, parce que le programme de la fête en dépend. — Vous voyez que Vos péripétiés ne sauraient atteindre l'habitude que j'ai contractée depuis longtemps de m'adresser à Vous pour couronner un ouvrage entrepris, ou en ouvrir de nouveaux sillons. Aussi ne me trouverez-Vous que conséquent si je Vous ferai adresser des questions pour combler quelques lacunes de mon orchestre et pour Vous demander en particulier quels seraient les appointements approximatifs auxquels prétenderait Votre élève M. Sgambati, s'il se décidait à accepter un appel au-delà des Alpes.

1, Es geschah bekanntlich.

Vous me dites être de retour dans la ville éternelle. Son immuabilité expliquera mieux que ma parole que je puis rester stable dans mes sentiments, malgré tout ce que j'ai éprouvé et que je le prouve en me nommant

Votre tout affectionné

Charles Alexandre.

54. Kardinal Lucian Bonaparte,

geb. 1828, gest. 19. Nov. 1875. war der Enkel des Fürsten Lucian von Canino, Bruders Napoleon I.

Paris, le 16 Janvier 1867.

Mon cher Commandeur,

Je m'empresse de venir vous remercier de votre aimable pensée pour le jour de ma fête. Je vous assure que je suis sincèrement touché de cette nouvelle marque de votre souvenir. Je n'ai pu m'en taire avec S[a] M[ajesté]. Priez bien pour le Saint Père et pour Elle n'est-ce pas?

Veuillez agréer, mon cher Commandeur, tous mes meilleurs sentiments d'estime et d'attachement en N[otre] S[eigneur] J[ésus] C[hrist].

Lucien Bonaparte, prêtre

55. Georg II., Herzog von Sachsen-Meiningen,

geb. 2. April 1826, regiert seit 1866.

Lieber Herr Abbé!

Ueberbringer dieser Zeilen ist der Ihnen bereits bekannte Kirchen-Musikdirector Müller aus Salzungen[1]), welchen ich nach Rom sandte, um die sixtinische Kapelle in der Charwoche zu hören. Da Sie auf diese Kapelle, wie ich vermuthe, großen Einfluß haben, gestatte ich mir die Freiheit, Sie mit der Bitte zu belästigen, womöglich Herrn Müller zu den Proben der

1) Bernhard M. (1824—83, Kantor in Salzungen.

sixtinischen Kapelle Zutritt verschaffen zu wollen und ihm über
das, was die Sänger während der Osterfeiertage singen, Aufschluß zu geben. Es würde mich zu wärmstem Dank verbinden, wenn Sie in dieser Beziehung etwas für den Ihnen
Empfohlenen thun wollten: Sie würden damit der kirchlichen
Gesangskunst wohl einen Gefallen erweisen; denn Müller hat
den Salzunger Kirchenchor bereits auf hohe Stufe gebracht und
wird das Vorbild, das er in Rom findet, ihn begeistern, immer
Trefflicheres zu leisten.

Wie ich hoffe, steht mir die Freude bevor, Sie im Laufe
dieses Sommers hier in Meiningen zu sehen: es ist nämlich
sehr die Rede davon, das Musikfest, welches vergangenes Jahr
in Coburg stattfinden sollte, hier abzuhalten. Da dürfen Sie
nicht fehlen! Vielleicht gelingt es Müller bis dahin, Ihnen
einen der von Ihnen komponirten kirchl. Gesänge vorzuführen.
Müller ist sehr eingenommen für dieselben, hält sie aber für
sehr schwierig.

Meine Frau trägt mir auf, Sie zu grüßen. Indem ich Ihnen
nochmals meinen Schützling wärmstens empfehle, verbleibe ich,
lieber Herr Abbé

Ihr ergebener

Georg Herzog zu Meiningen.

Meiningen, den 6ten März 1867.

56. Emile Ollivier.

Mon cher Liszt,

Vendredi soir, chez Mme Erard[1]), Planté[2]) et Saint-Saëns
ont exécuté vos *Préludes, Tasse, Héroïde funèbre*. Ils ont di-
vinement joué, avec une verve, un entrain, une conviction admirables. Le succès a été immense pour eux et pour vous.

---

1) Wittwe des berühmten Pariser Flügelbauers, Liszt von Alters
her befreundet.
2) Francis P., französischer Klaviervirtuos (geb. 1839).

J'ai entendu vos chefs-d'œuvre à côté de Mme de Mercy[1]), qui était ravie. Berlioz était sorti de son lit pour assister à cette belle séance. Les Erard se sont mis à votre disposition avec la plus charmante amabilité et ont fait les choses à merveille. J'espère que ce souvenir do ceux qui vous aiment à Paris, vous sera doux. Je suis sûr que vous feriez un véritable plaisir à Saint-Saëns et à Planté si vous leur adressiez deux mots de remerciement. Ils en seraient fiers et ils le méritent.

Je suis toujours au milieu des travaux de la session et j'ignore quand nous serons libres. On dit beaucoup ici que vous irez à Pesth pour le Couronnement. De là irez-vous toujours à Weymar? je ferai mon possible pour y venir. Vous recevrez ces jours-ci un volume dans lequel j'ai recueilli mes principaux discours .. — .

Je vois une foule de personnes, qui me parlent sans cesse de vous et qui me chargent de les rappeler à votre souvenir: l'Abbé Bauer[2]) que je rencontre souvent chez Mme de Blocqueville[3]), Gounod qui vient d'obtenir un véritable succès avec son *Faust*, les Ségur[4]) qui assistaient à la séance, Girardin, qui était venu quoique ne connaissant pas les Erard, Legouvé, etc. Votre souvenir demeure vivant et affectueusement conservé.

Quant à moi, ne doutez pas de ma tendre affection.

2 Juin 67.   Emile.

57. Eduard Bendemann,

Historien- und Bildnismaler, besonders durch seine »trauernden Juden in Babylon« bekannt, geb. 3. Dez. 1811 in Berlin, gest. 27. Dez. 1889 zu Düsseldorf, nachdem er 1859—67 die dortige Malerakademie geleitet hatte.

Sehr geehrter Herr,

Im Begriff von Rom abzureisen, spreche ich Ihnen mein aufrichtiges Bedauern aus, daß es mir nicht mehr möglich war,

---

1) Gräfin Louise de Mercy-Argenteau, Gattin eines Kammerherrn Napoleons III., durch ihre eifrige Propaganda für die neurussische Musik bekannt.
2) Hofprediger in den Tuilerien unter Napoleon III.; nach Sturz des letzteren entsagte er dem Christentum.
3) Marquise de Bl., französische Schriftstellerin.
4) Graf de S., französischer Historiker (1780—1873).

Sie persönlich aufzusuchen. Zugleich bitte ich aber auch dies entschuldigen zu wollen; an der guten Absicht hat es nicht gefehlt, aber bis vor wenigen Tagen hielt mich eine starke Erkältung ab, die mir fast wiederum meine Stimme geraubt hätte, und zuletzt der Mangel an Zeit, den ich ja aber auch bei Ihnen in noch höherem Maaße voraussetzen mußte.

Ich sage Ihnen also hiermit Lebewohl, indem ich nicht unterlassen kann die Hoffnung hinzuzufügen, daß vielleicht zu einer günstigeren Zeit auch mein Wunsch noch in Erfüllung gehen möchte, Ihr Bildniß zu zeichnen.

Mit vollkommster Hochachtung

Ihr ganz ergebenster

Rom, 28. Juny 1867.

58. Kardinal Gustav Hohenlohe,

geb. 26. Febr. 1823 in Schloß Rothenburg a. d. Fulda, gest. 30. Okt. 1896 in Rom. Von ihm hatte Liszt 25. April 1865 die priesterlichen Weihen empfangen; bei ihm auch wohnte er über ein Jahr im Vatikan, wie er in Villa d'Este bei Tivoli sein alljährlicher Gast war.

Cher et aimable Commandeur,

Un sentiment de profonde reconnaissance vers l'Empereur François-Joseph, pour tout ce qu'il a fait dernièrement pour Constantin[1]) m'impose des devoirs auxquels je ne saurais manquer. Le Landgrave de Fürstenberg et les autres Autrichiens qui se trouvent ici avec ces messieurs de l'Ambassade ont déclaré s'abstenir de toutes les grandes sociétés, académies, etc. de ces jours, après l'affreuse nouvelle de la mort du frère de l'Empereur[2]). Je dois m'y joindre et je ne puis donc — à mon grand regret — venir ce soir, d'autant plus

1) Fürst Constantin Hohenlohe, jüngster Bruder des Kardinals, Obersthofmeister des Kaisers von Österreich, dem Prinzessin Marie, Tochter der Fürstin Carolyne Wittgenstein, vermählt war.
2. Kaiser Maximilian von Mexiko.

que ayant été bien indisposé hier, je risquerais, en sortant
le soir, une rechute, mais je l'aurais risquée probablement s'il
n'y avait pas cette autre difficulté que je n'ose surmonter.

Je suis persuadé que Vous serez de mon avis, et j'espère
que Vous voudrez agréer mes excuses avec les expressions de
la plus sincère amitié

de Votre tout dévoué

G. Card. d'Hohenlohe.

[Rom,] 6 Juillet 1867.

59. Carl Alexander, Grofsherzog von Sachsen-Weimar.

Il y a des individualités auxquelles paraît être dévolu le
don de faire plaisir. Vous, mon cher, paraissez être un de
ces élus, vis-à-vis de moi, en tous les cas. Votre lettre de
Bâle en date du 5 de ce mois me le prouve de nouveau.
C'est par cet aveu que je désire Vous remercier. C'est sur
une connaissance de caractère et de choses de 25 ans de durée
que sont basés les sentiments que je Vous exprime · ils sont
donc solidement basés; à plus forte raison est-ce le cas avec
l'affection et la confiance que je Vous porte.

Ce n'est que continuer toutes ces expériences et assertions
que de me parler de ce dont Vous avez bien voulu Vous
charger à l'égard de M. H[eyse][1]; grâce à Vous, tout me semble
être entré dans une bonne voie. J'en profite aussitôt en Vous
priant de lui dire de ma part »que c'était avec une vraie
satisfaction que j'apprenais avec quelle facilité il semble venir
au devant de mes désirs.« Veuillez ajouter »que je serais
charmé de mettre la scène de Weimar à la disposition de sa
muse et que je croyais qu'en acceptant le titre de mon »bibliothécaire particulier« (Privat-Bibliothekar des Großherzogs) il
aurait à la fois une position agréable qui ne le gênerait en
rien, et la facilité de profiter de la scène sans qu'on lui en

---

1) Der Großherzog wünschte den Münchener Dichter Paul H.
(geb. 1830) nach Weimar zu ziehen.

incombe une responsabilité quelconque. « Reste à savoir quels appointements il demande. Le savez-Vous? Je ne voudrais pas débuter de suite par les mille thaler que je pourrais lui laisser en définitive. Une somme moindre pourrait suffire pour les débuts. Pourriez-Vous le sonder? Veuillez me répondre sur tout ceci comme aussi sur l'époque possible de sa venue. Si je Vous dis que les fêtes du 8 Octobre sont passées de façon à me prouver derechef que Vos conseils étaient bons, Vous avez agi selon Votre conscience et que Vous me connaissez comme

Votre fidèle et affectionné ami

Charles Alexandre.

Weimar, ce 12 d'Octobre 1867.

60. Marie von Moukhanoff, geb. Gräfin Nesselrode,

eine in politischen wie künstlerischen Kreisen hervorragend geschätzte, geistreiche, dabei fein musikalische Frau, Freundin Liszts und Wagners. Letzterer widmete ihr seine Schrift: »Das Judentum in der Musik«.

[Oktober 1867.]

Merci d'avoir tenu une promesse qui m'était bien chère — je n'osais y compter et je pensais à vous, à votre voyage, avec une fixité inquiète et triste, tout-à-fait insupportable quand on m'a apporté votre lettre. Pour être complètement rassurée, je voudrais vous savoir à Rome et Garibaldi dehors.. —. J'espère avant de partir apprendre par Mme de Bülow ce qui m'intéresse plus particulièrement. Elle me continue ses bontés — je la vois chaque jour — jamais assez à mon gré, elle inspire de la sympathie et de l'admiration à tous ceux qui ont de quoi la comprendre. La G^de D^sse Hélène et Mlle de Rahden[1]) dont le suffrage n'est point banal, l'apprécient avec enthousiasme. Inutile de vous dire à quel point elles ont regretté de ne plus vous trouver ici. Rubinstein a abreuvé d'ennuis Mme la G^de D.

1) Hofdame der Großfürstin Helene.

Après s'être querellé avec tout le monde, il lui avait promis
de rester encore un an au conservatoire. A peine était-elle
arrivée à Carlsbad qu'il lui annonce son départ pour l'Amérique.
Mais il sera remplacé durant l'hiver par Berlioz, et la direction
des concerts n'y perdra rien. La G^{de} D. et Berlioz sont ré-
ciproquement enchantés. Elle lui donne 16 mille francs pour
3 mois, le loge au Palais et tâchera de le fixer en Russie.

Entendrais-je jamais votre trio? j'en doute et cependant
j'y rêve. Les meilleures choses de la vie sont peut-être celles
qu'on n'a fait qu'entrevoir et rêver. Il en reste dans l'âme
une empreinte éternelle et vraie.

Ne m'oubliez pas complètement. *Nicht versunken und vergessen.* Dieu sait pourquoi ces deux mots l'autre soir m'ont
fait un mal affreux. Une humble place dans votre souvenir,
mais bien à moi, voilà tout ce que j'ose vous demander. Ecri-
vez bientôt à Mme de Bülow — je compte beaucoup sur elle.

Toute votre

M. Moukhanoff N.

Si vous m'écriviez de loin en loin! Mon adresse immuable
Villa Kalergis Baden-Baden.

61. Dieselbe.

Varsovie 1er J. [1868.]
Palais Potocki.

. — . Votre chère lettre m'a trouvée à Vienne où je n'ai
presque pas eu le temps de dormir pendant une semaine que j'y
suis restée. Mes amis et amies voulaient me voir seule, les plus
pressés venaient dès 11 h. du matin, les mieux avisés à 11 du
soir — et des médecins brochant sur le tout. Où que je sois,
j'entends beaucoup parler de vous — Blome[1] cherchant ce
qui nous rapproche (il connait ma doctrine de »s'aimer en

---

1. Graf B., österreichischer Diplomat.

Liszt*) m'a exprimé pour votre personne une admiration intelligente et sans réserve. Mais son enthousiasme est comme
sa nature: ardent et sec. Nous n'avons pu rester d'accord.
Il voudrait vous voir au couvent, où est selon lui l'achèvement
de toute grandeur et de toute perfection. J'ai soutenu que
votre œuvre, votre individualité — votre apostolat doivent
militer en pleine vie; vous avez placé à une hauteur inconnue
jusqu'ici l'idéal de l'art et des artistes. Vous êtes, disait le
Père Gratry[1], un pêcheur d'âmes. Où puiseraient-elles leur
lumière, leurs forces, leurs aspirations si vous disparaissiez —
je sais des personnes que cela rendrait amères et découragées.
Vous vous devez à tous, grands et petits. *Wir können und
wollen Sie nicht entbehren.*

On désire, on espère, je ne sais sur quelles données, entendre à Vienne *Ste Elisabeth.* Ma fille, qui rapporte tout à
ce qu'elle chérit le plus, prétend que vous auriez contre vous
le parti anti-religieux et qu'il serait superbe de l'écraser à coups
de beauté. Joachim[2] s'est informé de vous et des Bülow avec
tendresse — ses concerts étaient très suivis, mais pas par le
high life, qui ne mord nulle part à la *Kammer-Musik* . . — .

Mme la Gde D. Hélène est en négociation avec Tausig[3]
pour le Conservatoire. Berlioz fait merveille — il a transformé
l'orchestre et le public. Pétersbourg lui rend hommage de
toutes façons — il se plait à ces douceurs nouvelles, mais
le climat l'effraie — il est cette année-ci d'une rigueur extrême . . — .

Ai-je besoin de vous dire, que la seule vue de votre écriture ravive ma pensée et me fait oublier le milieu qui m'entoure, comme s'il n'y avait plus ni temps ni espace. Hélas,
vous êtes blasé de tout ce qu'on peut dire et penser de vous,
et — cela m'a toujours désolée — il n'y a pas le moindre mérite
à vous aimer. Au contraire — il faut vous laisser tranquille et

---

1) Französischer katholischer Theolog. Professor der Moral an
der Sorbonne zu Paris (1805—72).
2) Joseph J., der große Geiger (geb. 1831), Direktor der Hochschule in Berlin.
3) Carl T. (1841—71), der geniale Pianist, Liszts Schüler.

accepter avec reconnaissance ce que vous accordez de souvenir
et de bienveillance. Adieu — je vous baise les mains.

Marie Moukhanoff N.

62. Walter Bache,

geb. 19. Juni 1842 zu Birmingham, gest. 26. März 1888 in London,
wo er seit 1865 als Pianist, Lehrer und Dirigent lebte und, ein begeisterter Schüler Liszts, die großen Werke seines Meisters mit
edler Selbstlosigkeit zuerst in England einführte.

38 Welbeck St., Cavendish Square, London W.

Hochgeehrter Herr Doctor!

Sie werden mein langes Stillschweigen nach dem Empfang
Ihres gütigen Briefes gewiß keinem Mangel an Respect zu-
schreiben: wenn ich mich hinsetze um mit Ihnen zu correspon-
diren bin ich immer verlegen — was hat man zu sagen? oder
wovon soll man erzählen? Jetzt kann ich Ihnen wenigstens
mein Concertprogramm beilegen: dieses Jahr hat das Concert
in einem größeren Saal stattgefunden (es war ein Publikum
von ohngefähr 1000 Personen) und deswegen habe ich das
Programm etwas mehr populär als das vorige Mal machen
müssen. Klindworth ist mir bei der ganzen Geschichte äußerst
freundlich gewesen. *Mazeppa*[1]) hat sehr gefallen. *Orphée*[2])
dagegen paßt nicht gut in einen so großen Saal (d. h. das
Arrangement für 2 Klaviere)[3]). *Mignon*[4]) wurde sehr hübsch
gesungen und man wollte es zweimal hören. Abgesehen von
den unvermeidlichen Complimenten, die jedem Concertgeber
5ten Ranges zu Theil werden, bin ich wirklich überzeugt, daß
mein Concert auf eine bescheidene Weise seinen Zweck erreicht
hat und daß eine Orchesteraufführung von einigen Ihrer Orchester-
werke den besten Erfolg haben würde. Wenn ich das Geld
dazu haben werde, weiß ich wirklich nicht; denn in dieser
Beziehung geht es mir immer sehr schlecht und mit diesem

[1] u. 2) Symphonische Dichtungen Liszts.
[3] Von Bache und Klindworth gespielt.
[4] Lied von Liszt.

Concert habe ich ziemlich verloren (die 1000 Menschen waren meistens gratis eingelassen). Das Concert, was wir eigentlich diesen Sommer veranstalten wollten, ist wegen der Abreise Klindworth' durchgefallen: ich fürchte Sie werden mich für Einen halten, der vieles verspricht und Nichts vollbringt — aber als ich letzten Sommer von dieser Aufführung sprach, glaubten wir ganz sicher Klindworth in London zu behalten.

Lohengrin wird in der italienischen Oper einstudirt — die Zeitungen fangen schon an darüber zu räsonniren — aber ich glaube es wird einen großen Succès machen und dann werden wir in ein paar Jahren andere Wagnersche Opern bekommen. Rubinstein ist eben angekommen: hat schon das Beethoven'sche G dur-Concert gespielt: sehr großartig und massiv, aber auch nach meinem Dafürhalten manchmal etwas kalt (z. B. im Adagio) und ein klein wenig roh. Jaëll[1]) ist auch hier und scheint besser als je zu spielen: leider spielt er hauptsächlich Hiller[2]) und Reinecke[3]). Es ist wirklich eine große Freude zwei so bedeutende Künstler wieder zu hören, besonders nach den Spieldosen von Hallé[4]) und Mme Goddard[5]), Pauer[6]) etc. Aber es ärgert mich sehr, daß alle beide Ihre Werke so gänzlich vernachlässigen — es ist höchst feig und unwürdig. Jaëll ist bekannt als *homme de société*, der in Leipzig Reinecke und in Rom Liszt spielt — aber Rubinstein! der so furchtbar gegen das Treiben nach Geld (was allerdings in London sehr stark existirt) räsonnirt. Was thut er sonst? Er kommt von Petersburg her und spielt uns *Lieder ohne Worte* von Mendelssohn! Ich bat ihn einmal Ihre Sonate zu spielen, aber er meinte »er könnte sie nicht spielen«. Bei Juden wie J. und S. kann man auf Alles

---

1) Alfred J. (1832—82), Klaviervirtuos und Komponist.
2) Ferdinand H. (1811–85), Pianist, Komponist, Dirigent und Musikschriftsteller, der neudeutschen Schule feindlich gegenübertretend.
3) Carl R. (geb. 1824), Komponist, Pianist, Lehrer, 1860—95 Dirigent der Leipziger Gewandhaus-Konzerte.
4) Charles Hallé (1819–95), Pianist und Dirigent, lebte seit 1848 teils in London, teils in Manchester, 1888 geadelt und mit Wilma Neruda-Norman verheiratet.
5) Arabella G., englische Pianistin (geb. 1838).
6) Ernst P. (geb. 1826), deutscher Pianist, seit 1851 in London.

gefaßt sein; aber daß ein ehrlicher Musiker, der einmal zu
dem Verständniß Ihrer Werke gekommen ist (Gott weiß sie
sind nicht sehr schwer zu begreifen), wieder zurücktreten kann,
scheint mir ganz und gar unmöglich.

Wie leid es uns gethan hat, daß Sie diesen Sommer nicht
kommen konnten! Ihre Anwesenheit hätte mehr gewirkt als
Alles andere — aber ich hoffe immer noch, daß Sie einmal
kommen werden. Es wird mir alle Tage mehr und mehr zu
einem Bedürfniß Sie wieder zu sehen: gewiß werde ich nie
vergessen was Sie für mich gethan haben.

Fräulein Mehlig ist hier und macht Succès: Sie hat mir
die Ehre gegeben in ihrem Concert das *Hexaméron*[1]) zu 2 Pianos
mit mir zu spielen: leider habe ich nicht gut gespielt.

Von der philharmonischen Gesellschaft wird wohl eine offi-
cielle Antwort an Sie gekommen sein. Der Secretair hat Ihren
Brief immer noch bei sich und wollte darauf antworten. Klindworth wünschte sehr Sie diesen Sommer zu treffen, aber jetzt
wird es wohl unmöglich sein. Leben Sie sehr wohl, geehrter
Herr Doctor, und denken Sie dann und wann an mich, der
Sie immer vor den Augen hat — entschuldigen Sie, daß der
Brief so lang geworden ist, und glauben Sie mich immer Ihren
sehr treuen aufrichtigen Schüler (5ter Classe)

Walter Bache.

den 18ten Mai [1868].

63. Ludwig II., König von Bayern,

der Schirmherr Richard Wagners, geb. 25. August 1845 in Nymphen-
burg, regierte seit 1864 und endete 13. Juni 1886 in den Fluten
des Starnberger Sees.

Monsieur l'abbé.

J'ai reçu la partition[2]) que vous m'avez envoyée pour mon
jour de fête. J'en ai été fort agréablement surpris et vous avoue

---

1) Konzertvariationen von Liszt.
2) Die dem König gewidmete »Heilige Elisabeth«.

de bon cœur que vous n'auriez pu me faire un plus grand plaisir que de me mettre en possession d'un ouvrage dont les beautés sublimes m'ont tant de fois enthousiasmé. Aussi je m'empresse de vous en remercier bien chaleureusement et vous exprime le vif désir que le ciel daigne vous conserver pendant de longues années encore cette force créatrice, dont l'effet fait la consolation et la gloire de vos contemporains. Agréez les salutations de

votre bien affectionné

· Louis.

Château de Berg, le 31 août 1868.

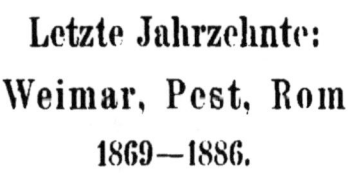

Letzte Jahrzehnte:
Weimar, Pest, Rom
1869—1886.

64. Marie von Moukhanoff, geb. Gräfin Nesselrode.

[März 1869.]

Tausig a surpassé mon attente, il joue tout autrement
qu'on ne me l'avait raconté, *mit einer verklärten Objektivität*
à la Joachim, une puissance concentrée dont on ne voit jamais
le fond — des détails exquis, et beaucoup de poésie quand
il s'y laisse aller. 5 ou 6 personnes exceptées, on ne l'a pas
compris à Varsovie, la presse musicale s'est montrée plus ab-
surde et misérable que de coutume — les sots parallèles avec
Rubinstein et Wieniawski[1]) n'ont pas manqué, la nombreuse
clientèle des Wertheimer[2]) prenant parti dans les froideurs de
famille, s'est privée de l'entendre. Les façons d'être de Tausig
très exclusives déplaisent aux gens d'ici, accoutumés aux
flagorneries expansives et aux recherches de popularité. Pour
moi, il a été charmant et quoiqu'on m'ait dit de lui tout le
mal possible, il m'est resté dans le cœur. D'abord parce qu'il
vous adore — il parle de vous avec tout l'esprit qu'il a et
avec tendresse d'enthousiasme qu'il ne prodigue guère — il
dit, et je n'ai pas de peine à le croire, n'avoir aimé que
vous de toute sa vie — il ambitionne votre jugement et votre
suffrage, voudrait vous consulter sur bien des choses dont il
m'a entreparlé. Pourquoi ne se précipite-t-il pas à Weimar

---

1) Joseph W. geb. 1837, polnischer Pianist, der auch bei Liszt
studiert hatte, lebt seit Jahrzehnten in Brüssel.
2) Familie, in die Tausigs von ihrem Gatten geschiedene
Mutter durch eine zweite Ehe eingetreten war.

après le 20, c'est là une de ces bizarreries que je ne m'explique point. Il en a beaucoup, et de partis pris de sécheresse, mais compensés par des élans spontanés d'un heureux naturel. Vous me trouvez partiale parce que je comprends ses petits griefs contre la race allemande — elle-même se dissimule ou en ignore le véritable motif . . —.

Dites-moi quand et combien de temps vous restez à Ratisbonne. Si ma santé et mes finances me le permettent, je suis capable de vous poursuivre jusque là. Au fait, je préfère vous voir sans concurrence. A Vienne, il ne resterait rien pour pauvre moi. Vous serez absorbé par qui de droit. J'ai toujours eu à propos de vous un sentiment de jalousie souffrante et d'humilité qui paralyse mes mouvements. Mimi Schleinitz m'a fait commettre, par son voyage à Weimar, le péché d'envie et pourtant je l'aime *und ich gönne es ihr*, jusqu'à un certain point.

Adieu — faites-moi la grâce d'une ligne de réponse. On m'apporte encore un télégramme interrogatif de Mme la G^{de} D^{sse} Hélène au sujet de Tausig. Il a refusé ici de brillantes propositions, ne voulant pas remettre son concert de Berlin. Peut-être va-t-il se décider, car on insiste beaucoup à P[étersbourg]. La petite église de Rubinstein est en émoi — je déteste les comparaisons en général — et celle-ci en particulier. Il faut être bien superficiel pour nommer le même jour Tausig et Rubinstein. Grandissime succès de *Halka*[1]) (traduite en russe) à Moscou — un télégramme enthousiaste et fraternel pour le pauvre Moniuszko — 3 N^{os} bissés, entr'autres la Mazurka. C'est un progrès -- on sifflait, il y a 2 ans, celle de Glinka[2]) sur le même théâtre.

Adieu encore et à toujours

Marie Moukhanoff N.

---

1) Oper von Moniuszko (polnischer Komponist, 1820—72).
2) Michaïl G. (1803—57), russischer Komponist, Begründer der nationalen russischen Musikrichtung.

65. Franz Witt,

geb. 9. Febr. 1834 zu Walderbach in Bayern, gest. 2. Dez. 1888 als katholischer Pfarrer in Schatzhofen bei Landshut, ausgezeichneter Tongelehrter, auch Komponist, begründete (1867, den »Allgem. deutschen Cäcilienverein« zur Hebung des klassischen Kirchengesangs, sowie die von ihm auch redigierten Zeitungen: »Fliegende Blätter für katholische Kirchenmusik« und »Musica sacra«. Papst Pius IX. ernannte ihn 1873 zum Doktor der Philosophie.

Regensburg, 8. Juni 1869.

Ew. Hochwohlgeboren!

Ich habe noch nie auf der Welt etwas Bedeutsames zu Stande kommen sehen ohne Kämpfe und große Hindernisse. Auch unserem Vereine fehlt es nicht daran. Um so nöthiger wäre uns die Anerkennung durch Rom, die Übernahme des Protectorates durch Se. Majestät den König von Baiern. Herr Dr. H. von Bülow fragte mich bei meiner letzten Anwesenheit in München, ob Ew. Hochwohlgeboren schon an S. Majestät geschrieben hätten. Ich wußte darauf keine bestimmte Antwort zu geben.

Hr. v. Bülow schreibt mir, daß seine Gesundheit so erschüttert sei, daß er die bereits zugesagte Soirée bei Gelegenheit des Musikfestes wieder absagen müsse.

Nun halte ich aber die Sache, besonders aber die Widerlegung so vieler Vorurtheile und so unbegründeter gegen Ihre Compositionen für so wichtig, und ist mir selbe eine solche Herzensangelegenheit geworden, daß ich nicht so schnell verzichten kann. Ich erlaube mir daher an Ew. Hochwohlgeboren die ergebenste Anfrage zu richten, ob ich mich nicht nach Berlin an Hrn. Tausig wenden soll. Selbst an Hrn. Buonamici[1]), den Schüler des Hrn. v. Bülow, habe ich schon gedacht. Sollte ich bis Ende Juni weder von Ew. Hochwohlgeboren noch von Hrn. v. Bülow Antwort erhalten, so würde ich wenigstens den Versuch machen, Hrn. Tausig zu gewinnen.

----

1) Giuseppe B. (geb. 1846), bedeutender italienischer Pianist, Dirigent des Chorvereins »Cherubini« und eines Trio-Vereins in Florenz.

Das Erträgniß der hiesigen Soirée vom 17. April habe ich nach Befehl des Herrn von Bülow mit 300 fl. bayr. der Nuntiatur in München übergeben.

Die Aufführung Ihrer *Elisabeth* hat mir eine neue Welt eröffnet und habe ich an jenem Abende Ihnen im Geiste tausendmal die Hand geküßt. Ich wollte Sie nähmen sich auch der Oper an, die leider ganz unchristlich vielfach wird.

Das *Ave maris stella*[1]) haben meine 4 Sänger am 15. Mai bei der Maiandacht gesungen. »So Schönes sei noch nie gesungen worden«, sagte Regensburg. Es hat noch dazu alle Anlage, populär zu werden im edelsten Sinne des Wortes. Ich habe es deßhalb auf das Programm des Musikfestes am 5. August gesetzt und hoffe davon einen bedeutenden Eindruck.

Indem ich nochmals den Verein Ew. Hochwohlgeboren bestens ans Herz lege und bitte, über meiner guten Absicht meine etwaigen Ungeschicklichkeiten zu vergessen, bin ich in tiefster Ehrfurcht

Ew. Hochwohlgeboren dankschuldigster

Franz Witt

P.S. Die Missa *Tu es Petrus* von Palestrina ist fast fertig gedruckt.

66. Carl Alexander, Großherzog von Sachsen-Weimar.

Venise, 17 Juin 1869.

En tous les cas ce n'est pas l'originalité qui manque à la proposition que m'apporte la première lettre, mon cher, que Vous m'avez adressée depuis Votre retour à Rome. La chose,

---

[1] Von Liszt.

sans doute, est faisable; mais elle demande à être considérée de plus d'un point de vue pour qu'elle ne devienne pas un proverbe en action. S'il s'agissait d'intituler ce dernier, je l'appellerais: »éviter de Vous mettre à la fois sur et entre deux chaises.« Il faudrait donc, pour éviter ce double inconvénient, examiner à fond éventualités et conditions. Je m'en occuperai, si Dieu permet, à mon retour de Venise, où je me suis rendu au-devant de la Grande-Duchesse revenant de Corse.

Je me plains de ce que Votre lettre soit comme une inscription en style lapidaire. Cela suffit pour un monument ou une médaille. N'étant ni l'un ni l'autre, je réclame une lettre en style épistolaire qui m'apporte tout simplement de Vos nouvelles que je désire aussi bonnes qu'étaient complètes les victoires que Vous venez de gagner et à Vienne et à Pesth, ce dont s'est réjoui sincèrement

Votre très affectionné

Charles Alexandre.

67. Franz Servais,

belgischer Komponist und Dirigent, Sohn des berühmten Cellisten gleichen Namens, vollendete, 1847 in Petersburg geb., bei Liszt und Bülow seine Studien. lebte zumeist zu Hal in Villa Servais und starb 13. Jan. 1901 in Asnières bei Paris.

Munich, Mercredi, 23 Juin 1869.

Bien cher et vénéré Maitre!

Monsieur de Bülow me communique les quelques lignes où vous me priez de vous mettre au courant de ce qui se passe ici. — Très honoré de votre confiance, je vous dirai cependant que je regrette vivement que l'occasion de vous être agréable ne se manifeste sous des auspices plus heureux, plus réjouissants. — M. de Bülow était très abattu ces derniers temps, un surcroit de fatigues physiques jointes moralement à de continuelles contradictions de la part de ses autorités, l'ont, pour ainsi dire, anéanti. — A la *Musikschule* et au Théâtre, il y avait des jours où il était occupé pendant 8 et 9 heures; et il rentrait chez lui vraiment brisé. Mais du Théâtre pris isolément venait, je pense, une grande partie de son abattement: Le Roi »voulant de grandes œuvres, exécutions publiques et privées, tout en recommandant de faire de l'argent et des économies«. — L'Intendant »sans caractère, plein de faiblesse, lorgnant le roi de l'œil gauche et de l'œil droit invoquant le sourire du public, la bonne grâce des abonnés, l'assentiment d'une presse sans couleur tranchée«! — M. de Bülow de son côté, ferme et décidé, ayant un but, voyant le vrai chemin, »la voie qui mène à l'art«. Entre S. M. le Roi et M. de Bülow, je crois, mon bien cher Maître, que M. de Perfall[1]) se trouve comme un vrai trait de désunion! — C'est vraiment une fatalité qu'il n'y ait point un intendant désintéressé comme position pécuniaire qui pût avoir une conviction; qui partageât les idées du Roi et de M. de Bülow, et par son énergie fît face à MM. les abonnés et à la presse. — M. de Bülow ne peut intriguer, sa nature s'y oppose, il est à souhaiter et à espérer qué la lumière se fasse d'un autre côté. — A defaut d'intendant, il serait peut-être encore préférable de souhaiter que M. de Bülow ait la haute-main sur toute la partie musicale du Théâtre et que pour la comédie et le drame il y ait un intendant avec lequel on pût agréablement s'accommoder! —

Tristan und Isolde a été donné Dimanche soir; les artistes étaient chaleureusement rappelés à trois reprises après chaque acte, et à la chute finale du rideau une démonstration eut lieu en faveur de M. de Bülow, le public acclama son nom, le rideau s'élevait, toujours (3 fois) ne laissant apercevoir que le couple rayonnant M. et Mme Vogl[2]). — Hier, Mardi, eut lieu pour le Roi une seconde exécution du Tristan. Le parquet seul était garni par les familles des membres de l'orchestre, qui en avaient obtenu l'autorisation; on n'applaudissait point, on écoutait religieusement. L'exécution du Tristan a été magnifique, Mme Vogl s'est tout-à-fait transformée dans ce rôle. Tout

1) Damals Hoftheater-Intendant.
2) Heinrich (1845—1900) und Therese V. (geb. 1846), die Darsteller von Tristan und Isolde.

le monde reste interdit d'étonnement, du jour au lendemain, elle s'est fait vraiment un nom!

Le *Tristan* étant donc passé, je crois, mon bien cher Maître, que M. de Bülow trouvera un certain repos et qu'il réfléchira avec calme à la situation présente; dans l'état d'énervement complet où il se trouvait dans les derniers temps, il n'est pas du tout étonnant qu'une détermination extrême le prit. Je voudrais qu'il profitât du congé qu'on lui a accordé en réponse à sa démission, et qu'il consentit à accepter une invitation que lui fait ma mère, de venir passer deux mois à notre Villa de Hal, où l'air de la campagne est délicieux. J'irais avec lui, travaillant le plus possible, essayant de mettre mes 22 ans et mon attachement au niveau de ses idées et de son caractère. Pour se délasser musicalement, il pourrait y faire de la musique d'été avec mon frère[1], Kömpel[2] et Lassen[3] qui y viendront également. Puis, s'il veut travailler à son Edition Beethoven, il y trouverait encore tout le calme nécessaire; si la campagne, au bout d'un certain temps lui devenait monotone, il y a, à deux heures de chez nous, Ostende où la mer est magnifique, Spa, qui est une ravissante ville d'eau. Enfin je crois qu'il lui faut une distraction quelconque, celle-ci aurait l'avantage de lui être offerte de grand cœur, avec reconnaissance, et où il serait maître absolu de ses actions. Seulement je crains qu'il ne prenne son congé qu'après les examens de la *Musikschule* (1er Août); d'ici là, il y a encore longtemps!

Les journaux ont annoncé qu'un congé était accordé à M. de Bülow, et que le *Rheingold* restait annoncé pour le 25 Août. (Sous quelle direction . . ? Richter[4] . . ? je l'ignore.) Enfin, mon bien cher Maître, si une étincelle quelconque jaillisait d'un

1) Joseph Servais (1850—85), vortrefflicher Cellist, damals in der Weimarer Hofkapelle angestellt.
2) August K. (1831—91), Violinist, seit 1863 Konzertmeister in Weimar.
3) Eduard L. (geb. 1830), Komponist, Hofkapellmeister und nachmals Generalmusikdirektor in Weimar.
4) Hans R. (geb. 1843), der nachmalige Wiener Hofkapellmeister und berühmte Bayreuther Dirigent, damals Chordirektor der Münchener Oper.

journal, je m'empresserais de vous la faire connaître. Jusqu'à ce jour ils étaient insignifiants et je doute fort que l'esprit saint les éclaire.

Soyez heureux de ce que le peu de place qui me reste impose des limites descriptives à mon enthousiasme pour *Tristan et Isolde.* Sans cela, je n'en finirais point! J'en ai suivi avec ferveur chaque répétition et exécution, et je vous le dis franchement, je crains fort que l'œuvre n'anéantisse mes pauvres aspirations!!! Je suis tout bouleversé. —

Adieu, bien cher et vénéré Maître, veuillez compter sur mon attachement sans bornes et me croire

Votre très respectueusement dévoué

Fran Servais

68. Camille Saint-Saëns,

geb. 9. Okt. 1835 zu Paris, wo er lebt, berühmter französischer Komponist, Klavier- und Orgelvirtuos.

Lundi. [Zweite Junihälfte 1869[1]).]

Cher maître,

Je ne puis vous dire à quel point je suis touché de l'accueil que vous avez fait à mon concerto[2]). Puisque vous daignez vous intéresser encore à moi, malgré mon impardonnable négligence, je vous en punirai cette semaine en vous adressant quelques morceaux de moi que vous me demandez depuis longtemps déjà, et qui, dans leur intérêt, n'auraient pas dû se faire autant désirer.

J'ai beaucoup joué de votre musique cet hiver avec Mlle Holmès[3]) et avec un de mes élèves, que connaissent mes

---

1) Vergleiche Liszts Brief an S.-S.: La Mara, »F. Liszts Briefe«, II, Nr. 91. Leipzig, Breitkopf & Härtel, 1893.
2) 2[d] Concerto, G-moll.
3) Augusta H., Pariser Pianistin und Komponistin (1847—1903).

amis de la Villa Medici et qui a arrangé la partie du 2^d piano
de mon concerto. Je vous assure que vos poèmes symphoni-
ques ne sont pas trop mal appréciés quand nous les jouons. Ces
temps derniers *Hungaria* a fait fureur, on ne peut s'en rassasier.
Ah! si j'avais un orchestre!

La Princesse de Sayn-W[ittgenstein] pense toujours à monter
Ste Elisabeth; mais il faudrait une traduction surveillée par
vous. Les mauvaises traductions sont effroyablement dan-
gereuses.

Les plus tendres respects de votre dévoué disciple

C. Saint-Saëns.

69. Franz Servais.

Bien cher et très illustre Maître!

Si j'ai attendu quelque temps avant de répondre à votre
excellente lettre, c'est que j'espérais vous donner quelques nouvelles plus ou moins satisfaisantes à l'égard de M. de Bülow.
Malheureusement mon attente s'est trompée, il m'a été impossible de réussir à emmener le cher malade à Hal; il n'était
même pas en état de supporter le voyage, me disait-il. Je le
regrette infiniment, car une occasion était donnée à ma
famille de prouver la reconnaissance due à mon illustre Maître
et à M. de Bülow. Dans les derniers temps, il fut très absorbé dans ses idées, et il est résolu d'en finir avec Munich.
Hier se sont terminés les examens et concerts de la *Musikschule*, le tout était très brillant et les élèves ont offert à M.
de Bülow une magnifique couronne de lauriers en argent.

M. de Bülow part demain; il se retire pour une dizaine de
jours avec Mme sa mère dans les montagnes, puis reviendra
ici pendant deux ou trois jours, le temps de tout emballer; il
passerait, me dit-il, un hiver paisible à Florence. Je vous dis
ceci sans son autorisation; hier, comme je lui faisais part de
mon désir de vous écrire, il n'ajoutait qu'il vous aurait informé
lui-même, que ses affaires le regardaient! —

7*

Je le vois réellement partir avec le plus grand chagrin, car nous nous entendions admirablement, je veille sur son logement jusqu'au mois de Septembre et lui suis bien reconnaissant de son amabilité; je ne puis que lui souhaiter le repos le plus efficace, car l'Art réclame son intelligence.

Les concerts de la *Musikschule* étaient, vous dirai-je, très brillants, et il vous sera peut-être agréable de savoir que le jeune Giucci [1] a fait d'énormes progrès, il a très bien joué un concerto de Hummel et obtenu un beau et légitime succès. M. Buonamici a joué d'une façon splendide le concerto (*mi b*) de Beethoven, en vrai artiste. L'accompagnement du 3e concerto de Rubinstein réduit pour un second piano n'a point paru encore, mais paraîtra sous peu.

M. Draseke [2] a passé par Munich ces jours derniers, il m'a rempli d'une bien grande joie, très illustre Maître, en m'annonçant votre prochaine arrivée pour le *Rheingold*. Malheureusement tantôt on le remet d'un mois, tantôt il reste fixé pour la fin Août, et on ne sait à quoi s'en tenir. Merci infiniment de vos bonnes paroles à propos de *Tristan*. Elles me rendent fier de mon admiration. Tout en m'encourageant de la manière la plus flatteuse par un mot, cher et vénéré Maître, vous remontez le baromètre de l'abattement à l'exaltation, merci de grand cœur!

Une idée me préoccupe en ce moment; ayant vu les résultats produits par les élèves de Rheinberger [3] je ne serais pas opposé d'entrer modestement dans sa classe. M. de Bülow et Cornelius me le conseillent. Dans les derniers temps, Cornelius me faisait faire des chorals (à 4 parties). Je faisais cela de façon à mettre dans les harmonies le sentiment des paroles, · — cela plaisait beaucoup à Cornelius, qui même me fit l'honneur de noter plusieurs choses; mais précisément ce que Cornelius trouvait beau, M. de Bülow le trouvait mauvais!

---

1) Ein junger, von Liszt an Bülow empfohlener Italiener.
2) Felix D. (geb. 1835), Komponist und Musikschriftsteller, seit 1884 Kompositions-Professor am Dresdner Konservatorium.
3) Joseph Rh. (1839—1901), Münchner Hofkapellmeister, fruchtbarer, die strengen Formen bevorzugender Tonschöpfer.

et pour me forcer à la simplicité, ils me proposent d'entrer dans la classe de Rheinberger. Quelques jours avant de parler de Rheinberger, Cornelius me disait d'étudier par un tout autre système que les autres, d'écrire, d'écrire en masse et d'apprendre par pratique. — Enfin, cher et vénéré Maître, je serai bien heureux de vous rencontrer, je me permettrai de recourir à vos bons conseils.

Cornelius parle aussi, mais vaguement, de quitter Munich, il craint qu'on lui sera opposé ici, après le départ de M. de Bülow. Il vous sera peut-être agréable de savoir que l'autorisation pour le monument de Chopin a été accordée à Varsovie, — le travail est confié à mon beau-frère[1]), et la souscription rencontre, paraît-il, beaucoup de sympathie. M. Godebski, passant par Munich dernièrement, croyant que cette nouvelle vous intéresserait, m'a prié de vous la communiquer; il vous présente ses bien respectueux hommages et vous est bien reconnaissant pour les démarches que vous avez bien voulu faire à Weimar.

Ainsi, cher et illustre Maître: au revoir! et avec la plus vive impatience: au revoir! En attendant, veuillez croire à l'attachement sans bornes de votre bien respectueux

Munich, 6 Août 1869.   Franz Servais.

70. Adolph Henselt,

großer Pianist und Lehrer, poesievoller Komponist, geb. 12. Mai 1814 zu Schwabach bei Nürnberg, lebte seit 1838 in St. Petersburg, zum General-Musikinspektor der kais. Erziehungshäuser ernannt, später geadelt. Er starb 10. Okt. 1889 zu Warmbrunn in Schlesien.

Planegg, den 22ten August 69.

Mein verehrtester und theuerster Freund!

Ich höre, daß Dein Schwiegersohn[2]) München verläßt! Wenn dem also, so beeile ich mich, Dich hiermit g a n z i m G e h e i m e n

---

1) Cyprian Godebski.
2) Hans v. Bülow.

aufmerksam zu machen (Ihr möget nun darauf reflectiren oder nicht), daß er gerade jetzt in Petersburg ein sehr geeignetes und jedenfalls ein vorzuziehendes Terrain fände, um so mehr als eine solche Capacité jetzt sehr fühlbar zu vermissen ist. (Auch wüßte ich Niemand, den ich einst lieber auf meine Stelle treten sähe, als Deinen Schwiegersohn.) Freilich sind die climatischen Verhältnisse in Erwägung zu ziehen. Falls Ihr bei mir Erkundigungen einziehen wollt, ist meine Adresse bis zum 28. dieses »Gastein, im Gefolge S. K. H. des Prinzen Peter von Oldenburg«, bis zum 10. Sept. »Görlitz, bei H. Landsyndikus Birkner«, bis zum 20. »Sondershausen« und dann gehts nach Rußland.

Man sagte mir, daß Du München passiren würdest, ich treffe jedoch die Vorkehrung, daß wenn der Brief nicht in Deine Hände kommt, er in die meinigen zurückerstattet werden muß; es versteht sich von selbst, daß ich Dich abgewartet hätte, wenn ich mich nicht, nach 30jährigem Brauch, zum Geburtstage meines Prinzen einfinden müßte[1]).

Mit besten Wünschen für Dich und Deine Angehörigen

Dein

trenster Freund und Theilnehmer

Adolph Henselt.

P. S. Erachtest Du meine Mittheilung für Deinen Schwiegersohn nicht für annehmbar, so existirt dieses Schreiben nur zwischen uns beiden.

71. Franz Witt.

Stadtamhof, den 2. Febr. 1870.

Ew. Hochwohlgeboren!
Hochverehrter Meister!

Mit welcher Freude las ich Ihren letzten für mich so ehrenden Brief! Nicht meinetwegen, meiner Ehre wegen freue ich mich

---

1) Er war dem Prinzen von Oldenburg intim befreundet.

allein! Wenn Jemand seine ganze Ruhe, ja sein Leben, weil seine ganze Kraft für eine gute aber angefochtene Sache eingesetzt hat, so freut er sich wohl mit Recht jeder Sympathie, die diese Sache findet. Und wenn auch erst kurz einer meiner Lehrer in der Theologie gemeint hat, ich hätte sicher mein Interesse besser gewahrt, hätte ich mich nach seinem damals gegebenen Rathe für eine Universitätsprofessur ausgebildet, so reut es mich nicht im Mindesten der Musica, treu geblieben zu sein.

Das durch Hrn. Haberl übersendete *Pater noster*[1]) und *Ave Maria*[2]), für welche ich nie genug danken kann, erscheint in der zweiten Musikbeilage (zu Nr. 3) meiner ›Blätter‹ und wird Hr. Pustet[3]) Ew. Hochwohlgeboren 100 Abdrücke zur Verfügung stellen.

Die Blätter selbst habe ich nicht weiter gesendet, weil Zeitungen die Nachricht brachten, Ew. Hochwohlgeboren hätten sich Mitte Dez. nach Paris begeben. Ich gedenke zum Passionssonntag nach Rom zu kommen, obwohl die Sache nicht entschieden ist.

Und nun komme ich mit einer neuen Bitte, weil ich weiß, daß Monsignore Barmherzigkeit Üben zur zweiten Natur geworden ist. Eine Nichte Louis Spohr's, Frau Professor Schmitz dahier, möchte einen preiswürdigen Salonflügel von Bechstein, und, da ihre Verhältnisse nicht glänzend sind, zu etwas ermäßigtem Preis. Da sollte ich helfen und kann es nicht, da meine Stimme bei Hrn. Bechstein nicht ins Gewicht fällt. Somit wage ich die Bitte an Ihr Herz um einige Zeilen an Hrn. Bechstein in diesem Betreffe.

· Betreffs des Cäcilien-Vereines wird wohl Hr. Haberl sich über die Schritte, welche er zu thun im Sinne hat, mit Ew. Hochwohlgeboren berathen. — Mir geht es sehr gut. Ich predige alle Sonn- und Feiertage, verrichte meine seelsorglichen Geschäfte mit Freude und Lust, habe aber die gewünschte Stelle als Hofprediger in München nicht erhalten können.

Mit unvergänglicher Ehrfurcht, etc.

dankschuldigster

Franz Witt, Beneficiatus.

---

1) u. 2) Lisztsche Kompositionen.
3) Buch- und Musikverleger in Regensburg.

72. Marie Gräfin Rossi,

Tochter der gefeierten Sängerin Henriette Sontag (1804—54).

Cher Monsieur Liszt,

Le grand jour — qui doit faire tant d'heureux à Presbourg — approche à pas rapides! Je viens prendre les ordres de mon Maitre. Je suis fière de me ranger sous votre étendard et de pouvoir m'associer à votre belle œuvre de charité[1]. Pourvu que je ne me rende pas trop indigne de mon rôle, quelque petit qu'il soit. Cette malheureuse grippe qui me tourmente depuis 3 mois ne m'a point encore entièrement quittée, et ma voix n'est pas dans son état normal quoique je fasse des progrès journellement. — Je choisis donc des *Lieder* auxquels je suis habituée et qui soient bien dans ma voix. Approuvez-vous votre *Fischerknabe* — une *Sérénade* de **Braga**[2] avec violoncello (c'est mélodieux — et *dankbar*). Puis un petit Rubinstein ou Brahms — et un de vos *Lieder*!

Comme ces 4 morceaux sont très courts, on pourrait les chanter deux par deux. Approuvez-vous? changez, ordonnez! — Je tiens à chanter deux de vos compositions — le *Fischerknabe* et peut-être le ravissant: *Kling leise mein Lied*. — Peut-être qu'à la place d'un Brahms la *Promessa* de Rossini serait plus *dankbar* — plus effective, comme disait le bon Lord Westmoreland[3]?! Le bonheur de vous entendre l'emporte sur la peur que j'éprouve de chanter; — c'est que »Liszt oblige«[4] et mon impuissance à satisfaire à mes obligations est seule à la hauteur des circonstances.

---

1) Sie wirkte neben Liszt bei einem Wohltätigkeitskonzert mit. Der Meister schrieb darüber an die Fürstin Wittgenstein: »La Cⁿᵉ Marie Rossi est une délicieuse cantatrice de salon, d'excellente méthode et parfait bon goût«.

2. Gaetano B. (geb. 1829), italienischer Cellovirtuos und Komponist in Florenz.

3) Englischer Gesandter in Florenz und später Berlin, dilettierender Komponist (1784—1859).

4) »Génie oblige« hatte Liszt in seinem Nachruf an Paganini gesagt. (Ges. Schriften, II.)

Au revoir, cher Monsieur, *sul campo della gloria*! et croyez, en attendant, à l'expression de mes sentiments les plus dévoués.

On me dit à l'instant que vous voulez bien avoir l'immense amabilité de m'accompagner! Merci! Mille fois merci d'avance!

Presbourg, 11 Avril [1871].

73. Franz Kroll,

geb. 22. Juni 1820 zu Bromberg. gest. 28. Mai 1877 in Berlin, wo er, ein Schüler Liszts, seit 1849 als Klavierspieler, Lehrer und Komponist lebte. Seine kritische Ausgabe von Bachs ›Wohltemperiertem Klavier‹, wie die von ihm herausgegebene ›Bibliothek älterer und neuerer Klaviermusik‹ erwarben ihm einen klangvollen Namen.

Bad Wildungen, den 15. Juli 71.
(bei Hrn. Rentmeister Waldschmidt.)

Mein geliebter, herrlicher Meister!

Wie soll ich Dir die tiefe Rührung und innigste Erregung ausdrücken über die überaus herzliche und gütige Aufnahme, die ich bei Dir gefunden, und deren geistige und gemüthliche Nachwirkung für mich fortdauern wird in segenreichster Weise. Dein zartes Wohlwollen und die Höhe und Größe Deines Geistes und Herzens haben in meinem kleinmüthigen, von Zweifeln und Scrupeln gequälten Innern einen Licht- und Wärmestrahl aufleuchten lassen, der nicht mehr erlöschen kann und reinigend und belebend mich durchdrungen hat. Sowohl in dem, was Du mir Tröstliches und Ermuthigendes gesprochen hast, als auch in der himmlischen Nachsicht, mit welcher Du mich ertragen hast, vor allem aber durch den Einblick, welchen Du mich in Dein starkes, weiches und großes Gemüth hast thuen lassen, habe ich die Gewißheit bekommen, daß Du mich noch würdig erachtest, Dir mich nahe und verbunden fühlen zu dürfen. Das, was Du an mir gethan und gewirkt hast, ist dasselbe, wovon »die Harzreise im Winter«[1]) in so ergreifender und inniger Darstellung unsterbliche Kunde giebt.

Die ersten Tage meines hiesigen Aufenthaltes verliefen ziemlich traurig für mich und nur die Erinnerung an die unvergeßlichen Stunden in Weimar gab mir Muth und Ergebung. Jetzt geht es mir etwas besser, obwohl ich mich der Illusion nicht hingebe, völlige Heilung zu finden. Der Gedanke an Dich, mein herrlicher Liszt, und mit welcher Hoheit Du Deine prometheischen Leiden trägst, hält auch mich aufrecht, der ich ja nur Gemeines erdulde. Möchte Gott, wie er Deiner Ruhmeskrone viele Dornen beigegeben hat, reiche und schöne Blumen daraus entsprießen lassen: große und unvergängliche Werke, den Menschen zur Erhebung, Dir aber, Du guter, vielgeprüfter, großer Mann, zu köstlichem Troste und Deinem Herzen zu süßer Befriedigung.

Von ganzem Herzen und treuster Gesinnung Dein dankbarer

Franz Tivoll.

74. Derselbe.

Wildungen, den 31. Juli 1871.

Geliebter hoher Meister!

Es ist traurig, daß die Sprache in ihrer nivellirenden Weise eben dasselbe Wort für den Ausdruck der tiefsten, innigsten Verpflichtung, wie für den banaler Höflichkeit darbietet, und

---

1) Von Goethe.

daß sie nicht für die tausend versteckten Nüancen der Empfindung einen Rede-Accord zu bilden fähig ist, welcher dem Ein-
geweihten die ganze Stimmung des Sprechenden treu und lauter
vermittelte. So aber vermag ich für die hohe Freude, die Du,
mein gütiger, herrlicher Freund, mir durch Deine letzten liebevollen Zeilen und die beiliegende Sendung abermals bereitet
hast, Dir nur meinen gerührtesten und herzlichsten D a n k
auszusprechen, der doch in meinem Innern als ein jubelnder
Hymnus nachklingen wird jetzt und immerdar. Wie lieb und
aufopfernd hast Du Dich in der Dir gewiß ungewohnten Aufgabe gezeigt und mir ein köstliches Zeugniß von Deinem himm-
lisch guten, wohlwollenden Herzen gegeben, das wie ein be-
lebender, erquickender Balsam in meine kleinmüthige Seele gedrungen ist [1]. Ich habe den Aufsatz sofort an Fürstner geschickt, der mir bereits den Empfang sehr erfreut und überrascht angezeigt hat und, wie er schreibt, die Absicht hat,
Dir persönlich für Deine mächtige Förderung unseres Unternehmens seinen Dank abzustatten, von welcher er sich den
größten Erfolg verspricht.

Die so schöne Aussicht, im nächsten Jahre wieder die unaussprechliche Freude zu haben, Dich in Weimar sehen zu
dürfen, wird während der ganzen Zeit erhebend und erfrischend
auf mich wirken, wie ein zauberkräftiges Amulet gegen alle
Mißstimmungen und Miseren. Möchte es mir dann vergönnt
sein, zu erkennen, daß alle die schweren und verhängnißvollen
Trübungen der Vergangenheit nicht vermocht haben, die Klarheit und Milde Deines erhabenen Sinnes zu schwächen, und daß
der allmächtige Lenker der Schicksale der Kleinen und der
Großen auch in Dein vielduldendes und vielgeduldiges Herz
köstlichen Trost und süßen Frieden ergossen hat.

Lebe wohl, mein innig geliebter, herrlicher Liszt!

Dein treu ergebener, dankerfüllter

Franz Kroll.

_____

1) Ein empfehlender Aufsatz Liszts über »Krolls Bibliothek«,
die bei Fürstner in Berlin erschien.

75. Marie von Moukhanoff, geb. Gräfin Nesselrode.

Ottensheim bei Linz, Oberösterreich. [Nov. 1871.]

Comme c'est plus *heimlich* de vous savoir à Pesth que par
delà les monts! je préférerais Weimar, par ambition pour le
jeune Empire et d'autres raisons encore, mais il ne m'appartient pas de diriger le cours des Astres et je me contente de
vous savoir accessible à une foule de questions qui se pressent
sous ma plume. Où et à quand *le Christ*[1])? Combien de
temps restez-vous en Hongrie? Quelles sont les chances du
Gd-Duc — et du *Deutsche Musik Verein*? N'est-ce pas outrecuidant de vous interroger ainsi du fond d'une solitude, où
nulle nouvelle ne pénètre, parce qu'il n'y vient que des cléricaux plus occupés des choses du ciel que de nos intérêts
terrestres. Du reste, je leur retire un reproche élogieux — si
la forme ne leur importait pas plus que le fond, ils habiteraient
la region de l'idéal et sauraient dire ce qui s'y passe. Pardonnez cette boutade, je continue mes investigations afin d'éclairer ma route très indécise que j'aurai à parcourir quelques mois
encore, avant de rejoindre mon mari. Le »pécuniaire« m'empêche de retourner à Varsovie. Vienne est bien cher et j'y
connais trop de monde. Si cependant vous y veniez avant la
fin de l'année, je parviendrais peut-être à vous rejoindre. Mais
il faudrait que je le sache bientôt — les impromptus ne sont
pas admis sur mon programme. Lucerne — pourrait bien s'y
trouver au mois de Mars. Vous savez sans doute par Cosima
que nous avons passé quelques jours ensemble; ce qu'elle n'a
pu vous dire c'est l'impression profonde, admirative, enthousiaste et attendrie qu'a produit sur moi leur intérieur. Votre
fille est grande dans le bonheur comme elle l'était dans l'adversité. A l'abri de ce génie qu'elle complète et harmonise,
tout en elle est épanoui. Son activité maternelle, sa bonté
féminine, sa gaieté sereine, sa beauté, son charme. Elle est
aimée, appréciée, comprise comme elle ne l'avait jamais été.

---

[1]) Liszts Christus-Oratorium.

Là est le secret de sa vocation trop impérieuse pour ne pas
être accomplie. Rien ne pouvait séparer ces deux êtres, et
si, comme vous le disiez un jour, ils ont mis l'amour à la
place de la religion, c'est qu'il leur inspire tout ce que celle-ci
ordonne. Les enfants se développent joyeusement dans cette
lumineuse et chaude atmosphère de tendre sollicitude, d'attention
suivie et intelligente. Wagner les adore tous les cinq — il
est avec eux d'une grâce charmante, et me disait un soir tandis
que Cosima s'était éloignée: »Nous avons beaucoup parlé de
Bayreuth; *ich habe mich aufgeregt, eigentlich ist mir eine
Krankheit der Kinder, ein Ereigniß im Kindszimmer, jetzt
wichtiger als Bayreuth und die Nibelungen.*« Et c'est la
vérité. Cosima est plus ambitieuse, plus passionnée que son
mari pour le succès, d'ailleurs presqu'assuré, du *Festspiel*. Vous
savez les merveilles de propagande accomplies par Mimi[1] —
le zèle de Loën, qui ne se dévoue qu'à bon escient — l'enthousiasme de Löhser (une conquête de notre cher Tausig) qui
prend 60 *Scheine,*[2] et fournit l'orchestre, l'activité du *Wagner-
Verein* de Vienne, etc. Le plus difficile sera de trouver
Brünnhilde. Quelle est donc cette P^me Géorgienne belle à miracle,
riche à millions, qui chante à Pesth? Je vais écrire à Miha-
lowich[3] — mais se souvient-il encore de ma pauvre personne?
Où est l'édition Tausig du Concert de Chopin[4]? Adieu, j'ai
bien besoin de revoir votre écriture. Il y a si peu de choses
qui me fassent vraiment plaisir en m'arrachant à moi-même,
ou en me réconciliant avec ce moi triste et découragé dont je
suis parfois très lasse. Ne m'oubliez donc pas. Vivre dans
votre souvenir est un mode de l'existence qui lui donne quelque paix.

Toute à vous ----

Marie Moukhanoff N.

1. Die damalige Gräfin Schleinitz, jetzt Gräfin Wolkenstein-
Trostburg.
2) Patronatsscheine.
3) Edmund v. M. (geb. 1842), Pianist und Komponist, jetzt Direktor der Landes-Musikakademie in Budapest.
4 Bearbeitung des E-moll-Konzerts.

76. Anton Rubinstein,

der geniale Pianist und Komponist, geb. 28. Nov. 1829 zu Wech-
wotynetz in Bessarabien, gest. 20. Nov. 1894 in Peterhof bei
St. Petersburg.

Vienne, le 27 Février 1872.

Reményi m'a remis votre aimable lettre — je ne puis Vous
dire combien je suis touché de Vos bons procédés vis-à-vis
de moi, et combien je me sens honoré par la sympathie que
Vous m'exprimez à toute occasion — mais il m'est tout à fait
impossible de m'absenter d'ici, ne fût-ce que pour un jour —
fût-ce même pour le but de gagner de l'argent, (ce dont j'ai
malheureusement grandement besoin) les répétitions, concerts[1]),
l'opéra, etc., etc., enfin les occupations s'accumulent de telle
sorte que je ne parviens pas même à finir quelques compositions qui me tiennent à cœur, et que j'ai eu l'imprudence de
promettre à M. Senff[2]) à date fixe.

Je me réjouis beaucoup de votre promesse de venir passer
quelques jours ici au commencement d'Avril, j'espère que Vous
pourrez assister à une représentation de *Feramors*[3]). Au revoir
donc à cette époque-là et souffrez que je me dise Votre tout
dévoué ami et sincère admirateur

Anton Rubinstein.

77. Georg II., Herzog von Sachsen-Meiningen.

Cher Liszt,

J'étais bien sûr que vous prendriez une vive part à la
douleur navrante qui m'accable à la suite de la mort de mon
épouse bien aimée[4]). Veuillez accepter mes remerciments de
m'avoir fait part de votre sympathie et agréez l'expression

---

1) Rubinstein dirigierte damals eine Saison hindurch die Wiener
Musikvereins-Konzerte.
2) Bartholf S., Leipziger Musikverleger.
3) Oper von Rubinstein.
4) Herzogin Feodora, geb. Prinzessin Hohenlohe-Langenburg.

de ma haute considération, avec laquelle je suis, cher
Liszt,

Votre bien dévoué

Georges de S. Meiningen.

Meiningen, 1er Mars 72.

78. Robert Franz,

der große Meister des Liedes, Bearbeiter Bachscher und Händel-
scher Tonwerke, geb. 28. Juni 1815 zu Halle a. S., gest. 24. Okt.
1892 daselbst, wo er als Universitäts - Musikdirektor. zum Ehrendoktor der philosophischen Fakultät ernannt, lebte.

Hochverehrter Herr Doctor!

Wahrscheinlich werden Sie von Sander[1]) ein Revisions-
exemplar des Franz-Artikels[2]) bereits erhalten haben. Sie
stellten seiner Zeit freundlich anheim, demselben ein kurzes
Nachwort, das sowohl die früheren Ansichten von Neuem bestätigte, als auch die seit 16 Jahren der Berücksichtigung
werthen Ergänzungen brächte, beifügen zu wollen. Ein Freund
von mir, Herr E. Taubert[3]), hat einen derartigen Entwurf
niedergeschrieben, der Ihnen jetzt zur Ansicht vorliegt, um
entweder angenommen oder abgelehnt zu werden. Könnten
Sie sich zur Annahme bewogen finden, so würde ich mich darüber außerordentlich freuen. Tauberts Bemerkungen scheinen
mir in Ton und Haltung zu Ihren früheren Ausführungen in
nicht ganz unbefriedigender Uebereinstimmung zu stehen und
stützen sich außerdem auf Thatsächliches, das zwar Diesem
und Jenem etwas bitter schmecken mag, nichts desto weniger
aber an der Zeit sein dürfte, einmal unverhohlen ausgesprochen
zu werden. Insofern es aus Ihrem Munde kommt, wird es von
schwerwiegender Bedeutung sein und kann nur dazu dienen,

---

1) Buch- und Musikverleger in Leipzig, Firma F. E. C. Leuckart.
2) Von Liszt, zuerst in der »Neuen Zeitschrift für Musik« 1855
erschienen, dann in Broschürenform (bei Sander). Später aufgenommen in »Ges. Schriften« IV.
3) Ernst Eduard T. (geb. 1838), Schüler Dietrichs und Kiels.
Komponist und Musikschriftsteller. Referent der »Post« in Berlin.

meinen persönlichen Angelegenheiten eine Wendung zu geben,
die mir vielleicht noch die Genugthuung bringt, die von mir
eingehaltene Kunstrichtung im letzten Viertel meines Lebens
zur Anerkennung gelangen zu sehen.

Wenn ich vordem letztere ruhig abwarten konnte, sind doch
jetzt die Verhältnisse so gestaltet, daß ich eine Bewegung der
öffentlichen Meinung zu meinen Gunsten nur dringend wünschen
muß: die Gründe sind Ihnen ja hinlänglich bekannt[1].

Man beabsichtiget nun zunächst, mir womöglich eine Unterstützung aus Staatsmitteln zu erwirken und möchte sich dabei
in erster Linie auf meine Bearbeitungen berufen. Leider sind
die Ansichten über sie noch sehr gespalten und erschweren es
daher den Behörden, sich ein Urtheil über deren Werth oder
Unwerth zu bilden. Verstieg sich doch neulich die »Allgemeine
musikalische Zeitung« in einem Berichte aus Halle noch zu der
Behauptung: »ich habe Jahre lang mit meinen Bearbeitungs-
experimenten die besten Kräfte der hiesigen Singacademie nutz-
los vergeudet!« Fände nun meine Thätigkeit als Bearbeiter
im Nachwort Ihrer Broschüre eine nicht ganz ungünstige Beurtheilung, so würde dies in Berlin an entscheidender Stelle
nicht nur den Ausschlag geben, sondern auch niedrigen Bos-
heiten ein für alle Mal die Spitze abbrechen. Daß letztere
gegenwärtig an der Tagesordnung sind, ist zwar eine Thatsache, in die man sich nachgerade fügen lernen sollte: jedoch
mit gebundenen Händen und Füßen sich begeifern lassen zu
müssen — dazu gehört größere Resignation, als mir zur Verfügung steht. —

Blicke ich auf mein vergangenes Leben unbefangen zurück,
so ziehen Sie sich wie ein goldener Faden durch dasselbe.
Stets standen Sie mir in den entscheidenden Momenten schützend
zur Seite und ich vermag Ihre Person von den Wandlungen,
die auch mir nicht erspart blieben, kaum noch zu trennen.
Gewiß täusche ich mich nicht, wenn ich Ihr stilles Walten erst

---

1) Es handelte sich darum, da Franz bei zunehmender Taub-
heit der Ausübung seines Berufes entsagen mußte, ihn durch Stiftung eines Ehrenfonds der materiellen Sorgen zu entheben.

kürzlich wieder spürte, als mir die Beethoven-Stiftung[1]) mit
einer Ehrengabe nahe trat — nehmen Sie tausend Dank für
soviel Liebe und Güte! Möge sich auch Ihre wahrhaft adelige
Natur in unzähligen Beispielen schon bewährt haben, — wer
ihren Einfluß an sich wahr nimmt, wird sich mit vollem Recht
für auserwählt und berufen halten dürfen.

In dankbarer Verehrung und Ergebenheit Ihr

Halle, d. 10. März 72.   Rob. Franz.

79. Marie von Moukhanoff, geb. Gräfin Nesselrode.

10 Août [1872`,
au Marienbad d'heureuse mémoire.

Depuis Cassel, je n'ai pas eu une semaine de séjour tranquille. L'invention du télégraphe combinée avec ce qu'on pré-
sume de mon dévouement à la famille ne me permet plus les
Programm-Reisen. La géographie, l'économie, et aussi ma
santé se trouvent fort mal de ce désordre — mais que faire!
Changer de projets est plus aisé que changer sa nature. Le
peu de raisons que j'aie d'être encore de ce monde c'est d'aller
où l'on a besoin de moi. Tant va la cruche — vous savez
le reste — je me réserve de vous en apporter un morceau à
Weimar — car — en dépit de tout il m'y faut mes 15 jours.
Un caprice royal ayant remis le *Tristan* au 18, j'ajourne encore une fois l'occasion de me raccommoder à Wildbad. Cette
fois-ci l'économie et la géographie conseillent d'attendre le bon
plaisir de Munich au Marienbad. Mimi Schleinitz nous
viendra de Salzburg — Fredro[2]) est ici, M. de Bülow bien
portant, rajeuni, charmant d'esprit et d'humeur, a dirigé le
Hollandais d'une façon merveilleusement révélatrice. — Je ne
reconnaissais plus l'orchestre, les chœurs, les chanteurs de
Munich. Un grand souffle poétique de l'unité — une finesse

1) Stiftung des von Liszt gegründeten und präsidierten »Allgemeinen deutschen Musikvereins«.
2) Graf F., polnischer Schriftsteller.

dans les détails, une ciselure d'intentions, de phrase, de mouvements, comme si M. de B. jouait d'un seul instrument à lui tout seul. Mais aussi, quels applaudissements, quel enthousiasme. Perfall verdissait de sa loge, tandis que nous vociférions . . — .

Dites-moi ce que vous restez de temps à Weimar et quand les fêtes nuptiales qui m'effraient auront-elles lieu. Le 21, M. de Bülow dirige ici un concert du *Wagner Verein* avec Mallinger[1]), Wilhelmj, etc. — C'est vous dire que quelques lignes de votre programme me trouveront jusqu'au 22.

Toute votre de tout mon invariable attachement.

Marie Moukhanoff.

80. Robert Franz.

Hochverehrter Herr Doctor!

Der Conzertsänger Jos. Rissé in Hannover, ein recht tüchtiger und gebildeter Künstler, hat mich gebeten, Ihnen ein Exemplar seiner Broschüre: *Schubert's Goethe-Lieder* zu übersenden. Diesem Wunsche komme ich um so lieber nach, als der Verfasser seinem Stoffe nicht nur eine warme Begeisterung zubringt, sondern auch manche Bemerkung einfließen läßt, die von einer feinen Beobachtung Kunde giebt. Sollte Ihnen der junge Mann vielleicht späterhin zu begegnen suchen, so lassen Sie sich denselben hiermit bestens empfohlen sein: unter den Sängern wird man Wenige finden, die mit gleichem Ernste und Bildung der Kunst zu dienen verstehen, wie er es thut. —

Gern möchte ich diese Gelegenheit benutzen, Ihnen Erfreuliches über mich mittheilen zu können. Leider geht es aber mit meinem Gehör täglich mehr und mehr bergab: wenn der schlimme Winter vorüber ist, werde ich wohl nur noch die schwachen Reste eines Organs, das dem Musiker doch so unentbehrlich ist, aufzuweisen haben! Hielte mich nicht der Gedanke, von theilnehmenden Menschen zu wissen, aufrecht, meine

---

1) Mathilde M. geb. 1847. Münchner Primadonna. unterrichtet jetzt in Berlin.

Lage würde geradezu zum Verzweifeln sein. Unter diesen habe ich aber stets Sie in erster Linie erblickt — eine Thatsache, die schon ausreichend zu trösten vermag.

Im Verlaufe des letzten Jahres hat sich die Aufmerksamkeit des Publikums meinen Liedern lebhafter zugewendet, als es früher der Fall war. Die Broschüren von Ihnen und Ambros[1] haben offenbar günstig anregend auf diese Bewegung hingewirkt. Es widerfuhr mir sogar die zweifelhafte Ehre, in den Serien der E. P. mit aufgenommen zu werden: zwar in einer wieder-borenen, aber durchaus nicht verklärteren Gestalt! Die Herren Verleger verfügen eben über die Geistesprodukte der Autoren in souveränster Willkühr: sie schlachten sie ab und pökeln sie ein — ganz wie es der Fleischer mit seiner Waare macht. —

Von Taubert, der sich nun wieder in Berlin angesiedelt hat, sah ich neulich einige Liederhefte, die mir sehr gefielen. Hoffentlich gestaltet sich ihm die Zukunft recht nach Wunsch, was freilich in der Reichsmetropole, wo die Gegensätze wild genug aufeinander stoßen, mit einigen Schwierigkeiten verbunden sein dürfte. Er besitzt aber die nöthige Elasticität, um derer schließlich Meister zu werden. —

Ueber den Verlauf der Absichten, die das Berliner Comité mit mir vor hat, höre ich nur Günstiges. Augenblicklich werden sie aber durch schwere Landescalamitäten einigermaßen paralysirt: gegenüber der Noth in den Ostseeprovinzen und den Verwüstungen des großen Feuers in Boston müssen wohl die Interessen des Einzelnen einstweilen schweigend in den Hintergrund treten. Mögen aber die Bemühungen des Comité ausfallen wie sie wollen: ein günstiger Rückschlag auf meine Compositionen wird nicht lange auf sich warten lassen und meinen Freunden wie mir jene Satisfaction verschaffen, welche die Ueberzeugung gewährt, der Kunst nach besten Kräften gedient zu haben.

Mit der Versicherung steter Dankbarkeit und Verehrung

Ihr

Halle, d. 7. Dec. 72.   Rob. Franz.

---

1) Dr. August Wilhelm A., Musikhistoriker in Wien (1816—76).

81. Sofie Menter.

von Liszt als erste Pianistin der Gegenwart geschätzt, geb. 29. Juli
1846 in München, lebt seit 1901 in Berlin.

Wien, d. 24. [Februar oder März 1873?]

Hochverehrter angebeteter Meister,

Noch stehe ich unter dem unvergeßlichen zauberhaften Eindruck der letzten Tage, so daß ich eigentlich im Geiste und mit dem Herzen noch ganz bei Ihnen weile und da Sie gestern selbst ausgesprochen haben, mein Herz sei stets am rechten Fleck, so werden Sie mir hoffentlich diesen theuren Platz nicht mißgönnen; damit will ich zugleich die Bitte verbinden, Sie mögen mir gestatten, Ihnen von Zeit zu Zeit ein Lebenszeichen von mir geben zu dürfen und bei Ihnen anzufragen, wo und wann wir im kommenden Frühjahr das Glück haben können, in Ihrer Nähe einige Wochen verweilen zu dürfen; wie sehr ich mich schon jetzt darauf freue, könnten Sie nur sehen, wenn Sie einen Einblick thun könnten in mein von den letzten Tagen dankerfülltes Herz; eine baldige Wiederholung dieser unvergeßlichen Stunden wird zugleich die Erfüllung lang gehegter sehnlichster Wünsche sein. — Soeben machte ich Frau Bösendorfer durch die Überbringung Ihrer Grüße glücklich, wofür sich dieselbe durch die Mittheilung revanchirte: Eine Czillag No. 2 werde sich in den nächsten Tagen in Person der Frau A. X. Ihnen persönlich zu Füßen werfen, und mit diesem als Reiseziel vorgenommenen Kniefall die Bitte vereinen, Sie möchten in ihrem nächsten Conzert in Wien nur ein ganz kleines Stückchen vortragen und zwar mit ihr auf zwei Flügeln; — sie zweifelt um so weniger an der Erfüllung ihres bescheidenen Wunsches, da sie der Unterstützung seiner Exzellenz des Hrn. Erzbischof Haynald sehr sicher ist, wie sie behauptet. Ich gestehe für solches Unterfangen keine Worte zu haben. Sie aber, edler hoher Meister, werden derartige unerhörte Zumuthungen hoffentlich als Feiertagsbelustigung aufnehmen und die ernstere Seite der Auffassung, die Entrüstung, Ihren zahl-

losen Anbetern überlassen, zu denen in erster Reihe zählt und
stets zählen wird

  Ihre ewig treu ergebene dankbare

Sofie.

82. Robert Franz.

Hochverehrtester Herr Doctor!

Wo soll ich nur die Worte finden, um der Dankbarkeit,
die ich Ihnen im tiefsten Herzen schulde, Ausdruck zu geben [1]?
Eine lange Reihe von Beweisen liebevollster Theilnahme liegt
seit Jahren vor mir ausgebreitet und jetzt krönen Sie dieselbe
noch durch einen Akt der Güte, der weit über das Verdienst,
worauf ich etwa als Künstler und Mensch Anspruch machen
könnte, hinausreicht! Doch war dergleichen von jeher Ihre Art
— man wird sich also dabei beruhigen müssen. —

Die Sammlungen für den Ehrenfonds haben, trotz vieler
erschwerender Umstände, einen weit günstigeren Verlauf genommen, als ich zu hoffen wagte. Daß ich von Haus aus ein
Unglücksvogel bin, wußte ich längst und so überraschte es mich
denn keineswegs, als sich gerade im entscheidenden Augen-
blicke von links und rechts schwarzes Gewölk aufthürmte.
Zuerst ging der Herr von Keudell [2], auf dessen anregenden
und vielvermögenden Einfluß mit Sicherheit zu rechnen war,
als Gesandter nach Constantinopel; kurz darauf legte eine
Feuersbrunst fast ganz Boston nieder; dann kamen die Sturm-
fluthen der Ostsee und endlich kreuzten recht unerwartet Sammlungen für Frau Schumann [3] die zu meinen Gunsten. Nur
der außerordentlichen Energie und Geschäftsroutine des Herrn
Senfft von Pilsach ist es zu danken, wenn diesen Schwierig-

---

1) Liszt hatte am 2. März 1873 in Budapest zum Besten des
Ehrenfonds für Franz eine Soirée veranstaltet.
  2) Robert v. K. 1820—1903 war 1871—73 deutscher Gesandter
in Konstantinopel, dann bis 1887 Botschafter beim Quirinal in Rom
und privatisierte darnach in Berlin.
  3) Clara Sch. (1819—96).

keiten gegenüber dennoch namhafte Resultate erzielt worden
sind. Durch Nichts ließ er sich irre machen und verfolgte
sein Ziel in treuer Ausdauer auch zu Zeiten, wo man wohl
hätte den Muth verlieren können. Daß er dabei durch den
moralischen und materiellen Einfluß der übrigen Comité-Mit-
glieder wesentlich unterstützt wurde, unterliegt selbstverständlich keinem Zweifel — doch schmälert das sein Verdienst
durchaus nicht.

Wahrscheinlich gelangen nun die Sammlungen für den Ehrenfonds im Laufe des Frühjahrs zum Abschluß — Sie in erster
Linie werden dann erfahren, welchen Verlauf die Angelegenheit
überhaupt genommen hat. So viel scheint aber schon jetzt
festzustehen, daß mir die Sorgen für die Existenz von den
Schultern genommen werden. Muß nun dergleichen an und
für sich eine große Erleichterung gewähren, so kann ich doch
auch die Thatsache, daß mir so viele treffliche Menschen eine
herzliche Theilnahme zeigten, nicht hoch genug anschlagen: in
Zeiten der Noth fühlt man ja erst recht, was das eigentlich
bedeuten will. — Rechne ich endlich noch dazu, welchen Gewinn meine Kunstrichtung aus jener Bewegung zog, so stellt
sich eben das günstige Facit heraus, dessen ich oben erwähnte.

Mag sich daher mein Schicksal später gestalten wie es will
und muß — stets wird mir der Winter des Jahres 73 eine
Quelle trostreicher Erinnerung bleiben, aus deren tiefstem Grunde
mir freundlich Ihre lieben Augen entgegenleuchten.

Mit der Versicherung unwandelbarer Dankbarkeit und Verehrung Ihr

Rob. Franz.

Halle, d. 6. März 73.

83. Derselbe.

Hochverehrter Herr Doctor!

Ihr Brief häuft wieder Güte auf Güte über mich und ich
habe nichts dagegen zu bieten, als ein dankbares Herz, das
Ihnen aber auch so lange ich lebe schlagen wird. —

Die Einführung meiner Lieder in Pest ist schon an und für sich ein sehr erfreuliches Ereigniß — daß aber Sie ihnen diesen Dienst erwiesen haben, läßt in Zukunft gar keinen Zweifel an ihrem Werthe aufkommen.

Den beiden Damen, der Frau v. Semsey[1] und Frau Dunkl[2] haben Sie wohl die Güte, meinen ergebensten Dank für ihre liebenswürdigen Bemühungen in meinem Interesse zu sagen — diese Vermittlung wird ihnen sicherlich werthvoller sein, als wenn ich persönlich meinen Verbindlichkeiten zu genügen suchte.

An Rissé habe ich Ihr Urtheil über die »Studie« weitergegeben: es wird ihm ohne Zweifel ein lebhafter Antrieb zur Fortsetzung seiner literarischen Arbeiten werden. Schon früher habe ich ihm in Betreff meiner Einiges mitgetheilt, das freilich mancherlei Vorstudien nöthig machen dürfte. Bisher brachte man gewöhnlich meine Richtung mit Bach und Händel, Schubert und Schumann in Verbindung. Das ist aber nicht ganz erschöpfend. Zwar stelle ich es keinen Augenblick in Abrede, daß jene vier Meister einen mächtigen Einfluß auf meine Entwicklung ausgeübt haben: als Fundamente derselben kann ich sie jedoch nicht auffassen. Diese sind im alten protestantischen Choral, der meine ganze Jugendzeit fast ausschließlich beherrschte, zu suchen und auch unschwer zu finden. Die Struktur meiner Cantilene, die Haltung der Bässe, die Führung der Mittelstimmen, die Behandlung der Tonarten und deren Harmonie, endlich das Hinüberspielen des Ausdrucks in die alten Kirchentöne, sind die äußeren Formen, in denen sich jene Beziehungen unzweideutig darstellen; allerhand transcendente Neigungen möchten dagegen als die idealen Berührungspunkte bezeichnet werden können. Faßt man dabei nun noch die Thatsache ins Auge, daß der protestantische Choral im Grunde genommen nur aus dem altdeutschen Volksliede hervorgegangen ist, so treten damit ganz neue Factoren in die Scene, die über manche Erscheinung genügenden Aufschluß geben.

Bach und Händel, die nur als Culminationspunkte des pro-

---

1) u. 2) Sie waren bei Liszts Franz-Soirée die Interpretinnen seiner Lieder gewesen.

testantischen Chorals zu bezeichnen sind, erwiesen mir nun den großen Dienst, meine Ausdrucksformen zu erweitern; Schubert und Schumann dagegen die Wohlthat, mich mit der Gegenwart in Verbindung zu setzen.

Diese kurze Skizze der Genesis meiner Entwicklung beruht schwerlich auf Täuschungen — sogar eine strenge Beweisführung ist hier möglich. Damit wird aber freilich eine Perspektive eröffnet, die einer wissenschaftlichen Behandlung des Gegenstandes erhebliche Schwierigkeiten bereiten dürfte: man wird die Stilarten längst vergangener Zeiten mit heran ziehen müssen — eine Aufgabe, der heut zu Tage nur sehr Wenige, eben Leute wie Sie, vor deren genialem Blick Zeit und Raum verschwinden, gewachsen sein dürften. Mir selbst sind diese Dinge früher nie so recht zum klaren Bewußtsein gekommen: meiner gegenwärtigen Verfassung liegt es jedoch sehr nahe, eine ernste Abrechnung mit der Vergangenheit zu halten — als Resultat derselben lege ich Ihnen obige Bemerkungen vor, deren Werth oder Unwerth sicherlich Niemand schärfer zu durchdringen wissen wird, als Sie, hochverehrter Herr Doctor! Seien Sie mir aber nicht böse, daß ich Sie mit dergleichen weitschweifigen Auseinandersetzungen belästige — ohne alles Interesse sind sie jedoch nicht und das gab mir den Muth, sie Ihnen zur freundlichen Begutachtung vorzulegen. Sollten wir uns, wie Sie es mir ja so liebenswürdig in Aussicht stellen, persönlich noch einmal begegnen, dann erlaube ich mir, Ihnen einige merkwürdige Thatsachen, die sehr für jene Ansichten sprechen, mitzutheilen. —

Mit der Versicherung unwandelbarer Dankbarkeit und Verehrung Ihr

Halle, d. 18. März 73.   Rob. Franz.

84. Franz Servais.

Mon bien cher Maitre,

Voilà l'hiver et mes fredaines passées! Je viens me présenter à votre souvenir, chargé d'un assez peu important séjour en Italie et panaché par le succès de mes dièses et de mes bémols! Le *Tasse*[1]) a été exécuté à Gand et à Anvers solennellement au Théâtre avec costumes et décors, chœurs et fanfares dans les coulisses, etc., etc. Si j'étais la grenouille de la fable, j'avoue qu'aujourd'hui je serais parfaitement enflé à l'état de bœuf. — Pour vous rassurer sur la disposition de mon physique et moral, je vous dirai que je ne suis ni plus ni moins *canonicus* qu'auparavant, et que la modestie, ce diadème qu'on aime à voir au front du sage, m'attire les cordiales louanges de tous les affublés d'amour propre. (!)

Ne pouvant conduire moi-même, j'ai renoncé à l'exécution de Paris — j'attendrai une époque plus propice pour y donner une séance à la veille de lâcher mon ballon . . . »Faites attention, jeune homme, dirait un Mentor, que vous n'ayez pas à descendre en parachute.«

Des nouvelles de Weimar m'annoncent que vous ne l'ensoleillerez pas cette année; vous passeriez l'été aux environs de Rome, comme vous me disiez l'automne dernier. Je n'ai qu'un regret, c'est de ne pouvoir me retremper un moment près de vous cette année. — La Princesse Wittgenstein m'avait fait à Rome un succès de Narrateur; je lui avais un jour conté le *Rheingold* — la *Walküre*, *Siegfried* devaient suivre, quand je tombai indisposé. Je restai trois semaines sans pouvoir aller chez la Princesse. Pendant ce temps, elle descendit à l'étage inférieur, — je l'ignorai, j'accrochai à trois reprises des cartes, qui ne lui furent point remises, à l'étage abandonné; et après sept ou huit semaines, quand je découvris le nouvel étage et que j'allai faire mes adieux, Elle me fit des reproches d'avoir été si peu sensible au succès de narrateur qu'elle m'avait fait . . ! A mon grand désespoir, elle n'a jamais semblé croire à mes explications. —

Ces jours-ci, je dois me rendre à Paris. Des poètes m'ont offert une *Sapho* et un *Kynaste*. Je ne veux ni de l'une ni de l'autre. Etant à Paris moi-même, je ne m'en irai pas sans

---

1) »La mort du Tasse«. Kantate, die Servais den großen Römerpreis eintrug und zu szenischer Aufführung kam.

avoir un sujet »sortable«: — en attendant j'ai fait quelques riens qui, dans les futures soirées weimaroises, remplaceront avantageusement le »petit sifflet de Roland« ou »la flûte invisible«.

Je compte passer à Hal le printemps, l'été et l'automne. Voilà, mon bien cher Maître, mes faits et gestes, visées et projets. Je serais si heureux d'avoir deux lignes des vos nouvelles. N'avez-vous pas, par hasard et pour mon bonheur, une partition de votre *Christ* qui sommeille chez vous et dont vous pourriez vous passer quelque temps? Je voudrais beaucoup la connaître plus à fond, et en procurer la connaissance à quelques artistes belges.

Toute la famille vous présente ses respects et affections; j'en adjoins une grande quantité pour ma part et vous embrasse de tout mon cœur.

Votre élève bien affectionné

Amsterdam, 29 Mars 1873. Franz Servais.

P.S. Je suis en Hollande depuis quelques jours pour rendre les derniers devoirs à un cousin-ami qui y est décédé. — Hier, on a exécuté (assez médiocrement) la *Passion* de Bach (St Mathieu). — On me parle beaucoup ici de votre *Elisabeth*.

85. César Cui,

geb. 6. Jan. 1835 zu Wilna, Komponist jungrussischer Schule und Musikschriftsteller, bekleidet eine Professur an der Ingenieur-akademie zu Petersburg.

[Wahrscheinlich April 1873.]

Monsieur,

Je me permets de Vous présenter mon nouvel opéra [1]), comme un faible témoignage de mon admiration profonde pour Vos œuvres magnifiques, et pour toute Votre activité musicale,

---

1) »William Ratcliff«. Siehe La Mara, »Franz Liszts Briefe«, II. Nr. 128.

empreinte d'une éternelle ardeur juvénile et d'un amour infini pour l'art.

J'oserai appeler Votre bienveillante attention sur le quatrième acte, et Vous demander, suis-je dans le vrai en traitant de cette manière les situations dramatiques?

Il est bien possible que je fasse, cet été, une petite excursion à l'étranger. Si cela arrivait, mon but principal serait d'avoir enfin le bonheur de faire Votre connaissance. Où Vous trouverais-je au commencement du mois de Juillet prochain?

Votre profond et tout dévoué admirateur

César Cui.

86. Anna Mehlig,

jetzt Frau Falk, ausgezeichnete Pianistin, geb. 11. Juni 1847 in Stuttgart, dankt dem Konservatorium ihrer Vaterstadt und Franz Liszt ihre Ausbildung und lebt, seit ihrer Verheiratung 1880, von der Öffentlichkeit zurückgezogen in Antwerpen.

Stuttgart, 1. Juni 1873.

Mein verehrtester Meister!

Darf ich nach so langer Zeit es wagen, den verehrten Meister wieder einmal mit wenigen Zeilen zu belästigen? Darf ich mit meinen innigsten Empfehlungen und Grüßen wiederholt sagen, wie mir die Zeit meines Weimaraner Aufenthalts, die Stunden bei unserem theuern Meister unvergeßlich bleiben, und wie ich immer nur den Wunsch habe, solche Stunden noch einmal genießen zu dürfen! Ich habe es jetzt gesagt, bitte, seien Sie nicht böse!

Es war meine einzige Hoffnung, Sie verehrter Herr Doktor, letzten Winter in Wien oder Pesth zu sehen, wo ich mich längere Zeit aufhielt; dieser Wunsch wurde aber durch eine längst projektirte italienische Reise vereitelt, die ich am 1. März

mit Coßmann[1]) und Heermann[2]) antreten mußte; und so frage
ich jetzt immer, wann und wo werde ich so glücklich sein, den
theuern Meister wieder zu begrüßen, nach so langer ereigniß-
reicher Zeit. —

Darf ich es wagen, diese Zeilen einem Herrn mitzugeben,
dessen höchster Wunsch es ist, Sie sehen und sprechen zu
dürfen? Vielleicht verzeihen Sie mir meine Kühnheit, wenn
Sie Herrn August Kreißmann, Concertsänger aus Boston, gehört
haben; er bat mich so dringend um einige Zeilen, daß ich
nicht anders konnte und bitte Sie tausendmal, meine innigsten
Grüße von ihm in Empfang zu nehmen, und vor Allem mir
nicht böse darüber zu sein. —

Indem ich nur für mich hoffe und wünsche, daß mir endlich auch das Glück zu Theil werden möchte, mich wieder vorstellen zu dürfen, küsse ich meinem theuern verehrten Meister
die Hände und verbleibe

Ihre dankbare tief verehrende

Anna Mehlig

87. Friedrich von Bodenstedt.

hervorragender Dichter und Schriftsteller, geb. 22. April 1819 zu
Peine in Hannover, lebte als Erzieher und Lehrer in Moskau und
Tiflis, als Professor in München, als Hoftheaterintendant (geadelt)
in Meiningen und endlich in Wiesbaden, wo er 18. April 1892 starb.

Franz Liszt zum 9. November 1873[3]).

Auch uns, im grünen Werragrunde
Erscholl die laute Jubelkunde:

---

1) Bernhard C. (geb. 1822, Violoncellist, unterrichtet in Frankfurt a. M. am Hochschen Konservatorium.
2) Hugo H. (geb. 1844), Geiger und Quartettist, lehrt gleichfalls
am Hochschen Konservatorium in Frankfurt.
3) Liszts goldnes Künstlerjubiläum wurde in Budapest festlich
begangen.

Es rüstet sich das stolze Pest
Zu einem königlichen Fest
Für der Magyaren Lieblingssohn,
Zugleich den Liebling aller Welt,
Die er ein halb Jahrhundert schon
Durch seine Kunst in Zauber hält.

Des flücht'gen Tagesruhmes Wogen
Rasch wechselnd rauschen auf und nieder,
Kommt eine neue angezogen,
Zerfließt gleich die vorherging wieder,
Und in dem unruhvollen Treiben
Nur wenig große Namen bleiben.

Doch wer sich frisch ein halb Jahrhundert
Ruhmvoll bewährt in Näh' und Ferne,
Von Alt und Jung geliebt, bewundert,
Dem glänzen ewige Ruhmessterne
Wie Dir, dem Doctor und Abbate
Der Tonkunst, St. Franciscus Liszt!
Dir tönt auch meine Festcantate,
Weil Du des Ruhmes würdig bist,
Und weil nicht blos aus fremdem Munde
Dein Ruhm in meine Ohren scholl:
Dir dank' ich manche schöne Stunde,
Gesegnet, frucht- und weihevoll.
Du hast mir oft das Herz bewegt
Durch Deiner Töne Zauberklang,
Zu höher'm Flug den Geist erregt:
Ich kann nur danken in Gesang!

So geb' ich dieses Blatt den Winden,
Aus unserm stillen Werrathale
Zur Donau seinen Weg zu finden
Zum reich belebten Krönungssaale,
Wo unter Klängen jubeltönig
Dich heut geweihte Hände krönen
Mit Ros' und Lorbeer, als den König
Im Reich des Schönen und der Schönen.

Laß unter all den Huldigungen,
Die heut in vieler Völker Zungen
Zu Deinem Jubelfest erschallen,
Auch meinen Festgruß Dir gefallen,
Dem sich der Wunsch eint: Gott erhalte
Dich uns noch lange, und Er walte
Daß schaffensfroh der Geist Dir bleibe
Und immer schön're Früchte treibe!

Meiningen, 6. Novbr. 73. Abends.

88. Adolf Stahr,

vielseitiger Schriftsteller, geb. 22. Okt. 1805 in Prenzlau, gest. 3. Okt. 1876 zu Wiesbaden, lebte 1836—52 als Gymnasialprofessor in Oldenburg, dann vorzugsweise in Berlin.

Berlin, Matthäikirchstr. 21. W.
6. Nov. 73.

Mein hochverehrter und geliebter Freund,

Dein Glückwunschtelegramm aus Rom zum 22. October traf mich leider auf dem Krankenlager, von dem ich erst heute soweit erstanden bin, um Dir, vor allen andern zuerst, meinen herzlichsten Dank für Dein liebevolles Gedenken meiner, wenn auch nur mit wenigen Worten, aussprechen zu können. Dieser Gedanke ist zugleich begleitet von unsrer freudigsten Theilnahme an Deinem bevorstehenden goldnen Jubelfeste, zu welchem sich Dir sicherlich aus ganz Europa — und darüber hinaus — Huldigende und Glückwünschende nahen werden. Mögen ihre Stimmen nicht ganz die unsrigen übertönen, die jedenfalls an Liebe und Treue der Meinung keiner anderen nachstehen!

Wenn ich das Jahr 1878 erlebe — wozu nicht allzuviel Aussicht ist — so würde auch ich ein fünfzigjähriges Erinnerungsfest meiner schriftstellerischen Laufbahn zu begehen haben.

Doch resümirt sich meine Stimmung im Gedanken an solche
Möglichkeit in dem Ausrufe eines alten Jugendfreundes, des
Schauspielers Theodor Döring[1]), der beim Erwachen am Morgen
seines, von nah und fern feiernd begrüßten, 70ten Geburtstages
seiner Frau zurief: »Ach, Mathilde! ich wollte ich wäre heut
zwanzig Jahre und kein Mensch wüßte von mir!« Du freilich, dessen Silberlocken die Aureole ewiger Jugendfrische um-
giebt, wirst — dessen bin ich hoffend gewiß — an Deinem
Jubelfeste solchem Empfinden fern sein und noch lange, lange
bleiben!

Ich bin noch zu schwach um mehr zu sagen, als daß ich
sehnlich wünsche, Dir noch einmal mündlich recht von Herzen
aussprechen zu können, wie sehr ich Dich lieb habe!

Dankbar und treu der Deine

Adolf Stahr.

89. Fanny Lewald Stahr,

geschätzte Schriftstellerin, geb. 24. März 1811 zu Königsberg i. Pr.,
gest. 5. Aug. 1889 in Dresden, war seit 1855 Stahrs Gattin.

[Berlin, 6. Nov. 1873.]

Theurer Freund! und hochverehrter Meister!

Während Sie jetzt Ihr Jubelfest als Künstler glorreich erleben, habe ich in diesem Herbste in stillem Gemüth lebhaft
den Tag mir wachgerufen, an welchem ich im Jahre 1848 in
Weimar Sie, und bald darnach den jetzigen Großherzog kennen
lernen — und ich habe die Stunde recht gesegnet. Wir haben
viel erlebt seitdem — viel erleben und große Umgestaltungen
im öffentlichen Leben sich vollziehen sehen — aber das herzlich theilnehmende Zusammenhalten ist zwischen Ihnen und Stahr
und mir — die wir ja eigentlich nur ein Mensch sind — das
immer gleiche geblieben, und ich meine, in der Achtung vor

---

1) Berühmter Charakterdarsteller der Berliner Hofbühne
(1803—78).

dem Streben und Leisten sind wir mit einander für einander gewachsen.

Lassen Sie mich hoffen lieber Freund! für mich, für Sie und uns Alle, daß Stahrs trübe Voraussicht sich nicht erfüllen wird, daß wir, obschon er augenblicklich recht angegriffen ist, auch sein Jubiläum erleben, und daß Sie uns dann nicht fehlen werden, rüstig, wie der Himmel Sie erhalte, ihm die gute Hand zu drücken.

Und so gehe es Ihnen wohl! und lassen Sie es mich immer aussprechen, daß — wie hoch ich den unvergleichlichen Künstler in Ihnen auch bewundere, der Mensch Liszt mir noch lieber ist und stets größer erschienen als selbst Jener.

Alles Glück mit Ihnen -- und beten Sie, daß auch mir das meine, wie ich zuversichtlich hoffe, noch erhalten bleibe!

Von Herzen

Ihre

Fanny Lewald Stahr.

90. Josef Dessauer,

als Liederkomponist erfolgreich. geb. 28. Mai 1798 zu Prag, gest. 6. Juli 1876 in Mödling bei Wien. an welch letzterem Ort er meist lebte.

Ischl, 6. 11. 73.

Lieber, alter Freund,

Obgleich dieses Blättchen in dem großen Sturm, der Dir Lorberkränze und Blumen von allen Seiten zutragen wird, spurlos verwehen dürfte, so drängt es mich doch, es Dir zu senden.

Genieße die Freuden Deiner irdischen Verklärung im vollsten Maße und möge die himmlische noch lange fern bleiben.

Mehr und besser zu schreiben, vermag ich nicht, denn ich bin so gut wie blind.

Mit der alten Freundschaft der uralte

Dessauer.

91. Friedrich Preller,

großer historischer Landschaftsmaler, geb. 25. April 1804 zu Eisenach.
gest. 23. April 1878 in Weimar, seit 1831 an der dortigen von Goethe
gestifteten Zeichenschule tätig.

Verehrter Freund!

Eingedenk einer schönen Zeit meines Lebens, will ich an
Deinem Festtag nicht fehlen, und so komme ich mit den besten
und innigsten Glückwünschen. Gebe der Himmel, daß Du in
Deiner Weise fortschaffen kannst, denn Besseres können wir
doch nicht bringen, als was Gott uns zugetheilt.

Mit dem besten Gruß treu

Friedrich Preller.

Weimar, 7. Novbr. 1873.

92. Stanislaus Graf Kalckreuth,

Landschaftsmaler, geb. 25. Dez. 1820 zu Kozmin in Posen, gründete
1860 die von ihm geleitete Weimarer Kunstschule, die er unter
Mitwirkung von Böcklin, Lenbach. R. Begas u. a. zu großer Blüte
brachte. 1876 trat er von der Direktion zurück; er starb 25. Nov.
1894 in München.

Hochverehrter Meister!

Mit herzlicher und freudiger Theilnahme haben wir von
dem Jubiläum gehört, das Sie in diesen Tagen feiern. Daß
dieses nicht an den Künstlern der Weimarischen Kunstschule
vorübergehen kann, ohne daß diesen Gelegenheit geworden wäre,
Ihnen, hochverehrter Meister, ihrer Aller wärmste Theilnahme
an dem schönen Fest auszusprechen, ist wohl selbstverständlich; ich aber, dem der ehrenvolle Auftrag zu Theil wurde,
die Gesinnungen der Mitglieder der Schule zu Ihrer Kenntniß
zu bringen, betrachte dieses als eine besondere Genugthuung,
und als ein glückverheißendes Omen für die kommende Zeit,
in der ich, nach fast wiedergewonnener Gesundheit, die Leitung
der Schule wieder übernehmen kann. Wenn es auch keinen
wahren Künstler geben kann, der diesen Ihren Ehrentag nicht
mit freudiger Dankbarkeit für Ihr großartiges rastloses künst-

lerisches Schaffen und Wirken mitfeierte, so habe ich ganz besonders dankbar zu bekunden, mit welchem ächten Wohlwollen Sie allen künstlerischen Bestrebungen in Weimar entgegengetreten sind. Die steigende Verehrung, die wir aus innerster Überzeugung dem großen Meister entgegentragen konnten, ist uns selbst zum beneideten Vorbilde geworden auf unserem Pfade, — und wenn wir Ihnen heut unsre herzlichste Theilnahme an Ihrem Ehrentage aussprechen, so geschieht es nicht ohne das Gefühl wahrer Dankbarkeit für Alles, was Sie direkt und indirekt auch für uns, die Jünger der bildenden Kunst, hier gewirkt haben. Wie jeder Tag, den Sie uns durch Ihre Kunst verherrlichten, uns unvergeßlich bleiben wird, so werden wir nie des freundlichen Wohlwollens vergessen, womit Sie jede persönliche Begegnung mit uns gekennzeichnet haben, das Sie allen unseren Erfolgen unveränderlich bewahrten. Möchte es uns recht bald vergönnt sein Ihnen die guten Wünsche zu bestätigen, die wir Alle gleichmäßig für Sie hegen.

Mit hoher Achtung habe ich die Ehre zu zeichnen Ihr

gehorsamer Diener

Kalckreuth

Weimar, d. 8. Novbr. 1873.

93. A. Gräfin von Hacke,
Palastdame der deutschen Kaiserin Augusta.

Monsieur,

S. M. l'Impératrice me charge de vous exprimer toute la part qu'Elle prend à la fête solennelle qui se célèbre en ce jour: Elle y attache un double prix; d'abord parce que cette fête consacre un souvenir important et qui marquera sa date dans l'histoire de l'art; — ensuite parce qu'Elle sent mieux que toute autre les services que vous avez rendus au sol

Weimarien et à Sa famille, qui vous en aura une invariable reconnaissance.

Veuillez agréer, Monsieur, l'assurance de mes sentiments es plus distingués.

M. Comtesse de Hacke Dame du Palais de S. M. l'Impératrice-Reine.

Coblence, 10 Nov. 1873.

94. Julius Graf Andrássy,

geb. 8. März 1823 zu Olàhpatak in Ungarn, gest. 18. Febr. 1890 in Volosca, wurde 1867 ungarischer Ministerpräsident, war 1871—79 österreichischer Minister des Äußeren und Reichskanzler.

Monsieur l'Abbé,

Ce n'est qu'en retournant à Vienne ces jours-ci que j'ai reçu votre lettre du 1er et la belle œuvre que vous avez, eu l'amabilité de me dédier[1]).

Les paroles pleines de cœur et de gratitude dont vous avez accompagné cet envoi, m'ont vivement touché.

Acceptez, je vous prie, les remerciments les plus sincères d'un compatriote heureux d'avoir pu contribuer à rattacher à la Hongrie une illustration, que le monde musical entier nous envie à juste titre.

Le Génie, dit-on, ne connait pas de patrie — vos paroles et vos faits prouvent qu'il n'en est pas toujours ainsi. C'est

1) »Szózat und Hymnus« für Klavier zu 2 und 4 Händen, sowie für großes Orchester bei Rózsavölgyi u. Comp., Budapest erschienen.

un mérite de plus à mes yeux — et une raison de plus pour
vous prier de croire à l'estime toute particulière et l'admiration
la plus sincère

de votre dévoué

Andrássy.

Bude, ce 29 Novembre [1873`.

95. Walter Bache.

58. Great Russell Street, Bredford Square W. C.
am 29ten November 1873.

Hochgeehrter Meister!

Sie haben am Donnerstag Abend einen großen Triumph
in London gefeiert. Ich wünsche nur daß Sie zugegen gewesen wären! Ich schickte Ihnen vor einigen Tagen das Programm und habe jetzt nur zu sagen was sich von selbst versteht: daß unter Bülow's wunderbarer Leitung jede Aufführung
eine ganz prächtige war: dieser Vortrag des Baßclarinets
und der Violinen z. B. des Hauptmotivs im *Tasso*[1]), diese
Weichheit der Holzbläser in dem Trio der Weber'schen Polonaise
wird mir unvergeßlich bleiben. Kurz Bülow war mehr als
zufrieden — er war sogar enthusiastisch über die Orchester-
leistungen, und damit ist Alles gesagt: es versteht sich daher
von selbst, daß die Musiker mit dem größten Eifer gespielt
haben — denn mit Bülow ist es nicht anders möglich —
einige haben sogar ihre Stimmen zu Hause studirt, was in
unserem London noch gar nicht dagewesen ist.

Das Publikum war erstaunt (wie könnte es anders sein?)
und enthusiastisch. Ich bekomme mit jeder Post Dankbriefe
von Leuten, die versichern, noch nie ein so schönes Concert
gehört zu haben. *Tristan*-Finale mußte wiederholt werden.
Ich habe sehr gestrebt das großartige Concert mit meinem
Spiel so wenig als möglich zu verderben und im ganzen ge-

---

1) Symphonische Dichtung Liszts.

nommen war Herr von Bülow zufrieden mit mir. Wenn es
auf irgend eine Weise möglich sein wird (nach Bülow's amerikanischer Reise), wieder so einen Abend zu arrangiren, werde
ich es gewiß nicht versäumen. Mit Bülow geht es ganz wunderbar zu. Er spielt überall, und Alles von Bennett[1]) bis Beethoven, und ist dabei so ungewöhnlich ruhig, heiter und liebenswürdig, wie ich ihn noch nie gekannt habe. Jetzt leben Sie
wohl, lieber Herr Doctor — Gott sei Dank, daß ich Ihnen
endlich von einer wirklich vollkommenen Aufführung Ihrer
Werke berichten kann: Wir dürfen nicht vergessen, daß ohne
Liszt nicht allein kein *Orpheus* und kein *Tasso* da wären —
sondern auch kein Bülow, möglicherweise kein *Tristan* und
(vom *sublime to ridiculous* giebt es nur einen Schritt) gewiß
keine ehrlichseinwollenden und Sie liebenden Musikanten wie
Ihr treuer Schüler

Walter Bache.

96. Albert Graf Apponyi,
**ungarischer Politiker, geb. 1846 in Wien, gegenwärtig Präsident
des ungarischen Abgeordnetenhauses.**

Cher Maître,

C'est peut-être plus qu'inutile, mais je ne puis m'empêcher
de vous adresser quelques lignes à l'approche du jour de l'an.
Que ce même bon Dieu, qui vous a comblé de ses dons,
veuille bien être conséquent, s'il est permis de dire ainsi, et
vous accorder de travailler beaucoup encore et de jouir des
fruits de vos travaux. Je ne saurais vous adresser d'autres
vœux que celui-là, cher et vénéré Maître, et je puis me borner
à ces quelques mots, parce que vous me connaissez assez pour
savoir de quelle façon je les entends. —

Veuillez dire bien des choses à Mihalovich de ma part,
il sait que je suis très sincèrement son ami, je n'ai donc pas

---

1) William Sterndale B. (1816—75), englicher Komponist Men-
delssohnscher Richtung, auch Dirigent.

besoin de détailler tout le bien que je lui souhaite. Je me rends à Vienne le 2 Janvier, et je vous y attends. Mihalovich pourra m'adresser ses ordres à l'hôtel *Stadt Frankfurt*.

Adieu et au revoir bientôt, cher Maitre; croyez à l'entier et inaltérable dévouement de

Votre très reconnaissant

Albert Apponyi

Eberhard, le 30 Décembre 1873.

97. Francis Hueffer,

Dr. phil., geb. 1843 zu Münster, gest. 19. Januar 1889 in London, woselbst er sich 1869 als Musikschriftsteller niedergelassen hatte und seit 1878 Musikreferent der ›Times‹ war, als welcher er, im Gegensatz zu seinem Vorgänger Davison, begeistert für Wagner eintrat.

5 Fair Lawn, Lower Merton, London S. W.
Jan. 15th 1874.

Monsieur,

J'ai pris la liberté de vous envoyer mon livre sur Richard Wagner et la musique de l'avenir[1]) dans le dernier chapitre duquel vous trouverez quelques mots sur vos chansons. Le plan de mon œuvre le rendait impossible d'exprimer tout ce que je sens d'admiration pour votre génie; mais je puis vous assurer que ce qui a été dit n'est qu'une expression faible de la gratitude que je vous dois pour les heures du plaisir le plus pure et exalté que les dons de votre muse m'ont fait sentir.

---

1) ›Richard Wagner and the Music of the Future‹, in deutscher Ausgabe unter dem Titel ›Die Poesie in der Musik‹ erschienen Leipzig, F. E. C. Leuckart (Const. Sander), 1874.

Agréez, Monsieur, l'expression de mon respect le plus
profond.

Votre très dévoué

J. Hueffer

98. Friedrich Feustel,

Banquier in Bayreuth, als Verwaltungsrat der Bühnenfestspiele um
dieselben hochverdient.

Bayreuth, 7. März 1874.

Hochwürdiger, Hochwohlgeborener Herr!

Unser verehrter Meister, Herr Richard Wagner, hat uns im
Laufe des Winters einmal angedeutet, daß Sie dem Unternehmen Ihre werkthätige Theilnahme im Laufe dieser Saison
zuwenden würden. —

Wir sind so frei daran — ohne Vorwissen des Meisters —
anzuknüpfen und Ihnen auszusprechen, mit welchem Danke
wir es begrüßen würden, wenn Sie Ihre edle Absicht ver-
wirklichen würden. —

Bei den großen und systematischen Verdächtigungen, denen
das Unternehmen fortwährend ausgesetzt ist, erscheint es uns
doppelt nothwendig, daß von Zeit zu Zeit wirksame öffentliche Manifestationen zu Gunsten desselben stattfinden. —

Wer könnte dazu berufener sein, als Sie, Hochgeehrtester
Herr, der unter die ersten Coryphäen der erhabenen Kunst
zählt!

Ihre Theilnahme sichert dem Unternehmen die Sympathie
gleichzeitig der gebildeten wie der musikalischen Welt!

Wir sind zwar für die nächste Zeit durch die Theilnahme
Seiner Majestät unseres allergnädigsten Königs — der für
_M_. 100000 eintritt — der Geldsorgen enthoben, indeß bei der
großartigen Natur des Unternehmens läßt sich schon jetzt mit
Bestimmtheit vorhersehen, daß weitere Mittel nothwendig sind,
wollen wir dasselbe als vollständig gesichert erachten. —

Indem wir um Entschuldigung bitten, daß wir Sie mit dieser Angelegenheit behelligen, geben wir das Weitere Ihrem weisen, besseren Ermessen anheim und verharren in größter Hochachtung als Ihr

ganz ergebenster
Verwaltungs-Rath des R. W. Theaters

Herrn Abbé Liszt
Ritter hoher Orden pp.
Pesth.

99. Friederike Fürstin Auersperg,

früher Hofdame der Erzherzogin Sophie von Österreich. wurde Dominikanerin und führte den Klosternamen Schwester Raymondine.

Très cher Abbé,

Heureuse de mon succès; fatiguée de ma course; je rentre dans ma tanière et je laisse faire le Comité constitué: »Waldstein-Auersperg-Hohenlohe-Dönhoff« [2]); tout va sur roulettes; et le 31 qui convient parfaitement à ma cousine sera un jour, qui, j'en suis sûre, confondra en succès tous ses prédécesseurs! Ma cousine accepte avec autant de reconnaissance que d'empressement le partage de la recette, et la Princesse Marie H[ohenlohe] a été si gracieuse de me féliciter

---

1) Der Brief ist von Feustels Hand. Unterzeichnet sind neben ihm noch Kaefferlein und Muncker. letzterer Bürgermeister von Bayreuth.
2; Das aristokratische Komité eines Wohltätigkeitskonzerts, das, von Schwester Raymondine angeregt, im Palais Auersperg stattfand und sich, dank Liszts Mitwirkung, großen Erfolgs rühmen durfte.

non seulement de mon succès, mais elle joint encore ses efforts à ceux des autres pour rendre la Victoire plus brillante et plus sûre. La Comtesse Dönhoff[1]) attend vos ordres, quelle pièce exercer? Elle était ravie de joie, et ravissante par sa joie. — Waldstein est déjà tout à l'œuvre et ma cousine, résolue comme une Jeanne d'Arc, ne songe qu'à s'entendre avec la Princesse Marie II. pour vous rendre la soirée aussi agréable que possible! Waldstein voulait proposer une matinée au lieu d'une soirée; je me suis abstenue de tout jugement et de tout conseil; je me borne à vous faire ce petit commérage en vous priant de ne pas oublier la promesse faite de revoir — c'est-à-dire de jeter un coup d'œil sur les compositions du Rév. P. Raymond quand vous serez à Vienne. Frapperai-je alors à votre porte? ou frapperez-vous à la nôtre pour voir le tableau de nos misères et le champ d'honneur où croissent des lauriers dont votre mémoire sera encore couronnée quand, tombée en cendres, ma reconnaissance vous bénira encore par celles qui me survivront? — A revoir encore une fois, j'espère, et puis à Dieu pour cette vie et à revoir pour l'autre! Avec la plus vive reconnaissance qui jamais a été sentie,

13 Mars 1874.

---

1) Jetzt Gräfin Marie Bülow, Gattin des deutschen Reichskanzlers.

100. Carl Alexander, Grofsherzog von Sachsen-Weimar.

La date du jour où, il y a cinquante ans, Vous donnâtes, mon cher, la première fois publiquement libre cours à Votre génie[1]), explique le but de ces lignes plus éloquemment que mes paroles ne pourront le faire. Heureusement Vous me connaissez trop bien pour ne pas savoir que parmi Vos nombreux amis, et parmi les admirateurs, encore plus nombreux, de Votre génie, personne ne saurait à cette occasion solennelle Vous parler le langage de l'estime, de la reconnaissance et de l'amitié plus sincèrement que moi. Vous savez tout autant combien la Grande-Duchesse, combien toute ma famille sympathise avec les sentiments que je vous porte. Aussi en trouverez-Vous ici et la preuve et l'expression.

Il incombait au nom de Weimar et aux devoirs qui en découlent pour moi de marquer cet anniversaire à sa vraie date par une solennité publique dont Vous eussiez été le centre. Votre modestie s'y est refusée. Je la respecte tout en la regrettant. Ce n'est pas me contredire toutefois que de donner expression publique à ces devoirs puisqu'ils me sont dictés par le nom que je porte. En Vous remettant la plaque de mon ordre, je sais que je m'adresse à un chevalier qui depuis sa tendre enfance a servi fidèlement sa devise[2]), car il a veillé et il a monté. Puisse la bénédiction du ciel accompagner toujours celui qu'Elle s'est plu de douer si particulièrement — tel est le vœu intime de

Votre vieil ami

Charles Alexandre.

Weimar, ce 13 d'Avril 1874.

---

1) Am 13. April 1823 hatte Liszt im Redoutensaal zu Wien jenes denkwürdige, durch Beethovens Teilnahme ausgezeichnete Konzert gegeben, mit dem seine europäische Berühmtheit als Klavierspieler begann.
2) ›Vigilando ascendimus‹

101. Sofie Menter.

Prag, d. 14. April [1874].

Hochverehrter Meister!

Bis heute weiß ich noch nicht wo ein vierhändiger *Wal-küreritt* aufzutreiben ist, aber ein ganz anderes Stück unter dem Titel *Walküreritt* ist mir heute aus der Musikalien-handlung zugeschickt worden, welches unter anderen Merk-würdigkeiten auch diese hat, von niemandem gesetzt zu sein, wenigstens hat der jedenfalls sehr beliebte *Arrangscheur* dem P. T. Publikum seinen Namen vorenthalten, wahrscheinlich aus berechtigter Furcht, selbst gesetzt zu werden. Da ich nun hier nichts besseres auftreiben kann, erlaube ich mir, an Sie, hochverehrter Meister, die Bitte zu stellen, jenen Wal-küreritt, welchen Sie mit mir zu spielen die Gnade haben wollen, durch Hrn. Breitner nach Preßburg besorgen zu lassen, so daß ich am 18ten April daran büffeln kann, was ich jeder Zeit sehr nöthig habe; wenn ich noch einen Wunsch äußern dürfte, so wäre es der, auf dem Programm von meinem durch Heirathen errungenen Namen ebenso wenig Gebrauch zu machen, wie der willkürliche Walkürenarrangeur von seinem Namen. . — .

Für heute will ich aufhören Sie zu langweilen, was ich in Preßburg leider fortsetzen werde und wozu ich Ihnen, hoch-verehrter Meister, schon heute condolire, aber hoffentlich wird unsere geliebte reizende Gräfin[1]) da sein, um das Gleichgewicht herzustellen. Wie dankbar ich Ihnen für die hohe Auszeich-nung, mit Ihnen spielen zu dürfen, bin, brauche ich Ihnen nicht zu sagen.

Ihre ewig treu ergebene

Sofie.

102. Der Vorstand des Maria Elisabethen-Vereins in Prefsburg.

Presbourg, ce 28 Avril 1874.

Monsieur l'Abbé,

Permettez-nous de vous exprimer, au nom de la petite con-grégation de Ste Elisabeth, notre profonde reconnaissance et nos

1) Gräfin Dönhoff.

plus sincères remerciments pour la somme de 500 fl., qui, selon votre généreuse intention, nous a été remise au profit de nos pauvres.

Le génie et l'art mis au service de la charité est un beau et touchant spectacle que vous avez souvent offert au monde, mais on ne se lasse cependant jamais de l'admirer. Les applaudissements de la foule s'évanouissent, mais les prières et les bénédictions des pauvres que vous avez soulagés et secourus trouveront leur écho dans le ciel!

Veuillez donc, Monsieur l'Abbé, agréer l'expression réitérée de notre sincère reconnaissance et de notre plus profonde estime.

103. Sofie Menter.

Hochverehrter, geliebter Meister!

Immer ist es wieder Dank, herzlichster Dank, den ich Ihnen auszusprechen habe, gleichviel ob ich als stumme Bewundrerin Ihrer unsterblichen Schöpfungen, ob als entzückte und verzückte Zuhörerin Ihres unbeschreiblichen Spiels, oder als zitternde und bebende Mitspielerin an Ihrer Seite erscheine. Unvergeßlich für's ganze Leben ist jeder einzelne Eindruck für sich, und genügend, mich Ihnen, edler Meister, zu ewigem Dank zu verpflichten.

Sie aber, der große Geber, der edle Weltbeglücker, lassen es dabei nicht bewenden, und so habe ich dieser Tage wieder Ihrer Huld ein Zeichen zu danken, das mich doppelt beglückt, da ich weiß, daß Sie der Urheber, die alleinige Ursache desselben sind. — —

Die funkelnagelneue »Kammervirtuosin« [1]) dankt Ihnen herzlichst und hat keinen sehnlicheren Wunsch, als Ihnen stets beweisen zu können, wie sie ganz erfüllt ist von Dank und Liebe für Sie, hochverehrter Meister.

Mit dem Wunsche, daß diese Zeilen Sie bei bestem Wohlsein antreffen mögen, verbinde ich die Bitte um Ihre fernere Huld und bin mit tausend herzlichen Grüßen

Ihre ewig dankbare

Sofie.

Schloß Steyersberg, Niederösterreich,
d. 24. Mai [1874].

---

1) Kaiser Franz Josef von Österreich hatte sie dazu ernannt.

104. Theodor Ratzenberger,

Klaviervirtuos und Dirigent, auch Komponist von Klavierstücken und Liedern, geb. 14. April 1840 zu Großbreitenbach in Thüringen. wurde 1855 Schüler Liszts, dessen Werke er nachmals begeistert zu verbreiten bestrebt war. 1859 zum Sondershausenschen Hofpianisten ernannt, nahm er nach Konzertreisen 1868 seinen Wohnsitz in Düsseldorf, den er 1878 mit Wiesbaden vertauschte. Hier starb er 9. März 1879.

Hochzuverehrender Herr,
Geliebter Meister!

Wenn ich erst heute dazu komme, Ihnen über die Aufführung der *hl. Elisabeth* in Düsseldorf etwas Näheres mitzutheilen, so wollen Sie diese Verspätung damit entschuldigen, daß ich unmittelbar nach der Aufführung eine Erholungsreise von mehreren Wochen antreten mußte und erst gestern zurückgekehrt bin. — Die Aufführung ging — wie ich Ihnen bereits nach Pest meldete — ganz vortrefflich; die Chöre (190 auserlesene Stimmen) und das Orchester, verstärkt durch viele Tonkünstler aus Cöln (von Königslöw[1], Rob. Heckmann[2] pp.), Aachen, Elberfeld und Barmen leisteten geradezu musterhaftes und von den Solisten zeichneten sich besonders aus: Frau Scherbarth-Flies[3] (Elisabeth) und Herr Schelper[4] (Ludwig). Frau Scherbarth blieb Frau Dr. [Merian-]Genast[5] in Weimar wenig schuldig. Fräulein Breidenstein[6] sang sehr brav. Das Werk gefiel ungemein, viele Nummern fanden enthusiastische Aufnahme. Diese Thatsache fand ich zu meiner aufrichtigen

1) Otto von K. geb. 1824, war 1858—81 Konzertmeister der Gürzenichkonzerte in Cöln.
2) Violinvirtuos, Konzertmeister in Cöln und Führer des nach ihm benannten Quartetts (1848—91).
3) Louise Sch.-F., jetzt an der Braunschweiger Hofbühne.
4) Otto Sch. (geb. 1844), seit 1876 Baritonist des Leipziger Stadttheaters.
5) Emilie Merian geb. Genast in Weimar, feinsinnige Liedersängerin, insbesondere eine der ersten und poesievollsten Interpretinnen der Lisztschen Lieder.
6) Marie B. gest. 1895 aus Erfurt, Repräsentantin der Landgräfin (»Elisabeth«, widmete sich mit Vorliebe der Wiedergabe von Kompositionen Liszts, dessen Schülerin sie auch am Klavier war.

Freude in den meisten rh. Blättern bestätigt; Dank der Vorsehung, daß der Hiller'sche Einfluss zu Ende geht. Übrigens
wird die *Elisabeth* nächsten Winter in Cöln und M.-Gladbach
aufgeführt; mein Verein wird mitwirken. — Der Besuch des
Concertes war sehr stark, der ganze Niederrhein war durch
seine Capellmeister und viele Musikfreunde vertreten, ich nenne
nur: Hiller, Max Bruch, Gernsheim [1], Mertke [2], Ant. Krause [3],
Wasielewski [4], Breunung [5], Emil Rittershaus [6]. Alles dies ist
höchst erfreulich und ermuntert zu neuen Thaten. Ich be-
absichtige nächsten Winter meine gewöhnlichen 4 Concerte für
ältere und neuere Kammermusik, diesmal wahrscheinlich mit
dem Florentinerquartett [7]), und 3--4 Concerte für Soli, Chor
und Orchester, nur neuere Compositionen, u. a. Ihren *Christus*,
aufzuführen. Doch muß ich erst die geschäftliche Seite gesichert sehen. Ich habe mich dieserhalb an einige Freunde
adressirt, von denen ich erwarte, daß sie mir im Nothfall eine
Quelle eröffnen. Die Orchester-Concerte sind hier enorm theuer
und bei der Fluth von Concerten, die uns jeder Winter bringt,
ist nicht immer auf ein genügend zahlendes Publikum zu
rechnen. Ferner möchte ich gern am 1. October die *heil.*
Elisabeth in scenischer Darstellung aufführen. Würden Sie,
hochverehrter Meister, Ihre Zustimmung hierzu geben? Selbstverständlich würde ich nur unsere hervorragendsten Maler mit
der Ausführung der Decorationen pp. betrauen.

Von meiner pianistischen Thätigkeit kann ich leider nicht
viel rühmliches sagen; ich habe vorigen Winter kaum 6 mal
öffentlich gespielt und konnte nicht einmal einer Einladung der

1) Friedrich G. (geb. 1839), Komponist und Dirigent, Lehrer
der Komposition und des Klavierspiels an der Hochschule in Berlin.
2) Eduard M. (1833—95), Pianist und Komponist, lehrte am
Cölner Konservatorium.
3) Anton K. (geb. 1834, Pianist und Komponist instruktiver
Klavierwerke, war 1859—98 Musikdirektor in Barmen.
4) Josef Wilh. v. W. (1822—96), Violinist, Dirigent und Musikschriftsteller, zuletzt in Sondershausen.
5) Ferdinand Br. (1830—83), Musikdirektor in Aachen.
6) Dichter (1834—97), lebte als Kaufmann in Barmen.
7) Von dem Mannheimer Geigenvirtuosen Jean Becker (1836 – 84)
begründet und zu Weltruf gebracht.

Gewandhausdirection in Leipzig Folge leisten, weil ich durch
Stunden und Proben so furchtbar in Anspruch genommen worden
war. Kommenden Winter gedenke ich aber Alles nachzuholen,
denn die neue Musikschule, welche das preuß. Cultusministerium
in Düsseldorf zu errichten gedenkt, dürfte einen guten Theil
meiner Stundenpraxis absorbiren. Max Bruch setzt alle Hebel
in Bewegung, um Director dieser Anstalt zu werden; ob es
ihm gelingen wird, bezweifle ich.

Doch genug für heute! In der Hoffnung recht bald ein
paar Zeilen von meinem innig verehrten großen Meister zu erhalten, habe ich die Ehre zu sein Ihr dankbar ergebener Schüler

Theodor Ratzenberger

Düsseldorf, 12. Juni 1874.

105. Serge von Moukhanoff,
Intendant des Theaters zu Warschau.

Varsovie, 2/14 Juin 1874.

Monsieur l'Abbé,

Le portrait, que vous avez tracé en de si belles paroles
de Celle que je pleure[1]), Vous dit assez quelles sont mes
souffrances. A travers ma douleur je Vous suis profondément
reconnaissant d'avoir pensé à moi.

»Vivez de la plénitude de la vie!«, m'a-t-elle dit, en me
quittant, mais quelle peut être la vie quand tout le charme
en est perdu?

Votre respectueusement dévoué

Moukhanoff

---

1) Seine Gattin, Frau Marie v. Moukhanoff, war gestorben.

106. Franz Haberl,

ausgezeichneter Musikgelehrter, geb. 12. April 1840 zu Oberellen-
bach in Niederbayern, wurde Priester, 1867—70 Organist an S. Maria
dell'Anima in Rom, 1871—82 Domkapellmeister in Regensburg, wo
er, 1887 zum Dr. theol. hon. c. von der Universität Würzburg ernannt, lebt. Er begründete daselbst eine von ihm geleitete Kirchen-
musikschule, sowie einen Palestrinaverein und gab die Gesamt-
ausgabe von Palestrinas Werken, sowie zahlreiche wertvolle musikalische Schriften heraus. Auch redigiert er seit 1888 die Zeitschrift
»Musica sacra«. Er ist Generalpräses des allgemeinen Cäcilien-
vereins.

Regensburg, am 25. Juni 1874.

Hochgeehrter Herr Doctor!

Ich war untröstlich, als ich im vorigen Jahre die Nachricht
erhielt, Ew. Hochwohlgeb. hätten mich mit einem Besuche in
Regensburg beehrt; leider war ich gerade jenen Tag verreist.
Ew. Hochwohlgeb. werden es nicht für leere Schmeichelei halten,
wenn ich Sie versichere, daß die hohe Ehre Ihren Umgang in
Rom genießen zu können, und beim Cäcilienfest in Eichstädt
Hochsie wiederzusehen, zu den schönsten Augenblicken meines
Lebens zählt, und daß beinahe kein Tag vergeht, an welchem
ich mich [nicht] an Sie erinnere. Sie werden es daher nicht
ungütig aufnehmen, wenn ich mir erlaube, Hochsie zu dem vom
2.—6. August stattfindenden Cäcilienfest in Regensburg ein-
zuladen, wenn wir auch nicht hoffen dürfen, daß Sie die weite
Reise zu einer vom künstlerischen Standpunkte aus so gering-
fügigen Versammlung und Production unternehmen werden. Ich
erlaube mir diese Einladung zu machen, weil ich aus Ihrem
Munde weiß, wie sehr Hochsie den Bestrebungen des deutschen
Cäcilienvereins geneigt sind, und weil bei dieser Gelegenheit
endlich einmal der Anfang zu einer kirchlichen Musikschule in
Regensburg gemacht werden soll.

Sie haben in einer Zuschrift an H. Witt so schlagend bemerkt: *Tempus faciendi Domine*. Nun packe ich die Gelegenheit beim Schopfe, aus einem kleinen, bescheidenen Anfang
mit der Zeit und dem Segen Gottes etwas Dauerndes zu machen.

Genehmigen Ew. Hochwohlgeboren den Ausdruck meiner innigsten Dankbarkeit, Verehrung und Hochachtung, mit dem zeichnet

Ew. Hochwohlgeboren ergebenster

Franz Habel,
Dombazenlehrer.

107. Derselbe.

Regensburg, am 24. Juli 1874.

Hochverehrter, Hochwohlgeborener Herr Abbé!

Ich bedauere von Herzen, Ew. Hochwohlgeb. bei der 5. Generalversammlung in Regensburg nicht gegenwärtig sehen zu können, und danke Ihnen für Ihre aufmunternden Zeilen. Was den *Heil. Stanislaus, Ep. et Martyr* anlangt, so steht ein eigenes *Officium* im *Proprium* von Polen, das ich Ihnen mit den übrigen gewünschten Büchern durch H. Pustet zustellen lasse. Ich habe zugleich an polnische Freunde geschrieben, um die etwa vorhandenen gregorian. Melodieen zu diesem *Officium proprium* zu erhalten, und werde Ihnen dieselben nach Empfang sogleich übermitteln.

Die Orgelfrage in der *Anima*[1]) scheint, wie Dr. Jänig[2]) schreibt, eine sehr erfreuliche Wendung durch Hochihre Zustimmung und Aufmunterung zu erhalten, und es ist mir ein hl. Vergnügen, eine anständige Kirchenorgel in der deutschen Nationalkirche zu wissen.

---

1) Die Kirche S. Maria dell'Anima in Rom.
2) Rektor der »Anima«.

H. Dr. Ambros habe ich schon vor Wochen zum Feste nach Regensburg gebeten, aber keine Antwort von ihm erhalten. Hat vielleicht meine allgemeine Adresse »Dr. Ambros in Wien« nicht ausgereicht?

Ich werde mir die Freiheit nehmen, Ihnen nach acht Tagen die *Missa Ascendo* von Pierluigi da Palestrina, sowie das Motettenheft als Zeichen meiner tiefsten Verehrung zu übersenden, und verharre mit bekannter Hochachtung Ew. Hochwohlgeboren

ergebenster

Fr. X. Haberl,
Domkapellmeister.

108. Peter Cornelius,

der poesievolle Dichterkomponist, Liszts Schüler, geb. 24. Dez. 1824
zu Mainz, gest. daselbst 26. Okt. 1874.

Mainz, Aktienbrauerei,
Am 26ten July 1874.

Theurer Freund und Meister!

Es muß Ihnen unbegreiflich erscheinen, daß ich mir die Freude Ihres letzten Briefes so lange vorenthielt. Gegen Ende des Schuljahrs drängt sich immer so manches zusammen, ich wollte hauptsächlich neben meiner Schulpflicht noch die höhere für meine eigene Muse erfüllen und einige Arbeiten noch vor meinen Ferien druckfertig machen, um dann gleich mit dem Beginn meiner freien Zeit an meine größere Arbeit gehen zu können. Außerdem hatte ich manche Besuche; Sie wissen, München ist ein Brennpunkt für tausenderlei Ausgangspunkte von Vergnügungs-, Sommer- und Badereisen! So kam es, daß ich das mir von völlig unbekannter Seite abgeschickte Zollamtpäckchen — ohne Angabe des mir so werthvollen Inhalts — einmal vergaß, dann, wenn es mir wieder einfiel, nicht Zeit fand, es mir abzuholen und so weiter. Erst in den letzten Tagen vor meiner Abreise holte ich es denn endlich und war ebenso freudig als leidig überrascht, Ihren lieben Brief zu er-

10*

halten, von dem ich keine Ahnung hatte — denn diese Austern
für mein Herz hätte ich sonst nicht so lange der Gefahr des
Vertrocknens ausgesetzt.

Nun mache ich mich unverzüglich an Ihre schöne Hymne[1]
und denke dieselbe Anfang August an Herrn Taborsky[2] zu
senden. So begann ich meine Ferien 1870 mit der Übersetzung des *Stanislas*, und freue mich nun zu hören, daß Sie
jetzt anfangen wollen diesen Text in Tönen zu verewigen. So
werde ich doch als deutscher Dolmetsch für die Töne unsrer
drei großen Meister später meine Geltung behaupten, denn Sie
wissen, auch in Wagner's Schaffen hab' ich mich eingedrängt,
(auf Cosima's Wunsch 22. 5. 73) und einem seiner Erstlings-
werke Worte untergelegt.

Sie werden mich recht langsam schelten, daß ich immer
noch nicht mit »unsrem« *Barbier*[3] in's Feld gerückt bin; ich
habe längst alles Nöthige beisammen, auch, wie ich glaube,
eine recht hübsche neue Ouvertüre nach Ihrer Angabe, so daß
das Namen-Motiv in den Vordergrund gestellt ist.

A - bul Has - san A - li E - be Be - kar!

Auch für die Rosen-Scene habe ich eine kleine Erweiterung,
die dann auch die Stelle des zweiten Themas in der Ouvertüre
vertritt — sowie einige glückliche Striche . . — .

Möge Ihnen der Aufenthalt auf Villa d'Este einstweilen
wieder auf 10 Jahre Kraft zu Ihrem schönen und edlen Schaffen
verleihen. Seien Sie herzlich umarmt von Ihrem

Petrus.

------- -

1) »Hymne de l'enfant à son réveil« von Lamartine. Über
Cornelius' Übersetzung derselben siehe: La Mara, »F. Liszt's Briefe«.
II, Nr. 154.
2) Pester Musikverleger.
3) Cornelius' Oper »Der Barbier von Bagdad«.

109. August Freiherr von Loën,

geb. 27. Jan. 1828 zu Dessau, gest. 28. April 1887 in Jena, war. mannigfach schriftstellerisch tätig, seit 1867 Generalintendant der Weimarer Hofbühne.

Eisenach, 26. Juli 74.

Hochverehrter Meister!

. — . Hier wohne ich jetzt — Villa Arnswald — wie unsere bescheidene Wohnung genannt wird, mit meiner Familie, während die Herrschaften in Wilhelmsthal sind. In der Erinnerung schwelge ich im *Tristan*; Sie haben anderweit erfahren, lieber Meister, welchen allgemein großartigen Eindruck das Werk machte und wie selbst die Gegner dieses Mal doch Respect zeigten vor der Größe des Kunstwerks. Wie wir Sie vermißten, und wie oft wir Sie herbeisehnten, wird man Ihnen auch geschrieben haben. Der Meister, der geistige Mittelpunkt, der immer gütige und theilnehmende Freund fehlte dem Feste; und doch waren wir auch Ihrer Theilnahme in der Ferne sicher und in der Kapelle, die sich selbst übertraf, fühlten wir das Fortwirken Ihres Geistes. Ihre Frau Tochter antwortete an ein Telegramm, welches des Großherzogs Bewunderung aussprach, in Wagners Namen so überaus freundlich, daß der Gnädigste hoch befriedigt war. Ich freue mich, daß Alles so gelang . . — .

Meine Frau und Tochter grüßen herzlichst. Ich bitte nicht darum, ich weiß, daß Sie mir Ihr mich so beglückendes Wohlwollen erhalten.

In treuer Anhänglichkeit Ihr Sie hochverehrender

Loën

110. Franz Doppler,

Flötenvirtuos und Komponist ungarischer Opern, geb. 16. Okt. 1821 in Lemberg, gest. 27. Juli 1883 zu Baden bei Wien, ließ sich nach Konzertreisen am Pester Theater als erster Flötist fesseln und wirkte seit 1858 in gleicher Stellung, sowie als Balletdirigent, an der Wiener Hofoper.

Hochverehrter Herr und Meister!

Erst vor wenig Tagen von meiner Ferienreise zurückgekehrt, sei mein Erstes, Ihnen verehrter Herr Abbé, für jenen — mich hochüberraschenden — durch Ihre so unendliche Güte mir unverdient zugewendeten Betrag von 50 Stück Ducaten, welche mir durch Herrn Julius Schuberth aus Leipzig[1]) in Ihrem Auftrage zugesendet wurden, meinen tiefgefühlten Dank auszudrücken.

Meine Betheiligung an der Orchestrirung Ihrer wunderbaren ung. Rhapsodien war eine so geringe[2]), daß ich nur mit Zagen daran gehen darf, an dem Ehrenhonorar des Verlegers zu participiren; und mit erhebendem Gefühle denke ich noch heute lebhaft an jene Tage zurück, wo mir — durch Ihr gütiges — mich so besonders auszeichnendes Vertrauen, die Gelegenheit geboten wurde, mich mit diesen Urquellen unserer theuren heimatlichen Weisen aufs innigste vertraut machen zu können.

Gleich bei Beginn unserer Theaterferien konnte ich dem Drange nicht widerstehen, vor allem — Bayreuth zu besuchen, und unserm Richard Wagner meine Hochachtung darzubringen.

Die unendliche Güte, welche mir sowohl von seiner Seite, als auch von Seite dessen liebreicher Gemahlin zu Theil wurde, wird unverlöschlich in dankbarster Erinnerung mir bleiben; leider konnte mein Aufenthalt in Bayreuth nur auf ganz kurze Zeit beschränkt sein, indem mein lieber Bruder[3]) mich bereits in Stuttgart mit Sehnsucht erwartete, um mit ihm eine Reise

---

1) Musikverleger.
2) Er war bei einigen derselben Liszts Mitarbeiter gewesen.
3) Karl D. 1826—1900., ebenfalls Flötenvirtuos, Musikdirektor am Landestheater zu Pest, seit 1856 Hofkapellmeister in Stuttgart.

zu seiner Kur in die Schweiz anzutreten. Die angelegentliche Bitte aussprechend, innig verehrter Herr und Meister mögen wie bisher, auch in der Folge Ihre so hochbeglückende wohlwollende Gesinnung bewahren Ihrem treuergebenen

Wien, 14ten August 1874.   Franz Doppler.

111. Marianne Brandt,

geniale Altistin, die als singende Darstellerin in ihrer Zeit unübertroffen blieb, geb. 12. Sept. 1842 zu Wien, gehörte 1868—82 der Berliner Hofoper an, sang in Bayreuth, vier Winter in Amerika und lebt, seit 1889 von der Bühne zurückgezogen, lehrend in ihrer Vaterstadt.

Bayreuth, Hotel zum Reichsadler, den 17. Aug. 1874.

Mein theurer, hochverehrter Meister,

Da ich höre, daß Sie augenblicklich mit einem großen neuen Werke beschäftigt sind, so sollte ich eigentlich nicht schreiben und Sie stören, — allein, immer arbeiten ist nicht gesund, und somit tröste ich mich, daß eine kleine Unterbrechung nicht zu großen Unwillen erregen wird, umsomehr als ich an Milderungsgründen ein ziemlich langes briefliches Stillschweigen für mich habe! Nachdem ich Sie, mein Meister, im November als heimathlose Vagabundin verlassen, erhalten Sie diese Zeilen nun von einer höchst anständig situirten norddeutschen Hofopernsängerin (freilich nur für ein Jahr), die, mit einer Verbesserung von tausend Thalern Gage, sich ins alte Joch schmieden ließ! Ob es nochmals gut thun wird, können erst die nächsten Monate erproben! Der Winter war trotz vieler Reisestrapazen ein an Geld und künstlerischen Ehren ganz ergiebiger gewesen. Im Februar, wo ich ein paar Wochen in Berlin mich aufhielt, wurden schon Unterhandlungen eingeleitet, da man mich zu *Aida* (Parthie der Amneris) nothwendig gebraucht hätte, es wären aber zu viel Conventionalstrafen für Gastspielkontrakte zu zahlen gewesen, so ging ich wieder fort; als ich im März neuerdings hinkam und man noch immer keine Amneris hatte, ließ es sich machen, und ich will

es nun versuchen, da ich unter den günstigsten Chancen eintreten
konnte, und das Publikum mich in einer Weise jetzt aufnahm,
die mich glänzend für frühere Unbill revanchirte! Anfangs
Mai ging gleich mein Urlaub an (April trat ich wieder ein),
und ich hatte Gastspiele in Riga und Königsberg zu absolviren.
In letzterer Stadt traf mich ein Brief von Frau Cosima, wo sie
mich einlud nach Bayreuth zu kommen. Da ich aber sehr
müde war nach allen Anregungen und Strapazen, auch schon
eine Sommerwohnung in der Nähe von Wien für mich gemiethet
war, so konnte ich nicht damals gleich zusagen, ging erst
nach Oesterreich, wo ich im reizenden Weidlingau 4 Wochen,
Monat July, der vollkommensten Ruhe, ganz abgeschieden von
der Welt, verlebte, was mich sehr erfrischte. Anfangs August
sollte ich in Prag gastiren, wollte das aber abschreiben oder
aufheben, um 14 Tage in Bayreuth zubringen zu können. Der
Direktor hatte aber seine Sängerin à conto meines Gastspieles
beurlaubt; so war es nicht möglich gewesen los zu kommen,
und ich kann mich nun nur 4 Tage hier aufhalten, da ich
noch nach Wiesbaden muß! Man nahm mich hier sehr
freundlich auf, ich hatte mich jetzt nicht mehr besonders ge-
meldet und war daher nicht erwartet worden. Gestern sah
ich mir das Theater an, das über meine Erwartungen weit
gediehen ist und ganz einzig zu werden verspricht. Gleich
Sonnabend, am Tage meiner Ankunft, sang ich dem Schöpfer
des *Lohengrin* was aus der Ortrud vor, doch mag er kaum
eine Ahnung von dem erhalten haben, wie die Figur auf der
Bühne von mir gegeben wird; — denn einerseits ängstigte
ich mich, ihn durch etwas, nach seiner Intention verfehlt Auf-
gefaßtes zu erzürnen; zweitens läßt sich in einzelnen Phrasen
und im Salon diese wuchtige Reckengestalt kaum annähernd
wiedergeben. Daß ich nicht den ganz richtigen Begriff von
meinen künstlerischen Fähigkeiten damit erweckt haben mag,
scheint mir durch die Thatsache bestätigt, daß Wagner meint,
die Parthie der Waltraute würde die mir zusagende sein,
was ich, so groß und schön ich die Parthie nach dem bisher
davon Gelesenen finde, doch nicht ganz bestätigen kann! Denn
die große Scene, die ich gestern mit vieler Passion und wieder-

holt mit dem Meister selbst und mit Josef Rubinstein[1]) durchnahm, ist, obwohl im großen, mir zusagenden Styl, doch im Grunde mehr rhetorisch gehalten und gestattet nicht die Entfaltung von Leidenschaft; der Wechsel der Empfindung, der darin vorkommt, wird nicht persönlich, er kann nur erzählend wiedergegeben werden, und gerade dieses Wogen und Schwanken in Gefühl und Leidenschaft ist meine stärkste Seite, — nicht das überlegte Wiedererzählen desselben.

Freilich haben mich Wagner's nie auf der Bühne gesehen, und nach meinem simplen Äußeren hat noch nie Jemand errathen, wie weit die Entäußerung alles Persönlichen zu Gunsten einer Rolle mit mir vorgeht. Ob so oder so aber, das Studium interessirt mich an und für sich, und vielleicht kommt man mit der Zeit auf andere Ideen! Mittwoch reise ich leider schon wieder ab, Anfangs September geht es ins gelobte Land, Berlin, zurück! —

Gestern sandte ich durch Frau Cosima meine Grüße an Sie, geliebter Meister, aber gleich mit dem Vornehmen, selbst von hier aus an Sie zu schreiben. Daß Sie bei Ihrer Arbeit sich wohl fühlen, erfuhr ich! Weimar wird unglücklich sein diesen Sommer und verödet! Eine traurige Nachricht erfuhr ich erst hier: den Tod der lieben Gräfin M[oukhanoff]. Er hat mich tief betrübt, da ich diese außergewöhnliche Frau erst im vorigen Jahre in ihrer ganzen Größe kennen lernte!

Nun, theurer Meister, schließe ich mit tausend ehrfurchtsvollen Grüßen und bleibe in Nähe und Ferne Ihre Sie hochverehrende ergebene

Marianne Brandt

---

1) Pianist (1847—84). lebte seit 1872 in Wagners Umgebung in Bayreuth.

112. Lina Ramann,

Klavierlehrerin und Musikschriftstellerin, Biographin Liszts, geb.
24. Juni 1833 zu Mainstockheim bei Würzburg. leitete früher eine
Musikschule in Nürnberg und lebt jetzt in München.

Hochverehrter, lieber Meister!

Lange schon wollte ich brieflich bei Ihnen eindringen,
schob aber diesen Moment immer hinaus, fürchtend, Sie zu
stören. Nun läßt sich mein Besuch nicht länger hinausschieben,
ich muß zu Ihnen, selbst auf die Gefahr hin, Ihre kostbare
Zeit länger in Anspruch zu nehmen, als es sonst Visitenbrauch
ist! Dabei komme ich nicht ohne einen speciellen Grund und
poche, wie schon manchmal, auf Ihre Güte und Hülfe, um die
ich in einer Sie betreffenden Angelegenheit bitten möchte.

Sie wissen bereits durch Julius Schuberth von dem Projekt
eines Ihr Leben und Schaffen umspannenden Buches.
Sie wissen auch, daß ich den Muth hatte den Versuch einer
Lösung dieser schwierigen Aufgabe wagen zu wollen[1]. Mit
unendlicher Freudigkeit bin ich bei dieser Arbeit und gestehe
Ihnen gerne, daß ich in ihr die schönste und liebste Aufgabe
meines Lebens erblicke. Aber bange, unsäglich bange wird
mir oft dabei. Weniger gegenüber der kritischen und historischen Seite der Arbeit, als gegenüber derjenigen, die mir als
Ideal vorschwebt und die die psychologische Zusammen-
gehörigkeit zwischen Ihnen und Ihren Werken darlegen soll. Das Material über Ihr persönliches Leben selbst
liegt nur fragmentarisch, sehr viel sogar ungenau vor. Daten,
die Anhaltspunkte geben könnten, sind flüchtig, zerstreut, oder
fehlen gänzlich. Dieser Umstand zwingt zu einer äußeren und
mehr allgemeinen Darstellung Ihres Lebens, und entfernt mich
mehr und mehr von meinem Ideal. — Gerade bei einem Werk
über Sie fühle und sehe ich immer deutlicher, daß der Haupt-
werth und Schwerpunkt in der Darlegung der feinen psycho-
logischen Fäden liegt, die Person und Kunstwerk durchflechten.

[1] Die dreibändige Biographie Liszts erschien 1880—94 bei
Breitkopf & Härtel.

Sie sind derjenige unserer Tonheroen, bei dem persönliches
Denken und Empfinden sich zum Kunstwerk dichten wie bei
Keinem!

Dieser Einsicht und Ueberzeugung gegenüber muß, wie die
Dinge zur Zeit noch liegen, meine Arbeit zurücktreten und —
im Vorhof sich bewegen. Das drückt mich nieder und macht
mich tief traurig, während doch zugleich das klare Sehen, wie
sie sein soll, mich glücklich stimmt und geistig entflammt.
Ein Paradies vor den Augen zu haben ohne es betreten zu
können ist selige Unseligkeit in mehrfacher Beziehung. Aber
Sie können mir helfen!

Das, was mir namentlich zu meiner Arbeit fehlt, das sind
chronologische und lokale Daten, bezüglich Ihrer Compositionen. Erstere wußte ich mir zum Theil dadurch zu
verschaffen, daß ich die Verleger derselben um die Jahreszahl
ihrer Veröffentlichung bat, welcher Bitte sie auch bereitwilligst
nachgekommen sind. Freilich bedürfen diese einer Correktur
und um diese möchte ich Sie bitten. Lokales fehlt ganz und
gar, und doch ist dieses höchst wichtig, denn aus beiden Momenten erst läßt sich zurückschließen und der psychologische
Zusammenhang, dessen ich vorhin erwähnt, auffinden. — Möchten
Sie die große Güte haben und den Fragen der beigelegten
Zettel die Antwort nicht versagen?

Erschrecken Sie nicht, lieber Meister, über meine Bitte,
aber wohin kann ich mich wenden, wenn Wahrhaftigkeit
mein Buch über Sie auszeichnen, wenn meine Arbeit eine in
Anbetracht der Sache nur einigermaßen fördernde und würdige
sein soll, als an Sie?! Wären Sie uns dieses Jahr nicht nach
Rom entflohen, würde ich nach Weimar gekommen sein .. — .

Mein Brief ist sehr angeschwollen. — Verzeihen Sie, wenn
er Sie belästigt; aber ich habe den Muth zu glauben, daß Sie
nicht ungern meine Bitte erfüllen werden, schon darum, weil
der Ernst und die Lauterkeit meines Wollens Ihnen nicht ver-
borgen sein kann. Ich hoffe darum mit Sicherheit auf eine
baldige Remittirung meiner Zettel.

Einen Brief mir zu schreiben, das, theurer Meister, brauchen
Sie nicht; ich verzichte auf eine solch innige Freude, weil ich

weiß, wie sehr Sie mit Briefe schreiben geplagt sind! Es ist mir wirklich recht schwer gefallen, Sie mit meiner Bitte behelligen zu müssen.

Seien Sie herzlichst gegrüßt!

Ihre

treu ergebene

Nürnberg, den 22. August 1874.

113. Laura Kahrer,

bedeutende Pianistin, geb. 14. Jan. 1853 in Mistelbach bei Wien, studierte erst auf dem Wiener Konservatorium, dann bei Liszt und H. v. Bülow, verheiratete sich 1874 mit dem ausgezeichneten Geiger Eduard Rappoldi und lehrt seit 1890 am Konservatorium zu Dresden.

Stettin, den 28ten Sept. 74.

Hochverehrter Meister!

Indem ich hierdurch meinen innigsten Dank für Ihr freundliches Schreiben ausdrücke, erlaube ich mir Ihnen, Herr Doctor, meine am 30ten d. M. hier in Stettin, bei meinen lieben Pflegeeltern Herrn und Frau Itzig stattfindende Vermählung mit Herrn Eduard Rappoldi[1]), Professor an der Kgl. Hochschule zu Berlin, anzuzeigen.

Meine kleine Schwester Olga bleibt bei den lieben Itzigs, welchen ich, so lange ich lebe, zu größtem Dank verpflichtet

---

1) R. 1839—1903, Schüler von Jansa und Böhm in Wien, war Kapellmeister, sodann 1871—77 Mitglied des Joachim-Quartetts und Lehrer der Berliner Hochschule, darnach bis 1899 erster Hofkonzertmeister in Dresden, wo er zugleich die erste Geigenprofessur am Konservatorium bekleidete.

bin: ich aber werde nächsten Monat meinen bleibenden Wohnsitz in Berlin aufschlagen. Vorigen Sommer machte ich sehr
strenge Studien bei Meister Bülow in Thüringen, und erlaube
ich mir, Ihnen das Resultat derselben mitzutheilen, indem ich
Ihnen, hochverehrter Meister, die Abschrift eines offenen Emp-
fehlungsschreibens von Herrn Baron von Bülow zuschicke. —

Herr von Bülow ist wirklich eine so edle Natur, wie ich
fast noch nie kennen gelernt; trotz seines Nervenleidens beschäftigte sich derselbe neun Wochen fast täglich mehrere Stunden mit mir! — Es war für mich eine unvergeßliche Zeit! Ich
würde mich unendlich glücklich schätzen, wenn ich wieder
einmal Gelegenheit fände, Ihnen, Herr Doctor, vorspielen zu
dürfen!

Ob Sie sich noch zuweilen meiner erinnern?

Nächsten Winter werden Sie vielleicht öfters von Frau
Rappoldi lesen, da ich durch B.'s Empfehlung schon zu den
verschiedensten Concerten engagirt bin. Ich würde mich unendlich freuen, wenn Sie mir auch zuweilen nach Berlin
schrieben; vielleicht beglücken Sie mich auch einmal mit Ihrem
Bilde, damit ich ein Erinnerungszeichen von Ihrer geweihten
Hand besitze.

Indem ich Sie bitte, mir auch Ihr ferneres Wohlwollen zu
schenken, verbleibe ich

Ihre Sie hochverehrende

Laura Kahrer

NB. Mein Bräutigam sendet seine hochachtungsvollsten
Empfehlungen!

114. Filippo Filippi,

geb. 13. Jan. 1833 zu Vicenza, gest. 25. Juni 1887 in Mailand, italienischer Musikschriftsteller, Mitredakteur der Mailänder »Gazetta musicale« u. Referent der »Perseveranza«, trat eifrig für R. Wagner ein.

Milan, 12 octobre 1874.
61 Corso Venezia.

Mon cher et illustre Maestro!

Je dois avant tout vous remercier infiniment du charmant accueil que vous avez fait à mon ami Caponi, le correspondant Parisien de la *Perseveranza* et du *Fanfulla*. Vous aurez vu ses impressions sur sa visite à la Villa d'Este dans les articles qu'il a écrit dans les deux journaux. — Je cherche à suivre avec le plus vif intérêt la marche de votre féconde activité, toujours à profit de l'art. J'ai fort envié tous ceux qui ont eu le bonheur d'entendre vos nouvelles compositions: quelqu'un, je crois M. Libani, m'a dit merveilles d'un chant élégiaque funèbre, que vous avez composé en souvenir d'une dame [1]).

Je vous écris, cette fois, pour vous demander un renseignement et pour vous supplier de me répondre une ligne. Nous avons au Conservatoire de Milan une élève de Piano qui donne beaucoup d'espérances: à la fin de ses études, son professeur voudrait lui faire jouer un Concert de Piano avec orchestre, qui ne soit connu à Milan, qui soit beau, d'effet et d'une difficulté à prouver les forces de l'élève. Je lui ai conseillé le Concert de Liszt: celui que j'ai entendu jouer chez vous à Weimar par M. Brassin [2]), accompagné sur le Piano par M. de Lassen. Je crois qu'il est en *mi bemol*: mais je ne sais précisément le Numéro de l'Opus, ni où il a été publié. Je crois que ce même concert est celui que joue si bien et

---

1) Elegie zum Gedächtnis von Frau v. Moukhanoff.
2. Louis B. (1840—84), vorzüglicher Pianist, unterrichtete am Konservatorium zu Brüssel und zuletzt an dem zu St. Petersburg.

avec tant de succès mon jeune ami le pianiste Breitner[1]). —
Je vous serais très reconnaissant de m'indiquer où trouver ce
Concerto avec les parties d'orchestre.

A Milan, nous tâchons de répandre le goût pour les grands
maitres. *La società del Quartetto* a donné un grand concert
avec orchestre, chœurs et soli: on a exécuté une Sinfonia-
Cantata de Bazzini[2], œuvre très remarquable, au point de
vue surtout symphonique. Nous essaierons une autre fois la
9me, si nous trouvons les solistes capables d'en aborder
les difficultés. Bülow a déjà fait jouer ici, sous sa direction,
et avec un excellent résultat, le *Scherzo* et l'*Adagio*. Il nous
reste le 1º Tempo et l'*Inno alla Gioia*. A présent nous avons
ici Rendano[3]), qui a fait beaucoup de progrès et joue la bonne
musique. Il donne son concert le 20 à la *Società del Quartetto*
et puis ira à Leipzig où il est engagé par le *Gewandhaus*!

J'irai à Paris en Janvier pour l'ouverture du nouvel Opéra,
et puis, j'espère, à Vienne pour les concerts de Wagner. J'espère vous y trouver. —

Je vous demande mille fois pardon de mon bavardage et
si vous avez la bonté de me répondre un mot je vous serai
infiniment reconnaissant.

Agréez, cher Maitre, les assurances de toute mon admiration et dévouement.

1) Ludovic Br., Pianist (geb. 1855 in Triest , im Mailänder
Konservatorium und weiter bei Rubinstein und Liszt ausgebildet,
lebt in Paris.
2) Antonio B. (1818—97), italienischer Violinvirtuos und Komponist, seit 1880 Direktor des Mailänder Konservatoriums.
3) Alfonso R. (geb. 1853), Schüler Thalbergs, Pianist und Komponist.

115. Carl Riedel.

geb. 6. Okt. 1827 zu Kronenberg bei Elberfeld, gest. 3. Juni 1888
in Leipzig, woselbst er 1854 den bis zu seinem Tode von ihm geleiteten ausgezeichneten Riedelschen Gesangverein gründete. Als
Brendels Nachfolger wirkte er seit 1868 verdienstvoll als Vorsitzen-
der des Allgemeinen deutschen Musikvereins, zum Professor, kgl.
sächs. Kapellmeister und Ehrendoctor der Universität Leipzig ernannt.

Leipzig, d. 19. October 1874.

Sehr geehrter Herr Doctor!

Zu Ihrem Geburtsfeste sende ich Ihnen meine herzlichsten
Glückwünsche, denen sich die meiner Frau nicht minder aufrichtig anschließen. Möchte es uns vergönnt sein, persönlich
uns davon überzeugen zu können, daß Sie Ihr neuestes Lebensjahr gesund und heiter verbringen: möchten Sie uns Gelegenheit geben, dadurch, daß Sie 1875 Deutschland wieder Ihre
uns Allen so theure Gegenwart gönnen, persönlich Ihres Wohl-
befindens uns zu versichern! Hoffentlich dürfen wir in 4,
5 Monaten den Thüringer Bahnhof mit der frohen Aussicht
betreten, unsern hochverehrten Meister wieder von Angesicht
zu Angesicht zu begrüßen!

Mit weniger reinen Gefühlen ist über Ihre von uns gehoffte
Anwesenheit bei der nächstjährigen Tonkünstlerversammlung in
Stuttgart zu sprechen, welche Gille mit energischer Geschick-
lichkeit bereits im Februar d. J. für Mai-Juni 1875 präludirt
hat. Nicht, als ob uns nicht gerade Ihre Gegenwart bei allen
unsern Festen auf's Höchste erwünscht wäre! (Sie kennen zu
gut unsere anhängliche Gesinnung) wol aber würden wir es
vorziehen, Ihre persönliche Theilnahme sei ein Akt reinster
Freiwilligkeit, und es wäre Ihnen wie uns die peinliche Situation
erspart, über dieselbe wie über eine Art Beneficium für die in
Rede kommende Stadt zu sprechen. Wir haben diese Pein-
lichkeit bei Gelegenheit Braunschweigs bis auf die Hefen kosten
müssen. Die damaligen Vorkommnisse werden Ihre früheren
Erfahrungen bestätigt haben, daß es noch eine Anzahl Städte
giebt, wo ohne Ihre persönliche Anwesenheit eine Tonkünstler-
versammlung nicht zu ermöglichen oder wenigstens ganz und

gar auf die Spitze gestellt ist. So seiner Zeit Carlsruhe, so Braunschweig, so Stuttgart, wo gleichwol die sonstigen Bedingungen für ein derartiges Fest günstig zu sein scheinen und welche Stadt für uns in Betracht zu ziehen von großer musikpolitischer Wichtigkeit ist. Daß von Seiten aller bedeutenden Tonkünstler Stuttgarts Ihre persönliche Theilnahme gewünscht, ja vorausgesetzt wird, ist sicher. Diesmal möchte ich mich und den Verein nicht wiederum einer Täuschung und der mehr als bitteren Erfahrung aussetzen, alles sorgfältig Erwogene und mühsam Aufgebaute schließlich wieder zusammenstürzen zu sehen, Kraft und Mühe vergeblich aufzuwenden und, ich darf es wol sagen, zwecklos meine Gesundheit zu opfern. —

Gille möchte, wie er mir mittheilt, die von den treibenden Stuttgarter Tonkünstlern dringend gewünschten und bereits Ende August uns warm ans Herz gelegten offiziellen Schritte in Stuttgart nicht vornehmen, ohne Ihre Anwesenheit beim Fest in begründete Aussicht stellen zu können . . — .

Daß die Versammlung in Halle glänzend verlaufen ist, werden Sie längst wissen. Den Höhepunkt bildete Ihre *Faustsymphonie*, welche das Gewandhausorchester mit sicht- und hörbarer Hingabe und Freude unter Seifriz[1]) vortrefflichster Leitung spielte. Das war ein durchschlagender Erfolg!

Zwischen Braunschweig und Halle haben viele Versuche gelegen. 1) Dresden, wo ich übrigens überall freundliche Aufnahme und Zusicherung fand, auch bei Excellenz Minister von Falkenstein. Dort hätte das Fest aber am 9. August erst stattfinden können und zu der Zeit waren die Pauliner[2]) nicht zu haben. Schade um Dräsekes Sinfonie, welche wir in Dresden hätten bringen können! 2) Gotha, wo wir aber das Herzogl. Hoftheater nicht bewilligt erhielten, wie wir leider erst nach dreiwöchentlichem Harren erfuhren. Gille hatte sich diesen nicht gerade angenehmen Unterhandlungen mit Coburg unterzogen. 3) wollte man uns in Halle zuerst nicht die Markt-

---

1) Max S. (1827—85), dirigierte 1854—69 die Hofkapelle des in Löwenberg residierenden Fürsten v. Hohenzollern-Hechingen und seit 1871 die Stuttgarter Hofkapelle.
2) Universitäts-Sängerverein zu Leipzig.

kirche bewilligen. Wir reisten dann nach Merseburg und erreichten auch den dortigen Dom für die Berlioz-Requiem-Aufführung, welche aber schließlich doch in Halle stattfand, da man uns dort nachträglich dennoch 1) die Moritzkirche und 2) die Marktkirche zugestand. Dann aber versagte 4) der Fürst von Sondershausen für Halle seine Hofkapelle, weil er sie nicht für eine kleine Provinzialstadt hergeben wolle. Ich bin dann 5) nach Altenburg, 6) nach Dessau gereist; es gelang aber trotz allen Entgegenkommens seitens des H. Intendant Baumbach pp. pp. nicht, die zerstreute Kapelle zu sammeln. Schon hatte ich 7) das Fest für September in Dessau in's Auge gefaßt, als wider Erwarten mein Vorschlag, das Gewandhaus-Orchester zu engagiren, zu einem günstigen Austrag gelangte. Die Arbeit für Halle thürmte sich inzwischen haushoch auf. Es ist aber Alles überwunden worden und glücklich überwunden. Allerdings wurde ich in Folge der Anstrengungen krank, und so werden Sie es erklärlich finden, wenn ich für 75 einen glatteren Verlauf der Tonkünstler-Versammlungs-Inscenirung wünschte.

Mit hochachtungsvollem Gruß

Ihr treu ergebener

C. Riedel.

116. Jessi Laussot, geb. Taylor,

später die Gattin Karl Hillebrands, lebt, vielfach schriftstellerisch tätig und das Verständnis deutscher Musik in Italien emsig fördernd. in Florenz. wo sie die »Società Cherubini« gründete und dirigierte.

Florence, 36 Lungarno.
19 Oct. 74.

Cher et très vénéré Maître,

Notre voisine et amie Miss Isabella Gifford, que vous avez vue chez nous, et qui est sculptrice américaine, travaille à un buste de vous, de mémoire et d'après des photographies dont vous avez bien voulu lui en fournir une vous-même. La circonstance donc ne vous étant pas inconnue, la personne elle-même n'étant rien moins qu'indiscrète, mais ayant toutefois le désir fort naturel de vous revoir pendant quelques minutes, si la chose était possible, je passe cette fois-ci par-dessus mes scrupules habituels, qui me dictent, en cas pareil, un refus absolu, invariable, et lui donne ces lignes — car elle a le courage de partir pour Rome, sans même oser espérer que vous la recevrez — sur la chance seulement de vous voir pendant quelques minutes. Je ne la crois pas indigne — certainement son buste ne sera pas de bien près le moins bon qui ait été fait de vous, et elle s'est passionnée pour son sujet cette fois-ci. Que voulez-vous? C'est comme cela, et c'est si naturel aussi! Elle compte ne rester que quatre ou cinq jours à Rome. Une audience que vous lui accorderiez ne tirerait donc pas à conséquence et — je le répète — n'amènerait aucune indiscrétion de sa part. Je la connais assez pour vous le garantir.

Quant à moi, je lui souhaite tout le succès possible auprès de vous — je me réjouis d'avance des nouvelles qu'elle m'apportera — je me mets à vos pieds, en vous assurant de mes sentiments tout-à-fait inaltérables et vous priant de me conserver un souvenir bienveillant.

Votre dévouée et affectionnée

J. Laussot.

117. Walter Bache.

London, 19ten October [1874].

Sehr geliebter Meister!

Meine herzlichsten Glückwünsche zu dem 22ten! Mein kurzer Besuch bei Ihnen ist noch ganz frisch in den Gedanken und ich hoffe sehr darauf, Sie nächstes Jahr in Weimar zu sehen.

Herr von Bülow ist seit dem 1ten October hier, er hat wieder angefangen zu spielen (was er den ganzen Herbst seiner

Gesundheit wegen nicht konnte). Er spielt 6 und 7 Stunden täglich und ist vorgestern zum ersten Mal aufgetreten und zwar im Crystal Palace mit der *Rhapsodie hongroise* (sehr gut begleitet) und Soli von Chopin — als Da Capo-Stück hat er Ihren *Gnomenreigen* zugeben müssen. Am 31ten October ist sein erster Recital — aus 3 Werken von Beethoven bestehend — *Sonate Pathétique*, Op. 106 und *Diabelli-Variationen*. Dann geht es los mit seinen Reisen und er wird viel in Provinzen sein. In Manchester wird er Ihr A dur Concert unter Hallé's Direction spielen. (Hallé dirigirt sehr gut.) Dasselbe Werk wird auch von Dannreuther[1] am 28. November im Crystal Palace gespielt, wahrscheinlich von mir in der Albert-Hall (man könnte ebensogut in Piazza Colonna[2] spielen, aber ich thue es als eine Probe zu meinem Concert) und in meinem Concert unter Bülow's Leitung. Bülow instrumentirt die Clavierbegleitung zu Schubert's *Gott in der Natur* für mein Concert — wenn ich nur einen guten Chor zusammenschaffen kann (wie es mir bei der ersten Aufführung des Psalms gelang — aber zahlreicher), wird es gewiss ein schönes Concert werden. Meiner unglücklichen Hand wegen habe ich erst seit 3 Wochen wieder spielen können, aber ich habe letzte Woche in Newcastle drei Concerte gespielt, Beethoven Es und G und Bach-Sgambati in D moll . . — .

Ich werde Ihnen wieder schreiben sogleich nach dem großen Concert im Februar. Wenn Sie im Winter Tivoli verlassen, werde ich es ganz gewiß aus den Zeitungen erfahren — und vielleicht schreibt mir Pinner gelegentlich. Jetzt werden die *6 Etudes* geübt. Immer, mein geliebtester Meister, Ihr treuer Schüler

Walter Bache.

Bülow ist sehr wohl und sehr heiter und ruhig — London gefällt ihm.

---

[1] Edward D. (geb. 1844), deutscher in London lebender Klavierspieler, Lehrer und Musikschriftsteller, der eifrig für Wagner wirkte.
[2] Der bekannte große römische Platz.

118. Marie Espérance von Schwartz, geb. Brandt,

als Menschen- und Tierfreundin segensreich wirkend, als Schriftstellerin unter dem Namen Elpis Melena bekannt, geb. 8. Nov. 1821
zu Southgate bei London, gest. 20. April 1899 zu Ermattingen in
der Schweiz, nachdem sie weite Reisen unternommen und mehrere
Jahrzehnte auf der Insel Kreta gelebt hatte.

22. Oct. 1874.

Excellentissime,

Ce ne sont ni des fleurs de Nice ni des Magnolias — rien
digne de Vous; mais de pauvres petites fleurs d'une modestie
superlative qui viennent vous porter à l'occasion de ce beau
jour mes plus sincères félicitations — quant à moi, c'est à
ceux qui ont le bonheur de Vous connaître et de posséder une
étincelle de votre bienveillance qu'on devrait faire des félicitations — je suis, je l'espère, de ce nombre et j'ose me nommer bien heureuse par ce don du Ciel.

S'il y a encore des vœux à faire pour votre félicité, si on
pouvait vous souhaiter d'obtenir plus que vous n'avez sous
tous les rapports, vous savez bien que personne plus que moi
n'enverrait des vœux ardents au Tout-puissant pour Votre
triomphe et bonheur; mais que saurait-on vous désirer? Je
me bornerai donc à souhaiter que vous soyez conservé à vos
amis et admirateurs de longues longues années en jouissance
de pleine santé et des inspirations non troublées de votre
génie.

N'oubliez pas par la distance qui nous sépare votre plus
dévouée et affectionnée

M. E. de Schwartz.

119. Jessie Laussot, geb. Taylor.

Lieber, hochverehrter Meister,

Wie kann ich Ihnen danken für Ihre Güte und Liebenswürdigkeit! — Fast muß ich jetzt bereuen, daß ich unserer
guten Nachbarin eine Zeile an Sie mitzugeben wagte. Doch

wird sie Ihnen wohl erklärt haben, daß ich bei der Hälfte ohne Schuld war. In der That hat sie mich dermaßen überrascht mit dem Abguß der lieben Orpheus-Hand, daß ich meinen Augen kaum trauen konnte[1].

Dankbar küsse ich Ihnen die Hand, verehrter Meister — mein Kleinod soll wie noch kein Juwel verwahrt werden — daß Sie aber die Güte hatten, so etwas zu erlauben, ist für mich beinahe so unerklärlich, wie daß Miß Gifford die Courage hatte, Sie darum zu bitten. Es giebt aber Himmelsgaben, die man fromm und dankbar hinnehmen muß ohne zu genau prüfen zu wollen, wie man dazu gekommen ist und in wie fern man sie verdient.

In diesem Geiste also und in der Hoffnung, daß die Aussicht, welche man bringt, Sie dürften im Februar hier durchreisen, sich bestätigen wird, bin ich, so lange ich lebe, in höchster Verehrung

Ihre dankbar ergebene

J. Laussot.

30. October [1874], Florenz.

120. Carl Friedrich Weitzmann.

Hochverehrter Freund!

Den Inhalt Ihres liebevollen Briefes, in welchem Sie der Wittwe Franz Bendels[2] so herzlich und innig Ihre Theilnahme darlegen, habe ich ihr sofort nach dem Empfange mitgetheilt. Es gewährte derselben eine große Befriedigung, durch Ihre eigenen Worte die Bestätigung zu erhalten, daß nur der betäubende Trubel, der Ihnen, hoher Meister, bei Ihrem Jubelfeste von allen Seiten dargebrachten Zeichen der Verehrung

---

1. Dieser von Miß Gifford abgenommene Gipsabguß von Liszts Hand, dessen Form die Bildhauerin zerstörte, wurde als Unikum später von Frau Hillebrand, samt allen an sie gerichteten Briefen des Meisters, dem Großherzog Carl Alexander für das Liszt-Museum zum Geschenk gemacht.

2) Schüler Liszts. Pianist und Komponist (1833—74).

die Ursache der Verzögerung anerkennender Worte für Ihren begabten Schüler gewesen.

Eine für mich tieftraurige Ursache der Verzögerung meiner Antwort auf Ihre mich so warm berührenden Zeilen aber war leider die schmerzvolle Krankheit und der Tod meiner lieben, guten Frau. Der Verlust eines so treuen Wesens ist schwer zu ertragen und zu verwinden. —

Was mich aufrüttelte und mir einen hellen Lichtblick gewährte, war der Besuch Julius Sterns, der mir mittheilte, daß er begonnen habe, Ihr colossales Orchesterwerk, die *Faustsymphonie*, einzustudiren und mich einlud, den Proben derselben beizuwohnen. Durch volle Liebe und Beharrlichkeit ist es ihm denn auch gelungen, nach 13 sorgsam und verständig eingehenden Proben uns eine Aufführung zu bieten, die dem gewählten, sublimen Vorwurfe würdig entsprach. Der weite Concertsaal der Reichshallen war gestern, bei der ersten Aufführung Ihres Meisterwerkes total gefüllt, und die Anerkennung nach jedem der drei Sätze eine so glänzende und rauschende, wie ich sie in Berlin nur äußerst selten erlebt habe. Keine Opposition, die sonst fast bei jedem neuen Werke auftritt, war bemerkbar; der stürmische Beifall wollte nicht enden, und Stern mußte nach jedem Satze zwei und drei Mal hervortreten um, in Ermangelung des Tondichters, die enthusiastische Anerkennung des Declamators in Empfang zu nehmen. Er hat Ihre Poesien mit seinem Orchester in so verständnißvoll eingehender Weise vorgetragen, daß Sie selbst, verehrter Freund, ihm Ihren Händedruck nicht versagt haben würden. Der grübelnde, zweifelnde, dem Schöpfer sich ähnlich fühlende und wieder verzweifelnd in den Staub sinkende Faust trat lebendig heraus und der für ihn so charakteristische $^7/_4$ Takt wirkte eindringlich und ergreifend. Gretchens Frömmigkeit, Liebe und Ergebung, Mephistos Hohn und teufliche Zerstörung der edelsten und heiligsten Motive, des geretteten Gretchens versöhnende Erscheinung, alle diese großartigen leben- und geistvollen Scenen übten eine mächtig packende Wirkung auf die Zuhörer. Es wurde wieder einmal klar, daß eine inhaltvolle, charakteristische Musik auch auf den Laien, der nichts von der originellen

Form, von der kunstvollen Durchführung der Motive ahnt, ihren
Eindruck niemals verfehlen kann, wenn er nur im Stande ist,
unbefangen zuzuhören und überhaupt ein Herz im Leibe hat.
Sie haben mit Ihrer *Faustsymphonie* ein »gutes Stück Geist«
geschaffen.

Nehmen Sie, hochverehrter Meister, dafür meinen und
meiner Familie, meiner Schüler, die stets überglücklich sind,
wenn es ihnen gelang, Ihnen persönlich ihre Huldigung darbringen zu dürfen, Julius Sterns und Aller, denen es Ernst
um die Kunst ist, innigsten Dank, ebenso die Versicherung
aufrichtiger Hochachtung und Ergebenheit

Ihres treuen Freundes

C. F. Weitzmann.

Berlin, d. 15. Nov. 74.

121. Baron de Heeckeren,
niederländischer Staatsminister und außerordentlicher Gesandter in Wien.

Vienne, le 18 Novembre 1874.

Monsieur l'Abbé,

Le 18 Octobre dernier j'ai eu l'honneur de vous adresser
une lettre à Rome; cette lettre étant restée sans réponse, je
dois supposer qu'elle n'est pas parvenue à votre adresse.

Je prends donc la liberté de vous adresser ces lignes, dans
l'espoir que cette fois-ci je serai plus heureux. Voici, Monsieur
l'Abbé, de quoi il s'agit.

Sa Majesté le Roi, mon Auguste Souverain, m'a chargé de
vous prier d'assister à des auditions qui auront lieu au Château
du Loo, province de Gueldre, Royaume des Pays-Bas, vers le
commencement du mois de Mai prochain.

Les auditions consistent en réunions artistiques qui durent
habituellement de 8 à 10 jours, où l'on juge des progrès que
les jeunes gens et les jeunes personnes subventionnés par Sa
Majesté pour se perfectionner dans les différents arts, ont fait
pendant le semestre écoulé.

Si Sa Majesté m'a chargé de vous faire parvenir cette invitation dès à présent, c'est parce qu'Elle craint qu'un artiste aussi célèbre que vous l'êtes, Monsieur l'Abbé, dispose différemment de son temps. Le séjour au château du Loo est fort agréable.

Oserai-je vous prier, Monsieur l'Abbé, de m'informer si vous acceptez l'invitation de mon Roi; dans le cas affirmatif, j'aurai soin de vous avertir lorsque la date de ces auditions sera fixée.

Veuillez agréer, Monsieur l'Abbé, les assurances réitérées de ma haute considération.

B: de Heckkeren

Ministre des Pays-Bas à Vienne.

122. Jules de Swert,

geb. 16. Aug. 1843 zu Löwen in Belgien, gest. 24. Febr. 1891 zu Ostende, bedeutender Violoncellkünstler, Schüler von Servais, wirkte in verschiedenen deutschen Städten bis er 1888 Direktor der Musikschule in Ostende und Lehrer am Genter und Brügger Konservatorium wurde. Er schrieb Opern. Cellokonzerte und andere Instrumentalwerke.

Cher et illustre Maitre,

J'ai appris par les journaux qu'une académie de musique dont vous auriez accepté la présidence, venait de se fonder à Pesth. Si telle est la vérité et ignorant complètement si un professeur de violoncelle est déjà engagé pour la susdite académie, je prends la liberté de venir vous en faire la demande sous le sceau de la discrétion. Mu par une admiration sans bornes pour vos compositions, j'ai depuis longtemps le plus vif désir de vivre dans votre aimable voisinage, de réchauffer mon frêle talent aux rayons ardents de votre immense génie.

C'est uniquement sous cette influence que je fais la démarche actuelle et non pour solliciter une place. Aussi j'ose espérer, cher Maitre, que vous ne la trouverez pas indiscrète.

Croyez-moi toujours, cher et illustre Maitre, un de vos plus dévoués admirateurs.

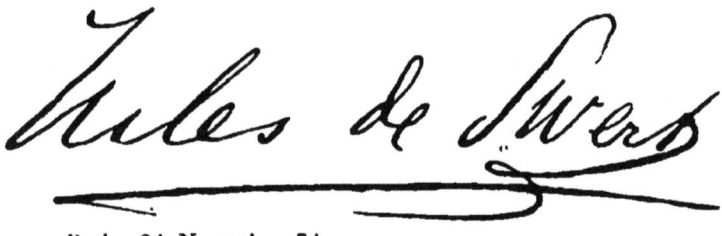

Paris, 24 Novembre 74.

Adresse: Bruxelles, chez MM. Schott, éditeurs de musique, Montagne de la Cour 82.

123. Oscar Eichberg,

geb. 21. Jan. 1845 in Berlin. gest. 13. Jan. 1898 daselbst, wo er als Musiklehrer und -Referent. Komponist und Dirigent eines gemischten Chorvereins lebte.

Hochverehrter Herr Doktor!

Wenn dem Unterzeichneten auch die hohe Auszeichnung zu Theil geworden ist, während der Tage des Beethovenfestes in Weimar, im Sommer 1870, Ihnen vorgestellt worden zu sein, so darf er doch nicht hoffen, noch in Ihrer von so vielen Näherstehenden in Anspruch genommenen Erinnerung zu sein. Nichtsdestoweniger nimmt er sich die Freiheit, dem hochverehrten und vielbeschäftigten Meister mit diesen Zeilen lästig zu fallen, in der Hoffnung, Ihnen eine nicht unerfreuliche Mittheilung zu machen.

Nachdem, wie Ihnen bekannt sein wird, gerade Berlin Jahrelang der Hort stärkster Unduldsamkeit gegen alles Neue auf dem Gebiete der musikalischen Produktion, wenigstens gegen alles, was dem Fortschritte huldigte, gewesen, ist es jetzt auch hier gelungen, das Eis zu brechen und das Publikum, vor Allem aber eine große Zahl intelligenter Musiker lebhaft in dieser Richtung zu interessiren. Ich habe unter diesen Umständen geglaubt, nicht länger zögern zu dürfen, um unser Publikum mit der hier noch nie aufgeführten *Heiligen Elisabeth* bekannt zu machen und finde schon jetzt in allen Kreisen das lebhafteste und eingehendste Interesse für das von allen betheiligten Sängern mit seltener Lust gesungene Werk. Die Aufführung findet Freitag, den 11. Dezember in den Reichshallen, einem neuen, ca. 2000 Personen fassenden Saale, statt und die Hauptpartieen sind in den Händen des Fräulein Breidenstein aus Erfurt und des Königl. Sängers Hrn. Schmidt von unsrer Hofoper.

Dies dem Komponisten des gewaltigen Werkes mitzutheilen, war mir die angenehmste Pflicht, und wenn ich auch nicht wage, Hochverehrter Herr Doktor, auf Ihre Anwesenheit beim Konzerte zu rechnen, so bitte ich mir wenigstens die Erlaubnis aus, Ihnen auch über den Ausfall desselben berichten zu dürfen.

In Verehrung und Hochachtung

Oscar Eichberg.

Berlin SW., Alte Jakobstr. 146. 28. November 1874.

[Von Liszts Hand dazu bemerkt:] Telegramm: Aufrichtig dankt mit geistiger Theilnahme an Ihrer Elisabeth-Aufführung Liszt.

124. Ettore Pinelli,

italienischer Violinist, Dirigent und Komponist, geb. 18. Okt. 1843 in Rom, von Joachim gebildet, gründete in seiner Vaterstadt 1867 mit Sgambati eine Gesellschaft für klassische Kammermusik, sowie 1874 eine römische Orchestergesellschaft. Auch bekleidet er eine Violinprofessur am »Liceo musicale«.

Illustre Commendatore Liszt,

La più grata ricompensa ch'io mi potessi attendere per le faticose cure da me prestate alla istituzione d'una Società

Orchestrale, ed allo sviluppo in genere della musica classica in Roma, si è stata la Sua preziosa e cortese lettera da Villa d'Este; voglia credere, Signor Commendatore, che io ed i miei colleghi sappiamo profondamente apprezzare tutto l'onore che Ella ci volle con la Sua lettera accordare, ed io particolarmente ne farò tesoro per raddoppiare di zelo e perseveranza nell'opera incominciata, la quale se è di molto superiore alla pochezza del mio ingegno, non lo è punto alla forza della mia volontà.

Accolga dunque, Illustre Signore, i sensi della nostra viva gratitudine, e con venerazione profonda ho l'onore di segnarmi

Suo dev.^{mo} e aff.^{mo}

Ettore Pinelli.

Roma, 4 Decembre 74.
32 Marroniti.

125. Julius Stern,

geb. 8. Aug. 1820 in Breslau, gest. 27. Febr. 1883 zu Berlin. begründete daselbst 1847 den bis 1874 von ihm geleiteten Stern'schen Gesangverein, sowie 1850 das nach ihm benannte Konservatorium. Zur Zeit nachstehenden Briefs dirigierte er auch die Konzerte in den Reichshallen.

Mein hochverehrter Meister,

Vorerst erlauben Sie mir Ihnen meine herzlichsten Wünsche für ein gesundes Jahr darzubringen und dann Ihnen sagen zu dürfen, daß mein Orchester in diesem Winter ordentlich Liszt studirt und aufführt. Wir haben dreimal die *Préludes*, das Es dur Concert; 4mal die *Faust-Sinfonie* gemacht. Die Theilnahme für die *Faust-Sinfonie* ist eine ganz außerordentliche und Sie würden unser gutes Berlin nicht wiedererkennen, wenn Sie es jetzt besuchen würden.

Das führt mich ganz natürlich zu einer bescheidenen Anfrage, ob Sie, ehe Sie nach Pest gehen, nicht hierher kommen möchten und ein Liszt-Concert leiten möchten? Ueberlegen Sie den Vorschlag. Ihre Anwesenheit würde uns Allen Nutzen bringen. Es fehlt uns, andern Bestrebungen gegenüber, an einem Bannerträger, einer Autorität. — Der Director der Reichshallen, Herr Schlegel, würde Alles thun, wenn Liszt hier ein Concert leitete. Um das Programm wäre ich nicht verlegen. Das 65 Mann starke Orchester ist gut; der Saal ist prächtig, faßt 2000 Personen; die Orgel hat 20 Register. Ich selbst habe zwar keinen Chor mehr; ich denke aber, Herr Eichberg, der die *heilige Elisabeth* aufgeführt hat, wird uns gern helfen. Hr. Weitzmann wird meine Angaben gern bestätigen. Vielleicht geben Sie mir recht bald ein Wort und halten Sie Sich, mein hochverehrter Meister, überzeugt, daß ich meine Mittel, meine Zeit mit wahrer Freudigkeit zu Ihrer Disposition stelle. Ueber das Materielle würde Herr Director Schlegel nach Ihrer Bestimmung mit Ihnen in Verbindung treten.

Mit alter unverlöschlicher Anhänglichkeit

Ihr

[signature]

Berlin, 214 Friedrichsstraße.
[Anfang Januar 1875.]

126. Karl Hoffbauer,

Komponist, geb. 1850, gründete und leitete seit 1872 einen Gesangverein in München und siedelte 1880 nach Frankfurt über, wo sein Leben 1889 im Main endete.

Hochverehrtester Meister!

Innigsten Dank für die liebenswürdige Beantwortung meines Briefes. Daß Ew. Hochgeboren der Aufführung[1] beiwohnen wollen, erfüllt mich mit unsäglicher Freude. Selbstverständlich wird das Concert bis nach Ostern verschoben, und die empfohlenen Solisten, soweit es in meiner Macht steht, herbei-

---

1 Von Liszts »Christus«.

gezogen. Der Chor wird aus ca. 120 tüchtigen Sängern bestehen; die Kerntruppe desselben hat den *Christus* bis auf das
Stabat mater dolorosa vollkommen inne und ist davon entzückt.
— Diesen Verein gründete ich, nachdem ich mich in zwei
Männergesangvereinen als Dirigent hervorgethan und durch
vieles Clavierunterrichten genug Bekanntschaften erworben hatte,
um einen Frauenchor bilden zu können. Zur Aufführung
werden außerdem Sänger aus den Kirchenchören mitwirken.
Das Orchester vom Hoftheater ist wahrscheinlich unzugänglich,
was jedoch nicht sehr bedauerlich. Es sind so verrostete
Elemente in demselben, daß ich Furcht hätte, mit den Leuten
Etwas durchzuführen. Scenen aus *Romeo*-Berlioz und die
Haroldsinfonie spielten sie im vorigen Winter so absichtlich
miserable, daß diese Prachtwerke unverständlich und vollständig
wirkungslos vorübergingen, wozu allerdings auch Herr Levi[1])
sein Portiönchen beitrug. Hingegen halte ich Koch's Sinfonie-
Kapelle, natürlich durch tüchtige Musiker verstärkt, für geeignet.
Dieselbe trug erst neulich eine arr. Rhapsodie von Liszt und
die *Meistersinger*ouverture zur allgemeinen Zufriedenheit vor. —
Der Odeonsaal wird jedenfalls besorgt. - -

Fehlt noch der Dirigent, der sich nun bemühen wird, ein
möglichst günstiges Bild von sich zu entwerfen. Im 21. Lebens-
jahre (1871) componirte ich, von aller Welt verlassen, in tiefster
Einsamkeit eine Oper *Comala*, zu der mir ein talentvolles
Mädchen, das nun meine Frau geworden, den Text dichtete.
Nach Beendigung des Werkes schrieb ich an R. Pohl, ich wolle
ihm eine Oper vorspielen, von seinem Urtheil solle es abhängen,
ob ich mich mit ihr in die Welt wagen dürfe oder nicht.
Trotzdem er mir von der weiten Winterreise abrieth, stand ich
bald an seiner Thür, und spielte ihm die ganze Composition
vor. Er war überrascht und erfreut zugleich, und rieth mir
entschieden dazu, das Werk zur Aufführung zu bringen. Dann
ging ich zu Riedel, derselbe ersuchte mich, ihm nur Einzel-
heiten vorzuspielen; bald jedoch wurde er anderer Meinung,

1) Hermann L. (1839—1900), Münchner Generalmusikdirektor,
feinsinniger Wagner-Dirigent. In Bayreuth leitete er »Parsifal«.

ließ sich nun auch das Werk vollständig vortragen, und schrieb
dann an Cornelius: »Fürchte Dich nicht eine ganze Oper an-
zuhören, es wird Dir große Freude bereiten.«

— Nun hatte ich schon Muth genug, um den Gedanken
aufkommen zu lassen, mich Ew. Hochgeboren vorzustellen, was
aber leider nicht zu ermöglichen war, und wählte ich deshalb
München zum Ziele. O! dieser Hort der Zukunft! Cornelius
und Porges [1]) waren die Einzigen. Cornelius, der göttliche
Mensch, schloß mich liebend in sein Herz; in den letzten zwei
Jahren war ich sein einziger Umgang, und ehe er starb mußte
ich noch nach Mainz kommen. Seiner Zeit hat er ganze Par-
tieen aus meiner *Comala* gezogen, und dieses Büchlein, das
mir nach seinem Tode zu Gesicht kam, ist mir als Reliquie von
dem Theuern geblieben. Oft sprach er mit heiliger Begeisterung
von Meister Liszt und dem schönen Weimar und setzte dann
hinzu: Da hättest Du hingehört. — Cornelius war in den für
mich sehr schweren ersten Jahren meines Münchener Aufenthaltes der belebende Sonnenstrahl. —

Von Porges wurde ich ebenfalls auf das Herzlichste und
Liebenswürdigste empfangen. Lange beschäftigte er sich mit
meiner Partitur, und wußte mir immer Neues und Erfreuliches
zu sagen. — Schmerzlich war es mir daher, als sich unser
so schöner Verkehr zu verändern anfing . . . — .

Nachdem es Perfall, Wüllner [2]) und Levi gelungen war,
trotz königl. Ordre (die Cornelius bewirkt hatte) die Aufführung
meiner Oper zu hintertreiben, beschloß ich, mich zum Dirigenten
heranzubilden, was mir nicht schwer fiel, da ich durch drei-
jähriges Mitspielen im Gewandhausorchester als Cellist Gelegenheit genug hatte, die Äußerlichkeiten des Dirigirens kennen zu
lernen . . — .

1) Heinrich P. (1837—1900), Musikschriftsteller, wurde 1871
königl. Musikdirektor in München und daselbst 1886 Gründer und
Leiter des nach ihm benannten Gesangvereins, mit dem er eifrig
für Liszt und Berlioz eintrat.
2) Franz W. (1832—1902), damals Hofkapellmeister in München.
später in Dresden. zuletzt Leiter der Gürzenich-Konzerte und des
Konservatoriums in Cöln.

Cornelius war als echter Freund von meinem ersten Auftreten an zugegen und nahm innigsten Antheil an meinen kleinen Triumphen. Als ich ihm vertraute, den *Christus* mit einem neu zu bildenden Verein aufführen zu wollen, rief der sonst so überaus bedächtige Freund: »Du bist der richtige Kerl dazu!« —

Hochverehrtester Meister! Seien Sie versichert, daß ich Muth und Kraft genug in mir fühle und mir außerdem auch alle äußeren Mittel zu Gebote stehen, um mein Vorhaben in gediegener Weise durchzuführen. — Sollte mir aber des Schicksals Tücke mein großes Vorhaben durch irgend einen unvorhergesehenen Fall beschädigen wollen, so würde ich noch in letzter Stunde abbrechen. Entweder durchaus gut oder gar nicht.

— In der beglückenden Hoffnung, daß Ew. Hochgeboren mir die Aufführung nach Ostern gestatten, und Ihre hohe Gegenwart einer Schaar von begeisterten Anhängern nicht versagen werden, verharre ich

ehrfurchtsvoll

Karl Hoffbauer

München, den 7. Januar 1875[1]).
(Schwabingerlandstr. 17.)

127. Ottilie Gräfin Wals,
Übersetzerin von Liszts Buch »Frédéric Chopin« ins Ungarische.

Cher Abbé,

La voilà enfin cette lettre qui m'a été promise depuis si longtemps et que je viens de recevoir dans un moment où je ne m'y suis vraiment pas attendue: dans un de ces sombres moments de découragement et de doute, où l'on croit que tout est fini, que tout est indifférent, où la vie nous semble n'avoir plus rien à nous offrir — et voilà que votre lettre me vient

---

1) Die Aufführung des »Christus« fand in Anwesenheit und zur Zufriedenheit des Meisters am 12. April 1875 statt.

comme un joyeux message, comme pour me prouver qu'il n'y a de ténèbres aussi profondes qui ne puissent être éclairées, pour un moment, par un rayon de bonheur.

Je leur suis bien reconnaissante à ces Polonaises de Chopin, qui m'ont valu l'insigne honneur de votre précieuse lettre: — quant à ce volume dont vous vous daignez rappeler, c'est encore et toujours à moi de vous en remercier. C'était une occupation qui a eu tant de charme pour moi — j'étais si heureuse de m'entretenir avec vous, de me nourrir de vos pensées, d'être — si j'ose le dire — en relation intime avec le Génie de Liszt! Ce n'est pas peu de chose que d'avoir eu ce bonheur-là, et croyez-le moi que je vous en suis très reconnaissante. J'aurais encore bien de choses à vous dire si je ne craignais pas de vous être importune et d'abuser de votre bonté pour moi. Permettez-moi seulement de vous rappeler le nom de l'ami que nous venons de perdre — le nom de Rosti[1]): l'ami qui vous a été si dévoué, dont le dernier soupir a été un hommage à vous, qui a dit adieu à la vie en écoutant le langage divin de votre *Messe de Gran*, ce *Benedictus* sublime, dont le chant céleste a été une digne préparation à l'Eternité qui venait de s'ouvrir pour lui.

Votre toute dévouée

[signature]

10 Janvier 75. Clausenbourg.

---

1) Ungarischer Edelmann, warmer Anhänger Liszts.

128. Don Guerrino Amelli,

italienischer Musikgelehrter, Bibliothekar der »Ambrosiana« in Mailand und Chefredakteur der ital. Zeitschrift »Musica sacra«, nachmals Benediktiner in Monte Cassino und daselbst 1903 verstorben.

Chiars.^{mo} Signore,

Mi sono fatto ardito d'inviare alla S. V. una copia dell'Estratto degli Atti del Congresso di Venezia sulla ristaurazione della Musica Sacra, e spero che i sentimenti e i voti ivi espressi saranno stati fedeli interpreti altresì di quelli della S. V. Perciò io nutro fiducia che anche Ella sarà per favorire la diffusione di questo movimento a favore della musica sacra in Italia, massime cooperando alla attuazione del 3° voto espresso dal Congresso, la fondazione cioè d'un repertorio e d'un Periodico di Musica Sacra. A questo io spero di presto riuscirvi, molto più se, come mi lusingo sperare, avrò l'ajuto della tanto valente ed illustre di lei penna. Il Programma del Periodico e del Repertorio mi riserbo più tardi di farglielo avere, tuttavia esso si può già rilevare dal Discorso al Congresso. Se pertanto la S. V. vorrà compiacersi di farmi avere risposta in proposito, a mezzo anche dell'Illustre suo amico Sig. Witt. io le sarò tenutissimo, come fin d'ora me le professo colla massima stima e considerazione

Della S. V. M^{to} R^{do} Devotis.^{mo} Servo

D. Guerrino Amelli.

Milano, 13 Gennajo 1875.

129. Franz Witt.

z. Z. Regensburg, 15. Januar 1875.

Hochgeehrter Meister!

Für die Zusendung des Briefes des Hrn. Amelli danke ich bestens. Ich wußte nicht, daß Sie noch in Tivoli, da die

Zeitungen von einer Reise nach Pesth berichteten. Da ich bis
ca. 9. Febr. hier in Regensburg sein will und die Blätter nicht
alle habe, so sende ich einstweilen nur das Vor- und Beiliegende
unter Kreuzband. — Wegen meines Eintrittes in ein Kloster
habe ich mich vor der Hand in Oberösterreich angefragt. Ich
bin nicht mehr gesund genug, um immer doppelte und drei-
fache Last zu tragen. Obwohl ich die Seelsorge allem vor-
zöge, so erlauben es doch meine Kräfte nicht mehr. Mein
Leiden scheint z. Zt. nicht gefährlich, aber chronisch zu sein.
Es ist merkwürdig, daß zur nämlichen Zeit, wo die Welt
(wenigstens die Fachpresse pp.) mir alle mögliche Ehre anthut,
mein dankbares Vaterland keine Stelle für mich hat, die mir
Ruhe und Auskommen gewährt. Ich habe bei Pustet in
10 Jahren 12 000 fl. verdient und habe alles auf meinen mise-
rablen Stellen zugesetzt, um zu Gunsten der Sache hie und da zu
reisen pp. — Sollten Ew. Hochwohlgeboren Gelegenheit finden,
dem bayer. Gesandten Grafen Tauffkirchen davon zu sprechen,
so kann dieser Herr vielleicht auf Ihr gewichtiges Zeugniß hin
das unerklärliche Mißtrauen der bayer. Regierung gegen meine
moralisch und politisch untadelige Haltung oder den Verein
durch einen Bericht mildern. Ich habe nämlich jüngst wieder
gebeten, Se. Majestät möchten das Protektorat der Cäcilien-
Vereine übernehmen, aber abschlägige Antwort erhalten.

Dürfte ich bitten, wenn Sie es für gut finden, mir einige
empfehlende Worte an irgend einen Berliner einflußreichen Mann
zu geben, der eine die Sache betr. Vorstellung dem preuß.
Cultus-Minister selbst vorlegte? Laut Fl[iegende] Bl[ätter] 1874,
p. 88 stehen wir mit dem preuß. Ministerium sehr gut — aber
die Hrn. haben viel zu thun und brauchen Mahner.

In unwandelbarer Treue und Dankbarkeit

erg.

Dr. Witt, Pfr.

130. Elise Polko, geb. Vogel,

musikalische Märchenerzählerin, geb. 31. Jan. 1823 in Leipzig, gest. 16. Mai 1899 zu München.

Hochwürdigster, innig verehrter Herr Abbé!

Gestatten Sie mir, Elise Polko, die Überbringerin eines Enthusiasmus zu sein, den am 15ten Januar hier in Minden, in dem 3ten Sinfonie-Concert unseres hochbegabten Musikdirector G. W. von Kaulbars aus Petersburg Ihre, Frau Niemann-Seebach[1]) gewidmete Bürger'sche *Lenore*[2]) hervorrief.

Hier in meinem Salon, Angesichts Ihres Bildes, erklang sie zum erstenmal, gesprochen von der genialen Tragödin, die mit vollster Begeisterung ihre Aufgabe erfaßte, und begleitet von Herrn von Kaulbars, der, obgleich Geiger von Profession, dieselbe mit größter Hingabe in glänzendster Weise ausführte. — Wie mich selber das Ganze erfaßte, vermag ich nicht zu beschreiben; unser Kleeblatt, Ausführende und Zuhörerin, war in tiefster Seele ergriffen und bis zu Thränen bewegt von der Gewalt Ihrer Illustration. Ich will nur erzählen, daß auch die große Menge am Concertabend hingerissen wurde von dieser Doppeldichtung in Worten und Tönen und möchte Ihnen Dank bringen aus vollem Herzen, zugleich im Namen Frau Seebachs und ihres Begleiters, Herrn von Kaulbars.

Wie weit auch dies Blättchen wandern, — wo es Sie auch erreichen mag, — wenn Ihre Augen darauf ruhen, wird der Frühlingshauch einer warmen, unmittelbar dem Herzen entströmten Begeisterung Sie umwehn, die aus weiter Ferne zu Ihnen zieht. —

Glücklich preist sich, die Vermittlerin sein zu dürfen, hochverehrter, hochwürdigster Herr Abbé,

Ihre dankbar ergebene

Elise Polko
geb. Vogel.

Minden, Westfalen,
d. 21ten Jan. 1875.

---

1 Marie N.-S., berühmte Schauspielerin (1835—97).
2 Mit melodramatischer Pianofortebegleitung von Liszt.

131. Hans von Bronsart,

vornehmer Komponist u. Pianist Lisztscher Schule, geb. 11. Febr. 1830 zu Berlin, dirigierte. nachdem er sich durch Konzert-Reisen bekannt gemacht. 1860—62 die Euterpe-Konzerte in Leipzig, 1865—66 die von Bülow gegründeten Konzerte der ›Gesellschaft der Musikfreunde‹ in Berlin. 1867 wurde er Intendant des kön. Theaters in Hannover, 1887—95 nahm er in Weimar die gleiche Stellung ein. Seitdem widmet er sich. in München lebend. ganz der Komposition.

Hannover, 25. 1. 75.

Mein hochverehrter Meister!

Die flüchtigen Tage, die ich vor einigen Jahren in Ihrer Nähe verleben durfte, haben sich meiner Erinnerung eingeprägt wie Lichtstrahlen, wie ein Nachschimmer des sonnigen Glanzes. in dem die ganze Weimarer Zeit meines Künstlerlebens hinter mir liegt. Damals gehörte ich zu den Auserwählten, die in der nächsten Nähe des großen Meisters leben, täglich Belehrung und Begeisterung von ihm empfangen durften, wie die Planeten in größter Sonnen-Nähe durch Licht und Wärme bevorzugt sind.

Nun ist mir längst eine weitere und dunklere Bahn angewiesen, und nur selten und auf kurze Zeit ward es mir vergönnt, meinem Meister wieder zu nahen, wie die weithin irrenden Kometen nur selten und auf kurze Zeit in Sonnen-Nähe verweilen dürfen.

Wann wird mir solches Glück wieder beschieden sein? — —

Ein gütiges Versprechen, welches Sie bei unserer letzten Anwesenheit in Weimar meiner Frau gaben, uns einmal in Hannover besuchen zu wollen, wenn hier ein außergewöhnliches Musik-Ereigniß stattfinden sollte, erweckt in mir die kühne Hoffnung, daß die für Ostern d. J. vorbereitete Aufführung der *heiligen Elisabeth* Ihnen vielleicht Veranlassung geben könnte. zu uns zu kommen. Zwar kennt der Himmelsraum kein Beispiel, daß die Sonne zu den Wandelsternen gekommen wäre, aber ich verlasse mich fest auf das Wort des heiligen Lucas, das er im 37. Verse des ersten Kapitels seines Evangeliums verkündet.

Sie werden vielleicht staunen, daß ich die Aufführung eines
Werkes, welches sich bereits seit Jahren in allen deutschen
Gauen und darüber hinaus eingebürgert hat, ein außergewöhnliches Ereigniß nenne; aber es ist in der That fast als ein
Wunder anzusehen, daß die von chinesischen Mauern umgebene
alte Welfen-Residenz ihre Thore, durch welche bisher nur Ora-
torien von Mendelssohns werthen Geschäftsfreunden und seligen
Erben zollfreien Eingang finden, Schumann und Genossen nur
schüchtern sich durchschmuggeln durften, jetzt Ihrer Ungarischen Königstochter zu glorreichem Einzug willfährig er-
schließt.

Es ist mir nämlich endlich gelungen, die vom Theater un-
abhängige Singakademie zum Studium dieses Werkes zu bewegen, welches nun, nachdem die ersten Proben stattgefunden,
die Mitwirkenden in solchem Grade zu interessiren beginnt, daß
die Singakademie, aus langjähriger Lethargie erwachend, sich
ganz von ihrem alten Schlendrian emancipiren, und mit Hinzu-
ziehung der besten Männergesang-Vereine, energisch eine möglichst mustergültige Aufführung erstreben will. Dieselbe soll
in der Charwoche oder am ersten Osterfeiertage im Königlichen
Theater stattfinden, und sind die Soli in den Händen unsrer
besten Opern-Kräfte. Was aber der Aufführung die höchste
Weihe geben würde, das wäre die Anwesenheit des Meisters! —

Ein solcher Traum ist fast zu kühn, als daß ich schon an
seine Erfüllung glauben sollte; aber die herzliche Bitte will ich
Ihnen, mein hochverehrter theurer Meister, wenigstens in meinem
und Ingas Namen auszusprechen wagen, und die Mittheilung
anschließen, daß Bülow mir seinen Besuch zu Ostern angesagt
hat. Er will die kurze Pause zwischen seiner Englischen und
Amerikanischen Concertreise freundschaftlich mir widmen, und
wie reizend wäre es, wenn er hier mit Ihnen zusammen träfe.

Sie kommen ja zum Frühling wieder nach Weimar, und
von dort nach Hannover ist nur eine Viertel- höchstens Drittel-
Tagereise[1]).

Inga trägt mir die herzlichsten Grüße auf; ich verbleibe

_____

1) Der Meister kam.

mit der Bitte, der Frau Fürstin unsere respectvollsten Empfehlungen bestellen zu wollen, Ihr treuergebenster und dankbarer Schüler

132. Kardinal Gustav Hohenlohe.

Schloss Rauden, 18 févr. 75.

Cher ami,

J'avais envoyé à la P^sse Carolyne une lettre pour Vous, cependant je crains que ma lettre ne Vous aura plus trouvé à Rome, et je voudrais pourtant me rappeler à Votre bon souvenir, et Vous dire comme je suis touché de tout ce que Vous m'avez dit dans Vos chères lettres. En même temps je puis Vous assurer, que ce sera un vrai bonheur de Vous garder chez moi à Schillingsfürst et à la Villa d'Este toute l'année; ensuite je Vous prie de me faire savoir le jour où Votre Oratorio aura lieu à Munich. Si j'y puis venir, je n'y manquerai pas. Je suis obligé de me soigner encore à cause de cette malheureuse foulure; à peine que je serai *vergeigenschaftet* pour voyager, je retournerai à Schillingsfürst. Vous pourriez, si Vous vouliez m'honorer d'une lettre, m'écrire à Rauden[1], ou bien si Vous venez ici en personne, ce sera tant mieux.

J'ai été indigné de la nouvelle du vol qu'on a fait dans Votre logis à Pest. C'est affreux. J'espère qu'on aura retrouvé tous les objets? Glücklicherweise sind Ihre Lorbeeren unsterblich, und diese kann Ihnen Niemand rauben. Veuillez Vous souvenir de moi dans Vos saintes prières, et conserver Votre amitié à Votre

très affectionné ami et serviteur

Gustave.

1) Schloß des Herzogs von Ratibor, Bruder des Kardinals.

133. Johann von Herbeck,

geb. 25. Dez. 1831 zu Wien. gest. daselbst 28. Okt. 1877, wirkte in seiner Vaterstadt hervorragend als Dirigent des Männergesangvereins und der Gesellschaftskonzerte wie als erster Hofkapellmeister und Direktor der Hofoper.

Hochverehrter Freund und Meister [1]!

Wenn Ihnen seit einer Reihe von Jahren meine brieflichen Mittheilungen ein Beweis meiner freundschaftlichen Verehrung und Ergebenheit sein sollten, so müßten Sie mich wahrhaft für einen Abtrünnigen halten — hat sich ja doch meine Lässigkeit im Briefschreiben zu einer förmlichen Manie herausgebildet.

Ich kann mich jetzt leider nicht zu denjenigen der Ihren zählen, welche einen lebhaften brieflichen Verkehr unterhalten und gleichzeitig werkthätig sind — und bitte ich Sie daher, in Ihrer gewohnten Güte und Milde meiner eingestandenen Schwäche gegenüber ein Auge zuzudrücken, das andere aber offen zu halten für einen alterprobten activen Freund, der unbeirrt von Allen und Allem für Ihre Sache überzeugungsvoll einsteht.

Nun ohne weiteres Pracambulum zur Sache selbst. Wäre es Ihnen, hochverehrter Freund, angenehm, wenn ich etwa Anfangs April die *Graner Messe* in der Hofkapelle aufführte und ferner die *Glocken von Straßburg* am 22. März in einem Abend-Concert im Opernhause (mit den Solisten, Orchester und Chor des Operntheaters) feierlichst erklingen lasse?! —

Ich fürchte im Vorhinein, Sie werden aus Gründen, die ich gar nicht weiter erörtern will, starke Neigung haben, bezüglich des zweiten Theiles meines Anliegens ›Nein‹ zu sagen; — bitte Sie aber dringend um ein ›Ja‹. Die Motive meiner Bitte sind stark und rein — selbstlos; erfreuen Sie daher mit nur

---

1. Das Schreiben ist ohne Nachschrift und mit kleinen Veränderungen abgedruckt in: ›Johann Herbeck. Ein Lebensbild von seinem Sohne Ludwig‹. Wien. Gutmann. 1885.

einer zusagenden Zeile, oder gleich mit Übersendung der ›Straß-
burger-Glocken‹-Partitur Ihren in aufrichtigster, unerschütter-
licher Verehrung ergebensten Freund

J. Herbeck.

Wien, am 25. Februar 1875.

· P. S. Welch große Freude es Vielen und mir bereiten würde
Sie bei beiden oder wenigstens bei einem der projektirten
Anlässe in Wien zu wissen, brauche ich wohl nicht besonders
zu betonen [1].

134. Walter Bache.

London, den 7ten März [1875].

Geliebtester Meister!

Vor ein paar Tagen schickte ich Ihnen zwei Programme
von meinem letzten Concert — und jetzt möchte ich Sie mit
ein paar Zeilen belästigen, um Ihnen zu sagen, wie Alles aus-
gefallen ist. Es war wahrhaftig ein Liszt-Fest, wie ich
noch keins gesehen habe. Wie Sie wissen, Herr von Bülow
hat Alles dirigirt und war mit Orchester und Chor höchst zufrieden, auch mit dem Solo-Tenoristen, der schon vor zwei Jahren
den Psalm gesungen hatte. Damit ist so eigentlich Alles gesagt! was braucht man mehr zu schreiben? Aber es hat mir
große Freude gemacht zu sehen, wie alte Chormitglieder, die
vor 2 Jahren den Psalm sangen, sogleich ihre Mitwirkung
wieder zusagten — und wie sie mich nach der Aufführung
sogleich nach dem nächsten Concert fragten und sich bereit
erklärten andere Werke von Liszt einzustudiren. Mehr Wohlwollen und Enthusiasmus kann man sich gar nicht wünschen.
Das Publikum war auch sehr enthusiastisch und viel zahl-

---

1) Liszts Antwort siehe: La Mara, ›Fr. Liszts Briefe‹ II. Nr. 165.
Trotz des Meisters Einspruch aber erfolgte Herbecks Aufführung.

reicher als bisher. Der große Saal sah sehr schön aus. Verzeihen Sie, lieber Meister, daß ich gegen Ihren Willen eine kleine Polemik angefangen habe (wie Sie schon auf dem Programm vielleicht bemerkt haben). Die conservativen Zeitungen sind natürlich sehr wüthend — aber ich glaube, es wird gut gewirkt haben. Ich muß Ihnen noch erzählen, daß ich nach der Weber-Liszt'schen Polonaise einen colossalen Hervorruf hatte (es war eine wirkliche Antizeitungsdemonstration) und daß ich darauf die Weber'sche Polonaise *pur et simple* nebst allen Harmonieunsauberkeiten gespielt — es klang wirklich so elend als man hätte wünschen können. Aber die Idee gefiel dem Publikum und ich bekam darnach wieder einen Hervorruf, wie ich wohl nie wieder erleben werde. Ich wollte Sie könnten unser Crystal-Palace-Orchester hören (NB. unter Bülow's Leitung). Es war wirklich eine Musteraufführung, wie man selten hört. Herr von Bülow ist, Gott sei Dank, sehr wohl und scheint besser als je zu spielen (lachen Sie nicht darüber). Er ist auch von einer Liebenswürdigkeit und Sanftigkeit wie man sich gar nicht denken kann. Hätten Sie ihn in den Proben gesehen, Sie hätten ihn wahrhaftig gar nicht wieder erkannt! Alle Chordamen, die ich auf alle möglichen Schimpfworte sorgfältig vorbereitet hatte, sind in ihn geradezu verliebt — und einstweilen hat er (unter uns gesagt) etwas Scheußliches durchgemacht — d. h. Agentenprellerei — was ihm vielleicht seinen ganzen Gewinn von 6 Monaten entzieht! Aber das darf Niemand wissen — denn seine einzige Chance das Geld wieder zu bekommen liegt darin, daß der Agent seinen Credit aufrecht hält. Nächsten Sonnabend spielt er zum ersten Mal mit Joachim zusammen! (Jacob und Esau! Jacob spielt Violine.) Was wir hier in London machen werden während Herrn von Bülow's Abwesenheit in America, kann ich mir gar nicht denken! Ich hätte nie geglaubt, daß ich ihn jemals so sehr lieben könnte!

Liebster Meister, wenn Sie es erlauben, so werde ich Sie diesen Herbst (Anfang August oder Anfang September) besuchen — den größten Theil meiner Ferien werde ich wahrscheinlich bei Klindworth in Tyrol zubringen. Ich werde so

frei sein, später an Sie zu schreiben — dann werde ich bitten,
daß Sie mir sagen wann und wo ich Sie besuchen darf —
und daher bitte ich besonders, daß Sie auf diesen Brief keine
Antwort schicken — denn ich weiß, daß Sie in diesen Sachen
nur zu großmüthig sind — und ich werde Sie später um ein
paar Zeilen bitten müssen. Aber wenn mein lieber Freund
Pinner immer noch bei Ihnen wäre, könnte er mir wahrhaftig
einen kleinen Brief zukommen lassen, um mir Auskunft über
Sie selbst zu geben und mir auch zu sagen, ob er noch beabsichtigt diesen Sommer London zu besuchen.

Mein liebster Meister, leben Sie wohl, und glauben Sie
immer an meine Treue und Liebe. Ihr dankbarer Schüler

Walter Bache.

P. S. Der Psalm ist bei Lucas & Weber herausgekommen
— im Klavierauszug mit deutschem und englischem Text —
sehr billig und ausgezeichnet. Auch der *Schnitterchor*[1] —
Preis 6 pence!

135. General Georg Klapka,

Führer im ungarischen Revolutionskriege, geb. 7. April 1820 zu
Temesvár, gest. 17. Mai 1892 in Budapest. Bei den Siegen der
Ungarn war er mit Görgey der Held des Tages, mußte aber, zu-
folge der Waffenstreckung des letzteren bei Villágos, als Komman-
dant der Festung Komorn kapitulieren, worauf er bis zu seiner
Amnestie ins Ausland ging. Er hat »Memoiren« u. a. veröffentlicht.

Mon illustre compatriote,

Oserais-je vous présenter et recommander à votre gracieux
accueil un artiste de Vienne, Monsieur de Müller, qui serait
très heureux de pouvoir vous présenter ses respectueux hommages.

Je profite de cette occasion en vous exprimant moi-même,

1 Aus »Prometheus« von Liszt.

monsieur l'Abbé, mes sentiments de respect et d'ancienne admiration [1]).

Budapest 24 Mars 1875.
Hôtel Archiduc Etienne.

136. Ludwig II., König von Bayern.

Herr Abbate Dr. Liszt! Aus Ihrem gestern an Mich gelangten Schreiben habe Ich mit Vergnügen entnommen, daß Sie der hier stattfindenden Aufführung der Tondichtung *Christus* die Aufmerksamkeit Ihrer Gegenwart erweisen wollen. Ich danke Ihnen für Ihre Zeilen und habe Grund zu hoffen, daß die Durchführung des berühmten Werkes zu Ihrer Freude ausfallen werde. Mit der Versicherung fortdauernden Wohlwollens bin Ich

Ihr

geneigter

Ludwig.

München, den 12. April 1875.

_____

1 Auf der Rückseite des Briefblattes verzeichnete Liszt seine Antwort:

Illustre Général.

Veuillez être persuadé de mon empressement à servir de mon mieux votre recommandé; et agréez, je vous prie, l'expression des sentiments de haute considération avec lesquels j'ai l'honneur de demeurer votre tout dévoué serviteur.   F. Liszt.

137. Karl Hillebrand,

Historiker. geb. 17. Sept. 1829 in Gießen, lebte in Frankreich, seit
1870 als Korrespondent der »Times« in Florenz, woselbst er 19. Okt.
1884 starb. Sein Werk »Zeiten. Völker und Menschen« und andere
seiner geistvollen Schriften überleben ihn.

Cher Maitre et protecteur,

Comment vous exprimer ma surprise en recevant et lisant
votre bonne lettre[1]? Elle n'a été égalée que par le sentiment
de la reconnaissance la plus vive, la plus sincère, j'allais dire,
la plus tendre. Il n'y a que vous pour faire de ces choses-là
et pour les faire de cette manière.

Maintenant que vous répondre quant au fond? Il y a là
deux questions distinctes, si je ne me trompe; et à toutes les
deux je me vois obligé de répondre d'une façon dilatoire.
D'un côté, il s'agit d'aller *quanto prima* présenter mes hommages à S[on]. A[ltesse]. R[oyale]. et vous jugez si j'ai hâte
d'aller la remercier de ce grand honneur, de cette confiance
imméritée, de ce souvenir flatteur; mais je ne pense guère être
libre avant deux ou trois mois, retenu que je suis en Italie
par des engagements. Je compte cependant passer l'été en
Allemagne ou en Tyrol, tout ou en partie, et si vous ne croyez
pas qu'il soit trop tard, je demanderais alors à Monseigneur
le Grand-Duc la permission de mettre à ses pieds l'expression
de ma gratitude. D'autre côté, il y a une position permanente en vue, et une position permanente dans la ville de
Goethe, dans la ville que vous habitez, auprès de deux souverains d'un esprit si élevé, qui gardent comme un dépôt précieux
les traditions les plus chères à tout Allemand et qui les gardent
avec une intelligence si rare. Il faut toutes les nécessités
d'une situation donnée pour que je n'aille pas saisir de mes
quatre mains cette main qui m'est si gracieusement tendue.
Vous savez combien de positions fixes et lucratives j'ai refusées
depuis cinq ans; et encore cette année même la direction en
chef de la Gazette d'Augsbourg (ceci tout à fait entre nous),
une chaire ici même à Florence, et enfin une autre chaire

1 Der Großherzog Carl Alexander wünschte auf Liszts Anregung Prof. Hillebrand in Weimar zu sehen und daselbst zu fesseln.

richement dotée à l'Université de Munich, — tout cela un peu pour garder ma liberté, beaucoup pour achever un grand travail, entrepris il y a un an et qui me prendra deux ans encore au moins, travail auquel je me suis obligé par contrat vis-à-vis de M. de Giesebrecht[1]) d'un côté, de Perthes (de Gotha[2]) de l'autre. Ai-je besoin de vous dire que la pensée de renoncer à des habitudes douces et sacrées à la fois, à un intérieur conquis par de longues années d'attente et d'efforts, entre bien aussi pour quelque chose dans mes hésitations?

Pesez tout cela, cher Maître, et soyez bon et indulgent comme vous savez l'être, si je ne me rends pas à votre invitation avec l'empressement que le Grand-Duc était certes en droit d'attendre. Vous qui savez trouver le mot juste pour tout, et qui touchez aussi délicatement les choses de la vie que les touches de votre piano, dites une bonne parole pour moi à votre souverain que je voudrais pouvoir appeler le mien. Il me serait on ne peut plus pénible qu'il pût penser que je ne sens pas toute l'étendue de l'honneur qu'il me fait en se souvenant ainsi de moi; et si l'occasion s'en présente, je vous serais obligé de mettre aussi aux pieds de Mme la Grande-Duchesse mes hommages les plus respectueux.

Une dernière chose enfin: Serait-il indiscret de vous demander tout au moins quel genre de position on songerait à me faire à Weimar?

Mme Laussot est très sensible à votre bon souvenir, et vous envoie comme toujours l'expression de son admiration affectueuse. Mme de Dönhoff que je vois souvent ici chez les Princes Impériaux, me charge de vous dire mille choses aimables; et moi, mon cher et bienveillant protecteur, je vous exprime une fois de plus ma profonde et sincère reconnaissance.

Karl Hillebrand

Florence, ce 26 avril 1875.

---

1. Friedrich Wilhelm Benjamin v. G., deutscher Historiker (1814—89), dozierte seit 1862 in München.
2. Verleger.

138. Wilhelm III., König von Holland,
geb. 19. Febr. 1817, regierte seit 1849 und starb am 23. Nov. 1890
in Schloß Loo.

Château Royal du Loo, ce 23 mai 1875.

Mon cher Grand-Maitre,

Votre modestie vous fera sans doute vous demander en
quoi et pourquoi Grand-Maitre!? Permettez-moi de venir
vous dire que je ne crains pas de la blesser, cette modestie,
bien que toute vérité ne soit pas bonne à dire, ne m'en
veuillez donc point si je trouve la vérité si bonne, si douce
et si précieuse à exprimer que je ne puis la taire. Je dis
donc Grand-Maitre en tout, comprenant les nobles inspirations
de l'art en général, telles qu'elles doivent être senties et ap-
préciées! Grand-Maitre en musique, incomparable comme sentiment, ainsi que comme exécution, à tous ses confrères de l'art
musical, et surtout, avant tout, et au-dessus de tout au monde,
Grand-Maitre des cœurs, et permettez-moi de m'inscrire en
tête de ceux que vous avez gagné; car le souvenir de votre
présence au Loo est celui de votre indulgente et je vous dirai
même de votre toute paternelle bonté, ce souvenir restera
ineffaçablement gravé dans mon cœur, ainsi que dans ceux
de toutes les personnes qui ont eu le bonheur au Loo de vous
approcher et de jouir de vos splendides inspirations musicales.

Si je me permets à votre sujet de me servir de l'expression
de paternelle bonté, c'est que je me permets d'être l'interprète
aussi fidèle qu'empressé des sentiments d'admiration, et surtout
de bien profonde reconnaissance de tous mes pensionnaires
envers vous, pour toutes les bontés sans nombre dont vous
avez bien voulu les combler, ainsi que pour la bien grande
indulgence que vous avez bien voulu avoir envers leurs bien
faibles talents. Vous avez su les inspirer d'un nouveau zèle,
d'une nouvelle ardeur au travail afin de tâcher par là même
de se rendre dignes de vos bontés et de se préparer journellement d'avantage à leur carrière future. Quant à moi je dis,
quand vous le pourrez, revenez-nous le plus tôt possible, rendez-

nous à tous et à moi, tout le premier, notre cher Grand-Maître! Avant que de terminer cette lettre, permettez-moi de vous dire, que je n'ai point oublié la promesse que je vous ai fait, c'est-à-dire l'envoi d'un tonneau de cette bière d'Amsterdam qui semblait vous plaire et dont le goût vous était agréable et dont l'envoi vous parviendra, je l'espère, sous peu en vous priant de vouloir bien l'accepter comme un souvenir de votre séjour au Loo.

Veuillez bien me croire toujours, mon cher Grand-Maître,

Votre bien affectionné

[signature: Guillaume] [1]

139. Franz Servais.

Cher Grand Maître!

Je rentre de Paris où j'ai passé en famille les quatre derniers mois. Ayant entendu parler de votre séjour en Hollande, j'écrivis immédiatement à Lassen. Sa réponse fut contrariante; elle m'annonçait votre très prochain retour à Weimar. Péterlé qui m'écrit aussi me fit entrevoir l'impossibilité de vous rencontrer; — j'aurais été si heureux de vous revoir! enfin je dus me résigner! —

En ce moment, je suis prêt à terminer, et je vous demanderai la permission de vous l'envoyer, si je ne puis vous l'apporter moi-même: une Symphonie-poème pour chœur et orchestre. Ancien *Macbeth* revu, corrigé et considérablement augmenté. Seulement plus rien de *Macbeth* qui vous était antipathique. Tout se passe entre l'homme, les événements et le destin. Tout au plus si certaines sorcières apparaissent à certain Macbeth

---

1 Nur die Unterschrift ist eigenhändig.

»comme vision«. L'homme n'y est plus anéanti, mais trouve sa rançon: dans le culte de l'art et de l'amour. (Chœur final sur les motifs réunis de l'homme et de la destinée.) Toute la partie explicative ci-devant déclamatoire se chante par un chœur d'hommes pendant l'action instrumentale. Les chœurs »hommes et femmes« ne prennent part et n'interviennent complètement que dans la péroraison. Gribouille est responsable de tout — texte et musique. Son Maître lui pardonnera-t-il; — il a fait de son mieux et soigne le tout au delà de ses moyens ordinaires; c'est ce qu'il ose dire. Vers le mois d'août, je compte envoyer l'ouvrage à notre académie. Si elle en est contente, elle doit le faire exécuter sous ma direction. —

L'hiver dernier, j'ai été très contrarié dans mes projets d'exécution. J'ai fini par rentrer dans ma coquille et par m'en aller à Paris. Par suite, j'ai retardé la publication de quelques ouvrages. Le *Tasse* devait paraître à Paris, — j'ai changé d'idées et retiré ma partition (pour causes). On n'apprend qu'à ses dépens. Néanmoins je me félicite; tout est remis à l'hiver prochain. Je crois m'entendre avec la maison Schott[1].

J'aurai pour collaborateur Armand Sylvestre dans un opéra *Mérovée* (époque mérovingienne, Frédégonde, Brunehaut, etc.), ou *Fingal* (d'après Ossian). —

J'aurais voulu venir me recueillir un peu à Weimar près de vous, et réentendre le *Tristan*; j'en avais bien besoin, car Paris musicalement . . . . ne m'élève guère! Les œuvres françaises manquent de conception. Des morceaux charmants mais déplacés, hors de situation, jamais d'unité. Oui, j'aurais bien en besoin de venir à Weimar, mais je me force à rester ici, à terminer mon travail; puis je m'accorderai peut-être le bonheur de venir à vous. —

Croyez, mon bien cher et vénéré Maitre, à l'attachement et à la profonde affection que vous porte votre reconnaissant

Franz Servais.

---

1 Musikverleger in Mainz und Brüssel.

Mon frère vous présente ses affectueux respects, il a en de grands succès à Paris et en France.

Hal près Bruxelles, Vendredi. 29 Mai 75.

140. Minnie Hauk,

hervorragende Bühnensängerin. geb. 16. Nov. 1853 zu New York. gehörte der Wiener und darnach der Berliner Hofoper an und ersang sich den Beifall der europäischen und amerikanischen Hauptstädte.

Rigi-Kaltbad, July 12ten 1875.

Excellence!

Es wagt es, theuerster Maestro, Ihre verehrende kleine Kunst-Enthusiastin, Ihnen einige Zeilen zu schreiben, um Sie zu bitten, Ihr gütiges Versprechen — diesen Winter in Pesth — ihr einige freundliche Worte an die Frau Baronin Schleinitz in Berlin geben zu wollen, gütigst nicht zu vergessen.

Sie hatten die Güte zu sagen, Sie würden sie bei Mrs. Schirmer für mich lassen — die sie mir senden würde. Nicht wahr, theurer Meister, Sie zürnen nicht, daß ich mir erlaube Sie daran zu erinnern? — Ich weiß wie sehr occupirt Sie sind, und wie leicht [dergleichen] Ihrem Gedächtniß entschlüpfen kann, und Sie erweisen Ihrer kleinen Freundin dadurch einen sehr großen Gefallen. —

Wie sehr glücklich wäre ich, wenn ich zur jetzigen Glanzzeit in Weimar sein könnte —, und nicht einmal ist es mir gegönnt nächsten Winter in Pesth zu sein, wenn Sie dort sind, und weiß ich auch jetzt gar nicht, wann ich das große Glück haben werde, wieder in Ihrer theuren Nähe sein zu dürfen. —

Ich weiß, es ist recht unbescheiden, was ich verlange, aber bitte verzeihen Sie — und wenn Sie mich ein wenig der Mühe werth halten — so lassen Sie mich Ihre *Jeanne d'Arc* diesen Winter in Berlin singen. Ja? ich bitte Sie nur dann, durch einen Ihrer getreuen Jünger mich wissen zu lassen, wo ich es bekommen kann — Sie wissen ja, Maestro, wie Sie mich beglückten, da Sie mir erlaubten es mit Ihnen durchzusehen. —

Nun will ich Sie nicht mehr mit meinem schlechten Deutsch belästigen — ich bitte nur noch meine Hochachtung der Frau Baronin Meyendorff gütigst kund zu geben — und mit der innigsten Verehrung für Sie theurer Meister — bin ich —

hochachtungsvoll ergebenst

[signature: Minnie Hauk]

141. Kardinal Gustav Hohenlohe.

Hôtel Hof-Ragaz,
Bad Ragaz, 18 Juillet 75.

Cher ami,

A l'instant même je reçois Votre bonne lettre et je Vous en exprime mes remercîments les plus sincères, ainsi que mes regrets de ne pas me trouver à Schillingsfürst. Vous savez que mon pied malade m'oblige de prendre les bains ici, et je ne sais pas quand j'en serai quitte; si Vous vouliez étendre Votre grande bonté jusqu'à venir ici, Vous n'avez qu'à me dire un mot pour commander un logis pour Vous. J'habite un châlet qui est en communication avec l'hôtel par un corridor. Dans la même maison il y a l'Impératrice Eugénie, un prince égyptien et un *Geheimrath* de Berlin; singulier *fritto misto!*

Si la cure ne me convient pas, je retournerai à Schillingsfürst ou à quelqu'autre endroit que ma santé exigerait. En tous les cas, je Vous tiendrai au courant de mes séjours, en cas que Vous ayez le temps de venir me voir, et si Vous n'avez pas d'autres nouvelles de moi, je suis ici tout le mois d'Août et plus longtemps peut-être encore. — Si Vous avez la charitable idée de venir ici, veuillez me télégraphier quelques jours d'avance pour le logis.

13*

Je suis bien aise de Votre entrevue avec Leurs Majestés
Allemandes lors de la fête de Charles Auguste[1].

Adieu et au revoir. Priez pour Votre

très affectionné serviteur

Gustave.

P. S. Il s'entend de soi-même que je suis heureux de ce que
Vous irez honorer la Villa d'Este de Votre présence.

142. Carl Alexander, Grofsherzog von Sachsen-Weimar.

Ostende, ce 12 d'Août 1875.

Si Vous ne me connaissiez pas correspondant consciencieux,
mon silence, j'en conviens, pourrait Vous inspirer du doute à
mon égard. En accusez, mon cher ami, les vagues qui par
la fatigue des bains, me rendent souvent incapable d'écrire,
et recevez enfin tous remercîments pour la lettre que j'ai reçue
de Vous. Ils Vous sont dûs et cela sincèrement, et pour les
paroles que Vous m'adressez, et pour les soins que Vous avez
pris par rapport à M. Hillebrand dont je préfère garder encore
la lettre jusqu'à mon prochain retour, si Vous le permettez.
Si M. Hillebrand pouvait se décider à paraître à l'horizon à
l'époque des fêtes du 3 Sept., il y aurait possibilité de traiter
avec lui de vive voix et en Votre présence, ce qui serait d'un
double avantage. Si non, il faudra remettre toute cette affaire
un peu aux calendes grecques, ce qui pourrait la compromettre.
Or, comme la lettre de M. Hillebrand constate sa bonne volonté
de nous servir, la Grande-Duchesse et moi, je crois qu'il y
aurait possibilité; mais pour le faire il serait nécessaire de
nous accorder plus de temps, car Vous m'avouerez que le
bibliothécaire particulier, tel que M. Hillebrand l'esquisse, en
serait un comme nous pourrait en présenter un rêve: il s'éva-
porerait chaque fois qu'on voudrait le saisir. Ne lui en tou-
cheriez-Vous pas un mot à Laibach poste restante?! Je crois

---

1 Iu Weimar.

que c'est ce qu'il y aurait de plus pratique. En attendant,
je jouis — malheureusement rien que de loin — des succès
de l'art dont Vous et Wagner sont les dignes serviteurs. Dites-
le de ma part au poète compositeur, dont je serai et heureux
et fier de suivre les exploits l'année prochaine, si Dieu permet,
et si je vis, sous Votre égide.

En attendant, c'est avec une joie véritable que je dis: au
revoir et à bientôt, et que je Vous serre les mains bien affectueusement.

Charles Alexandre.

143. Karl Hillebrand.

près Laibach, ce 14 août 1875.

Hélas, cher protecteur et ami, vous n'avez que trop bien
prévu qu'il me serait impossible de me rendre cette année à
l'invitation gracieuse — trop gracieuse puisqu'imméritée —
de S. A. R.[1]. Mes travaux m'appellent d'une manière pressante à Vienne et à Turin, pour y fouiller les Archives, et
je n'ai aucun moyen de différer ou avancer ce travail. Autrement, jugez si je me serais fait dire la chose deux fois. Tout
— le souvenir de Charles Auguste, l'hospitalité de son petit-
fils, digne d'un tel aïeul, la présence de notre Empereur, qu'il
a été le rêve de ma vie de voir, la cérémonie unique et
caractéristique, *last not least*, votre présence — tout, je le
répète, m'attirait irrésistiblement, et pourtant je résiste. Un
retard que j'apporterais maintenant à mon travail, je ne pourrais
le rattraper d'un an. Voulez-vous encore une fois être mon
interprète, cher maître, et mettre aux pieds de LL. AA. RR.
mes remercîments les plus respectueux, mes excuses les plus
humbles? Voulez-vous Leur dire en même temps que, si
Elles veulent bien le permettre, j'irai l'an prochain solliciter
une audience pour Leur offrir mes hommages et Leur exprimer

---

1) Vergleiche Liszts Brief an den Autor: La Mara. »Franz
Liszts Briefe«, II, Nr. 170.

ma reconnaissauce? Dites-moi aussi, je vous en supplie, quel
est l'usage, et s'il ne serait pas indiscret d'écrire directement?
Je n'ai aucune expérience à cet égard; et, lorsque, au commencement de l'été, je dus refuser l'invitation du Prince Royal
à Potsdam, je chargeai également un chambellan de mes amis
de la commission délicate, sans savoir si je faisais bien.

Ainsi donc nous vous verrons en Octobre ou Novembre.
Quelle chance! Nous causerons alors de vos bons projets et
des bienveillantes intentions de Monseigneur à mon égard.
J'espère bien que vous trouverez moyen de vous reposer pendant
quelques jours.

Toujours à vous, plein de sincère reconnaissance et de
respectueuse et admirative sympathie.

Karl Hillebrand.

144. August Wilhelmj.

großer Violinvirtuos, geb. 21. Sept. 1845 zu Usingen in Nassau,
von David, Hauptmann, Raff ausgebildet, umreiste konzertierend
die ganze Welt und lebt jetzt in London.

Hochgeehrter Meister!

Tausend Dank für das unschätzbare Andenken, welches
Sie mir und den Meinen durch Ihre freundliche Dedication ge-
stiftet haben. Soll der Goethe'sche Spruch »das Neue klingt,
das Alte klappert« auch auf Sie Anwendung finden, so bedarf
er übrigens noch der Ergänzung »aber besser, als das Neue
klingt.«

Daß dies bei Männern Ihres Schlages auch Goethe's Ansicht war, beweist die hohe Meinung, die er an einer andern
Stelle dem Alter zollt:

> »Doch in's bekannte Saitenspiel
> »Mit Muth und Anmuth einzugreifen,
> »Nach einem selbstgestecktem Ziel
> »Mit holdem Irren hinzuschweifen,
> »Das, alte Herr'n, ist Eure Pflicht,
> »Und wir verehren Euch darum nicht minder.«

In diesem Sinne wünsche und hoffe ich, daß Sie noch recht lange »klappern«. — Behalten Sie dabei noch eine freie Stunde für mich übrig, so würden Sie mich unendlich verbinden, wenn Sie die große Güte haben wollten, meine beifolgenden Chopin-Transcriptionen eines Einblickes zu würdigen und mir gelegentlich Ihr Urtheil mitzutheilen. —

Mit den herzlichsten Grüßen in größter Verehrung

Ihr stets ergebener

Wiesbaden, 17. Sept. 1875.

145. Theodor Forchhammer,

geb. 29. Juli 1847 zu Schiers in Graubünden, studierte in Stuttgart, wurde Organist in Wismar, 1885 Nachfolger Ritters als Domorganist in Magdeburg, 1888 kön. Musikdirektor. Er betätigte sich auch als Komponist für sein Instrument.

Hochverehrter Meister!

Mein Herz ist so voll von Verehrung und Dankbarkeit für Sie, den edelsten aller großen Männer, daß ich mir die Freude nicht versagen kann, Ihnen hiervon ein kleines Zeichen zu geben. Denn auch ich möchte meinem Drange genügen und im Vereine von Tausenden Ihrer innigsten Verehrer an diesem Tage vor den Einen hintreten, zu dem wir Vorwärtsstrebenden aufblicken als zu unserm hellstrahlenden Vorbilde.

Ich bringe Ihnen nichts als ein Herz, das in glühender Verehrung für seinen theuren Meister schlägt — nichts als den ernsten Willen, im Aufblicke zu Ihnen unablässig zu ringen und zu streben nach dem hohen Ziele, von dessen Verfolgung ich nimmermehr ablassen kann! O wie bin ich Ihnen dankbar für die so liebenswürdige Aufnahme, die mir in Weimar zu Theil geworden. Dies hat mich gestählt zu neuer Anstrengung und Muth und Thatkraft neubelebt!

Mein Gefühl giebt mir ein, Ihnen wie ein Sohn dem Vater meine Noth zu klagen. Hinter mir liegt ein Leben des Kampfes und der Entsagung! Wie oft und wie schmerzlich beneidete ich jene Glücklichen, denen es vergönnt war, ihr ganzes Leben ungehindert der Kunst zu weihen. Ich hatte jahrelang zu kämpfen, bis mir gestattet wurde meiner Kunstbegeisterung frei die Zügel schießen zu lassen — und nachher, da war's zu spät!

Selten nur wurde mir das Glück äußerer Anregung zu Theil, desto öfter aber beschlich mich Mißmuth und folterten mich Zweifel und Verzweiflung. Doch so oft ich muthlos die Hände in den Schooß sinken ließ, ich hatte keine Ruhe und der Kampf begann von Neuem. Manches habe ich — auf mich selbst angewiesen — erreicht, und bin nun soweit gekommen, daß ich einsehe, wie unendlich viel mir noch fehlt und wie lückenhaft mein Wissen und Können!

Und wie lange habe ich mich vergeblich darnach gesehnt, der Sonne mich nahen zu dürfen, deren Strahlen so Viele beglückt und neubelebt — und endlich wurde mein heißer Wunsch erfüllt und Sie haben mich nicht von sich gewiesen, sondern mir liebevoll die Hand gereicht, die mich dem Schlamme gänzlicher Entmuthigung entrissen. Und ich küsse diese Hand voller Dankbarkeit, und ich will nicht rasten bis ich meines theuren hohen Meisters würdig geworden!

Dies mußte ich Ihnen sagen — verzeihen Sie!

Es ist nicht die Sprache der Zudringlichkeit, sondern diejenige eines schlichten, redlichen, begeisterten Herzens!

Möge dieser schöne Tag, der 22. October, noch oft wiederkehren, uns Allen, die wir Sie so innig lieben und verehren, zur Freude und zum Segen!

Indem ich Sie bitte, mir ein freundliches Andenken zu bewahren, bin ich mit der größten Hochachtung

Ihr ganz ergebener

Wismar,
den 18. October
1875.

146. Carl Alexander, Grofsherzog von Sachsen-Weimar.

Château de Heinrichsau, ce 31 d'Octobre 1875.

Mander des nouvelles connues est chose ingrate, mais je suis si accoutumé de Vous parler de ce qui m'occupe ou m'intéresse, que je ne coure guère le risque que Vous trouviez de l'ingratitude de ma part à Vous raconter, mon cher ami, que ma fille Marie est promise à celui des princes de Reuss qui fut ambassadeur d'Allemagne en Russie. Les hautes qualités d'esprit et de cœur qui distinguent le prince, l'usage qu'il en a fait et qui l'ont fait réussir partout où le service de la patrie l'a appelé, nous donnent droit d'espérer ce que nous souhaitons: c. à. d. que Dieu daignera bénir cette union. Nous sommes, je Vous assure, d'avance persuadés de la part sincère que Vous y prendrez.

J'espère que vous aurez appris qu'avant de quitter Weimar j'ai passé à Votre porte; mais elle était fermée, ainsi que celle de Votre Monténégrin[1]), de manière que je ne sais pas si mon empressement a eu des témoins. Vous Vous en êtes vengé en disparaissant comme un beau rêve au réveil, ce qui n'est pas généreux. Je m'en vengerai à mon tour en Vous adressant l'incluse qui m'a ennuyée et qui, je me flatte, Vous ennuiera encore davantage. Mais qui sait, les artistes sont incalculables, peut-être serez-Vous pour mon »fâcheux« le contraire de ce que Vous êtes pour moi: c. à. d. généreux.

J'adresse à la Villa d'Este à tout hasard. Répondez-moi à Weimar, où je retourne, comme la plupart des enfants à l'école, ainsi donc lentement. On y projette en honneur du jubilé de l'arrivée de Goethe, toute la série de ses pièces, à commencer le 6 de Nov. par *Erwin et Elmire* avec la musique de la Duchesse Amélie, et à terminer, si Dieu permet, le jour de la mort du poète par la seconde partie de *Faust* avec la musique de Lassen. Cela est bien imaginé.

La Grande-Duchesse et mes enfants me chargent de leurs

---

1 Liszts Diener Spiridion.

compliments pour Vous. Vous parlerai-je de mes sentiments?
Non, car je répéterais encore nouvelles connues.

C. A.

147. Eduard von Liszt,

Generalprokurator in Wien, daselbst 8. Febr. 1879 verstorben, war
der Stiefonkel und intime Freund Franz Liszts, auf den dieser den
ihm vom Kaiser von Österreich verliehenen erblichen Ritterstand
übertrug.

Mein innigst verehrter Freund!

Herzlichen Gruß und dankenden Händedruck dem Compo-
nisten der Graner Festmesse! Herbeck hat sie heute in der
Hofkapelle zur Aufführung gebracht und mir, meiner Frau und
Marie damit eine ungewöhnliche Freude gemacht. Das *Gloria*
habe ich nie so zart gehört; doch blieb die Fuge weg. Die
Stellen im *Credo*, welche sich auf das jüngste Gericht und die
Auferstehung der Todten beziehen, waren mir zu rasch und
zu wenig würdig. Dagegen wurde das *Benedictus* mit allem
Zauber der Innigkeit, den Du ihm gegeben hast, zur Geltung
gebracht. Die Sänger, namentlich Walter[1], leisteten das beste.
Das ganze Werk war von Liebe, Pietät, höchster Sorgfalt ge-
tragen. Jede Nummer ging vollendet. Die Kapelle war mit
Menschen überfüllt.

Dir aber muß ich aus der Tiefe meines Herzens sagen:
Du hast mit dieser Messe Deinem vollen, freudigen und ent-
schlossenen Glauben ein Denkmal gesetzt, das Dich als großen
Meister in aller Zukunft preisen wird. Die Fülle erhabener
Ideen, die Durchdringung des Textes, der hohe Flug des Geistes,
die Einheitlichkeit und Klarheit des Ganzen: verkünden mit
Posaunen Deinen Ruhm. Du hast im *Kyrie* den »göttlichen
Mittler« dem Gemüthe der Menschen nahe gebracht; Du hast
im *Gloria* für den langathmigen Hymnus einen würdigen Aus-
druck gefunden, im *Credo* das Geheimniß der Menschwerdung

---

1 Gustav W. geb. 1836, erster lyrischer Tenor der Wiener
Hofoper.

wunderbar mit menschlichen Worten dargestellt. Mit mehr
Liebe als Du im *Benedictus*, hat keine menschliche Seele den
Erlöser willkommen geheißen. Möge der Friede, um den Du
im *Dona nobis* flehst, Dir werden, jener Friede, den nicht die
Welt, den nur der von Dir im *Resurrexit* Gefeierte geben kann!
Hättest Du nichts geschaffen, als die Graner Messe, so bliebe
schon wegen dieses Werkes allein Dir meine wahrste Verehrung
und Anhänglichkeit.

Nimm unsern Dank, Du Gottbegnadeter! und mögen seine
Eingebungen Dich fortan leiten und beglücken!

Wien, am 31. 10. 1875.

148. H. Graf Dumonceau,
Adjutant und Kabinetssekretär König Wilhelm III. von Holland.

A Monsieur l'Abbé F. Liszt à Rome.

La Haye, ce Octobre 1875.

Monsieur,

Désirant s'assurer le plaisir de vous voir le printemps
prochain à son château du Loo, Sa Majesté le Roi me charge
dès à présent de l'honneur de vous inviter à assister aux pro-
chaines auditions qui y auront lieu du 15 Mai au 2 Juin.

S. M. espère d'autant plus pouvoir se réjouir de votre
venue qu'Elle compte avoir recours à votre avis, pour décerner
après concours à la plus méritante de ses dames pensionnaires
une médaille d'or portant le buste de Madame Malibran[1].

1, Marie M., geb. Garcia (1808—36), eine der größten Sänge-
rinnen aller Zeiten.

Vous priant de bien vouloir me mettre à même de faire
savoir votre réponse au Roi, je saisis avec empressement cette
occasion pour vous renouveler l'assurance de ma haute considération.

L'aide de camp et Secrétaire de S. M. le Roi des Pays-Bas.

149. Theodor Ratzenberger.

Hochzuverehrender Herr,
inniggeliebter Meister!

Noch heute kann ich das Glück kaum fassen, das mir
dadurch zu Theil werden soll, Sie, inniggeliebter Meister, bald
in unserer Mitte zu sehen. Sie werden sich dann auch überzeugen, welche Wirkung Ihre Werke auf unser Publikum
hervorbringen. Ich wohnte am 6. c. einer Aufführung der
heiligen Elisabeth (mit Frl. Weckerlin[1]) und M. Breidenstein)
in unserer Nachbarstadt M.-Gladbach bei, welche das Publikum
mit dem offensten Enthusiasmus aufgenommen hat, und brauche
wohl nicht erst von dem Eindrucke zu sprechen, den diese
geniale Schöpfung wiederum auf mich gemacht hat. Eine andere
Aufführung in Aachen steht nahe bevor.

Welche ganz andere Resultate erzielte ich am 8. November
mit Rubinsteins Oratorium *Das verlorene Paradies*. Da fühlte
man so recht den Unterschied zwischen Genie und Talent. Das

1 Mathilde W., Hofopernsängerin in München.

Werk hat übrigens nicht übel gefallen. Möglich, daß man den Mendelssohnanisten darin ehrte. Doch zurück zur Hauptsache. Wann dürfen wir unseren Meister hier erwarten? Ich erfuhr nämlich gestern, daß unser Concertlocal bereits bis Ende März vermiethet sein soll und daß weitere Anmeldungen zu erwarten sind. Ich habe in Folge dessen sogleich den ersten freien Sonntag, 3. April, gemiethet, und bitte Sie deshalb dringend, mir baldmöglichst wissen zu lassen, ob Ihnen dieser Tag genehm ist. Ferner möchte ich gern von Ihnen hören, ob Sie mit dem Programm: 1. *Missa solemnis*[1], 2. Chöre zu Herders *entfesseltem Prometheus* einverstanden sind. Ich glaube, daß die Aufgabe für meinen Singverein und für das hiesige Orchester nicht zu groß sein wird. Mein Verein zählt gegenwärtig 120 tüchtige Mitglieder und wird durch auswärtige Kräfte von Cöln, Barmen, Elberfeld u. s. w. wesentlich verstärkt. Das Orchester ist sehr brav und zählt 52 Mann. Mein Freund, der Dichter Emil Rittershaus hat sich bereit erklärt, den verbindenden Text von R. Pohl zu sprechen. Mit den musik. Referenten der niederrh. Hauptblätter stehe ich in freundschaftlichen Beziehungen und werde sie sämmtlich einladen. Außer dieser Aufführung möchte ich noch eine Liszt-Matinée veranstalten und hoffe zuversichtlich, daß Sie mir Ihre Genehmigung dazu nicht versagen werden. — Bei dieser Gelegenheit will ich nicht verfehlen, Ihnen mitzutheilen, daß ich jüngst in Holland, Magdeburg u. s. w. mit meines Meisters Schöpfungen großen Erfolg hatte. Von München erging die Anfrage an mich, ob ich geneigt wäre, eine Clavierlehrerstelle an der dortigen Musikschule zu bekleiden, die ich aber ablehnend zu beantworten gedenke, da das Honorar gar zu gering ist. Auch würde mir eine Beschäftigung am Theater weit mehr zusagen.

Genehmigen Sie, hochverehrter Herr und Meister, die Versicherung meiner unbegrenzten Hochschätzung, mit der ich zeichne als Ihr dankbar ergebener

Th. Ratzenberger.

Düsseldorf, den 15. Nov. 1875.

1 Graner Messe.

150. Wilhelm III., König von Holland.

Château Royal du Loo, ce 1ᵉʳ Décembre 1875.

Cher Grand-Maître,

Monsieur le Major, Comte Dumonceau, mon Aide-de-Camp et mon Secrétaire particulier, ne m'a appris que maintenant la bien bonne ainsi que la bienheureuse nouvelle de ce que vous avez bien voulu accepter mon invitation de venir au Loo au mois de Mai de l'année prochaine, pour y assister aux auditions de mes pensionnaires, autant instrumentistes que pour l'art vocal, lyrique, et dramatique. — Vous dire, à vous, vous exprimer que vous serez reçu à bras ouverts, ceci serait par trop banal, et ce qui ne le serait pas moins c'est la joie et le bonheur que la nouvelle de votre venue va répandre et va faire éprouver parmi tous mes jeunes gens, qui vous aiment, et qui vous chérissent comme un véritable père, comme vous avez bien voulu avoir la toute gracieuse bonté d'être envers eux.

L'audition du mois de Mai de 1876 en est une de concours pour décerner la médaille Malibran, et les deux Dames concurrentes sont mes Pensionnaires de Première Classe, Mesdemoiselles Marie van Erps Reerink et Cathérine Fimmers. Cette médaille devra être décernée par un Jury dont je viens vous prier de vouloir bien gracieusement accepter la présidence.

Voici les noms des personnes qui ont bien voulu accepter d'en faire partie: Messieurs Ambroise Thomas, Reber [1]), Félicien David [2]), Gevaert [3]), Vieuxtemps (le violoniste [4]), Alexandre Batta (le violoncelliste [5]) et Monsieur van der Does, plus encore Messieurs Ernest Legouvé [6]) et Cormon [7]), qui seront tous bien

---

1) Napoléon Henri R. (1807—80), französischer Komponist, Professor der Komposition am Pariser Konservatorium.

2) Französischer Komponist (1810—76).

3) François Auguste G. (geb. 1828), belgischer Musikgelehrter, auch Komponist, seit 1871 Direktor des Brüsseler Konservatoriums.

4) Henry V. (1820—81), Virtuos und Komponist, unterrichtete am Brüsseler Konservatorium.

5) Auch Komponist (1816—1902), lebte in Paris.

6) Französischer Dramatiker 1807—1903.

7) Eugène de C., französischer Dichter und Librettist (gest. 1903).

honorés et bien flattés de vous avoir comme leur Président.
Le choix des morceaux dont se compose l'audition du mois de
Mai de l'année prochaine a été fait avec grand soin, il comprend la tragédie classique française, la tragédie moderne,
Judith et *Cléopâtre* par Madame Emile de Girardin et *Médée*
par Alphonse de Lamartine, les comédies classiques, Molière
et Marivaux[1]), les comédies modernes, Scribe[2]), Alexandre
Dumas (père[3]) et Victorien Sardou[4]), ainsi que le grand opéra
et l'opéra comique. Vous voudrez bien voir que, comme composition de programme, j'y ai fait représenter tous les genres
scéniques dans le but et dans l'intention de donner au Jury
un large terrain de jugements au sujet et relativement aux
talents ainsi qu'aux aptitudes que pourront y déployer et y
faire preuve les deux Dames concurrentes, mes deux Pensionnaires de Première Classe, tout en espérant que la pensée de
cette composition puisse rencontrer et obtenir votre approbation,
à laquelle j'attache le plus grand et le plus haut de tous
les prix.

Veuillez recevoir, cher Grand-Maître, l'assurance des sentiments d'invariable affection avec lesquels j'ai l'honneur de
me dire

Votre tout affectionné

Guillaume[5]).

151. Kardinal Gustav Hohenlohe.

Schillingsfürst, 2 Déc. 75.

Cher ami,

Dans cette année de Jubilé et d'indulgence j'espère d'obtenir
aussi Votre pardon d'avoir attendu si longtemps à Vous répondre à Vos deux lettres si aimables: c'est à dire attendu

1. Pierre M., französischer dramatischer Dichter gest. 1763).
2. Eugène Scr. 1791—1861.)
3. 1803—70.
4. Geb. 1831.
5. Nur die Unterschrift ist eigenhändig.

non, car ça ne dépendait pas de moi, ayant eu à faire, soit
à l'Institut[1]), soit ailleurs, et puis visites de parents et que
sais-je. Enfin me voilà, et même presque d'un pas ferme et
résolu. Ragaz a pourtant fait son devoir.

Mille remerciments pour l'avis du concert à la Villa en
Votre honneur. J'en ai éprouvé une vraie satisfaction. Mon
Dieu, si cela dépendait de moi, je voudrais bien encore Vous
entourer d'honneurs bien plus grands. Je n'ai qu'à Vous offrir
la Villa d'Este, — et je pense bien que nous y habiterons
encore ensemble, et puis quand un jour il nous faudra prendre
notre billet à la gare pour l'autre monde, nous dirons: ›ad
societatem cirium supernorum‹, etc. Qui sait, si nous ne ferons
pas — un jour — ce voyage ensemble!

Ici il fait froid et triste; mes travaux cependant me tiennent toujours en mouvement, e cosi si tira avanti .. — .

J'écris en toute hâte et je Vous souhaite buone feste. Que
la Bénédiction du Ciel Vous accompagne toujours.

Votre très affectionné ami

Gustave.

152. Richard Metzdorff,

Komponist, geb. 28. Juni 1844 in Danzig. war an Theatern zu
Düsseldorf, Berlin. Nürnberg, Hannover als Kapellmeister tätig. lebt
in Hannover.

Verehrter und geliebter Meister,

Das Gefühl des ewigen Dankes drückt mir die Feder in
die Hand. Wieder sind Sie es gewesen, der einem strebsamen
Menschen die Bahn erschlossen zur Öffentlichkeit.

Rosamunde[2]) hat das Licht der Welt erblickt, und zwar
mit glänzendem Erfolg. Am 25ten December war die erste
Aufführung, und findet die erste Wiederholung am 2ten Januar

---

1) Der Kardinal hatte in Schillingsfürst eine von Nonnen geleitete Erziehungsanstalt gegründet.

2. Oper von Metzdorff.

statt. Lassen, Frau Spohr[1]) und Ferenczy[2]) waren bewunderungs-
würdig, Chor, Orchester und die anderen Solisten thaten das
Ihrige im höchsten Grade. Die mise-en-scène, das Ballet war
den Verhältnissen angemessen vortrefflich, und so vereinten sich
alle Factoren um mir einen Erfolg zu bereiten, den ich nicht
erhoffte. Ich wurde nach den 3 letzten Akten gerufen, und
schließlich vom Großherzog auf das Huldvollste beglückwünscht,
welcher mich auch dem Prinzen Heinrich der Niederlande
vorstellte. Wenn die hiesige Presse sich nun noch günstig
anläßt, so glaube ich fast, daß ich mir den Weg auch zu den
anderen Bühnen erschließen werde.

Daß der Mensch nun aber nie vollkommen glücklich werden
kann, auch nicht für den Augenblick, bewahrheitet sich nun
auch an mir; denn die Krone von allem wäre Ihre Gegenwart
gewesen, und selbst in den Momenten des größten Beifalls des
Publikums vermißte ich das wohlwollende Zunicken eines mir
theuren Hauptes, aus einer gewissen Loge.

Frau von Meyendorff[3]), welcher ich viel verdanke, scheint
mein Erfolg gleichfalls Befriedigung zu bereiten. Ich bin während meines Hierseins recht häufig bei ihr gewesen, und habe
möglichst viel mit ihr von Ihnen musizirt und gesprochen. Ich
muß gestehen, daß die große Intelligenz dieser Dame mir stets
einen genußreichen Abend verschaffte, ihr höchst musikalisches
Gefühl setzte mich über die etwaigen technischen Unzulänglich-
keiten, die bei mir übrigens in nicht minderem Maaße vorhanden,
hinweg. In diesen Tagen wird Hiller erwartet, bei dem ich
übrigens Gnade für meine Musik zu finden nicht erwarte. Er
spielt bei Hofe, wozu, wenn ich nicht irre, Frau Dr. Merian
ein erkleckliches beigetragen.

Die *Hunnenschlacht*[4]) und *Carnaval Romain*[5]) wurden zu

---

1) Frau Fichtner-Spohr. Primadonna des Weimarer Theaters.
2) Heldentenor der Weimarer Hofbühne.
3) Baronin Olga v. M., geb. Prinz. Gortschakoff, Witwe des
russischen Gesandten in Weimar.
4) Symphonische Dichtung von Liszt.
5) Ouverture von Berlioz.

meiner großen Freude vortrefflich in einem Orchesterconcert zur
Aufführung gebracht. Lassen war auch hier gut am Platz.

Das Hofconcert bringt Ihre erste ungarische Rhapsodie und
den Marsch aus den *Trojanern*. Mir ist die Zeit (nahe an
4 Monate) hier in Weimar nicht lang geworden, da ich vor
lauter Proben, die ich alle selbst hielt, den Chor nicht aus-
genommen, kaum zu Athem gekommen. Abends hatte ich mir
den hier üblichen Whist im Russischen Hof angewöhnt, eine
Beschäftigung, welche, wenn man abgespannt und gedankenlos,
sehr zu empfehlen ist . . — .

Schließlich nochmals meinen innigsten und ergebensten Dank,
welcher den lebhaften Wunsch des baldigen Wiedersehens in
sich schließt.

Ihr getreuer

Weimar, 28. 12. 75.

153. Alexandra Gräfin Széchényi, geb. Gräfin Sztaray-Szirmay,
Gattin des nachmaligen österreichisch-ungarischen Botschafters in Berlin.

Venise, ce 31. 12. 75.

N'est-ce pas, cher Maître, que vous me permettez de rester
fidèle à mes anciennes habitudes? Sans même attendre la réponse, qui, j'espère, ne pourrait être qu'affirmative, je fais
partir mon petit calendrier accompagné des meilleurs vœux, et
des félicitations les plus cordiales.

Quand vous verrai-je? Il y a si longtemps que j'ai été
privée de ce plaisir! Serait-il possible que le *Tusculum* de
Horpács [1]), comme dit Király, ou le *Do re mi fa sol* de notre

---

1 Széchényische Besitzung.

langue cabalistique fussent des sons complètement oubliés par vous? Permettez-moi d'en douter. Je ne veux jamais croire les choses qui me font de la peine, et de plus savez-vous quelle promesse on m'a fait en votre nom? ni plus ni moins, de ce que vous viendriez nous voir ici, à Venise, sur votre passage en Hongrie. Vous avez deviné que c'est Madame Wagner qui m'a fait cette promesse téméraire? Une promesse qui m'a rendue d'autant plus fière qu'elle prouve que vous lui avez parlé de moi, comme d'une personne qui n'est pas tout-à-fait rayée de votre bon souvenir, ce qui du reste m'a été prouvé par l'accueil cordial et amical que me fit Madame Wagner. Nous avons été des peu d'élus qui ont passé plusieurs soirées avec et chez les Wagner, et qui de plus ont assisté à la répétition générale de *Tannhäuser* et du *Lohengrin*.

Présentement nous sommes pour 5 mois à Venise, très bien établis avec toute la famille au Palazzo Pourtalès, Campo S. Vio. Nos amis de Pest vous attendent comme le Messie; jamais encore il ne se sentaient si abandonnés! —

Comme je comprends que vous aimiez votre Villa d'Este! Je l'ai visitée au printemps dernier, rien que pour voir le cadre qui vous entoure. Il est digne de vous avec ses cyprès majestueux, son ciel bleu, et sa campagna couverte de ruines; seulement que ce cadre parle d'une grandeur déchue, tandis qu'en vous, cher Maître, se réunissent et le passé et le futur, pour faire hommage au présent.

En vous saluant le plus cordialement possible, nous vous disons, mon mari et moi, au revoir à bientôt! Votre toute dévouée

Alexandra Szécsény

154. Ludwig Meinardus,

Komponist und Musikschriftsteller, geb. 17. Sept. 1827 zu Hooksiel in Oldenburg, war Dirigent in Glogau, 1865—74 Lehrer am Dresdener Konservatorium, dann Musikreferent des »Hamburger Correspondenten«, 1887 siedelte er nach Bielefeld über, wo er 12. Sept. 1896 starb.

[Hamburg, erste Januartage 1876.]

Hochverehrter Meister,

genehmigen Sie meinen aufrichtigen Dank für Ihre geneigte Vermittelung der Dedication des *Luther-Oratoriums*. Gegen Ende Novembers vorigen Jahrs erhielt ich aus dem Großherzoglichen Cabinet eine Notiz, gezeichnet O. Graf von Wedel, die in sehr gnädiger Ausdrucksweise das *Placet* Serenissimi ankündigte. Als nach langem Drucken und Drucksen der Clavier-Auszug endlich versendbar hergestellt worden war, sandte ich zwei Exemplare zu Hofe nach Weimar; eins für S. K. H. den Großherzog und ein zweites für Prinzeß Elisabeth, die dem Oratorium und auch meinem Buche *Ein Jugendleben* die Auszeichnung huldvollen Interesses hatte zu Theil werden lassen. Gestern erfuhr ich durch einen Brief von Müller-Hartung, daß die Entgegennahme an höchster Stelle beiderseits erfolgt sei.

Da die Umstände es mir versagen wollten, das Werk unter den Schutz eines erlauchten Namens zu stellen, dessen Lichtreflexe die gute Stadt Weimar in der Geschichte der Tonkunst mit einer Aureole krönen, die fast aussieht wie eine goldene Königskrone auf dem Haupt eines zweijährigen Baby — so blieb für Erfüllung meines Wunsches kein andrer Ausweg, als der gewählte. Anstatt Ihres unsterblichen Namens, hochverehrter Meister, steht nun derjenige dem Werke voran, der den Begriff »Weimar« epigrammatisch ausdrückt und damit auf die tonkünstlerische Mission Weimars und auf den intellectuellen Urheber derselben unweigerlich die Erinnerung aller Wissenden hinlenkt. In diesem Sinne bitte ich Sie, meine diplomatische Absicht freundlich zu interpretiren und das thätige Interesse, welches Sie der Dedicationsfrage zugewendet, zu meinen Gunsten, nämlich als Ihr gütiges *Concedo* in Betreff der angedeuteten Absicht auffassen zu dürfen.

Diese Zeilen sind zugleich Boten, die Ihnen ankündigen möchten, daß ein Exemplar des Clavier-Auszuges an die aufgegebene Adresse *Vicolo dei Greci 43 Roma* zugleich mit dem gegenwärtigen Blatte abgegangen sei.

Mit dankbarsten Gesinnungen für Sie, hochverehrter Meister, Ihr freundschaftlich ergebenster

Ludwig Minardis.

155. Carl Alexander, Grofsherzog von Sachsen-Weimar.

Weimar, ce 7 de Janvier 1876.

C'est par les meilleurs vœux que je forme pour Vous, mon cher, que je réponds à l'aimable lettre m'apportant Vos félicitations à l'occasion de la nouvelle année. J'espère que celles-ci comprennent le souhait de se retrouver bientôt à Weimar, puisqu'il est de rigueur de désirer à celui à qui l'on s'adresse la réalisation de ce qu'il espère! J'y mets moins d'égoisme que Vous, car je Vous souhaite pour Vous-même; Vous ne semblez désirer Weimar que pour y voir couper les cheveux de *Samson*[1]) en cadence. Toutefois essayerons-nous de résoudre ce problème, si même nous sommes encore éreintés de celui de *Rosamonde*[2]). Cet ouvrage a du très beau et bon, mais je lui prédis qu'il trouvera, vu sa longueur, et l'extrême fatigue qu'il impose aux artistes, peu de scènes aussi courageuses que la nôtre. Pour nous reposer nous pratiquons du Hiller, comme l'a prouvé un concert lundi passé, où il joua et fit chanter, et un autre, au théâtre, hier soir, où nous n'entendîmes que de ses compositions à lui, de 7 à 9. Celles-ci et son jeu surtout sont une revue retrospective curieuse. Entre deux, il a

---

1) Saint-Saëns' Oper ›Dalila und Samson‹ wurde in Weimar aufgeführt.
2) Metzdorffs Oper.

passé une soirée chez moi, où il a lu un mémoire sur Rossini spirituellement amusant et bien écrit. Vous voyez donc que Votre recommandation a été respectée. — J'insère le programme du grand concert de la cour du 1er de Janvier dont l'exécution Vous aurait satisfait, j'ose le croire.

La Grande-Duchesse me charge de ses compliments pour Vous; j'y joins ceux de toute ma famille, car Vous êtes depuis longtemps, je l'espère, accoutumé à Vous savoir un *home* sous ce toit et, j'ai la prétention de le croire, plus convenable pour Vous que celui de la Villa d'Este, fût-elle même dominée, comme Vous me le dites, par l'aigle germain.

C'est du fond du premier de Votre *home*, que je Vous tends les mains, bien affectueusement étant à jamais

> Votre ami
>
> bien reconnaissant et affectionné
>
> Charles Alexandre.

156. Eduard von Liszt.

[Wien, Anfang 1876.]

Mein innigst verehrter Freund!

Ich habe, mit den Meinigen, Deine *Elisabeth* wieder gehört, und danke Dir von Herzen für den hohen Genuß, für die Erhebung, die ich dadurch gehabt habe. Dieses Werk ist ein Monument Deines Glaubens, wie außer ihm keines mehr existirt. Bach und Beethoven können das Kalte, das dem Protestantismus anhaftet, nicht los werden[1]; Haydn ist es nicht gegeben, sich in den Gegenstand so zu vertiefen: bei Dir bricht die Wärme menschlicher Empfindung durch. Der Hauch fühlender Menschlichkeit durchweht die großherzigen Akte des »Opferbringens«. Für mich gehört *Elisabeth* zu dem Allerschönsten, was die katholisch musikalische Literatur aufzuweisen hat. Ich beglückwünsche Dich vom Herzen zu dieser Schöpfung, bei der

---

[1] Beethoven war bekanntlich Katholik.

es Dir zugleich so wunderbar gelungen ist, Dein Vaterland zu verherrlichen.

Die Aufführung unter Herbeck war vortrefflich; der Dirigent gab sich mit ganzer Seele der Leitung hin. Man sah ihm an und fühlte heraus, daß er selbst an die Bedeutung des Werkes glaubte. Die Chöre griffen wacker und energisch ein; das Orchester leistete Vorzügliches. Aber der Glanzpunkt des Ganzen war Frau Ehun [1]) als Elisabeth. Du hast sie selbst im J. 1869 (?) gehört. Sie sang jedoch, wenn möglich, dießmal noch schöner, verständnißvoller, inniger. Ihr Vortag riß alles hin. In tiefer Stille und Sammlung folgte das zahlreiche Publicum dem Werke und der Sängerin, die manchmal mit lautem Beifalle ausgezeichnet wurde. Es ist unmöglich, sich die Worte »Auch Du bist Mutter«, »Hab' Dank für alle guten Tage«, das Gebet, »den Mantel und dies letzte Brod« seelenvoller gesungen zu denken. Auch Bignio [2]) als Landgraf wahrte die Ehre seiner Rolle und seines Namens. Das große Duett mit Elisabeth ging vortrefflich. — Irre ich ich nicht ganz, so hat das Publicum einen tiefen nachhaltigen Eindruck mit nach Hause genommen. Du, Guter! aber freue Dich Deiner herrlichen Schöpfung.

Ich drücke Dir die Hand und bleibe Dein getreuer

Eduard Liszt.

157. Eduard Reményi,

origineller und bedeutender ungarischer Violinvirtuos, geb. 1830 in Heves in Ungarn, gest. 15. Mai 1898 in San Francisco, während eines Konzerts, in dem er auftrat.

Bruxelles, 1876, 17. 1.

Le bon Dieu doit beaucoup m'aimer, cher maître adoré, car il m'a énormément éprouvé, — je me suis humblement soumis à sa divine volonté — il a eu miséricorde pour mes souffrances et m'a sauvé.

------

1) Bertha E., Hofopernsängerin in Wien.
2) Louis v. B., Baritonist der Wiener Hofoper.

Je suis donc sauvé, et ma femme et mes enfants, et suis
en bon chemin de devenir célèbre — j'ai des engagements
partout — surtout en France, où on me goûte beaucoup —
hier, j'ai joué au concert philharmonique (concert populaire)
de Bruxelles et j'ai eu vraiment un succès grandiose et de la
part de l'orchestre et du public — imaginez-vous, cher maître,
on a voulu que je répète la Chaconne. M. Gevaert, Directeur
du Conservatoire, était tout-à-fait charmant pour moi, et m'a
complimenté devant tout le monde. M. Joseph Dupont [1]) est
un excellentissime chef d'orchestre qui dirige supérieurement —
pas à la manière des moulins à vent. L'orchestre a exécuté supérieurement votre rhapsodie hongroise dédiée à Joachim,
et le succès était étourdissant, le trait des violons

était toujours salué par une immense acclamation — c'était une
frénésie — j'étais en grandissime joie. Pour vous dire encore
un petit mot — sachez, cher maître, que je m'établis avec ma
femme et mes enfants à Paris — pour de bon — et maintenant
adieu, cher maître, je sais par le Bⁿ Augusz que vous composez la *Ste Cécile* — et que vous vous portez bien — grâce
à Dieu, je me porte aussi très bien — à vous de cœur et
d'âme, votre très reconnaissant et dévoué

Edouard Reményi.

P. S. primo.
Je suis très bien avec Gounod.

P. S. 2do

Sous peu de temps une famille charmante, les Gerson, de
Francfort viendra passer plusieurs mois à Rome — ils m'ont
accueilli avec une grande hospitalité lorsque j'ai donné, il y
a peu de temps, un concert à Francfort — et m'ont prié de
vous adresser quelques mots de recommandation pour vous —

---

1. 1838—99.

ich habe es versprochen. — M. Gerson est Consul-Général de
Saxe, et très estimé à F. — Sa fille Mlle Bertha est un bel
esprit — elle est musicienne — peintre — et que sais-je —
enfin ils sont dignes d'êtres reçus par le grand maître. *Salve
et vale.*

158. Emile Ollivier.

Saint-Tropez, 10 Mars 76.

Mon cher Liszt,

Comme vous l'avez appris déjà par les journaux, Mme
d'Agoult[1]) vient de mourir. Je vous transcris ce que Ronchaud[2]) m'écrit sur ses derniers moments, aussi que la copie
de la portion de son testament qui concerne Daniel .. — .

J'ai appris avec satisfaction par la Princesse que vous vous
portiez bien et que vous continuiez vos beaux travaux. De
notre côté nous allons à souhait. Daniel grandit toujours et
continue ses études avec régularité.

Nous voici lancés dans des épreuves politiques qui peuvent
être terribles, qui peuvent aussi n'être que grotesques. Dans
ce monde n'arrive jamais ni tout le mal qu'on craint, ni tout
le bien qu'on espère. Cependant la situation est sérieuse et
l'avenir bien obscur.

Thérèse[3]) vous envoie ses affectueux souvenirs et je vous
embrasse de cœur.

Emile Ollivier.

Lettre de Ronchaud:

La maladie de Mme d'Agoult a été très courte et nous
n'avons connu le danger que la veille de la mort. Elle est
tombée malade le mardi dans l'après-midi et le dimanche à
midi tout était fini. Elle est morte d'une fluxion de poitrine
prise pendant une promenade: elle a souffert beaucoup les

1) Die als Daniel Stern bekannte französische Schriftstellerin,
Mutter der ersten Gattin Emile Olliviers und Frau Cosima Wagners.
2) Louis de R., französischer Dichter.
3) Olliviers zweite Gattin.

premiers jours, les derniers ont été plus calmes. Les obsèques ont eu lieu hier matin. Les prières ont été dites suivant le rit protestant dans la maison mortuaire d'où le cercueil a été porté au Père Lachaise, et exposé dans un caveau provisoire. Deux discours, d'une émotion éloquente et qui ont vivement remué les assistants ont été prononcés, l'un à la maison, l'autre au cimetière par M. le pasteur Fontanès, l'un des membres éminents de l'église protestante libérale désigné par Mme d'Agoult elle-même.

Testament.

Je lègue à Daniel Ollivier en mémoire de sa mère, ma propriété littéraire, à la condition expresse de ne rien publier sans le concours et l'autorisation de mes deux amis Louis Tribert et Louis de Ronchaud.

10 Décembre 1875.

159. Ludwig Nohl,

Musikschriftsteller, geb. 5. Dez. 1831 zu Iserlohn, gest. 16. Dez. 1885 in Heidelberg. wurde 1865 Ehrenprofessor an der Universität München, später Professor in Heidelberg, daneben Dozent am Karlsruher Polytechnikum.

Verehrter theurer Meister!

Seit Jahresfrist keine directe Berührung und Nachricht, das ist für einen Ihrer Getreuen und Getrenesten schwer zu tragen, und gestern bei Rubinsteins Spiel fühlte ich so recht Iphigeniens »Das Land der Griechen mit der Seele suchend.«

Jetzt aber naht sich eine Hoffnung, ich habe in Wien einen neuen Beethovenschatz entdeckt und muß noch diese Ferien hin. Hätte ich Hoffnung Sie, verehrter Meister, dort zu treffen? Und wann? Ich kann mich einrichten.

Zugleich würde ich dann um die Ehre der Gevatterschaft für mein schwergeborenes Kind bitten[1]), das nun in wenig Wochen auch die Druckerei verlassen wird. Denn wer hat

---

[1] Die Beethoven-Biographie. deren 3. Bd. 1877 erschien.

ihm mehr Herz und Hülfe zugewendet, als Sie, theurer Gönner und Freund? Ich redigire soeben das letzte Kapitel und bin dann bald der edlen Bürde meines bisherigen Lebens frei.

Wenn ich sonst noch etwas von mir melden darf, so ist es, daß meine Thätigkeit am Polytechnikum in Karlsruhe sehr gut eingeschlagen ist; ich erlaube mir die betreffende erste Ansprache beizulegen. Allein wie hier an der Universität ist dort das Lehrercollegium für den Sinn dieses Faches mit Blindheit geschlagen, und wenn nicht Einsicht und Wohlwollen von oben und höchster Stelle dazwischentreten, werden wir wol immer wenn nicht nebenaus doch sicher blos nebenbei gesetzt bleiben. Die kunstfeindliche Tendenz unserer wissenschaftlichen Corporationen von heute ist evident.

Uebrigens hat uns der Großherzogliche Hof neulich sehr huldvoll aufgenommen, als ich zur Ergänzung meines Collegs einen historischen Musikabend unter Vorführung der neuen Viola mit Herrn Ritter[1]) gab; wir mußten anderen Abends die ganze Production im Schlosse wiederholen, es war sehr schön dort.

Von diesem Instrumente haben Sie natürlich gelesen. Herr Ritter, seit 3 Semestern mein fleißiger Zuhörer, hat den größten Wunsch es möglichst bald auch Ihnen, verehrter Meister, vorzuführen und es ist mit ein Beweggrund Ihren nächsten Aufenthalt wissen zu mögen, damit der junge Mann sich vorstellen könne. Ich darf also wol um eine gütige kurze Benachrichtigung bitten, das Instrument ist in der That ganz außerordentlich schön und gewiß in seiner Sphäre epochemachend. Der junge Mann ist Musiker von Fach und war eine Weile bei Joachim in Berlin. Sein höchstes Glück wäre natürlich eine Originalcomposition für sein Instrument[2]).

Die Blätter melden Ihre glückliche Rückkehr von Ihrem Tusculum, — was wird uns da wieder Neues, Großes entstanden sein? — Man lebt hier wie in einem ewigen Winter,

----

1) Hermann R. geb. 1849 führte die Viola alta, eine größere Bratschenart, ein; er unterrichtet am Würzburger Konservatorium und ist auch als Musikschriftsteller tätig.
2) Liszt widmete ihm die Romanze für Viola und Klavier.

es ist also zu denken wie mir zu Muthe ist, daß endlich auch einmal wieder der Frühling winkt!

Bewahren Sie, theurer Meister, Ihre so erwärmende Freundschaft Ihrem in inniger Verehrung

treu ergebenen

Ludwig Rose.

Heidelberg, 19. März 1876.

160. Heinrich Schulz-Beuthen,

geb. 19. Juni 1838 zu Beuthen in Oberschlesien, Komponist moderner Richtung, schrieb Opern, Symphonien, symphonische Dichtungen, Gesang- und Klavierwerke. Er lebt seit 1881 in Dresden und lehrt daselbst am Konservatorium.

Hochverehrter Herr Dr. Liszt!

Gewähren Sie, ich bitte Sie, hoher Meister darum, einer meinen Bestrebungen sehr zugethanen Persönlichkeit, Herrn C. Corning, Vice-Consul der ver. Staaten von Nordamerika in Zürich, gütige Aufnahme und schenken Sie demselben in meiner Angelegenheit kurzes freundliches Gehör.

Ich ergreife den günstigen Moment Ihrer Anwesenheit in Wien, um mit einem für mich sehr wichtigen Anliegen an Sie herantreten zu dürfen. Auf Wunsch von Herrn Prof. Epstein[1] sendete ich verschiedene von meinen nun zahlreich herangewachsenen, neuen Orchester-Arbeiten ein und zwar zum Zweck einer möglichen Aufführung, und da Wien für mich von Bedeutung sein muß, so läge mir viel daran, wenn Sie, hochverehrter Herr Dr., die Güte hätten, Ihr gewichtiges Wort bei den Herren Kapellmeister Herbeck und Hellmesberger[2] für mich einzulegen.

----

1) Julius E. (geb. 1832), Pianist und Professor am Konservatorium in Wien.
2) Josef H. (1829—93), bedeutender Violinist und Quartettist, Direktor des Wiener Konservatoriums und Hofkapellmeister.

Bei der kurzgemessenen Zeit Ihres Aufenthaltes in Wien darf ich Sie wohl nicht zugleich darum ersuchen, einen Blick in den (Reformations-) Hymnus (großes Orchester mit Orgel) — Partitur und 4händ. Klavierauszug befinden sich in den Händen von Hr. Prof. Epstein — auf welche Arbeit ich etwas halte, werfen zu wollen?!

Schmerzlich bedauern muß ich es, daß es mir selbst nicht vergönnt ist, nach Wien zu kommen, um Sie, unseren allverehrten Meister, zu sehen und Ihnen persönlich meinen schuldigen Dank für Alles Gute, das ich in meinem Interesse erfahren, zu überbringen.

Wollen Sie mir wegen obigen Anliegens, dessen Erfüllung zur Förderung meiner Bestrebungen von größter Wichtigkeit ist, gütige Verzeihung angedeihen lassen und genehmigen Sie, mich Ihnen zu empfehlen als Ihr, Ihnen in wahrhaft dankbarer Verehrung

ewig ergebener

Schulz-Beuthen

Hottingen, Zürich, 31. März 1876[1]).

1: Als ein Beispiel von vielen sei erwähnt, daß vorliegendes Schreiben, mit dem sich der Autor an den hülfreichsten aller Künstler wandte, das erwünschteste Ergebnis für ihn zur Folge hatte. Dem freundlich aufgenommenen Empfohlenen spielte Liszt die ihm von diesem im Manuskript überbrachte Alhambra-Sonate von Schulz-Beuthen »in erstaunlichster Weise vom Blatt« vor, empfahl dieselbe sodann voll Wärme seinen Schülern und veranlaßte bei Schuberth in Leipzig ihre Drucklegung. Auch setzte er den im Brief erwähnten Reformations-Hymnus ,Sinfonie Nr. 5 auf das Programm der Weimarer Tonkünstler-Versammlung. »Das Eintreten des edlen Meisters«. bezeugte der Komponist d. Herausg. brieflich, »war für mich in der Folge ausschlaggebend. so daß zumal meine größeren Werke beinahe ausnahmslos nunmehr Erfolge erzielten«.

161. Marie Espérance von Schwartz, geb. Brandt.

Khalepa, 2 Avril 1876.

Excellentissime,

Le 22 Octobre et le 2 Avril voilà les deux jours historiques et chèrement mémorables, quand je me permets de vous répéter avec mes meilleurs vœux tout ce que mon cœur et ma petite intelligence vous voue!.. Une nouvelle que la dernière poste m'apporta m'autorise doublement à vous envoyer ce mot de souvenir tout sympathique.

Je n'avais pas l'avantage de connaître la Comtesse d'Agoult, mais j'eus toujours pour elle, et depuis que j'ai le bonheur de Vous connaître, à plus juste titre, une sincère admiration et une profonde sympathie. On peut bien dire que D[aniel] Stern était une des grandes figures de notre siècle; les élites de Paris perdent par sa mort non seulement un des écrivains les plus distingués par ses œuvres et ses sentiments, mais un chef, car D. Stern était une personne qui faisait centre, c'est un cercle qui se brise et se disperse. Je vous tends la main sans vous dire autre chose, sinon que je suis à même de comprendre tout ce que cette perte fait naître d'émotions en Vous et vous prie seulement de croire que personne plus que moi n'y prend vive part. Le même journal rapporte une autre disparition parmi les écrivains à Paris, mais elle n'est pas à nommer ensemble avec D. Stern — je parle de Lse. Colet, mais dont on parle comme si elle n'était pas morte d'une mort naturelle?...

Le deuil de Mme Wagner causera-t-il un changement, je veux dire un renvoi des représentations à Bayreuth?

Avant tout que je vous dise que votre précieuse lettre du mois de Nov. m'a comblée de joie et si jamais vous eussiez la très gracieuse idée de m'en renouveler une semblable, veuillez, je vous prie, ou bien l'adresser simplement M. de S. Canea. Ile de Crète, Turquie, ou bien l'envoyer à Iéna, Firma Julius Elkan, avec strict ordre de me la faire parvenir — car votre dernière était adressée aux soins d'un Consul parti depuis 9 ans de Syra! elle m'est parvenue par miracle.

Le Comte Tarnowski[1]) a rôdé dans ces parages — Athènes et Alexandrie, il m'a écrit deux fois qu'il arrivait en Crète pour ne pas venir; il est décidément toqué, ses lettres sont plus qu'échevelées à la Moritz, il dit vouloir se fixer définitivement en Syrie — dormir dans un antique sarcophage, voilà son rêve! *habeat sibi.* —

Votre bonté m'a jusqu'à présent gâtée au point de me permettre de vous dire un mot sur ma petitesse: hé bien Excellentissime: *ognuno ha il suo ramo di pazzia;* moi aussi, je suis toquée, mais mon rêve n'est pas de dormir dans un sarcophage, mais de rappeler notre siècle de civilisation à un peu plus d'humanité. Si vous saviez jusqu'à quel degré de cruauté les abus de la Vivisection sous prétexte scientifique a pu dégénerer, si vous saviez ce qui se passe! je suis sûre que votre noble main daignerait bénir mes faibles efforts. Je vous fais grâce de mon sermon (traduit de l'anglais), mais non de deux feuilles, la 1ère que j'ai publiée en 4 langues, la 2de en trois. — Je ne me borne pas à cela, je puis seulement dire que l'Appel en Angleterre a donné un coup d'éperon si fort que deux Sociétés antivivisectionistes se sont formées en Angleterre et la question sera traitée au parlement. Or, ce que je fais maintenant provient de ce que me souvenant de l'effet que la *Case d'oncle Tom* de Mrs Beecher Stowe fit contre l'esclavage, j'ai eu l'audacieuse idée d'écrire un petit Roman — en 4 langues — qui doit agir contre la Vivisection comme la *Case d'oncle Tom* agit contre l'esclavage — parce que tous les rapports que les Antivivisectionistes font sont si cruels, si impossibles, bien que vrais à lire, qu'on les jette de côté ou y perd sommeil et appétit; — mon petit roman tout innocent doit faire avaler au grand publique les vérités de notre civilisation. Il n'y a qu'un mois que j'ai commencé mon petit roman; voulez-vous croire que je pousse l'audace jusqu'à espérer de pouvoir le dédier à la Reine Victoria!... Jusqu'ici je n'ai fait que demander à des juges compétents si j'ose le faire?? j'ai peu

1) Ladislaus Graf T. (1841—78). Pianist, Komponist und Dichter. Schüler Liszts.

d'espoir qu'on dise »oui!«... Ce n'est pas, je vous l'assure, la vanité qui me pousse à le désirer, mais seulement le vif désir d'être utile à la cause que je sers — vous me connaissez et cela me suffit. Or, si je puis obtenir la permission de dédier mon opuscule à la Reine (car c'est en Angleterre qu'il sera publié en premier lieu), puis-je dédier les 3 autres traductions que je ferai à d'autres personnages? ou serait-ce contre les lois de publication, dédicace, que sais-je? Vous, Excellentissime, êtes bien à même de m'éclairer de vos bons conseils — sur ceci je puis écrire une petite dédicace à la Reine?...

Terminé mon petit ouvrage au moins dans une langue, j'espère pouvoir me rendre en Europe. Malheureusement des congestions au cerveau, accompagnées de fortes douleurs à la tête, me mettent bien des bâtons dans mes roues. Depuis 8 jours, une bronchite assez sérieuse me tracasse et ce qui me reste de forces et de santé ne correspond guère avec mon zèle et mon ardeur — je suis une pauvre créature en un mot: vouloir le bien en m'y dévouant de cœur et d'âme et ne pas pouvoir mitiger quelque peu de semblables cruautés, cela en devient une pour tout mon être. En Allemagne du reste les abus n'arrivent pas à ce qu'ils sont devenus en Angleterre, France et en Italie — dans ces derniers pays une même victime reste pendant 3 ou 4 semaines demi-vivisectionnée en proie aux tortures les plus terribles; on lui fait toutes les opérations, se gardant pourtant bien d'attaquer la vie!..

Or, très Excellentissime, pardonnez, pardonnez! Du projet de mon roman je n'ai pas même soufflé mot à ma sœur — je vous ai ouvert le *sancto sanctorum* de mon cœur. Vous dire si je désire recevoir un mot de réponse serait inutile, vous savez ce que vos conseils et vos opinions valent pour moi.

Mon vin est devenu excellent! oh si je pouvais vous en offrir! Je vis dans une solitude de cœur et d'esprit complète, ma maison est excellente, mon Bavarois joue le rôle du maître du Domaine, montant mes chevaux, dépensant mon argent, vouant un culte à Bacchus, voulant toujours avoir 3 ou 4 ouvriers sous ses ordres, et moi, pauvre vieille écloppée, il faut que je sourie encore en faisant vivre une bande de

voleurs. Voilà les privilèges de la plus petite propriété!..
Adieu!.. et comme toujours la plus dévouée de vos admiratrices!..

162. Ernst Dohm,

humoristischer Schriftsteller und geistvoller politischer Satyriker,
geb. 24. Mai 1819 in Breslau, gest. 3. Febr. 1883 zu Berlin. Seit
Begründung des ›Kladderadatsch‹ 1848 war er an demselben tätig
und führte seit 1849 die Oberleitung.

Hochverehrter Meister.

Sie werden mir das Zeugniß geben, daß ich das Glück und
die Ehre von Ihnen gekannt zu sein, noch nie gemißbraucht
habe, Sie mit einer Bitte zu belästigen. Dies Bewußtsein ermuthigt mich, es jetzt zu thun; indem ich es wage, Ihrer
Nachsicht eine junge Pianistin, Frl. Valeska Franck, Schülerin
von Kullak, zu empfehlen, ersuche ich Sie, verehrter Meister
und Gönner, derselben nur eine kurze Audienz zu gewähren.
Alles Uebrige Ihrer Güte und Ihrem Urtheil überlassend, würde
ich durch Gewährung meiner Bitte mich zum größten Dank
verpflichtet fühlen, den ich in einigen Wochen Ihnen mündlich
abstatten zu dürfen hoffe.

In Liebe, Ehrfurcht und Ergebenheit Ihr dankbarer

Berlin, 8. April 1876.

163. Heinrich Ehrlich,

Pianist und Musikschriftsteller, geb. 5. Okt. 1822 zu Wien, von
Henselt und Thalberg unterrichtet, lebte seit 1862 in Berlin, 1864
—72 als Klavierlehrer am Sternschen Konservatorium, wie weiter
privatim wirkend. Er starb 30. Dez. 1899.

75 Kochstraße, Berlin, 12. April 1876.

Verehrter Meister!

Gestatten Sie mir, Ihnen einen Artikel über *Tristan und
Isolde* zu senden, in welchem die Wagnerfrage vom rein wissen

schaftlichen Standpunkte behandelt ist, meines Wissens zum ersten Male in dieser Weise.

Zwölf Jahre sind vergangen seit ich Ihnen das letzte Mal geschrieben habe. Vieles hat sich geändert, nur Eines ist unverändert in mir geblieben: die aufrichtige Bewunderung alles Großen und Edelsinnigen, die Abneigung gegen alles Pusillanime, gleichviel in welcher Gestalt das Eine oder das Andere erscheine. Ich habe auch in Allem, was ich über Liszt seither geschrieben, den Beweis geliefert, daß persönliche Zwischenfälle keinen Einfluß üben können auf meine künstlerischen Gefühle.

Ich gedenke im Laufe des Frühjahrs Weimar zu besuchen; würde Liszt mich freundlich empfangen wenn ich ihm meine Huldigung darbringen wollte?

Lassen Sie, verehrter Meister, mich hoffen, daß meine Frage eine geneigte Aufnahme finden wird, und daß Sie mich mit einer Zeile beehren werden; und glauben Sie, daß eine freundliche Zuschrift von Ihnen Wochen zu Feiertagen verwandeln wird,

Ihrem in aufrichtiger Verehrung ergebensten

164. Julius Wächter,
Oberbergrat in Wien.

Wien, am 16ten April 1876.

Hochwohlgeborner Herr!

Vor mir liegt ein Schreiben von Ihrer Hand, datirt von Compiègne in Frankreich im Anfang der 40er Jahre, welches also lautet:

»Lieber herziger Tausendkünstler! Wie leid thut es mir, Ihnen morgen zu unserer gewöhnlichen Stunde *faux bond* zu machen. Ihr schönes Spiel wäre mir gewiß viel angenehmer. Allein, wenn wir die Sache nicht so einrichten, daß man Sie von dem Thurme von Notre Dame in Paris in dem Dom von Köln hört, so ist es schlechterdings unmöglich, unsere Stunden fortzusetzen, da ich morgen Abends schon in Köln sein werde. Ob und wann ich zurückkehren werde, weiß ich nicht; jedenfalls aber bewahren Sie mir ein Restchen gütiger Erinnerung und zählen Sie auf meine aufrichtige Zuneigung und Ergebenheit. Alles Liebe an Ihren Herrn Bruder Josef. Und nun nochmals Gott befohlen, ich umarme Sie von Herzen. Liszt[1].«

Nahezu ein Menschenalter liegt zwischen jener Zeit und heute und es wäre vermessen von mir, Sie mein Herr! errathen lassen zu wollen, an wen Sie einst diese Zeilen richteten.

In den Lagunen Venedigs, auf der Insel San Cristoforo nächst Murano liegt seit dem 11ten May 1845 die sterbliche Hülle dessen im Grabe gebettet, der einstens als jung-anstrebender Tonkünstler sich Ihres auszeichnenden Wohlwollens erfreute.

Das Monument, welches das einsame Grab beschützt, trägt die Inschrift:

»Es weint die Kunst,
Der Himmel freuet sich,
Zu ewigen Harmonien schwang sich empor
Der Töne Meister,
Karl Filtsch.«[2]

Welches Recht steht mir zu, den höhern, den allgewaltigen Meister im Reiche der Töne, welchem Gott ein langes und glorreiches Leben schenkte, an ein früh verblühtes Künstlerleben zu erinnern? Das Recht der Jugend-Freundschaft zu jenem

---

1) Dasselbe Schreiben in der französischen Sprache des Originals siehe: La Mara, »Franz Liszts Briefe«, I, Nr. 36.
2) Ein genialer, 1830 geb. Klaviervirtuos, Schüler von Chopin und Liszt in Paris, dessen Konzerte Aufsehen erregt hatten.

Bruder Josef, dem Ihr Gruß von Compiègne mit gegolten. Doch zur Sache.

Die Kommunal-Verwaltung der Stadt Venedig hat zur Erweiterung des allgemeinen katholischen Friedhofes von San Cristoforo die gänzliche Auflassung des angrenzenden lutherischen Friedhofes beschlossen, auf welchem Karl ruht. Bis längstens Ende 1876 sollen die Gebeine und Grabsteine jener Verstorbenen, deren Andenken man erhalten wünscht, durch deren Angehörige auf einen andern Raum übertragen werden.

Die Gebeine von Karl Filtsch auszugraben und in das Familiengrab seiner verstorbenen Eltern nach Mühlbach in Siebenbürgen übertragen zu lassen, wird eine heilige Pflicht der überlebenden Geschwister sein und dazu reichen deren karge Mittel wohl noch aus. Karls Grab ziert aber auch ein in die Friedhofsmauer angefügtes Monument von weißem karrarischen Marmor, welches ihm die Pietät seiner Pflegemutter und Beschützerin, Gräfin Dionys Bánffy, setzen ließ. — Ein Cherub führt Karl an der Hand in die himmlischen Höhen ein.

Das Monument hat, auch abgesehen von seiner Beziehung zu einem aus Ungarn abstammenden Künstler, als Kunstwerk einen nicht zu unterschätzenden Werth und nachdem Venedig heute nicht mehr zu Oesterreich gehört, so läge die Idee seiner Uebertragung nach einem geeigneteren Standorte in der Heimath des Verstorbenen wohl am nächsten. Geschieht dies nicht, so ist das Kunstwerk der Demolirung und Vernichtung Preis gegeben, denn die Mauer muß abgetragen und der Boden für neue Gräber geebnet werden.

Zu einer Auslage für die Uebertragung nach Siebenbürgen reichen die materiellen Mittel der verarmten Verwandten nicht aus, denn sie erfordert einige hundert Gulden.

Selbst der Ihnen persönlich wohlbekannte Josef Filtsch, Karls Begleiter auf dessen Kunstreisen, welcher hier in Wien in bürgerlicher Wohlhabenheit lebte, ist durch die 1873er Krisis und die nachfolgende Entwerthung vollständig zum Bettler geworden, so daß er sein Leben und das seiner zahlreichen, in Nizza vom Unterrichtgeben vegetirenden Familie hier in Wien mit Stundengeben auf dem Fortepiano mühselig fristet. Doch genug! Ihr großmüthiges Herz ahnt, um was ich bitten will. Ich bitte um Ihre Vermittlung, daß Karls Andenken der Nachwelt erhalten werde.

Mit ausgezeichneter Hochachtung ergebenster Diener

Wien. Wieden,
Rainergasse No. 16. Th. 17.

165. Kardinal Gustav Hohenlohe.

Villa d'Este, 17 Avril 76.

Cher ami,

Votre aimable lettre est arrivée juste le 26 févr., lorsque la P^{sse} Marie[1]) et son mari le Prince Reuss étaient ici; nous étions enchantés d'avoir de Vos nouvelles, et nous avons beaucoup regretté que Vous ne fussiez pas avec nous. Le séjour du jeune couple n'a duré que deux jours. Le temps était magnifique et le Sindaco, le Maestro Pezzini[2]) et M. Carlandi et autres ont été très convenables pour LL. AA., aussi le carnaval ici a eu une journée brillante quand LL. AA. y ont assisté. Le Grand-Duc de Weimar a eu l'extrême bonté de nommer le Sindaco Chevalier de son ordre, ce qui a ravi tout le monde (un onore alla nostra città), surtout le Sindaco. Un seul en a été mécontent, c'est le vieux Cavaliere Bulgarini; il était jusqu'à présent le seul de l'espèce des Cavalieri à Tivoli, et on le nommait il Cavaliere tout court, et tout le monde savait qu'il s'agissait de lui; le voilà éclipsé par le Cavaliere Leonelli Sindaco! Il faut espérer qu'il n'en tombera pas malade.

Avant-hier j'ai fait mettre Votre buste à une place très

---

1) Älteste Tochter des Großherzogs Carl Alexander von Weimar, Gemahlin des Prinzen Heinrich VII. von Reuß, nachmals deutscher Botschafter in Wien.
2) Kapellmeister in Tivoli.

artistiquement bien choisie dans l'atrium, et j'espère que Vous en serez content, quand Vous viendrez. Je compte Vous revoir ici cette année; les chambres en haut seront un peu mieux arrangées, c'était vraiment nécessaire.

Mgr. l'Evêque Vous présente ses respects. Il est bien peiné de voir »*che Fausti non vuole andare avanti*«. Vous savez que Fausti est déjà Diacre. Il devait être ordonné prêtre pour Samedi *Sitientes*. Voilà que quelques jours avant il vient avec les autres à l'examen. L'évêque me raconte qu'il fait la demande suivante à Fausti: »*Est ne Deus simplex?*« Réponse: »*Utique.*« — Demande: »*Quomodo probatur?* Réponse ... »*Non ne voglio saper altro!*« — »*Ma Fausti, che fate, siete diventato matto?*« Point de réponse. Et en effet Fausti n'a pas été ordonné, et Mgr. l'Evêque croit que réellement »*è venuta qualche fissazione a Fausti*«. Enfin nous verrons ce que c'est.

A Rome, il y a eu du changement, on dit que les choses cependant resteront comme sous le ministère passé, alors assurément ça ne valait pas la peine de changer de gouvernement.

J'ai été bien sensible au souvenir de Mme la P^sse Rospigliosi. Je suis persuadé que ce qu'elle a fondé, sera beaucoup mieux de mon institut à Schillingsfürst. Figurez-Vous que Mermillod[1], qui a été à Rome, m'a demandé un prospectus de mon institut, il prétend qu'il y enverra des enfants.

Ledochowsky[2] est toujours le lion de la société Salviati, Nardi, Borghese, etc. Pour le moment il est allé se reposer au Casino Di Pietro à Albano. Quand Di Pietro était nonce à Lisbonne, Ledochowsky y était comme auditeur de la nonciature.

Le Saint-Père, à la dernière conversation à laquelle j'ai assisté, il y a dix jours, en parlant de quelque prêtre de Paris qui est venu à l'audience me disait: »*Somigliava al Suo Liszt.*« Le Saint-Père va très bien, et je voudrais que l'Eglise aussi soit en aussi bonne santé que lui.

---

1) Bischof von Genf, bedeutender Seelsorger und Kanzelredner.
2) Erzbischof von Posen und Gnesen.

Du reste, rien de nouveau, le temps était très beau, les
semaines passées. Maintenant il pleut, ce qui est très favorable à la »Campagna, Oliveti, Vigne, etc.«

Adieu, cher ami. Venillez me mettre aux pieds de LL. AA.
Priez pour moi, et croyez à mon amitié sincère.

Votre tout dévoué

† Gustave.

166. Auguste Götze,

geniale Sängerin und dramatische Dichterin, geb. 24. Febr. 1840 in
Weimar, von ihrem Vater. Prof. Franz Götze, dem Begründer der
nach ihm benannten berühmten Gesangschule, gebildet, lebt als eine
der ersten Gesangmeisterinnen der Gegenwart seit 1889 in Leipzig.

Dresden, am 26/4 76.
Lüttichaustr. 9, II.

Hochverehrter Freund und Meister!

Sie nach langer Zeit einmal wieder persönlich begrüßen zu
dürfen trage ich das größte Verlangen, und habe deßhalb mit
lebhaftem Interesse die Nachricht Ihrer Wiederkehr nach Weimar
erwartet. Von mehreren großen Zeitungen ersucht, über die
Faustaufführungen in Weimar zu berichten, mache ich die Reise
dahin doch nur, wenn ich sicher sein kann, auch Sie dort
zu finden, und würde es in diesem Falle zu ermöglichen suchen,
schon am 2. Mai in Weimar einzutreffen, um noch vor den
Aufführungen die lange ersehnte Freude des Zusammenseins
mit Ihnen ruhig genießen zu können.

Mit mir kommt nach Weimar eine Freundin und Schülerin
von mir, Molly von Kotzebue (Enkelin des Dichters), welche
lebhaftest wünscht, Ihnen, verehrtester Freund, vorgestellt zu
werden. Sie hat sich bei mir zu einer anmuthigen, feinsinnigen
Liedersängerin ausgebildet und fängt auch schon an, mir als
Mitlehrerin in meiner Schule zu helfen[1]). Da sie Ihre Lieder
mit besonderer Passion singt, so wird sie glücklich sein, Ihnen
einige derselben vorsingen zu dürfen.

---

1) Jetzt Lehrerin am kön. Konservatorium in Dresden.

Auch noch etwas Anderes wage ich Ihnen mitzubringen,
in der Hoffnung, es Ihnen vorlegen zu dürfen. Eine Dichtung:
das Drama Vittoria Accoramboni, welches in dem Rom spielt,
das Ihnen jetzt so heimathlich geworden ist. Schon den kind-
lichen naiven Stücken des kleinen Mädchens schenkten Sie ein
so überaus gütiges Interesse; möchte es diesem nun ernst
gemeinten Drama beschieden sein, meinem Dichten Ihre Theilnahme aufs Neue zu erringen [1]). In der schönen Hoffnung
auf ein baldiges Wiedersehn, begrüße ich Sie, theurer Meister,
in alter treuer Verehrung und Ergebenheit.

Auguste Götze.

167. Camille Saint-Saëns.

1er Mai [1876].

Cher maître,

Vous êtes mille fois bon d'avoir pris la peine de m'écrire
et je vous en suis profondément reconnaissant.

J'étais, certes, fort désireux de voir représentée mon œuvre
à bref delai, mais j'ai tant à faire que j'éprouve un sentiment
de soulagement à voir s'éclaircir un peu mes occupations! Je
commençais à me demander sérieusement comment j'en pourrais
sortir. J'espère que cela me donnera le temps d'aller à Bayreuth, car alors, je pense, mon travail sera fini et mes répétitions ne seront pas commencées. Je parle du *Timbre d'argent* [2])
et du Théâtre Lyrique de Paris.

Votre dévoué disciple

C. Saint-Saëns.

---

1) Auguste G. brachte ihre Dichtung bei Liszt zum Vortrag,
und zwar in Gegenwart des Großherzogs Carl Alexander, der darnach die sich äußerst erfolgreich gestaltende Aufführung derselben
auf seiner Hofbühne befahl.
2) Oper von Saint-Saëns.

Il y a un bien vilain portrait de vous au Salon. Vous avez cela de commun avec les souverains que vos portraits sont toujours mauvais. Quand donc un vrai peintre fera-t-il le Liszt que nous aimons, le vrai!

168. Ludwig Nohl.

Verehrter Meister.

Nur zwei Worte dem vielumplagten theuren Mann, aber Worte aus froh bewegtem Herzen.

Ja wirklich, Sie geben uns stets aufs neue dem Leben wieder, und was mich einzeln betrifft, so wird stets mehr aus mir als ich im Grunde bin, wenn ich bei Ihnen war, oder doch alles was ich nur werden kann. Haben Sie Nachsicht, wenn nun der neue Mozart[1] und der alte Beethoven[2] kommen, ich habe wenigstens gestrebt, sie nach dem Bilde zu modeln, dessen Anblick Sie mir immer aufs neue edelmüthig ermöglichen.

Ich war bei meinem Vater, sein unverändert geistig frischer Sinn verstand was ich da in Düsseldorf wieder erlebt[3]. Aber Sie, theurer Meister, sind mir ein zweiter Vater, und ungetrübtes Vertrauen in die Zukunft gibt mir Ihre Freundschaft, Ihre väterliche Liebe; nichts hat mich je so erhoben, und ich wünsche nur ihrer auch würdig zu bleiben.

Ihres Rufs in jedem Moment gewärtig

treu anhänglich verehrend

Ihr

L. Nohl.

Heidelberg, 7. Mai 1876.

--- ---

1) u. 2) Schriften Nohls.'

3) Liszt hatte daselbst zwei von Theodor Ratzenberger veranstalteten Konzerten beigewohnt und im letzten derselben gespielt.

169. Eduard Reményi.

Paris, 1876 13/5, Hôtel et Rue de Navarin.

Cher et bon Maître,

Je suis bien mécontent de moi de n'avoir pas pu me rendre à votre gracieuse invitation, de me rendre aux fêtes musicales données en votre honneur chez ces bons (?) Allemands à Dusseldorf; cela m'aurait réconforté, retrempé, car de vous entrevoir est se fortifier. Je viens de lire dans les journaux (journaux — vous savez équivalent presque: mensonge) la série des fêtes que S. M. donnera dans son château — que S. Majesté est donc un personnage enviable d'être assez puissant de vous avoir — cependant, je veux être assez aimable et ne pas l'envier, je vous ai eu aussi, moi. Les journaux disent aussi que maître Vieuxtemps s'y trouvera — j'ai eu l'honneur de me trouver, il n'y a pas longtemps, en sa société, et je lui ai raclé de mon mieux — il était très aimable.

Je parcours la France et partout on m'accueille bien — hier, j'ai eu un vrai succès à Orléans, je travaille toujours beaucoup, et je crois que je serai bientôt vendu à un Kornak quelconque. — Planté, qui vous adore et qui m'aime, aurait dû jouer demain dans les salons du ministère de la justice pour une œuvre catholique, mais une fièvre subite l'a mis au lit — j'étais le voir ce matin avec M. Heugel[1]) — et il ne nous a pas reconnu — tellement il souffrait.

Adieu, cher maître, n'oubliez pas votre très-très-très dévoué Marquis de la Tigrière[2]),

Edouard Reményi.

---

1) Pariser Musikverleger.
2) Scherzname Reményis.

170. Theodor Ratzenberger.

Hochverehrter Herr,
Geliebter Meister!

Dem unwiderstehlichen Drange meines Herzens folgend, erlaube ich mir, Ihnen, mein großer Meister, als dem Urheber der beiden unvergeßlichen Kunstfesttage vom 30. April und 1. Mai, nochmals tiefempfundenen, innigsten Dank zu sagen. Dieser Dank ist zugleich der erkenntliche Ausdruck der begeisterten Stimmung so Vieler, welche das hohe Glück hatten, diese dem Gedächtniß und der Geschichte nunmehr angehörigen Tage mit zu durchleben und zu durchfühlen. Noch niemals habe ich das rheinische Publikum so unmittelbar gepackt und ergriffen, anderseits so außer Rand und Band gesehen, wie an jenem denkwürdigen Abende, wo es ihm vergönnt war, in dem Genusse der erhabenen, unvergänglichen Schöpfungen Ihres wunderbaren Genies zu schwelgen. Namenlos, unbeschreiblich glücklich bin ich über den Ausgang des Festes, dessen leuchtender Glanz und Ruhm uneingeschränkt Ihr Verdienst ist und bleiben wird. — Was nun die Aufführung der Chor- und Orchesterwerke durch mich selbst betrifft, so bitte ich hiermit noch einmal feierlichst in tiefster Zerknirschung und de- und wehmüthig meinen großen Meister um Verzeihung des Üblen, welches ich, dem feurigsten Willen zum Trotz, besonders der Graner Messe zugefügt habe. Ein Theil der Presse hat zwar schon in richtiger Erkenntniß darüber geurtheilt und lediglich mich für die weniger warme Aufnahme derselben verantwortlich gemacht, allein nur um so mehr würde ich mich mit lebenslänglichem Gram tragen, wenn nicht Sie, mein großer Meister, in Abwägung der mich für Sie beseelenden unauslöschlichen Gesinnungen, mir ausdrücklich verzeihen, was ich gerade gegen Sie gesündigt habe. Noch nie in meinem Leben ist es mir so vollständig klar geworden, daß mir alle Eigenschaften eines Dirigenten gänzlich abgehen, wie diesmal, und daß ich aufhören sollte, eine Kunst zu betreiben, die ich nie erlernen werde. Dieser neugewonnenen Einsicht gegenüber kann mich der Gedanke nur wenig beruhigen, daß ich allzeit ehrlich, treu und nach bester Einsicht beflissen gewesen bin, auf mein vorgestecktes Ziel, der neuen Kunstbewegung hier Bahn zu brechen, loszusteuern, ein Ziel, für das ich weder mühevolle Arbeit, noch heiße Kämpfe scheute. Was will das Alles sagen, wenn schließlich die Ueberzeugung Platz greift, daß man seinen Kräften nach nicht zu der Schaar der Berufenen gehört?

Was ich nun beginnen soll, weiß ich nicht; hier, so glaube ich, bedarf es meiner Anregungen nicht weiter. Ich bin deshalb nicht abgeneigt, in eine für mich weniger verhängnißvolle Bahn zu lenken, und die mir soeben angebotene Stelle eines Dirigenten im Rühl'schen Gesang-Verein in Frankfurt a. M. anzunehmen. Dort eröffnet sich mir wieder ein neues Thätigkeitsfeld und damit die Hoffnung, daß ich auf diesem vielleicht etwas ausrichten kann.

Haben Sie die Güte, großer Meister, mir Ihren in allen Zweifelfällen so unschätzbaren Rath angedeihen zu lassen und sein Sie versichert, daß ich nur das thun werde, was mein Meister für gut befindet. Wollen Sie mich darauf hin mit einer Antwort beglücken, aus der ich vor allen Dingen Ihre volle Verzeihung für meinen ungewollten Fehltritt entnehmen kann, so bitte ich, dieselbe gütigst bis zum 17. c. nach hier und von da ab nach Vevey in der französischen Schweiz zu adressiren, wohin ich am 18. c. aus Gesundheitsrücksichten zu einem mehrwöchentlichen Aufenthalt reisen werde.

Bis ans Ende Ihr in tiefster Dankbarkeit treu ergebener Schüler

Theodor Ratzenberger.

Düsseldorf, 14. Mai 1876.

171. Camille Saint-Saëns.

16 mai 1876.

Cher maître,

Il faut vraiment que j'aie contre moi quelque puissance infernale pour que je me vois forcé de refuser l'occasion de passer quelques jours avec vous et de me réchauffer à votre flamme. Les bons moments sont si rares! Si c'est la plus grande douleur de se souvenir *del tempo felice nella miseria*, la plus grande ensuite est certainement de voir passer le *tempo felice* hors de sa portée, et si près qu'il semble qu'il n'y ait qu'à étendre la main pour le saisir; mais la mienne est liée, et quand elle sera libre, le *tempo felice* ne sera plus là.

Que je voudrais voir mon orgue, le conservatoire, l'institut, leurs pompes et leurs œuvres à tous les diables! Vous savez ce que c'est, vous aussi, de perdre son temps à des inutilités ennuyeuses, et de ne pouvoir s'en dépêtrer. On gaspille ainsi les trois quarts de son existence.

Votre respectueusement, cordialement dévoué

C. Saint-Saëns.

172. Hans von Bronsart.

Hannover, 18. 5 76.

Mein hochverehrter theurer Meister!

Aus vollem Herzen danke ich Ihnen nochmals für die glücklichen Tage, welche Ihr lieber Besuch uns bereitet, und welche ja, wie Sie uns so liebevoll versprachen, im nächsten Jahre wiederkehren sollen!

Am Tage nach Ihrer Abreise habe ich an die Frau Fürstin geschrieben und ihr erzählt, wie wir in dem Glück, unsern einzigen Meister bei uns als Gast zu sehen, geschwelgt haben, und wie diese schöne Zeit in uns fortlebt, so daß die Erinnerung die Trauer des Abschiedes milderte. Auch unsre Bekannten, die Sie hören und Ihnen persönlich nahe treten durften, sind alle noch voll Entzücken und Begeisterung.

Mir klingt ganz besonders noch die wunderbare Composition *Gretchen* in den Ohren, die mir zwar aus alter Zeit lieb und werth war, aber am letzten Tage Ihrer Anwesenheit in solcher Schönheit vor meine Seele trat, als gäbe es gar nichts Aehnliches mehr! Und ich trete immer noch mit dem

Gefühl in unsre Wohnung, als müßte ich Sie dort noch finden;
aber dann erinnern mich die welkenden Lorbeern und Blumen,
mit denen Ihre Büste umgeben ist, daß auch diese schöne
Zeit vorbei ist!

Hoffentlich sind Sie wohlauf in Schloß Loo eingetroffen; oft
empfand ich etwas wie Gewissensbisse, daß Sie Ihre Nachtruhe
zum Opfer gebracht, um uns noch einen halben Tag zu
schenken, und daß wir dieses Opfer angenommen.

Ich bitte Sie, mir nur ein Wort zu schreiben, ob Sie glücklich und gesund in Schloß Loo eingetroffen sind, oder beauf-
tragen Sie Spiridion, uns darüber eine kurze Mittheilung zu
machen. Ich hoffe noch vor Bayreuth Sie in Weimar ein paar
Tage zu sehen; in Bayreuth werden wir wahrscheinlich dem
zweiten Cyklus (vom 20.—23. August) beiwohnen. Herr
Dr. Feustel wird Ihnen im Namen des Comités noch besonders
danken für den reichen Ertrag des Concertes (über 1700 Rth.),
der ja einzig und allein Ihrer Mitwirkung zuzuschreiben ist[1]).

Inga, welche fleißig an Ihrem *Gnomenreigen*[2]) studirt, wird
Ihnen noch selbst schreiben; für heute fügt sie ihre herzlichsten Grüße zu den meinigen, mit denen ich Ihnen Lebewohl
und auf baldiges frohes Wiedersehn sage!

In unwandelbarer Verehrung Ihr dankbarer Schüler

Hans v. B. II[3]).

173. Julius Schulhoff,
feiner Salonkomponist und Klavierspieler, geb. 2. Aug. 1825 zu Prag,
gest. 15. März 1898 in Berlin, wo er zuletzt lebte.

Dresden, 21. Mai 76.

Hochgeehrter Herr Abbé,

Le plaisir le plus délicat est celui qu'on fait aux autres.
Schon längst überzeugt, daß Sie mehr als jeder Andere diesem

---

1) Der Meister hatte zum Besten des Bayreuther Unternehmens
gespielt.

2) Konzertetüde, für Lebert und Starks Klavierschule geschrieben.

3) Zum Unterschied von Hans v. B. I., nämlich Bülow.

Gedanken huldigen, erlaube ich mir Ihnen meine talentvolle
Schülerin Frau Anna Gehring und ihren Mann zu empfehlen,
welche glücklich sein würden, sich Ihnen vorstellen zu dürfen.,

Hoffend, daß ich bald wieder Nachricht über Ihr jüngstes
Schaffen erhalten werde, verbleibe ich in alter Ergebenheit

Jul. Schulhoff.

174. Franz von Dingelstedt,

geistreicher Dichter und Dramaturg. geb. 30. Juni 1814 zu Halsdorf
in Hessen, wirkte als Intendant der Hofbühnen von Stuttgart, München, Weimar und Wien. Er starb, baronisiert, an letzterem Ort
15. Mai 1881.

[Anfang Juni 1876.]

Verehrter Freund und Meister!

Vor wenig Tagen sind mir von Rom die zerstückelten Theile
des *heiligen Stanislaus*[1]) zugekommen, mit rührender Pietät
aufbewahrt und gesammelt. Wie sich mir dieselben auf den
ersten Blick zu einem Ganzen zusammenfügen, ersiehst Du aus
der Einlage, die ich Dich zu prüfen und durch Deine, für
meine weitere Arbeit maßgebenden Randglossen illustrirt zurück-
zuschicken bitte.

Ehe wir uns über das Detail einigen, worin ich mich, selbstverständlich, Deinen speziellen Intentionen füge, — möchte ich
mich über Form und Gattung des Ganzen mit Dir aussprechen.

Ich hasse, nicht weniger als Du, die neumodige, alttesta-
mentarische Oper. Desgleichen die italiänischen Requiems auf
dem Theater. Aber das Oratorium strengen Styls, Schöpfung
und Jahreszeiten im Conzertsaal, scheint mir obsolet geworden:
Ein Stanislaus im schwarzen Frack, wo möglich seinen eigenen
posthumen Orden im Knopfloch, und ein decolletirter Frauen-
Gesangs-Verein als Engelchöre — *horrible, most horrible!*

In unserer Zeit, da alle Formen in der Kunst flüssig werden,
wäre vielleicht eine Mischgattung anzustreben, die von der

---

1) Dingelstedt bearbeitete für Liszt den Text zu diesem Oratorium.

Bühne nur die äußeren Mittel zur Unterstützung entlehnt, dagegen im inneren Style am Oratorium, — weiter gefaßt: an kirchlicher Musik, — festhält. Das Theater ist ein Kind der Kirche. Die »Mysterien« des Mittelalters, Calderons *Autos sacramentales*, in neuerer Zeit Schumanns *Manfred*, in allerneuester das Bühnen-Weih-Festspiel Wagners sind beachtenswerthe Fingerzeige. *Manfred* hat unläugbar gewonnen, seit er sich, mit lebendiger Scenerie umgeben, im Costüme darstellt. Gewonnen mein' ich, an Popularität. Deiner *heiligen Elisabeth*, die ich — *sans phrase* — sehr liebe, würde ein solcher Rahmen nicht schaden. Machen wir eine Legende, aber eine in Scene gesetzte, auf dem Theater lebendig gewordene.

Darüber, wie über alles Einzelne erwarte ich Deine Mittheilungen hierher adressirt, auch wenn ich nicht mehr hier sein sollte. Ich stelle mich Dir für Mitarbeiterschaft in jedem Sinn, Styl, Stoff, Zweck hingebend zur Verfügung und gehe, — wahrscheinlich in Helgoland, auch einer unserer gemeinsamen Lebens-Stationen — an die Arbeit, sobald ich Deine Vorlagen besitze.

. Empfiehl mich den höchsten Herrschaften des Musenhofs an der Ilm zu Gnaden und grüße gemeinschaftliche Freunde in Alt- und Neu-Weimar.

Treulichst der Deinige

F. Dingelstedt.

175. Michael von Asantschewski,

russischer Komponist. geb. 1838 zu Moskau. gest. daselbst 24. Jan. 1881, leitete an Rubinsteins Stelle 1870—76 das Petersburger Konservatorium.

Cher maitre,

Vous êtes le but de ceux qui commencent et de ceux qui finissent leur carrière musicale: par conséquent permettez aussi à une des meilleures enfants de notre Conservatoire qui vient de terminer ses études, d'aller déposer à vos pieds son humble hommage; vous qui êtes la Providence des jeunes talents, daignez l'entendre, et par vos précieux conseils lui donner une impulsion dans sa carrière musicale.

Au mois de Juillet, je compte aller à Bayreuth et j'aime à espérer que j'aurai le bonheur de vous y voir; en attendant, ma femme et moi nous vous serrons bien cordialement la main, cher grand Maître, tout en vous envoyant l'expression de nos sentiments les plus respectueux.

Votre bien dévoué

$\frac{26 \text{ Mai}}{7 \text{ Juin}}$ 76. St. Pétershourg.

176. Carl Fürst Lichnowsky,

geb. 19. Dez. 1820, gest. Okt. 1901, jüngerer Bruder des Liszt intim befreundeten Fürsten Felix, der, Mitglied des Frankfurter Parlaments, 1848 als Opfer der Revolution auf der Bornheimer Heide fiel.

Sehr verehrter Freund,

denn Sie gestatten wohl, daß ich Sie, in Erinnerung alter Zeiten noch so nenne. Es ist wirklich sehr gütig, daß Sie eines Lehrelementes für meine Kinder gedacht haben. Nie würde ich gewagt haben, Sie damit zu belästigen und ich wälze feierlichst die ganze Schuld dieser *indiscrétion* auf die Schultern der Frau von Schleinitz. Diese, wiewohl nicht sehr breit, sind ja in der Lage dies und manches Andere zu tragen.

Was Frl. Martha Remmert betrifft, so hatten wir vorerst die Absicht sie für die Sommermonate zu engagiren, und es wäre sehr freundlich von dem Fräulein, wenn sie ihre Wünsche meiner Hauskanzlei nach Schloß Grätz bekannt geben wollte.

Es ist wohl nicht zu denken, daß Sie, hochverehrter Freund, jemals wieder in diese *parages* kommen, denn sonst würde ich mich vielleicht der Hoffnung hingeben, daß Sie einen Augenblick fänden, die vielen Verehrer, welche Sie in dieser Gegend zäh-

len, durch Ihre Gegenwart zu beglücken. Sollte dies aber
doch möglich sein, so sind Sie gewiß überzeugt, daß Sie niemand dadurch eine größere Freude machen könnten, als Ihrem
aufrichtigen warmen Verehrer

Jagdschloß Kuchelna, den 13. Juni 1876.

177. Edouard de Hartog,
Komponist von Opern, Psalmen, Orchester- und Kammermusik-
werken, geb. 15. Aug. 1828 in Amsterdam, lebt im Haag.

Amsterdam, 21 Juin 1876.
Hôtel de la Bible.

Très cher et très illustre Maître!

Le comité d'organisation du Festival Choral qui aura lieu
ici le 9, 10, 11 et 12 Septembre, me prie d'insister auprès

---

1 Liszts Antwort findet sich La Mara. »F. Liszts Briefe« II,
Nr. 191, nach einer Abschrift von A. Göllerich zum Teil unrichtig
wiedergegeben. Sie lautet vielmehr wörtlich:
Durchlauchtigster Freund.
In alter Anhänglichkeit sage ich Ihnen herzlichen Dank für
Ihre gütigen Zeilen. Stets knüpfen mich dankbarste Erinnerungen
an das Haus Lichnowsky. Ihr hochbegeisterter Vater und Ihr be-
wunderungswürdiger heroischer Bruder Felix bezeugten mir nicht
minderes Wohlwollen, als vormals Fürst Carl Lichnowsky. Ihr Groß-
vater, dem jungen Beethoven, der sein Opus 1 '3 Trios' dem Fürsten
Lichnowsky widmete und sich heimisch fühlte in den »parages«
von Krzyżanowitz und Schloß Grätz. Dort, lieber Fürst, Sie wieder-
zufinden möge vergönnt sein vielleicht im nächsten Jahre) Ihrem
treu ergebensten   F. Liszt.
21. Juni 1876.

de vous amicalement et personnellement, pour vous dire le prix immense que nous attachons tous à la présence du plus illustre des Maîtres parmi nous pendant ces quatre jours de fête [1]).

Très cher et illustre Maître, j'ai converti le comité à clore la fête par un concert Gala au Théâtre, honoré par la présence du Roi, et où seraient exécutées les œuvres des Maîtres étrangers qui nous feront l'honneur d'assister au festival, et sous leur direction.

Nous tenons avant tout, cher Maître, à ce qu'une œuvre de vous puisse illustrer ce concert, et nous vous serions mille fois reconnaissants de vouloir désigner vous-même l'ouvrage, auquel vous nous permettez d'accorder la place d'honneur de notre programme, soit un ouvrage symphonique, ou une œuvre pour chœur et orchestre.

Comme le comité du festival tient à ce que les Maîtres qui honoreront la fête de leur présence, n'aient aucun frais, les frais de voyage et de séjour seront à la charge du comité qui accordera même les honoraires demandés à ceux des artistes qui l'exigeraient.

Le souvenir des jours mémorables pour moi, que j'ai eu le bonheur de passer avec vous, cher et illustre Maître, au château du Loo, est constamment présent à ma mémoire, et je vous remercie encore du fond du cœur, de toutes les bonnes paroles, de toute l'indulgence que vous m'avez fait l'insigne faveur de m'accorder.

Espérant que vous voulez bien m'honorer d'un mot de réponse à cette lettre, je vous prie de recevoir, très cher et illustre Maître, l'assurance de mon plus respectueux dévouement et de ma plus grande admiration.

Bien à vous

---

1 Der Gesangverein ›Amstels Mannenkoor‹ feierte sein 25jähriges Jubiläum.

La maison Rieter-Biedermann[1] vous a-t-elle fait parvenir mon Psaume?

178. Franz von Dingelstedt.

Bad Ems, 24. Juni 1876.

Es freut mich daß Dir, verehrter Freund und Meister, meine Skizze zu *Stanislaus* nicht misfallen hat. Deine Amendements zu derselben, die ich wohl begründet und vortheilhaft für unsere beiderseitige Arbeit finde, sollen sorgfältig berücksichtigt, also insonderheit 1) die Figur Christina's reducirt, 2) das Übermaß der Engelchöre beschränkt, 3) dagegen der Schutzengel mehr in den Vordergrund gezogen werden. Für den allerhöchst-eigenhändigen Mord durch Boleslaus möchte ich plaidiren, weil der Zug historisch ist, und dies Motiv den Wahnsinn des Königs im Finale einleitet.

Ich hoffe Dir im Herbste das Ganze fertig vorlegen zu können; worauf dann eine eingehende mündliche Prüfung von uns beiden vorgenommen und jeder Änderungs-Wunsch Deiner Seits erwogen resp. ausgeführt werden wird[2]. Du kommst doch wohl im September oder Oktober, sei es auf Deiner Rückkehr nach Pest oder auf Deinem Römerzuge, für einige Tage nach Wien?

Heute, am Geburtstage Serenissimi, werde ich Alt- und Neu-Weimars mit besonderer Pietät gedenken.

Treulichst Dein

F. Dingelstedt.

179. Eduard von Liszt.

Mein innigst verehrter Freund!

Ich hätte Deine freundliche Einladung nach Bayreuth gleich beantwortet, wenn nicht eine Fluth von Arbeiten und Pflichten

---

1) Leipziger Musikverlag.
2) Die Komposition des ›Heiligen Stanislaus‹ blieb unvollendet.

mich vollständig absorbirt hätte. Heute sage ich Dir herzlich
Dank: ich akzeptire mit Freuden, da ich dabei mit Dir zusammen sein kann. Meine Absicht war es ursprünglich nicht,
diesen denkwürdigen Festen beizuwohnen, da ich Ruhe und
Gebirgsluft dringendst brauche. Aber wo Du bist, dort wird
mir wohl, und bei der Kürze des menschlichen Lebens erschiene
es als Raub, Deiner Nähe nicht so oft und so lang als möglich theilhaftig zu werden. Also auf Wiedersehn in Bayreuth
Mitte August!

Die Prüfung des Kronprinzen war brillant. Geladene Gäste
nur vier: von der Justiz Schmerling[1]) und ich. Der Kaiser
sprach sehr liebenswürdig mit jedem von uns; der Kronprinz
reichte mir wiederholt die Hand.

Wegen meines Franz danke ich Dir bestens. Es hat ihn
sehr gefreut, daß Du für ihn eintreten willst. Aus Gratz
kommen mir von hochachtbarer Seite über sein Auftreten und
seine Befähigung die ehrendsten Zeugnisse zu. Der Bursche
hat Fond.

Für Marie[2]) wünschte ich sehr einen verständigen Mann,
der sie zu würdigen weiß. Sie könnte ihn glücklich machen.

Von uns allen die innigsten Grüße.

Es umarmt Dich Dein getreuer

Eduard Liszt.

Am 4. 7. 1876.

180. Ludwig Nohl.

Verehrter Meister!

Endlich ist das umfangreiche Unternehmen beendet und ich
hoffe in c. 14 Tagen auch diese 2. Abtheilung vorlegen zu
können. Ein schönster Schluß war mir, nach der langen Mühe
das letzte Wort so recht von Herzen schreiben zu können, und

---

1 Anton v. Sch. (1805—93), österreichischer Minister des Innern
1860—65, sodann bis 1891 erster Präsident des obersten Gerichtshofs.
2) Tochter von Eduard v. L., nachmals Baronin Saar.

ich danke Ihnen nochmals aufs innigste, daß Sie mir diese
Widmung — möglich gemacht haben, theurer Freund und
Meister.

Jetzt naht Bayreuth, und ich für mein Theil bin froh, jetzt
die großen Eindrücke dort auch freieren Gemüthes aufnehmen
zu können. Wagner hat mir durch Mannheim einen Gallerie-
sitz für sämmtliche 3 Aufführungen senden lassen, ich werde
aber natürlich schon zur Generalprobe dort sein. Auf Grund
einer solchen Einladung, die nicht sowol meiner Person wie
meinem akademischen Fache gilt, habe ich mich denn auch
wegen eines Reisestipendiums an das Ministerium wenden können und will hoffen, daß es mir wird. Denn die Höhe der
Auslagen kann ich schon nach der mir gesendeten Wohnungs-
anweisung ermessen, 100 M. für ein einfaches Zimmer. Das
läßt denn zugleich auf den Zudrang schließen. Es wird ein
unerhört großartiges Fest werden.

Für mich persönlich aber bringt es noch die so schöne Aussicht, wieder eine Weile und diesmal hoffentlich eine gute Weile
in Ihrer Nähe sein zu können. Ich darf das sagen, denn es ist
wahr. Bei Ihnen, und wenn es noch so kurz ist, stärkt sich
mir jeder Glaube an jedes Gute, und Hoffnung und Glaube und
Liebe dringen mir wahrhaft belebend ins Innere. Ich fühlte
es so ganz wieder in Düsseldorf, und fühle es ebenso heute,
und darum sage ich es, es ist die Wahrheit, und macht mir
die Aussicht auf dieses schöne Bayreuth doppelt schön.

Auf Wiedersehen dort.

Ihr innig ergebener

Heidelberg, 7. Juli 1876.

L. Nohl.

181. Anton Baron Augusz,

Obergespan des Pester Komitats, langjähriger und naher Freund
Liszts, gest. 1878.

Szegzárd, 17. July 1876.

Mein theurer verehrter Freund!

Die Worte Deines letzten Schreibens: »*Mes meilleurs souvenirs et sentiments me rattachent à votre maison de Szegzárd*«,

belebten in mir alte Erinnerungen — die nie geschwächte Überzeugung, welche seit unserem ersten Begegnen in mir wurzelt,
daß Du für Ungarn werden müßtest, was Perikles den Griechen,
Horaz und Virgil Rom, Dante und Michel Angelo Florenz,
Italien. Unsere größten Dichter Vörösmarty[1]) und Garay[2]
theilten meine Begeisterung: Du mögest das Mark der Nation
durchdringen, sie mit Deiner Harmonie zu Thaten begeisternd
einigen; noch jüngst erbaute man hier Dein Piedestal — und
der Minister gab Ausdruck dem Wunsche des Landes, Du
mögest den Funken des Prometheus Deinen Jüngern mittheilen
— während Deine Werke den Kranz der Unsterblichkeit Dir
und Deinem Volke sichern. Und wie Du am Schluß Deines
Briefes sagtest: »en 1877, j'espère que cette Académie aura
pleine consistance et figure« — so findest Du die nämliche Hoffnung und Überzeugung in der Beilage. 30 Jahre sind es nun:
1846, seit Du Szegzárd mit Deinem ersten Besuche beehrtest
— dann 1865 und 1870, so viele Etappen unseres Fortschrittes.
Wenn die großen Bayreuther Feste zu Ende sind, könntest Du
Deinem freundschaftlichen Worte: »je voudrais m'y retrouver de
nouveau, et là jaser et musiquer de cœur en famille« —
Folge geben, und noch vor Deiner Reise nach Rom in Deiner
Szegzárder Solitude die Erinnerung des großen Kunst-Ereignisses
mit uns feiern, und solltest Du noch immer den Vorsatz haben
unser Haus mit Deinem Bartolini[3] zu verherrlichen, könnten
wir Ihn in die bestimmte Nische feierlichst einstellen. Diesem
vis-à-vis würde Dein Sänger Garay mit der Zeit seine Büste
durch N. Vay erhalten. Mein seel. Vater hat Garay von seiner
ersten Jugend [an] väterlich unterstützt .. — .

Les 50 b[outeilles] Szegzárder seront à Bayreuth »avant le
1er Août, pour servir de rafraichissement après les émotions«.. — .

Dein alter treuer Freund

1) Michael V. (1800—55.)
2) Johann G. (1812—53.)
3) Liszts Büste von Bar-
tolini vom Jahre 1838.

182. Maurice Sand, Baron Dudevant,

Sohn von George Sand, französischer Schriftsteller, geb. 1825 in
Paris, gest. 4. Sept. 1889 in Nohant.

Grand et illustre maitre.

Permettez-moi de vous remercier de m'avoir donné, en
m'écrivant[1], une marque de sympathie et de bienveillance qui
m'est d'autant plus sensible qu'elle vient d'un vieil ami dont
j'ai toujours conservé le meilleur des souvenirs.

Croyez à tous mes sentiments les plus sincères et les plus
distingués.

2 Août
1876.

183. Cyprian Godebski,

polnischer Bildhauer, geb. 30. Okt. 1835 in Méry sur Cher, in Paris,
wo er lebt, gebildet.

Le 20 Août 1876.

Cher Maitre,

J'apprends que quelques jours encore Vous serez à Bayreuth, et je me permets de jeter le trouble dans Vos joies
d'artiste en me rappelant à Votre bon souvenir et Vous priant
de vous intéresser au projet dont je Vous envoie la photographie
ci-joint, pour le concours du monument de Votre illustre compatriote Deák[2].

Je serais fier et heureux d'être choisi par Votre pays pour
rendre hommage à la mémoire d'un homme pour qui je suis
plein d'admiration.

---

1) Nach dem Tode seiner Mutter.
2. Franz D., großer ungarischer Staatsmann (1803—76).

J'ose Vous prier aussi, cher Maître, de me faire savoir où je pourrais Vous faire parvenir le buste de Mme de Moukhanoff, que j'ai eu le bonheur, je crois, de réussir.

Agréez, cher Maître, l'expression de ma plus haute admiration, en même temps que mes regrets de ne pouvoir assister aux triomphes de Wagner.

[signature: Cyp Godebski]

Boulevard Eugène 61.   Neuilly (Seine).

184. J. C. Elion,
Medailleur in Amsterdam.

Monsieur l'Abbé Franz Liszt à Bayreuth.

Monsieur,

Reconnaissant de l'aimable lettre et de l'envoi de la photographie que je viens de recevoir, je serai charmé de voir les différents portraits dont vous faites mention, surtout pour admirer le travail des grands hommes.

Cependant toutes les reproductions que je connais de votre portrait ne sont pas rigoureusement profil, et c'est juste ce qu'il me faut. La bonté que vous m'avez témoignée déjà me poussera à devenir exigeant.

J'aimerais tant vous représenter tel que le roi désire voir ses élus.

J'ai la certitude que la médaille de Bovy [1]) est un chefd'œuvre, mais avant de la suivre, je tâcherai l'impossible pour faire quelque chose d'original.

Une photographie de profil bien interprétée peut mener à

___

1) Antoine B., Pariser Medailleur (1795—1877). Seine Liszt-Medaille entstammt dem Jahre 1840 und zeigt den jungen Künstler in apollinischer Schönheit.

ce but. Si donc vous vouliez joindre une telle à votre envoi, vous me rendriez bien heureux.

En attendant, agréez, Monsieur, l'assurance de mon respect et de mon dévouement.

Amsterdam, ce 24 Août 1876.

Mon adresse est: Zwanenburgwal 98.

185. Hans von Bronsart.

Hannover, 27/8 76.

Hochverehrter Meister!

Es drängt mich, Ihnen nach unsrer Rückkehr nach Hannover zu sagen, wie inmitten der großartigen Eindrücke, welche wir der genialsten dramatischen Schöpfung unsrer Zeit verdanken, die Freude, Sie geliebter Meister wiederzusehen, ihr vollstes Recht behauptet hat, und stets zu unsern liebsten Erinnerungen gehören wird, und wir danken Ihnen aus vollstem Herzen, daß Sie trotz der vielfachen Ansprüche, denen Sie zu genügen hatten, dennoch wiederholt Zeit fanden, Sich auch uns zu widmen!

Es wird Ihnen gewiß auch Freude machen, zu erfahren, daß Bülows Zustand sich der vollständigen Genesung zuwendet. Ich empfand es als eine heilige Pflicht, und gerade nach dem Aufenthalte in Bayreuth, diesen edlen und mir so treuen Freund in seiner Einsamkeit zu besuchen. Er selbst war allerdings noch ziemlich muthlos, aber sein Arzt, der Professor Finkelnberg, bestätigte mir vollkommen den Eindruck, den ich aus dem Verkehr mit ihm gewonnen, daß er vollständig hergestellt werden würde, sobald er dazu zu bestimmen sei, sich

etwa ein Jahr lang völlig zu schonen, namentlich sich jeder
Concertreise zu enthalten. Ich habe ihn dringend gebeten, zu
mir nach Hannover zu ziehen, und er hat es mir auch halb
und halb versprochen [1]. Daß sein ganzes Herz in Bayreuth war
während dieses von ihm seit Jahren selbst so ersehnten großen
Ereignisses, erfuhr ich in den ersten Minuten unsrer Begegnung, und wenn ich es meinerseits vermied, von einer Angelegenheit zu sprechen, die ihn leicht bedenklich erregen
konnte, so verlangte er doch von mir selbst sofort den aus-
führlichsten Bericht. Seine Geisteskraft ist, wenn auch mo-
mentan ermüdet, doch offenbar völlig intact, und es wird sich
darum handeln, seine physische Gesundheit sorgfältig zu pflegen,
um ihn wieder ganz seiner hohen Künstler-Aufgabe zu gewinnen. Möchte es mir vergönnt sein, durch treue, freund-
schaftliche Hingebung dazu ein wenig beitragen zu können.

Riedel hat mir noch Nichts definitiv über das Tonkünstler-
project mitgetheilt; hoffentlich kommt die Angelegenheit bald
zur Entscheidung. Sie aber, lieber Meister, kommen ja jedenfalls mit dem Lenz wieder zu uns, ob mit oder ohne Tonkünstler-Versammlung?

An Wagner habe ich gleich nach meiner Rückkehr nach
Hannover geschrieben, und ihn um Genehmigung des Auf-
führungsrechtes des ganzen Cyklus *der Ring des Nibelungen*
gebeten, den ich bis Neujahr 1878 in Scene gehen zu lassen
hoffte, wenn ich baldigst mit den Vorbereitungen beginnen
könne; ich wollte dann gern auch meinen Maschinenmeister
und Theatermaler zum letzten Cyklus nach Bayreuth schicken.
um sich möglichst zu orientiren; indessen habe ich gar keine
Antwort von Wagner erhalten. Ich bedaure diese Ablehnung
meines Entgegenkommens, da außer den Bühnen von Wien und
Berlin die unsrige mit der Münchener und Dresdener Bühne
am ersten im Stande wäre, den großen erforderlichen musikalischen wie scenischen Apparat zu beschaffen. Nun, ich habe
meine Schuldigkeit gethan — daß ich mich durch Uebernahme
einer solchen großen Aufgabe nicht auf Rosen betten wollte,
ist gewiß. . — .

---

1) Bülow kam in der Tat im September 1876 nach Hannover.

Inga sendet Ihnen ihre herzlichsten Grüße; ich verbleibe in unwandelbarer Verehrung Ihr dankbarer Schüler

Hans von Bronsart.

186. Franziska Freifrau von Loë, geb. Gräfin von Hatzfeldt-Trachenberg,

Gattin des jetzigen Generaloberst Freiherrn von Loë in Bonn.

Bonn, ce 5 sept. [1876.]

Cher Maître,

Je viens aujourd'hui vous donner des renseignements sur votre ami, et l'entrevue que j'ai eue avec lui hier. Je me suis rendue à Godesberg espérant encore y trouver le médecin qui l'a traité. Malheureusement il est parti pour Londres, et ne reviendra pas à Godesberg. Il est devenu un grand personnage au *Reichsgesundheits-Amt* à Berlin. C'est le Professeur Finkelnberg. Je regrette ne pas avoir pu savoir son opinion sur l'état du malade, car je suis réduite à vous dire mes propres impressions, qui sont malheureusement bien tristes.

Avant d'envoyer à M. de Bülow la lettre que vous aviez bien voulu me confier, je me suis informée près des gens de l'hôtel, et on m'a dit que M. de B. était plus mal depuis quelque temps, qu'il ne sortait plus de sa chambre, et qu'il était très fatigué.

Je lui ai envoyé votre lettre, et il m'a fait immédiatement dire qu'il était trop souffrant pour me voir. Après quelques instants, il est venu lui-même me disant qu'ayant lu votre lettre il avait désiré me voir lui-même; mais qu'il se sentait très faible et presque hors d'état de parler. J'ai bien vu qu'il avait bien raison. Sa démarche est chancelante, il a besoin de se retenir, et à tout moment, il ferme les yeux. Er setzte sich zu mir und ich war in großer Verlegenheit, um die rechte Art und das rechte Wort für diesen traurigen Zustand zu finden. Er sagte mir, der Aufenthalt in Godesberg habe ihm nicht gut gethan, er fühle sich sehr schwach, sodaß

er weder mit Menschen verkehren, noch sein Zimmer verlassen
könne. Er schien ganz über seinen Zustand im Klaren, sagte,
er habe einen Gehirnschlag gehabt und sei jetzt sehr oft
seiner Sinne nicht mächtig. Plötzlich im Gespräch verliert er
ganz den Faden — dann macht er die Augen zu und es ist
als wenn er ganz das Gedächtniß verlöre. Sein Gesicht hat
einen starren Ausdruck, die Züge sind wie fest gebannt, doch
hatte er einige Momente, wo er wieder ganz er selbst wurde.
Er sprach dann in höchst anziehender und geistreicher Art
über Bayrouth, über die Musik des Nibelungenringes, über
Mimi — auch ein sehr anmuthiges Lächeln erheiterte dann
sein Gesicht, und ich konnte wohl sehen, wie liebenswürdig
und angenehm er sein müsse, wenn nicht, wie ein Schleier,
die Krankheit auf ihm läge. Ob er bald von Godesberg fort
gehen werde, wußte er noch nicht; er sagte mir, er wolle es
gern, wäre aber viel zu schwach, um eine Reise auszuhalten.
Er hätte eigentlich einen Arzt in Wiesbaden zu consultiren, doch
sei dies auch noch nicht sicher. Ich schlug ihm einen Professor Busch vor, — diese Idee schien ihm einleuchtend, und
er würde vielleicht darauf eingehen. Leider ist Prof. Busch
auch nicht in Bonn. Ich werde aber sofort an ihn schreiben
und ihn fragen, wann er zurück kommt. Er wäre ganz der
Arzt und die Persönlichkeit für den trostlosen Zustand, in
welchem sich der Arme befindet. Ich halte ihn für sehr krank,
und es thut mir leid ihn so allein zu wissen. Ich habe auf
alle Weise versucht, ihm meine Hilfe anzubieten, worauf er
immer sehr freundlich erwiderte, man könne nichts für ihn
thun, da er sich nicht im Stande fühle, mit Menschen zu
verkehren. Das ist er auch nicht. Er braucht eine fortwährend liebevolle und verständige Pflege — ebenso au moral
qu'au physique, wenn ich so sagen soll. Er müßte sich nicht
ganz überlassen bleiben und darf auch in nichts fatiguirt
werden. Er ist ganz menschenscheu und sagte mir, er schäme
sich seines Zustandes, da er nicht mehr er selbst sei. Mir
thut der Arme in der Seele weh, und ich will in einigen Tagen
nach Godesberg fahren, um zu sehen, wie es ihm geht und
was er über seine Abreise beschlossen hat. Ich werde dann

auch versuchen, den zweiten Arzt zu sprechen und zu hören,
was er zu seinem Zustand meint. Könnte man nur etwas für
ihn thun! ich fürchte fast, ein Besuch regt ihn auf, ohne ihm
zu helfen, und meine Pflege wird er nicht annehmen wollen.
Von seinen Kindern habe ich nicht gewagt zu sprechen — er
selbst vermied jede Anspielung, — und da er in einem so
sehr traurigen Zustand ist und jede Emotion zu scheuen scheint,
so wußte ich nicht ob eine Erinnerung an seine persönlichen
Verhältnisse ihn nicht verletzen, oder doch sehr angreifen
würde. Er ist eben sehr schwach, — und man sieht sein
Leiden auf seinem Gesicht. Das Gehirn ist entschieden sehr
krank, und er bedarf der allergrößten Schonung und jedenfalls
eines andern traitements wie jetzt in Godesberg, wo er eigentlich keinen Arzt hat. Ich kenne leider solche Krankheiten
und glaube entschieden, daß Professor Busch der Arzt für ihn
sein würde. Ob er sich entschließen wird ihn abzuwarten,
weiß ich nicht; er selbst war, wie gesagt, selbst nicht klar,
was er thun sollte.

De vous il parlait avec la plus grande amitié, mais toujours
en disant: ich schäme mich, mich in diesem Zustand sehen
zu lassen. N'est-ce pas trop triste? J'ai manqué pleurer,
tant cet homme m'a fait de peine. On voit et sent toute la
souffrance qu'il endure de sentir ses idées lui échapper, on
voit aussi la douleur physique que lui cause sa grande faiblesse
et sa tête. Il dit que le moindre bruit lui cause des douleurs,
qu'il ne peut s'occuper de rien, ne parler à personne, ne rien
faire. Quelle torture!

Il m'a aussi dit qu'il avait envie d'aller à Hannover chez
M. de Bronsart, mais qu'il était trop faible. Il ne sait pas
ce qu'il doit faire, il sent qu'il est très malade, et que la
cure de Godesberg ne lui a pas fait de bien.

Pardon de vous parler si longuement — sans au fond
pouvoir vous donner un résultat. Mais c'était difficile de comprendre ses intentions. Dans tous les cas je vous prie d'attendre quelques jours avant de prendre une résolution. Je
vous donnerai très prochainement encore des nouvelles. Je
retournerai à Godesberg, peut-être pourrais-je le voir, —

dans tous les cas je puis vous dire alors s'il reste, ou s'il veut partir.

J'espère que votre santé n'a pas souffert de toutes les fatigues de Bayrenth et que vous êtes entièrement reposé. — Mes enfants sont très contents de mon retour. Mes filles me chargent de mille choses pour vous. Elles espèrent avec moi que nous aurons le bonheur de vous avoir. Nous ne faisons que parler de ce jour heureux.

Je termine en vous demandant de me garder un bon souvenir.

Bien à vous.

Ne croyez-vous pas qu'il serait bien de l'engager à attendre Busch? il faut un traitement suivi, et un médecin qui sait autre chose que seulement donner des remèdes! C'est l'âme et le corps qui ont besoin d'être guéris.

187. Kardinal Gustav Hohenlohe.

Villa d'Este, 9 Sept. 76.

Cher ami,

Je viens de visiter Vos chambres, où j'ai fait mettre dans le petit salon rouge un nouveau papier, et ces jours-ci on mettra aussi un nouveau tapis, ce qui était absolument néces- saire. J'espère bien que Vous viendrez reprendre cette habita- tion, que Votre présence a honorée, et que je suis heureux de mettre à Votre disposition, comme je Vous l'ai déjà écrit cet été à Weimar. Je prierai la P^{sse} de Vous envoyer ces lignes, et j'espère qu'elles Vous trouveront en bonne santé. Quant à moi, je vais assez bien, et j'ai passé tout l'été ici, n'allant qu'une fois par semaine à Rome, pour me présenter au Saint-Père. Hier, j'ai été au Vatican et j'ai trouvé le Pape en bonne santé et *juxta solitum*, de bonne humeur. Il y avait les Cardinaux moins jeunes à la promenade, Patrizj,

Asquini, etc., l'un plus *mal andato* que l'autre. Visconti[1]) y
était aussi, mais encore un peu souffrant, ayant eu, à ce qu'on
dit, une espèce de coup d'apoplexie.

Du reste, rien de nouveau. Grande chaleur encore à Rome,
et ici air meilleur. Vous savez qu'à Rome j'ai pris une
habitation dans la maison de Tizzani[2]), ce qui fait que je me
trouve avec un excellent ami. J'espère autant pour la Villa
d'Este, si j'ai le bonheur de Vous avoir ici. Tivoli est à
Vos pieds, et une quantité de monde m'a chargé de Vous
présenter leurs respects.

L'évêque est à Monticelli *per cambiar aria*, et il y a
maintenant ici un évêque auxiliaire Mgr. Santini, évêque de
Rosea *in partibus*. Homme grave et gros, très instruit à ce
qu'on dit.

Pezzini m'a donné un petit concert, *la Tempesta*, etc., ce
qui a réussi à merveille.

Donc à revoir bientôt. Je prie tous les jours pour Vous,
et j'espère que Vous en ferez autant pour moi.

Veuillez agréer mes sentiments les plus affectueux de Votre

tout dévoué ami

Gustave C. d'Hohenlohe.

188. Camille Saint-Saëns.

6 octobre 1876.

Cher maitre,

Je n'ai pas besoin de vous dire avec quelle impatience
votre nouvelle œuvre était attendue, avec quelle joie elle a
été reçue[3]). Aussitôt que mes éditeurs sont revenus de voyage,
je leur ai communiqué vos propositions qui ont été acceptées

---

1) Berühmter italienischer Archäolog, beim vatikanischen Museum angestellt.
2) Ein blinder Monsignore.
3) Fantasie für Klavier über Saint-Saëns' »Danse macabre«.
Paris, bei Durand erschienen.

sans difficulté; vous n'aurez donc de ce côté aucun embarras.
Vous recevrez une lettre d'eux aussitôt que je leur aurai donné
votre manuscrit, que je garderai encore deux jours afin de
l'avoir bien complètement dans la mémoire. Vous avez fait
là un véritable chef-d'œuvre et je ne me lasse pas d'admirer
votre »inhabileté«. Comme à tout prendre, c'est d'une difficulté
très abordable, je ne doute pas que votre morceau n'ait un
succès prodigieux. Il y a si longtemps qu'on n'a publié à
Paris une nouvelle œuvre de vous!

Depuis notre dernière entrevue, j'ai fait connaissance avec
vos *cloches de Strasbourg*, une perle de plus dans votre écrin.
J'essaierai d'en faire une traduction, et je vous la soumettrai,
si vous le permettez, quand nous nous rencontrerons à
Vienne .. — .

Cher maitre, il m'est impossible de vous témoigner ma
reconnaissance, et personne ne pourra jamais vous rendre ce
que vous faites pour moi. C'est une tristesse de penser que
quoi qu'on puisse faire, on sera toujours ingrat envers vous.

A vous du plus profond de mon cœur.

C. Saint-Saëns.

189. Dr. Ludwig Haynald, Erzbischof von Kalocsa,

geb. 3. Okt. 1816 zu Szécsén in Ungarn, war 1842—46 theologischer
Professor in Gran, lebte dann in Rom, wurde 1867 Erzbischof von
Kalocsa, 1879 Kardinal und starb 4. Juni 1891. Er war ein hervor-
ragender Botaniker, ein naher Freund Liszts.

Hochwohlgeborener Herr!
Edelster, Verehrtester Maëstro!

Wie sich das sonderbar ausnimmt! Mein Name an einem
Liszt'schen Werke[1]! Wie ein nichtiges Schwalbennest an einem
Prachtgebäude.

Wie kommt der dazu? wird man sich fragen. Wollte der
erhabene Meister diesem Nipper in der Musik, diesem Ver-

---

1) Liszt hatte ihm seine »Heilige Cäcilie«, Legende für Mezzosopran mit Chor u. Orch., gewidmet. (Leipzig, bei Kahnt erschienen.)

gnügungszügler im himmlischen Reiche der Harmonien durch
die Zusammenstellung der Namen recht begreiflich machen,
welch' ein Nichts er dort ist, wo Liszt so wunderbar groß
erscheint?!

Nein! nicht das wollte das liebe, schöne Herz des edeln
Menschenfreundes, — der allwärts zu beglücken gewohnt ist.
Er liebt es, seinen treuen Verehrern ihre winzigen Freundlichkeiten mit großen Gegengaben, mit großen Ehren — die er
ihnen erweist — zu vergelten.

Und so that er's jetzt.

Herzlichen Dank für die liebe Gesinnung, für die übergroße
Ehre, welcher in mir nichts gleichkommt, als die Innigkeit,
die Tiefe, die Größe der Verehrung, welche für Liszt — den
ebenso großen Menschenfreund als Meister — fühlt

Ihr ganz ergebenster Diener und Freund

Dr. Ludwig Haynald

Pest, den 11/10 1876.

190. Marianne Brandt.

Berlin, Tempelhofer Ufer 3,
den 30. November 1876.

Mein lieber hochverehrter Meister!

Sie erinnern sich vielleicht noch eines Gesprächs in Bayreuth
über die *Jungfrau von Orleans*[1]) und die Möglichkeit, daß Ihre
ergebenste Dienerin Marianne Brandt das Glück haben könnte,

[1) »Jeanne d'Arc au bûcher«, dramatische Szene f. Mezzosopran
mit Orch. oder Pianoforte von Liszt. Mainz, bei Schott erschienen.

den vocalen Theil der Composition in einem Conzerte in Berlin
auszuführen! Nun kam also heute der kleine junge Capellmeister Manstädt[1], der gewesene Schüler von Ehrlich, zu mir
und frug, ob ich die Composition schon kenne oder in Händen
habe; er möchte sie gerne in seinem am 16. Dezember in der
Singakademie stattfindenden Symphonie-Conzerte aufführen. Ich
habe nun noch nichts davon gesehen, auch nicht von einer
Buchhandlung annoncirt, als neu erschienenes Opus, und versprach Hrn. Manstädt, mich sofort an meinen lieben Meister
schriftlich mit folgenden Fragen zu wenden:

1. Ist Ihnen überhaupt eine Aufführung der *Jungfrau* in
   Berlin recht und angenehm?
2. Sind die Stimmen schon im Stich erschienen und wo?
3. Würden Sie, lieber Meister, im Falle Sie die Aufführung
   gestatten, uns, falls es sonst noch nicht da wäre, das
   Manuscript dazu überlassen?
4. Ist auch Chor dabei? Dann müßte es auf später
   bleiben, da sein Chor noch nicht ganz so weit ist, um
   in der kurzen Zeit so etwas bringen zu können.
5. Sind Sie, theuerster Meister, noch der Ansicht, daß die
   ergebenst Unterzeichnete es zu singen fähig ist, ihrer
   geringen Begabung nach???

Da Hr. Manstädt von Sonntag an eine Conzerttour für
8 Tage unternimmt, so wäre eine umgehende telegraphische
Antwort an meine Adresse sehr erwünscht und erbeten.
Blos hauptsächlich wegen der Erlaubniß! Die Kapelle ist
nicht sehr fein, und Manstädt erst kurze Zeit Dirigent, deßhalb
wage ich nicht gerade zuzureden, aber er ist voll Eifer für
seine Sache, und Ehrlich würde ihm wohl an die Hand gehen.

Pinner gab unlängst ein gutes Concert und spielte auch
meistens sehr gut, aber er hatte keine Kritiker besucht und
nicht ganz gute Rezensionen davon; so grämte er sich sehr
und besucht mich gar nicht, vergräbt sich wie ein Maulwurf!
Ich glaube aber, daß es ganz gut ist, es spornt noch immer

---

1) Franz M. (geb. 1852) wirkte als Dirigent in Berlin, Mainz,
Wiesbaden.

mehr an! Er soll auch in demselben Manstädt-Conzerte ein Clavierconzert vom geliebten Meister spielen.

Ich schmiere schon alle Endseiten voll und schließe nun mit herzlichsten Grüßen, wegen meines Bittens und Bettelns mich entschuldigend, als des erhabenen Meisters treu ergebenste

M. Brandt.

Daß ich die *Cäcilie*[1]) nicht singen konnte, machte mich sehr traurig; wir hatten Montag *Tristan* und Dienstag *Euryanthe*, ich Eglantine. Gestern gedachte ich der Aufführung in Pesth!

191. Dieselbe.

Berlin, Tempelhofer Ufer 3, den 14. 12. 76.

Mein lieber hochverehrter Meister, nun habe ich Ihnen für den Augenblick die Mühe des Schreibens umsonst gemacht, denn für dieses Conzert ist es mir nicht gegönnt die *Jeanne d'Arc* zu bringen, da ich erstlich für den 16. Dez. in den *Meistersingern* zu singen habe, und für den 18., wohin Manstädt mir zu lieb das Conzert legen wollte, *Makkabäer*[2]) angesetzt sind. Doch, wenn nicht heute, so doch morgen, sagen nicht nur faule sondern auch fleißige Leute, und was im Dezember bei uns hier nicht geht, ist vielleicht im Januar möglich. Ich habe dann auch noch mehr Zeit die mir sehr schön in der Stimme liegende und ganz prachtvolle Scene noch besser zu studiren, als es jetzt in den paar Tagen möglich gewesen wäre, und hoffe einen großen Erfolg davon! In diesem Conzerte am 18. spielt nun Pinner Ihr Conzert, lieber Meister, in *A dur*, das ich leider nicht hören kann, der *Makkabäer* wegen! Noch lieber wäre mir, wenn ich die Scene in einem andern Conzert als dem von Manstädt bringen könnte, weil das Orchester der Symphonie-Kapelle noch nicht so vollkommen ist; unterdeß würden und

---

1) »Die heilige Cäcilie«, von Liszt.
2) Rubinsteins Oper.

werden wir uns alle Mühe geben, es so schön als unsere
Kräfte es erlauben zur Ausführung zu bringen. Es folgen nach
Neujahr noch drei Symphonie-Conzerte, und eines Tages werde
ich doch frei sein und singen können.

Ich war jetzt drei Tage in Düsseldorf, wo ich zwei Mal in
der Oper sang; wenn Pesth nur nicht gar so weit wäre, wo
man schon mehr als 3 Tage auf die Reise rechnen muß, —
ich möchte so gerne hinkommen! —

Tausend herzlichen Dank also für Ihren gütigen Brief,
lieber Meister, und die Bewilligung zur Aufführung! Was den
Text betrifft, so meinen wir, soll man nicht sagen: »mein
Frankreich habe ich befreit«, sondern: »mein Vaterland,
etc. etc. Das andere ist ja, als geschichtlich und durch
Schiller so populär geworden, nichts anstößiges für hier!

Kathi[1] grüßt und dankt für den Gruß, ebenso aufs herzlichste grüßt auch Frau von Schleinitz; Pinner sah ich seitdem
nicht! Vor Allen grüße ich meinen verehrten Meister, danke
und küsse seine lieben Hände tausendmal, wünsche ein schönes
Weihnachtsfest und bin und bleibe verehrungsvoll ergebenst
Seine

M. Brandt.

192. Leopold Damrosch,

Dr. med., geb. 22. Okt. 1832 in Posen, gest. 15. Febr. 1885 zu New
York, wo er, der als Violinist der Weimarer Hofkapelle angehört
hatte, seit 1871 als Dirigent und Komponist tätig war.

New York, Januar 20. 77.
331 E. 17th Str.

Hochverehrter Meister und Freund!

Vor zwei Tagen erhielt ich Ihr neues Werk[2], durch dessen
Zusendung Sie mir eine Ehre zu Theil werden lassen, für die
ich mich Ihnen nicht dankbar genug erweisen kann. Daß man

---

1) Gattin des Hofkapellmeister Eckert in Berlin.
2) »Le triomphe funèbre du Tasse«. Epilog zur symphonischen
Dichtung »Tasso, Lamento e trionfo« für großes Orchester. Leipzig,
Breitkopf & Härtel.

zunächst im Kreise der *Philharmonic Society* Ihre Composition
mit Jubel aufnehmen wird, ist gewiß; ebenso selbstverständlich, daß ich es an persönlicher Bemühung nicht fehlen lassen
werde, dem Werke durch möglichst beste Ausführung die ge-
bührende Anerkennung in weiten Kreisen zu verschaffen. Leider
ist dasselbe zu spät eingetroffen, um es noch in unserem nächsten, Mitte Februar stattfindenden Concert aufzuführen, für
welches die Arrangements lange vorher festgestellt und nicht
abänderlich waren. Im März indessen soll der *Triomphe funèbre*
in New York seinen Einzug halten, und ich werde nicht verfehlen, Ihnen Programm und genauen Bericht hierüber unmittelbar abzustatten .. —.

Sie, hoher Meister, waren mein Täufer, die Wellen der Ilm
haben mich umspült, und die Sonne Weimars glühte mir ins
Herz hinein. Da zuerst schlürfte ich am Quell wahren Lebens,
und wie weit Geschick und Lebensnöthe mich abseits führen mögen
— jenen Trank vergesse ich nie, und immer wieder suche ich
den Quell, der mich so oft erlabte, die Sonne, die so strahlend
herabschien, den Meister, der mich weihte und — die Jugend,
die so edel träumte!

In diesem Sinne, theurer Meister und Freund, sendet Ihnen
herzliche und dankbarste Grüße

Ihr treu ergebener

Leopold Damrosch.

193. Ingeborg von Bronsart, geb. Starck,

geb. 24. Aug. 1840, Gattin Hans v. Bronsarts, Schülerin Liszts, ist
als Pianistin sowie als bisher einzige dramatische Komponistin
Deutschlands hervorgetreten.

Hannover, den 11. März 77.

Hochverehrter Meister!

Vor einigen Tagen ist die Entscheidung gekommen, daß
die Tonkünstler-Versammlung hier stattfinden wird. Wir sind
schon sehr glücklich bei dem Gedanken Sie bei uns im Früh-

jahr wiederzusehen, und hoffentlich gelingt es uns, Sie recht
lange festzuhalten. Wann dürfen wir Sie erwarten?

Mein Mann hat leider keine Zeit gefunden, die von Ihnen
gewünschten Variationen für 2 Claviere zu setzen. Ich möchte
aber die Bitte an Sie richten, mit mir Ihr *Concerto pathétique*,
für welches ich sehr schwärme, zu spielen. Es ist eine wunder-
volle Composition und mir unendlich sympathisch; für eine
zweite »zweiclavierige« Nummer würden Ihnen die Variationen
von Saint-Saëns über ein Thema von Beethoven (Menuett aus
der *es-dur* Sonate) vielleicht nicht unzweckmäßig erscheinen?
Mit Bülow habe ich sie neulich gespielt, und wir fanden sie
gut gearbeitet und sehr gut klingend.

Bülow ist in diesem Augenblick in Berlin bei Bechstein[1];
doch erwarten wir ihn in einigen Tagen zurück. Seine hiesige
genaue Adresse ist: Marienstraße 8 (Haus Strohmeyer).

Mein Mann hat jetzt sehr viel zu thun, denn die *Faust*-
Aufführung[2] steht vor der Thür. Zu den beiden ersten Cyclen
(17. bis 20. d M., und 2. bis 5. April) sind bereits alle Plätze
vergriffen; es wird wohl später noch ein dritter Cyclus stattfinden. Lassen kommt schon morgen her.

Gegen Schluß Ihres Concertes, Seite 31, gefällt mir die
breite schöne Cantilene so sehr, daß mir ihre Unterbrechung
nach 16 Tacten immer leid thut. Bülow, mit dem ich, beim
Spielen des Concertes, dies besprach, theilte diese Empfindung
und machte auf meine Bitte den Versuch, den Schluß in un-
unterbrochenem Melodiestrome zu gestalten, ohne an der thema-
tischen Aufeinanderfolge und dem ganzen Aufbau irgend etwas
Wesentliches zu ändern, so daß mir das Ganze jetzt fast noch
»Lisztischer« zu sein scheint, als es gewesen. Sie werden ja
Selbst bei Ihrem Hiersein entscheiden, ob Sie es so oder in
der ursprünglichen Fassung mit mir zu spielen wünschen[3].

Mein Mann, die Kinder und ich, wir senden Ihnen die herzlichsten Grüße, und freuen uns unbeschreiblich auf Ihren lieben

1) Carl B., sein »Beflügler«.
2) Mit Musik von Lassen.
3) Liszt schenkte der Änderung Bülows derart seinen Beifall,
daß er dieselbe in den Neudruck seines Werks aufnahm.

Besuch. Es bittet um ein gütiges Wort der Entscheidung, unser Programm betreffend, Ihre Sie hochverehrende und dankbare

194. Ferdinand Peter Graf Laurencin,

Dr. phil., Musikschriftsteller. geb. 15. Okt. 1819 zu Kremsier in Mähren, gest. 5. Febr. 1890 in Wien.

Hochverehrter Meister!

Gestatten Sie einem Ihrer wahrhaft Getreuesten den schriftlichen Ausdruck dreier Bitten! Ich hätte Ihnen wol unschwer diese mich bedrängende Trias, die sich für mich — als incarnirtem Hegelianer — zu einer Monas gestaltet, mündlich stellen können. Allein ich fühlte mich zu bewegt und beklommen. Das Warum dieser Stimmung ist — nach den machtvollen Vorausgängen Ihrer vorgestrigen nachschaffenden, und nach jenen Ihrer heute vernommenen schöpferischen Großthat mühelos einzusehen. Jetzt aber fühle ich mich etwas ruhiger, und wage es, Ihnen die Grundpfeiler meines an Sie gerichteten *suscipe deprecationem meam* unverhohlen auszusprechen. —

Die erste Bitte schließt sich in dem Wunsche Ihrer baldigen Wiederkehr nach jener Stelle, die mit mir so Mancher seine liebe Heimat nennt, zusammen. Zählt auch Wien — nach Ihrem Ermessen und Erfahren — vielleicht nur wenige »wahrhaft Gerechte« nach Ihrem Sinne, die mit jenem künstlerischen Allgeiste gleichzeitig fortschwimmen und fortströmen, den zu propagiren Ihr Wille und Ihre That von jeher war, ist und bleibt: so wollen Sie bedenken, verehrter Meister, daß diese Wenigen vielleicht schwerer wiegen als die Vielen. Folgen Sie nach diesem Einblicke dem Willen des größten Menschen, der je gelebt und gewirkt, und dem die Kant'sche »Kategorie der Quantität« Null, jene der »Qualität« aber Alles

und Höchstes war, und der da gesagt hat: »wo Zwei in
meinem Namen versammelt sind, da bin ich mitten unter
ihnen«. Und fürwahr! Mehr als zwei zählen wol Sie und
Ihre Großthaten unter Ihre Anhänger. Also: baldigste Wiederkehr Meister Liszt's zu seinen Schülern und Verehrern im Geiste
und in der Wahrheit! —

An diese Bitte schließt sich innerlichst notwendig die zweite:
erschließen Sie uns, wiedergekehrt, jene Schätze, die nur durch
Sie auf würdige Art gehoben werden können. Ich meine
jene Schätze, die da ruhen in des Großen und Einzigen Op. 106,
109, 110, 111, 120, und in all Jenem, was diesen Schätzen
das Werde geboten. Hiermit meine ich wieder die Werke des
großen Propheten des vergangenen Jahrhunderts, des johanneischen
Vorläufers jenes Beethoven-Christus, genannt Johann Se-
bastian Bach. —

Die dritte und Schlußbitte ist: eröffnen Sie uns endlich den
langersehnten und langentbehrten Himmel Ihres eigenen
Schöpferwaltens! Machen Sie Ihre 12 Symphonica, machen
Sie »Dante«, »Faust«, die »Concerte«, die »Psalmen« und
weitere *Musica ecclesiastica* Ihres Genius uns endlich lebendig,
auf daß nicht bloß unser Partiturkennerauge sie schaue und
in ihren hehren Wundern schwelge und schwärme, sondern
daß dies Schöne und Hehre endlich lebend vor und in uns
aufblühe und Wurzel fasse! —

Dies als tiefgefühltes, hoffentlich nur kurzes *Vale et fave*
Ihres alten, treuen und wahren Verehrers

Laurencin

Wien am 18. 3. 1877 unter dem Machteindrucke der »Missa
choralis«-Klänge wie jener des durch Sie neugeschaffenen Op. 73
und 80 Beethovens geschrieben.

195. Ludwig Nohl.

Nur für Sie, mein theurer Meister, am heutigen Gedenktage[1]) ein Wort, und zwar des Dankes und der Freude.

Das kurze Sein mit Ihnen hob mich, nicht etwa aus gewöhnlichem Mißmuth, nein aus voller innerer Bedrückung zu neuem Vertrauen empor . . — .

Der Aufenthalt in Wien[2]) hat vieles gut gemacht, neue Eindrücke des Lebens und des Ideals erzeugen neuen Lebensglauben.

Von dem Beethovenfest rede ich nicht, das war für andere Verfassungen als die meine in diesem Moment. Die *Walküre*, selbst in dieser Aufführung, verfehlte ihre Wirkung nicht, Wotans Abschied gibt mehr Muth und Lust zu leben als alle Dinge dieser Welt, welch ein Lebensreichthum in dieser wehmuthvollen Entsagung allen Glückes! Und dann die Erfahrung in der Kirche am Hof. Ich weiß nicht wie mir seitdem ist, ich bin in gewissen Dingen wieder zuversichtlicher geworden. Wo ist das Positive, das uns aus dieser fürchterlichen sozialen Zersetzung rettet? Verbürgt dieses Bayreuth dem Culturleben Sinn und Halt, so führt solche innere Feier, wie in dieser Missa choralis, aller menschlichen Existenz, der höchsten wie der einfachsten, die nächste Grundlage wieder zu. Man blickt in seltene Perspectiven und mag ruhiger um die Zukunft werden, wo ihr solche vorhaltende Lebenssubstanz gereicht ist.

Ich mußte das sagen und heute am ehesten. —

Und wenn ich nach solchen Objecten noch einmal auf klein Persönliches kommen darf, — »von allen Göttern mein einziger Freund«, ich weilte wieder einmal in jener einzigen Sphäre, die bei ihrer königlichen Höhe dennoch die volle Wärme des Lebens hat, — erhalten Sie mir, ich bitte darum, Ihre Freundschaft und Güte, sie ist mir ein Lebensbesitz.

Ihr treu ergebener   L. Nohl.

Heidelberg, den 26. März 1877.

Unserm großen Meister in Bayreuth meinen ergebungsvollen Gruß.

---

1) Beethovens Todestag.
2) Liszt hatte am 16. März in einem Konzert zum Besten des in Wien zu errichtenden Beethoven-Denkmals gespielt.

196. Leopold Damrosch.

New York, März 27. 77.
331 E. 17ᵗʰ Str.

Hochverehrter, theurer Meister und Freund!

Wie Sie aus beifolgendem Programm ersehen werden, ist
nun Ihr *Triomphe funèbre du Tasse* bei uns zur Aufführung
gekommen und hat, wie ich glücklich bin hinzufügen zu können, einen tiefen Eindruck gemacht, ja geradezu erschüttert.
Ich, und mit mir die Musiker des Philharmonischen Orchesters,
müssen Ihnen zu tiefstem Danke verpflichtet sein, daß Sie
uns ein so bedeutsames Werk zur ersten Aufführung anver-
trauten; aber ich darf auch annehmen, daß Sie von derselben
befriedigt gewesen sein würden. Könnte man Sie doch, für
eine Zeit wenigstens, hier haben! Es wäre ein Segen für dies
Land, welches zum ersten Male den vollen Eindruck eines
Genius empfangen würde!

Um auf das Concert zurück zu kommen, so hatte ich dem
Triomphe funèbre den *Lamento e Trionfo* vorangehen lassen,
von der Ansicht ausgehend, daß beide doch zusammengehören
und das spätere Stück nur durch seine Association mit dem
früheren zum vollen Verständniß gelangen kann. Ob ich darin
Ihren Intentionen entsprochen habe, würde ich gerne erfahren.
Trotz des fortreißenden Schwungs des *Lamento e Trionfo*,
nach welchem sich der Beifall des Publikums nicht legen
wollte, behauptete doch der *Epilogue* seine wuchtige Macht,
und nur für den oberflächlichen Hörer konnte in der Aufeinanderfolge beider Stücke ein Anti-Climax vorhanden zu sein
scheinen.

Nochmals, theurer Meister, herzlichen Dank für die Freude
und Ehre, die Sie mir bereitet haben, und die Bitte, mir irgend eine Gelegenheit zu geben, mich dankbar zu erweisen.
Möchte es mir vergönnt sein, noch vielen neuen Schöpfungen
Ihrer Feder als Dolmetscher dienen zu dürfen!

Ich erlaube mir, Ihnen mit den Programmen zugleich einige
»Kritiken« aus den gelesensten hiesigen englischen und deut-

schen Zeitungen zu übersenden. Wie wenig dergleichen auf
sich hat, wissen Sie besser als ich, und ich brauche Ihnen
nicht zu sagen, daß die amerikanische Presse nicht gerade
idealer ist, als die europäische. Immerhin werden Sie in den
überschickten Ausschnitten den guten Willen erkennen, einer
neuen Erscheinung gerecht zu werden. Das Beste ist zuletzt
doch immer nur für Wenige vorhanden! Aber über unser
Auditorium hätten Sie sich gefreut — das hat wahrlich eine
bessere Physiognomie, als die gepriesenen und gefürchteten
»klassischen« deutschen! An Stelle der Pedanterie, Blasirtheit
und Vornehmthuerei haben wir doch hier Unbefangenheit,
Frische und ernstes Bestreben nach Erweiterung des Horizonts!
— — Allerdings auch hier sind wir weit entfernt vom »Paradies«
— — entsetzt und verdüstert muß man unglaublich elenden Dingen zuschauen und schweigen! Indessen kann man doch mit
Ernst fortarbeiten und mit dem Bewußtsein sich trösten, daß
eines Tages der Same aufgehen muß, den man ins Erdreich
gesenkt hat! —

Gott erhalte Sie, theurer Meister, gesund und schaffensfroh!

In treuer Liebe ergeben

Ihr

Leop. Damrosch.

Meine Frau, die mir nicht genug von dem tiefen Eindruck
Ihres *Triomphe funèbre* zu sagen wußte, bittet mich, sie Ihnen
zu empfehlen und herzlichste Grüße in ihrem Namen hinzuzufügen.

197. Hans von Bronsart.

Hannover, 29/3 77.

Mein hochverehrter Meister!

Wie ich Ihnen bereits telegraphirte, ist Bülow heute Nach-
mittag 4 Uhr nach Arcachon abgereist, um seine fast erblin-
dete Mutter zu besuchen, und sie womöglich zu der nothwendigen Operation zu überreden. Er gedenkt dann mit ihr noch

bis gegen Mitte Mai nach der Schweiz zu gehen, wahrscheinlich nach Bex, was ihm Schaper[1] sehr empfohlen, und hofft
zu Pfingsten Sie hier zu begrüßen. Er ist zwar noch nicht
völlig genesen, aber doch so viel wohler, daß Schaper die
Reise nach Arcachon für unbedenklich hielt. Ueberhaupt hat
sich in den letzten Monaten sein Zustand so erfreulich gebes-
sert, daß eine Herstellung, soweit man überhaupt in solchem
Lebensalter und nach so bewegtem Leben von vollkommener Gesundheit reden kann, mit Sicherheit zu erwarten ist. Schonung
und Vorsicht wird dann freilich unerläßlich sein um einen
Rückfall zu vermeiden, aber unser theurer Freund wird doch
der Kunst wiedergegeben werden, und dieselbe ungehindert
ausüben dürfen, wenn nicht alle ärztliche Voraussicht trüge-
risch ist.

Auf Schapers Wunsch hat Bülow noch Dr. Westphal in
Berlin consultirt, eine der ersten Autoritäten für Gehirnleiden,
und derselbe hat das gleiche gute Prognostikon gestellt.

Bülow hat mir beim Scheiden noch die innigsten Grüße an
Sie aufgetragen; er denkt sehr lebhaft daran, Ihrem Rufe an
das Conservatorium zu Pest zu folgen, und bat mich, Ihnen
davon zu schreiben.

Inga dankt Ihnen herzlich für Ihren gütigen Brief; sie ist
natürlich sehr beglückt durch Ihren Wunsch, *Jery und Bätely*[2]
bei der Tonkünstlerversammlung aufgeführt zu sehen, und ich
gebe demselben gern Folge, sobald Cornelius' *Barbier* nicht
länger, als gegen zwei Stunden dauert.

Hier wird vielfach der Wunsch laut, Ihre *Elisabeth* bei
der Tonkünstlerversammlung zu wiederholen, zumal nun der
Christus nicht aufgeführt werden soll. Wie denken Sie
darüber?

Unsere *Faust*-Aufführung hat einen ganz unerhörten Erfolg
gehabt, und ich habe wieder gesehen, daß das Publicum doch
folgen kann, wo ihm eine wirklich bedeutende Aufgabe gestellt wird.

---

1) Arzt.
2) Oper von Frau v. Bronsart.

Daß ich an die *Nibelungen*-Tetralogie nicht gehen soll, bedaure ich aufrichtig; es wäre das in der That eine unsrer Bühne würdige Aufgabe gewesen. Da die diesjährige Aufführung in Bayreuth unterbleibt, so fürchte ich, wird die Genehmigung zur Aufführung des ganzen Werkes nur um so weiter vom Komponisten hinausgeschoben werden, da es ja seine Absicht war, es in Bayreuth noch in vollkommenerer Weise aufzuführen, bevor es andern Bühnen anvertraut würde. Ob die Einzelaufführungen der *Walküre* — wie in Wien — die Chancen für die dereinstige Gesammtaufführung erhöhen, möchte ich bezweifeln. Meiner Ansicht wäre es künstlerische Ehrensache Berlins, nun endlich einmal mit solcher Aufgabe unter Aufbietung aller Kräfte Deutschland voranzugehen. Mir ist in diesem Punkte mein Herr Chef, Excellenz von Hülsen, ein vollständiges Räthsel! Als er mir vor Jahren eröffnete, ich dürfe die *Meistersinger* nicht eher geben, als bis die Genehmigung für alle Königl. Preuß. Bühnen zusammen ertheilt sei, sagte ich ihm: »Geben Sie die *Meistersinger* sobald als möglich, denn geben müssen Sie das Werk doch, trotz allen Sträubens.«. — .

Für heute ein herzliches Lebewohl und tausend innige Grüße! Wir freuen uns schon unaussprechlich auf den wunderschönen Monat Mai, der uns den so hochverehrten und innig geliebten Meister wieder bringen soll! Es sagt Ihnen ein frohes auf Wiedersehen! Ihr dankbarer und treuergebener Schüler

Hans v. B. II.

198. Henry Viotta,

geb. 16. Juli 1848 zu Amsterdam, Schüler des Cölner Konservatoriums, ist Dr. jur., wurde in seiner Vaterstadt Dirigent des 1883 von ihm gegründeten Wagnervereins und anderer Vereine. Er betätigte sich als Komponist und Musikschriftsteller. Gegenwärtig ist er Direktor des kön. Konservatoriums im Haag.

Amsterdam, 29ten März 77.

Hochverehrter Herr und verehrungswürdiger Meister!

Vor ungefähr vierzehn Tagen war ich so frei Ihnen zu schreiben. Da ich aber nicht weiß, ob Sie den Brief erhalten haben, erlaube ich mir, den Inhalt desselben zu wiederholen.

»Im Monat Mai dieses Jahres gedenke ich hier in Amsterdam ein großes Lisztconcert zu geben. Es war schon längst meine Absicht dies zu thun, denn von vielen Seiten wurde zu wiederholten Malen der Wunsch ausgesprochen, man möchte doch wieder einige Ihrer Werke zu Gehör bringen. Oft hat man sich mit diesem Wunsch zu mir gewandt, weil man weiß, wie sehr ich für Ihre erhabenen Werke schwärme. Bis jetzt aber hatten mich meine Rechtsstudien verhindert, die Kunst, die ich im Stillen fleißig studirte, öffentlich auszuüben. Doch jetzt sind meine Studien vollendet, ich will mich wieder ganz der Kunst widmen, und glaube nun meine Laufbahn nicht besser anfangen zu können als durch die Aufführung einiger Werke des Meisters, den ich und meine Landsleute so hoch verehren. Ich habe mir das Programm so gewählt, daß die Hauptgattungen Ihrer Werke fast alle vertreten sind. Es lautet vorläufig: 1. Symphonische Dichtung und Chöre zu Herders *Prometheus*; 2. Einige Klavierwerke; 3. *Mazeppa* (oder vielleicht *Die Ideale*); 4. Lieder; 5. Psalm XIII für Tenorsolo, Chor und Orchester.

Nun habe ich eine große Bitte auf dem Herzen, wage es aber kaum sie auszusprechen. Ich möchte Sie, verehrtester Meister, bitten zu diesem Concerte herüber zu kommen und ... demselben durch Ihre Mitwirkung einen höheren Glanz zu verleihen, es sei daß Sie entweder Ihre Werke dirigirten, oder einige Ihrer Klavierwerke spielten. Glauben Sie, daß kein Opfer mir zu schwer sein würde, um Ihre Mitwirkung zu erlangen.

Zwar weiß ich nicht, ob Sie nicht Ursache haben, mir die Einstudirung Ihrer Werke nicht anzuvertrauen, denn Sie kennen mich kaum, und nur dem Namen nach. Es ist also eine große Freiheit, die ich mir erlaube. Die Erinnerung aber an die Freundlichkeit, mit der Sie allen jungen Musikern immer begegneten, giebt mir auch jetzt den Muth bei Ihnen anzuklopfen. Daß die Anwesenheit des Meisters, dessen Werke ich von Jugend an so fleißig studirt habe, von größter Bedeutung für mich und für mein Streben in dieser Richtung sein wird, brauche ich Ihnen gewiß nicht zu sagen; noch weniger aber, daß die Mitwirkung des Meisters das Concert erst zu einem wahren Musikfeste machen wird. Man sehnt sich hier Liszt zu sehen und Liszt zu hören. Sie waren ja so selten hier, und sind doch so herzlich willkommen. Wäre es nicht möglich, daß Sie mir und Allen, die für Ihre Kunst schwärmen, diese Bitte gewährten?

· Der Tag des Concertes ist noch nicht bestimmt, Sie können sich also für Ihren Aufenthalt in Amsterdam aus dem ganzen Monat Mai einige Tage auswählen. Auch das oben genannte Programm ist nur provisorisch; wollen Sie lieber, daß andere Werke von Ihnen aufgeführt werden, so ist dasselbe leicht zu ändern.‹

Das war ungefähr der Inhalt des Briefes, den ich so frei war Ihnen zu schreiben. Schließlich bat ich Sie um Nachricht für meine Zeilen und eine wo möglich günstige Antwort. Dieselbe Bitte wiederhole ich heute. Neulich stand in einer deutschen Zeitung geschrieben, daß Sie nach Holland kommen. Als ich dies las, sagte ich zu mir: *accipio omen*!

In treuer Verehrung Ihr ergebenster

Henry Viotta

Adresse: Singel, Amsterdam.

P. S. Eine Abschrift dieses Briefes schicke ich nach Weimar, da ich trotz Erkundigungen nicht genau weiß, wo Sie sind. —

199. Vera Timanoff,

russische Pianistin von Ruf, geb. 18. Febr. 1855 in St. Petersburg. woselbst sie lebt. Schülerin Tausigs, Rubinsteins, Liszts, ist sie Großherzogl. Sächsische Hofpianistin.

Cher et adoré Maître!

Je viens Vous importuner par ces quelques lignes pour Vous demander la permission de venir Vous rejoindre à Weimar, où je tâcherai de ne pas Vous rendre mécontent de moi. Je suis à Pétersbourg depuis huit jours, et je fais encore la paresseuse, tellement je suis fatiguée de mon séjour à Paris. J'y ai donné un concert avec beaucoup de succès, et je suis engagée à jouer au Châtelet et au concert populaire l'hiver prochain. A Cologne, au *Gürzenich*, le Concerto de Rubinstein a aussi produit un très grand effet. Et maintenant que j'ai tous ces concerts par-dessus la tête, j'espère, mon cher Maître, que Vous ne me refuserez pas le bonheur de passer quelque temps auprès de Vous. Je n'ose pas Vous demander de m'écrire un petit mot; mais en cas que Vous veuillez me faire cette joie, je Vous prie d'adresser Votre lettre à Monsieur Bessel [1]) (Perspective de Newsky 58).

En attendant le bonheur de Vous revoir, mon cher Maître, je baise mille fois Vos mains et je me dis Votre respectueusement devouée

Vera Timanoff

Ce 9 Avril [1877].

---

1) Musikverleger.

200. Theodor Kullak,

hervorragender Pianist und Musikpädagog, geb 12. Sept. 1818 in Krotoschin, gest. 1. März 1882 zu Berlin, Gründer des Sternschen Konservatoriums und der »Neuen Akademie der Tonkunst« daselbst.

Hochverehrtester Meister,

Der Ueberbringer dieser Zeilen ist einer meiner talentvollsten Schüler, Herr Jean Louis Nicodé[1]). Bei dem letzten Prüfungsconcerte meiner Academie ist ein Scherzo für Orchester von ihm auf das Beifälligste aufgenommen worden. Der höchste Wunsch des Componisten ist, Ihnen dasselbe vorlegen und widmen zu dürfen! Seine Verehrung für Sie ist unbegrenzt. Sie würden mich dankbar verpflichten, wenn Sie dem jungen talentvollen Künstler eine freundliche Aufnahme zu Theil werden lassen wollten; es würde für ihn großer Sporn sein.

Mit der Versicherung meiner unbegrenzten Verehrung

Ihr ergebenster

Th. Kullak.

Berlin, 22. April 1877.

201. Berthold Kellermann,

Pianist, Dirigent, Musiklehrer, geb. 5. März 1853 in Nürnberg, Schüler Liszts, lehrte 1875—76 an Kullaks Akademie, 1876—77 am Sternschen Konservatorium in Berlin. Auf Liszts Empfehlung kam er 1878 zu Wagner, dessen Kinder er unterrichtete; zugleich leitete er die Orchesterkonzerte des Bayreuther Musikvereins. Seit 1882 gehört er den Lehrkräften des Münchner Konservatoriums an. In einer selbstlosen Lisztpropaganda erblickt er die Aufgabe seines Lebens.

Innigst hochverehrtester, theuerster Meister!

Vor allem bitte ich Sie herzlichst, mir nicht übel zu deuten, daß gerade ich, als einer ihrer jüngsten und unerfahrensten

---

1, Komponist (geb. 1853), lehrte an Kullaks Akademie (1871—78) und begründete in Dresden 1885 die von ihm noch unlängst geleiteten »Nicodé-Konzerte«, sowie einen eigenen Chor.

Schüler, es gewagt habe, die Idee zu fassen, Ihren *Christus* hier aufzuführen.

Ich konnte nicht anders. Mein hohes Ideal, welches mich seit der ersten Aufführung in Weimar durchglühte, drängte mich nach seiner Verwirklichung, vereint mit der tiefsten Empörung darüber, daß hier für Ihre Musik so wenig geschieht, am Wenigsten von Denen, die Ihnen am Meisten Dank schulden.

Der Weg, welchen ich betreten habe, schien mir der einzige zu sein, auf dem ich zum Ziele meines heißen Sehnens gelangen konnte: Ihnen, theuerster Meister, einen Beweis meiner innigsten Dankbarkeit und höchsten Verehrung geben zu können, obgleich dieser nur schwach ist im Vergleiche zu dem, was ich fühle, und zu all' der unendlichen Güte, mit welcher Sie mich so hoch beglückt haben.

Ich habe es gewagt und bitte Sie inständigst, zu glauben, daß es keine andern Motive waren, welche mich leiteten, als die angeführten. —

Die Generalprobe findet am 11., die Aufführung am 12. Mai in der Singakademie statt.

Daß es so spät wird, bis ich das Concert ermöglichen kann, hat seinen Grund darin, daß mir von keiner Seite irgend welche Unterstützung zu Theil geworden ist, und daß ich in Folge dessen, auf mich allein angewiesen, die großen Schwierigkeiten, welche sich mir entgegenthürmten, nicht eher überwinden konnte, obwohl ich schon im Januar mit den Proben begonnen habe.

Auch daß ich Ihnen, theuerster Meister, nicht eher mein Vorhaben mittheilte, war eine Folge davon, daß mich die immer mehr anwachsenden Schwierigkeiten und Sorgen und Gehässigkeiten von Seiten der »Collegen« am Zustandekommen fast verzweifeln ließen und ich es deßhalb nicht wagte, an Sie mit etwas Unfertigem hinanzutreten. Ferner auch wollte ich den Schein meiden, als hätte mein frühzeitiges Schreiben einen anderen Grund. —

Zum Schlusse wage ich noch eine Bitte auszusprechen, deren Erfüllung mich nicht blos überglücklich machen würde, sondern die mich und alle Mitwirkenden, die ihre Bitte mit der meinigen vereinen, hochbegeisterte: die Bitte, daß Sie, theuerster Meister, an der Aufführung Theil nehmen.

Verzeihen Sie mir, wenn meine Bitte das Maaß des Zulässigen überschreitet, aber schon der Gedanke an die Möglichkeit ihrer Erfüllung zeigt mir einen Himmel voll Glückseeligkeit.

Indem ich mir noch, theuerster Meister, Ihren Segen zu meinem Unternehmen erflehe, mit der innigsten Bitte, bin ich in tiefster Ehrfurcht Ihr dankbar und verehrungsvollst ergebenster

Berthold Kellermann

Berlin, den 28. April 77.
Louisenstr. 31ᵃ

202. Xaver Schwarwenka,

Pianist, Komponist, geb. 6. Jan. 1850 zu Samter, trat nach Absolvierung von Kullaks Akademie in Berlin 1868 in dieselbe als Lehrer ein und begründete 1881 ein eigenes Konservatorium, das 1893 mit dem Klindworths vereinigt wurde. Ein mehrjähriger Aufenthalt in New York unterbrach seine Berliner Tätigkeit, doch nahm er dieselbe 1899 wieder auf. Er ist österreichischer Hofpianist.

Berlin, 2. Mai 1877.

Hochverehrter Meister.

Mit Stolz und aufrichtiger Freude habe ich das liebenswürdige Billet gelesen, welches mir den Beweis gab, daß Sie sich meiner noch erinnern — war ich doch in Ungewißheit, ob Sie, hochverehrter Meister, die Zueignung des Concertes[1] nicht übel aufgenommen haben könnten, da ich Ihre zustimmende Antwort nicht abgewartet habe.

Es gereicht mir zur größten Freude und Ehre das Concert auf der Tonkünstler-Versammlung vortragen zu können, und

---

[1] B-Moll.

ich darf wohl in erster Reihe Ihnen, der Sie dem Werk ein freundliches Wort geredet haben, meinen wärmsten Dank abstatten.

Indem ich mich Ihrer ferneren Geneigtheit empfehle, bin ich mit höchster Verehrung und Hochachtung

Ihr ergebenster

Xaverscharwenka

203. Ludmilla Fürstin Beauvau, geb. von Komar.

Ce 26 Mai [1877?], Paris,
9 Rue Vézelay.

Monsieur l'Abbé.

Si j'ose me rappeler à votre souvenir, en vous adressant une prière, c'est parce qu'elle se rapporte à une mémoire vénérée et à une douleur à laquelle vous avez pris, j'en suis sûre, une part sérieuse. Ma pauvre sœur Potocka[1]) dont un billet de deuil a dû vous annoncer la fin, a vu si souvent, dans ces dernières années, l'attention du public attirée sur elle, par les paroles qui la concernent dans votre livre sur Chopin, que l'unique volume qu'elle possédait n'a cessé de passer de mains en mains. Maintenant qu'elle n'est plus, tout le monde en cherche un exemplaire; l'empereur du Brésil[2]) entr'autres a témoigné à ce sujet un désir si vif à la P^sse Marguerite d'Orléans Czartoryska, qu'il a été impossible à notre

---

1) Delphine Gräfin P., eine der bevorzugtesten Freundinnen Chopins aus der in Paris lebenden polnischen Aristokratie,, der sein F-Moll-Konzert gewidmet ist. In seinem Buch »F. Chopin« schildert Liszt, wie der Gesang der Gräfin noch die letzten Leidensstunden des Sterbenden verklärte. (Deutsche Übersetzung von La Mara, 2. Aufl. S. 210 und 211.)

2, Dom Pedro II. (geb. 1825), seit 1840 regierend, 1889 gestürzt.

famille de ne pas se dévouer en cette occasion, et de ne pas
lui offrir ce volume, doublement précieux à cause de vous et
de celle qui l'a possédé. Mais je ne puis croire que si cela
vous est possible, vous ne vouliez pas nous dédommager de
ce sacrifice, et si un exemplaire vous restait encore, que vous
ne nous le destiniez, soit en l'offrant directement à l'Empereur
du Brésil, qui nous rendrait le nôtre, soit en nous permettant
de le tenir de vos mains.

Je voudrais m'étendre bien longuement en excuses sur mon
importunité et ma hardiesse, mais je suis sûre que d'avance
vous m'avez pardonné et qu'en souvenir de celle qui n'est
plus, vous voudrez bien agréer, avec bienveillance, l'hommage
de ma bien ancienne admiration et de mon bien constant
dévouement.

Je vous adresse mes excuses de n'avoir pu écrire moi-même
à cause d'un mal d'yeux sérieux[1].

204. Franz von Holstein,

Komponist, geb. 16. Febr. 1826 zu Braunschweig. ursprünglich
Offizier. dann Schüler Moritz Hauptmanns. lebte. mit seinen Opern
besonders erfolgreich, in Leipzig, wo er 22. Mai 1878 starb.

Leipzig, d. 5 6 77.

Hochgeehrter Herr!

Bis ich Gelegenheit finde, Ihnen mündlich meinen innigsten
Dank auszusprechen, gestatten Sie mir, es vorläufig durch
diese Zeilen zu thun! Wenn es möglich war, den Werth Ihres
gütigst mir übersandten großartigen Werkes[2] für mich noch
zu steigern, so geschah es durch Hinzufügung Ihrer eigen-

---

1 Nur die Unterschrift und Nachschrift sind eigenhändig.
2 Das Christus-Oratorium.

händigen Dedikation, deren Bedeutung ich zu schätzen weiß und die mich noch ganz besonders beglückt!

In ausgezeichneter Hochschätzung

Ihr dankbarst ergebener

205. Kardinal Gustav Hohenlohe.

Villa d'Este, 12 Juin 77.

Cher ami,

Sachant bien que Vos correspondances sont nombreuses, et que Vous avez toujours beaucoup d'occupations, je n'ai pas osé Vous déranger par mes lettres peu intéressantes. Cependant je ne puis résister au désir de Vous donner de temps en temps un signe de vie, et surtout de mon amitié, qui ne cessera jamais, et si le bon Dieu dans sa miséricorde me fait la grâce de me recevoir au Ciel, je prierai aussi là-haut pour Vous; je pense que Vous vivrez plus longtemps que moi, et que Votre vie soit encore riche en consolations, et que Vous puissiez encore terminer toutes Vos grandes œuvres. Pour moi, je ne désire rien de plus que de Vous revoir ici; Vous savez que aussi longtemps que les héritiers du Duc de Modène me laissent la Villa d'Este, Vous êtes toujours le maître ici à cette même Villa [1]).

Après les solennités magnifiques du Jubilé du St. Père, je me suis permis de venir à Tivoli, après avoir été trois mois à Rome. J'ai besoin de boire l'eau de Carlsbad, que j'ai fait venir ici, et puis je prendrai les bains, *acque Albule.*

---

[2]) Sie war dem Kardinal auf Lebenszeit überlassen worden.

J'ai commencé une seconde petite fondation à Schillingsfuerst; quelques Pères de l'Institut de la Charité (Rosminiani),
Institut fondé par le Grand Rosmini[1]) qui fut persécuté par
Rousselot[2]), (mais finalement Grégoire XVI approuva par une
Bulle cet Institut), ont été établis dans ma maison à Schillingsfuerst. Si Vous avez occasion d'y passer, faites-moi la grâce
d'examiner cette nouvelle fondation, et de me dire si tout va
bien. Pardon si je Vous dérange par cette demande, mais ne
pouvant pas y aller moi-même, ayant confiance entière dans
Votre *Menschenkenntniss*, expérience et piété, — Vous pourriez,
si par hasard Votre chemin passait par là, m'en donner une
idée. Aujourd'hui ce qui s'établit en Allemagne doit-être
feuerfest par la charité, et j'espère qu'il en sera ainsi de ces
Pères de la Charité. — En cas que Vous alliez à Schillingsfuerst, Vous n'avez qu'à en prévenir mon *Verwalter* Anton Herr,
ce monsieur qui s'appelle monsieur, *Herr* Herr, Vous recevra
au Bahnhof Dombuchl, la gare qui n'est éloignée qu'une
demie heure de Schillingsfuerst.

Il y a assez longtemps que je n'ai pas vu la Princesse[3]),
mais nous nous écrivons souvent.. —. Mgr. Strossmayer[4])
m'écrit qu'il a été chez elle, et qu'il l'a trouvée *sehr nieder-
gedrückt*. Quand elle a du monde, ça la distrait, et j'ai toujours désiré que les personnages, surtout ecclésiastiques, venant
à Rome, lui fassent visite; aussi le Cardinal Schwarzenberg
a été assez longtemps chez elle, et cela lui a fait plaisir.

Maintenant je Vous ai assez ennuyé avec mon bavardage;
je termine cette lettre en me recommandant à Vos prières,
étant avec l'attachement le plus sincère Votre

    dévoué et affectionné ami   Gustave C. d'Hohenlohe.

---

1) Serbati R. (1797—1855), italienischer Philosoph, Theolog und
Staatsmann, wurde Priester, gründete 1828 eine Kongregation von
Weltgeistlichen: Rosminianer, die sich der Erziehung und den
Werken der Nächstenliebe widmeten. Er fiel, seit Antonelli großen
Einfluß auf Papst Pius IX. gewann, bei letzterem in Ungnade und
zog sich nach Stresa am Lago maggiore zurück.

2. Jesuitenpater, Gegner Rosminis.

3) Die Fürstin Carolyne Wittgenstein.

4) Bischof von Kroatien (geb. 1815); er erkannte das Unfehl-
barkeitsdogma nicht an, fügte sich aber später.

P. S. Tous mes gens et Pezzini, Corranari, etc., Vous présentent leurs respects. — Mes compliments à LL. AA. RR. J'ajoute une lettre pour M. Herr, et si réellement Vous venez, veuillez aussi lui télégraphier.

206. Pauline Erdmannsdörfer-Fichtner,

Gattin Max Erdmannsdörfers, des früheren Schwarzburg-Sondershausener, nachmaligen Münchner Hofkapellmeisters, geb. 28. Juni 1847 in Wien, woselbst sie sich unter Pirkhert, wie später in Weimar unter Liszt zur Klaviervirtuosin ausbildete. Sie ist Weimarsche und Hessen-Darmstadtsche Hofpianistin.

Sondershausen, 16. Juni 77.

Mein geliebter, teurer Meister!

Noch habe ich es nicht verschmerzt, daß mein *A-dur* Concert[1]) beim letzten Fest von andern Händen gespielt worden ist! Ich mache Ansprüche auf Genugtuung und frage ganz bescheiden an, ob und wann uns in diesem Sommer wieder das Glück zu Theil werden soll, Sie bei uns begrüßen zu dürfen! Wir hoffen zuversichtlich auf Ihr Kommen, verehrter Meister, und Max bittet, ihm allenfallsige Wünsche betreff des Programms gütigst kundgeben zu wollen; morgen hören wir Ihren *Sturm-Marsch* in der neuen Bearbeitung nebst *Phaeton* von Saint-Saëns und der *Alpen-Sinfonie* von Raff.

Lassen Sie mich nicht allzulange auf ein Wort warten und möge es ein zusagendes sein.

Die alte treue Anhänglichkeit von Max und meiner kleinen Person versichert in unbegrenzter Verehrung und Bewunderung

Ihre dankbare

Pauline

---

1) Das mit Vorliebe von ihr gespielte zweite Konzert Liszts.

207. Marie Gräfin Schleinitz, geb. von Buch,

Gattin des preußischen Hausministers dieses Namens, nach dessen
Tode Gemahlin des Grafen Wolkenstein-Trostburg, gegenwärtig
österreichisch-ungarischer Botschafter in Paris.

Ce 17 Juin [1877].

Très cher Abbé,

Je reviens dans ce moment de chez la P^{esse} Imp. qui est
ravie de la perspective que je lui ai fait entrevoir. Le jour
qui vous conviendra lui sera le plus agréable — elle ne quitte
pas Berlin avant le 14 du mois prochain. Marie Dönhoff
viendra peut-être ici les premiers jours de juillet. Je serais
très heureuse pour elle si elle avait la chance de vous rencontrer. Enfin, très cher Abbé, venez quand vous voudrez.
Wir erwarten Sie immer mit weit geöffneten Armen und möchten
Sie nicht so bald wieder los lassen. Mein Mann freut sich
von ganzem Herzen Sie bei uns zu begrüßen — und meine
Gefühle sind Ihnen zu bekannt, als daß ich sie immer von
Neuem aussprechen sollte.

Von ganzer Seele Ihre dankbare

Marie Schleinitz

208. Ludwig Nohl.

Sie wissen es nun schon, verehrter Meister, daß ich es
trotz allem nicht fertig bringe ganz zu schweigen, wenn ich
einmal wieder bei Ihnen war. Das treibt aus einer inneren
Fülle unbewußt hervor und drängt dann selbst nach Wochen
mit einem Mal unwillkürlich alles Uebrige hinweg. Ja wohl
Fülle! Und zwar nicht bloß für »alle meine Sinnen« sondern
viel mehr noch für den inneren, den ganzen inneren Menschen

mehr »als in des Jahres Einerlei«! Ich weiß nicht wie ich
zu der Freundschaft komme, mit der Sie mich, mein theurer
Meister, stets mehr behandeln, ich weiß nur daß ich daran
meinen köstlichsten Besitz habe, und dann, daß ich das Große
und Schöne zu lieben vermag. Aber woher Sie selbst, geliebter Meister, diese Fülle nehmen, das weiß ich jedesmal wo
ich bei Ihnen war weniger. Wie ist man Stümper und Dilettant
gegen diese Lebenssicherheit nach außen wie im Innern, wie
leer und egoistisch gegen dieses strahlende Ausgeben eines
großen Geistes und noch viel mehr eines großen Herzens! Verzeihen Sie mir, geliebter Meister, aber es ist so und ich kann
nicht anders als es sagen, das Gefühl dieser Dinge und das
Bewußtsein, daß es Wirklichkeit mit ihnen ist, macht mich
glücklich und — reden .. —.

Wann und wo werde ich wieder bei Ihnen sein dürfen?
das ist für mich, wie die Sachen liegen, eine stehende und
eine Frage des inneren Lebens. Hoffentlich währt es nicht
zu lang.

Für alle ehrende Güte und Freundschaft in Hannover[1]
nochmals meinen innigsten Dank. Das nächste Mal machen
wirs besser.

Leben Sie wohl.

Ihr innig ergebener

L. Nohl.

Heidelberg, den 17. Juni 1877.

209. Eduard von Liszt.

Mein innigst verehrter Freund!

Herzlichen Gruß und Händedruck zuvor!. —.

Böhm[2] ist also Chorregent in der Kirche am Hofe geworden! Es hat mich recht gefreut. Wie Archimedes mit

---

1) Musikfest des »Allgemeinen deutschen Musikvereins«, Ende Mai.
2) Josef B. (1841—93), Kirchenkomponist, Musikpädagog und
Schriftsteller.

seinem Hebel, kann auch Böhm an seinem Platze große Wirkungen erzielen. Er hat das Gewehr in der Hand, er soll jetzt zeigen, daß er schießen kann. Westmeyer [1] hat sich in Mödling noch nicht sehen lassen. Der Mann interessirt mich.

Franz wird im Juli Hochzeit halten. Ich hätte es gern gesehen, daß er noch ein Jährchen zugewartet hätte; allein da seine Gesundheit darunter litt und er doch reif und sehr brav ist, habe ich zugestimmt. *Magis non prohibente quam permittente patre.* Seine Braut wird ihn halten, und wie ich hoffe, in jeder Hinsicht mäßigend auf ihn einwirken. Unter uns gesagt, ich halte, trotz gegentheiliger Ausnahmen, die Frauen für die nothwendigen Erzieher der Männer, die durch ihre Liebe leichter und sicherer errathen, was uns frommt, als wir durch unsere hochweisen und mitunter herzlich kurzsichtigen Schlüsse.

Es gewährt mir besondere Freude, daß Du nach Rom gehst. Der blaue Himmel Italiens wird Deine Muse befruchten, und vielleicht doch für St. Stanislas ein freundlicher Stern scheinen. Du hast allerdings Anspruch auf Ruhe, aber ein Oratorium gäbe dazu die gehörige Würde. *Otium cum dignitate,* steht auf einem Landhause in Ober-St. Veit, der Residenz unseres Erzbischofs, ohne daß ich weiß, ob nicht der Bewohner jenes Hauses ein Krämer oder Börsianer ist, deren *dignität* selten ein Loth schwer oder einen Kreuzer werth ist. Ach, Du bist ein glücklicher Mensch, Kunstwerke schaffen zu können, die Deinen Namen durch Jahrhunderte erhalten, und die noch speciell und auf positive Art die Gottheit verherrlichen. *Semper laus ejus in ore meo.*

Möge Dein Leben heiter, Dein Bewußtsein ungetrübt, Deine Hoffnung stark sein! Bleibe gut Deinem

Dir ganz ergebenen

Eduard Liszt.

Am 21/6 1877.

---

1) Wilhelm W. 1832—80, Komponist von Symphonien, zwei Opern usw.

210. Franz von Liszt,

bedeutender Strafrechtslehrer, Sohn des Generalprokurators Eduard von L., geb. 1851 zu Wien, bekleidete Professuren an den Universitäten Graz, Marburg, Halle, wie er jetzt eine solche in Berlin inne hat.

Graz, 28. 6. 77.

Hochverehrter Oheim!

Abermals nahe ich mich mit einer großen Bitte. Nach längeren Erwägungen wurde im Familienrate beschlossen, mit meiner Vermählung nicht bis nach meiner Ernennung zum Professor zu warten. Die Mittel reichen so ziemlich aus, und wir scheuen vor etwaigen kleinen Einschränkungen nicht zurück. So haben wir denn eine Wohnung in Graz genommen, und Mitte Juli soll die Trauung stattfinden[1]). Nun die Bitte: wollten Sie Ihrem Taufkinde auch bei dieser Gelegenheit als Zeuge zur Seite stehen?

Wie große Freude Sie mir, meiner Braut, uns Allen damit bereiten würden, das brauche ich wol nicht erst zu schildern. Ich könnte mir kein glückverheißenderes Omen denken, als wenn auch bei diesem Abschnitte meines Lebens Ihre Hand in mein Schicksal eingreift.

Um Ihnen jede Ungelegenheit zu ersparen, würde, falls Sie es wünschen, von unserer Seite für die Vertretung gesorgt werden. —

Ihre stets bewiesene Güte hat mich zu meiner Bitte ermutigt; auch wenn Sie dieselbe nicht erfüllen, zürnen Sie wegen ihr nicht

Ihrem tiefergebenen Neffen

— —

1, Mit Rudolfine Freiin v. Friedenfels.

211. Marianne Brandt.

Weidlingau bei Wien, Wiengasse 2, den 16 7 77.

Lieber verehrter Meister, wenn es schon war als wäre man vom Himmel auf die Erde versetzt, als man vom poetischen Hannover[1]) mit einem Ruck im prosaischen Mannheim saß, so war es wieder von da nach Graz, wo ich zuletzt gastirte, gar ein Sprung in die Hölle, — was das künstlerische Element nämlich betrifft, das da im Argen liegt, — sonst ist ja Steyermark ein ganz paradiesisch reizendes Land! Habe ich so Himmel, Erde und Hölle in den ersten 2 Monaten meines Berliner Urlaubes genossen, so befinde ich mich jetzt im Fegefeuer, d. h. in einem Reinigungsprozesse von den Wunden der letzten Wintercampagne und den Schlachtfeldern der Kunst, zugleich aber ganz ausgeschlossen von allen himmlischen Freuden derselben, in rein bürgerlicher Atmosphäre, in Stärkung und Vorbereitung für künftige schöne Tage!

In diese Abgeschlossenheit fiel wie ein Donnerschlag die Nachricht von einem Besuche des geliebten Meisters in Berlin, zu einer Zeit, wo man es gar nicht erwarten konnte, und wo man so fern war, daß bis die Nachricht kam, die schönen Stunden für die, die sie genießen konnten, längst ins Reich der Vergangenheit gehörten!

Aber es ist doch recht böse, daß das so mitten in den Sommer fiel; — vielleicht jedoch kommt *l'appétit en mangeant*, und folgt dem kurzen jetzigen ein längerer Besuch im Herbst?! Es wäre zu herrlich! Als ich am 30. Mai in Graz *Fidelio* sang, war gerade Herr von Bronsart dort auf Sängerinnen-Suche, wir fuhren den andern Tag zusammen gegen Wien, und schwelgten noch in Erinnerung an die schönen Tage der Pfingstwoche! Der burschikose Student ist jetzt ganz verschwunden, und das einfache Wienerbürgermadl, im Kreise der ihrigen, schreibt jetzt an Sie, geliebter Meister, aber ganz mit derselben Bewunderung

---

1) Bei der Tonkünstlerversammlung daselbst hatte Marianne B. mitgewirkt. Vergl. La Mara, »Briefe Liszts an die Fürstin Wittgenstein«, IV. Nr. 182.

und Verehrung wie der Obige. Ich habe in Wien Niemanden
aufgesucht, auch nicht die schöne und liebenswürdige Gräfin
Dönhoff, sondern bin gleich in mein Asyl nach Weidlingau gegangen, als ich mit meinen Gastspielen zu Ende war. Ich
mache da gar keine Musik, um die Stimme recht ausruhen
zu lassen. — Kathi langweilt sich in Heringsdorf, sie wird
auch außer sich sein, daß sie nicht mehr in Berlin war, als
ihr geliebter Meister hinkam!

Bis 1. September bleibe ich im Fegefeuer, dann geht es
wieder zurück ins Joch; — wenn so ein Sonnenblick auf einmal hinkäme von Weimar aus, — aber man traut es sich
nicht zu denken!! — —

Nun schließe ich, lieber verehrter Meister, und wünsche
daß es Ihnen immer so wohl gehe, wie ich das Glück hatte
Sie in Hannover zu sehen; mit tausend herzlichen Grüßen,
verehrter Meister, Ihre ergebenste

M. Brandt.

212. Anna Lankow,
damals Altistin der Weimarer Hofbühne. lebt jetzt als Gesang-lehrerin in New York.

Hochverehrter Meister!

Ich nehme in diesem Augenblick von Ihnen Abschied. Er
giebt mir darum die tiefere Bedeutung, weil Sie bis zum letzten
Augenblick Ihre große Güte zu mir zeigen. Ich komme eben
von Rohlfs. All mein Humor war Leid. Nehmen Sie, theurer
Meister, meinen innigsten Dank für jedes freundliche Wort,
jeden ermunternden Blick. Mich hat in jeder Weise Ihr Genius
gehoben, diese Stunde ist mir heilig, daher kann ich grade
heraus sagen, was mir das Herz bewegt. —

Vergessen auch Sie mich nicht ganz, es ist allerdings eine
Zumuthung von mir, aber ich kann nicht anders, als Sie darum
bitten. Und komme ich nächstes Jahr wieder, dann seien Sie
wieder so gut zu mir.

Ein gütiges Geschick erhalte Sie gesund.

Leben Sie wohl, geliebter Meister, ich küsse Ihnen in tiefster
Ehrfurcht die Hand.

Ihre ergebene:

Anna Lankow.

Weimar, 16. Juli 77.

213. Siegmund von Noskowski,

Komponist von Streichquartetten, Klavier-, Chor- und Orchester-
werken, geb. 2. Mai 1846 zu Warschau, wirkte mehrere Jahre als
städtischer Musikdirektor in Konstanz und lebt seither in seiner
Vaterstadt als Dirigent der Musikgesellschaft und Lehrer am Konservatorium.

Hochverehrtester Herr Doctor!

Zuvörderst bitte ich um Entschuldigung, daß ich, obwohl
Ihnen persönlich unbekannt, so frei bin und Ihre kostbare Zeit
in Anspruch nehme, umsomehr als ich als Ausländer nicht ganz
gut meine Gedanken in der deutschen Sprache ausdrücken kann.
Ich weiß aber, daß Sie, hochverehrter Herr, so viel Interesse
für die Jünglinge in der Kunst und für neue Compositionen
haben, daß Sie denselben immer ein freundliches Wort der
Unterstützung gefälligst zukommen lassen, und noch besonders
daß Sie für die Polen eine aufrichtige Sympathie fühlen, und
deshalb erlaube ich mir, mich an Sie zu wenden um Ihr er-
fahrenes und hochgeschätztes Urtheil zu hören. — Mein Name
ist Ihnen zwar nicht ganz unbekannt; denn über eine von
meinen früheren Compositionen (ein geistlicher gemischter Chor)
haben Sie als Preisrichter bei der Preisausschreibung der
Musikalischen Gesellschaft zu Warschau im Jahre 1872 eine
günstige Meinung ausgesprochen. Seit dieser Zeit habe ich
einige Jahre in Deutschland gelebt, um mich in der Composition zu vervollkommnen. Von meinen größeren Orchesterarbeiten

wurde eine Symphonie im J. 1875 in Berlin aufgeführt und
das Werk, sehr warm vom Publikum empfangen, hat auch
gute Recensionen in dortigen Zeitungen geerntet. — Nachher
durch Vermittelung meines Lehrers Prof. Fr. Kiel[1]) habe ich
mich entschlossen die Musikdirectorstelle in der Stadt Constanz
anzunehmen. In dieser kleinen Stadt führe ich ein ganz be-
scheidenes und ruhiges Leben und in jeder freien Stunde
schreibe ich verschiedene Compositionen, welche bis jetzt heimlich in meiner Mappe schlafen, weil hier leider niemand ist,
welcher dieselben spielen und auch hören kann.

Als Musiker und Pole habe ich immer mit Enthusiasmus
die Chopin'schen Werke gespielt und deshalb die von Ihnen,
hochverehrter Herr Doctor, verfaßte Biographie unseres Meisters
mit großer Begeisterung gelesen. Ihre Aussprüche über die
Mazurka werde ich ewig in schönster Erinnerung behalten.

Unsere Tänze aber sind ebenso im Charakter wie auch in
den Rhythmen unter sich ganz verschieden. Was Chopin in
der Mazurka geleistet hat, läßt keine andere Arbeit mehr neben
sich aufkommen. Die »Cracoviennes« aber wurden von ihm
nur flüchtig berührt (z. B. *Rondo à la Krakowiak*). —

Ich habe immer geträumt, daß diese schöne Tanzform auch
in die Kunstwelt eingeführt werden müsse und habe mir erlaubt das zu beginnen. Ob diese Aufgabe gut von mir gelöst
wurde, kann ich nicht wissen, glaube aber, daß Sie, hochverehrter Herr Doctor, am besten meine bescheidenen Arbeiten
und Intentionen verstehen werden, und deshalb bin ich so frei
die *Cracoviennes* an Sie zu schicken in der Hoffnung, daß Sie
dieselben nicht ganz verwerfen werden. Wenn ich dieses
kleine Werk Ihnen widme, so thue ich es um meine tiefste
Verehrung für einen großen Meister und unermüdlichen Mann
laut zu bezeugen.

Ich erlaube mir auch nebenbei mein Op. 1 (in Warschau
erschienen) Ihnen zu senden mit der ergebensten Bitte, dasselbe

---

1) Friedrich K. (1821—85). Professor für Komposition an der
Hochschule für Musik in Berlin, hervorragender Kontrapunktist
und Komponist.

gefälligst zu prüfen. Einige Fabeln unseres berühmten Dichters Krasicki[1] gaben mir die Gelegenheit etwas Ernsteres und
etwas Scherzhaftes zu componiren. Auch diese Seite meiner
Gedanken wollte ich Ihnen, hochverehrter Herr Doctor, vorlegen. Ich bedaure nur, daß die Verhältnisse nicht erlauben,
mich persönlich Ihnen vorzustellen, um mich in der Unter-
redung mit einem hohen Geiste zu erfrischen und die Liebe
zur Kunst durch seinen Einfluß zu vergrößern.

Ich habe die Ehre mich zu unterzeichnen
hochachtungsvollst

Siegmund Noskowski

Constanz, 21. Juli 1877.

214. Berthold Kellermann.

Berlin, den 28. Juli 77.

Innigst hochverehrtester, theuerster Meister!

Zu meiner Bestürzung erfuhr ich, daß einer meiner Freunde
sich in der *Christus*angelegenheit an Sie gewandt hat, und es
drängt mich, Sie, theuerster Meister, innigst zu bitten, das
ungehörige Vorgehen desselben mir nicht zur Last legen zu
wollen.

Sie waren seiner Zeit so gütig, mir Ihre Gründe, die ich
hoch ehrte, mitzutheilen und ich habe mich in Folge dessen
ruhig darein ergeben, auf mein Glück verzichten zu müssen.
Um so mehr kränkt es mich, daß Sie von Neuem mit Un-
angenehmem belästigt wurden. Seien Sie versichert, hochverehrtester Meister, daß mir Ihr Wille heilig und unantastbar ist
und daß ich jede Einmischung von anderer Seite verwerfe. —

Mein sehnlichster Wunsch, jetzt noch einige Tage nach

1] Ignaz K. (1734—1801). Erzbischof von Gnesen, Dichter und
Schriftsteller.

Weimar zu können, muß leider unerfüllt bleiben und ich erlaube mir deshalb, brieflich eine Frage an Sie zu richten,
deren bejahende Beantwortung mir den Muth zu neuer Arbeit
und die Freudigkeit wiedergeben könnte, nach welcher ich bis
jetzt vergeblich gerungen habe.

Würden Sie zugeben, daß ich hier einen *Lisztverein* nach
Pester Muster gründe?

Ich weiß, daß dies hier freudigst begrüßt würde.

Es muß mir gelingen, die Werke meines Meisters auch in
Berlin zur Geltung zu bringen und es soll dies meine Lebensaufgabe sein, die ich, so hoffe ich, zu Ihrer Zufriedenheit, in
der allein ich mein Glück und meinen Lohn suche, lösen will.

Lassen Sie mir, theuerster Meister, ich bitte Sie innigst
darum, mein Glück und seien Sie versichert, daß all' mein
Thun in der wärmsten, begeistertsten Verehrung zu Ihnen
wurzelt.

In tiefster Ehrfurcht Ihr dankbarst ergebenster

Berthold Kellermann.

215. Leopold Damrosch.

New York, August 2. 1877.
145 E. 29th Str.

Mein hochverehrter Meister und Freund!

Als ich im vorigen Sommer Sie um die Annahme der
Widmung meines *Brautgesangs* ersuchte, wußte ich recht wohl,
daß die Ehre, Ihren großen Namen mit meinem kleinen Werk
zu verbinden, vollkommen und nur auf meiner Seite war.
Allein im Drang all der Beschäftigung, die mir auferlegt ist,
habe ich zu wenig Sammlung und Muße, mich größeren Auf-
gaben zu widmen, und zuletzt würde selbst mein Größestes zu
gering sein, Ihnen dargebracht zu werden. Wenn Sie aber
weniger das Verdienst meines Werks, als den Sinn berück-
sichtigen wollten, aus welchem es Ihnen gewidmet ist, so müßte
es wohl von Ihnen aufgenommen werden. Denn wahrlich, es

19*

sollte Ihnen nur sagen, wie herzlich lieb ich den Mann habe,
der ein leuchtendes Beispiel für alle Zeiten da steht in der
Vereinigung einer großen Künstlernatur mit dem Adel mensch-
lich großen Empfindens. Wie so manchen Anderen, haben
Sie auch mich, hochverehrter theurer Meister, gelehrt, daß die
Kunst zunftfrei ist, daß in ihr das individuelle Können alles
ist, und nichts die Schablone. Und was soll ich noch davon
sagen, wie oft mich Ihre Güte und Nachsicht gerührt haben?!

Eine Unmasse von Briefen habe ich bereits an Sie geschrieben, alle nur in Gedanken, aber lauter Liebesbriefe!
Wenn Sie wüßten, wie ich da von Ihnen spreche, wie mir
dann das Herz aufgeht, wie ich zum Dichter werden möchte,
um Sie dithyrambisch zu preisen — Sie würden wenigstens
Eines an mir finden: Treue! Und das auch nur sollte Ihnen
mein bescheidener (oder unbescheidener?) *Brautgesang* leise
(oder laut?) sagen. So bitte ich denn um freundliche Aufnahme für denselben. Noch fühle ich mich nicht am Ende
meines Strebens — ich gedenke noch einiges Ernsthafte zu
sagen. Dann aber, wenn mir das gelungen, trete ich wieder
vor Ihr Angesicht und bitte die neue Huldigung mit der älteren
zu vertauschen. Nur Eines in mir kann nicht mehr wachsen,
das ist die hingebende Liebe und Verehrung, die ich für Sie,
herrlicher Mann, in meinem Herzen trage, und die bis zum
Todeshauch beseelen wird

Ihren treuen Jünger und Freund

Leopold Damrosch.

216. Cyprian Godebski.

Cher et Illustre Maître,

Je me suis permis, il y a quelques jours, de Vous adresser
par chemin de fer un petit buste en marbre, une réduction de
celui que je possède en grand de Votre excellente et remarquable amie feue Mme Moukhanoff. Je me permets de Vous
l'offrir comme à l'homme le plus digne de le posséder. Il

n'a d'autre valeur que d'être unique dans cette dimension et
d'avoir tâché de faire de mon mieux, n'ayant que très peu de
choses à ma disposition pour le faire. Tel qu'il est, faites-lui,
cher Maître, bon accueil, en faveur de la bonne intention de
Votre très respectueusement dévoué ami et admirateur,

Cyp. Godebski.

Le 17 Août 1877.
Rue de la Procession 48
        Vaugirard-Paris.

P. S. J'en possède un grand en marbre; peut-être se
trouvera-t-il parmi les nombreux amis de Mme Moukhanoff quelqu'un qui désirerait l'avoir. Je m'en réjouirais.

217. Hans von Bronsart.

Hannover 19/8 77.

Hochverehrter und geliebter Meister!

Zugleich mit Ihrem lieben Briefe erhielt ich Bülows Zusage
per Telegramm, daß er nach Erledigung seiner Glasgower
Verpflichtungen die Leitung der hiesigen Oper übernehmen
wolle!

Am 15. Nachmittags nach 3 Uhr wurde Hofkapellmeister
Fischer[1]) plötzlich vom Schlage gerührt und verschied in demselben Augenblick. Tags vorher hatte ich einen Brief von
Bülow erhalten, der zum erstenmal voll Lebenshoffnung von
seiner Genesung spricht: »Seit langer Zeit fühle ich mich
wieder einmal wohlgemuth und fähig einem *retour à la vie*
entgegenzusehen.« Dieses wunderbare Zusammentreffen erschien
mir als Fügung der Vorsehung, und ich schrieb sofort nach
Fischers Tode an Bülow, da ich nun in der Lage war, ihm
die ganze Oberleitung der Oper anzubieten, und der zweite
Dirigent, der hauptsächlich die Arbeit des Tages zu übernehmen
haben würde, Bülow durchaus subordinirt werden konnte.

---

1) Carl Ludwig F. (1816—77.)

Sie, lieber Meister, nennen mir Emmerich [1]), doch scheint
er Ihnen persönlich unbekannt zu sein? Oder irre ich mich?
Und halten Sie ihn geeignet, als kräftige Stütze Bülow zur
Seite zu stehen? Denn es liegt mir natürlich ganz besonders am Herzen, Jemand für die zweite Stelle zu gewinnen,
der mit der nöthigen Begabung auch solche Routine und
Zähigkeit vereinigt, um Bülow selbst möglichst mit anstrengen-
der Arbeit zu verschonen.

Sie können Sich aber denken, wie mir nun der Himmel
voll Geigen hängt, da ich denjenigen für die hiesige Oper
gewonnen, der sie, wenn die Verhältnisse nicht geradezu feindlich sich gestalten, zu höchstem Glanz und zu schönster Blüthe
zu bringen vermag. Und dabei den theueren Freund so in
meiner Nähe zu wissen, dem ich mit meinen besten Kräften
seine Wege zu ebnen vermag! Die Aussicht ist so schwin-
delnd schön — fast zu schön, als daß man an Verwirklichung
glauben könnte . . —.

Frl. Timanoff habe ich bereits eingeladen und werde natürlich auch Sauret [2]) einladen, sobald ich seine Adresse erfahren
habe. Lutter [3]) sagte mir, Sie wollten ihn mir auch empfehlen,
und ich habe ihm in Folge dessen ein Concert zugesagt.

Inga ist eben von Ostpreußen nach Rußland gereist und
kehrt erst Ende September hierher zurück; Ihre gütigen Grüße
habe ich ihr bestellt.

Leben Sie wohl, geliebter Meister! Ich bleibe in unwandelbarer Verehrung Ihr dankbarer Schüler

Hans v. B. II.

1) Robert E. (1836—91), Komponist und Dirigent, ursprünglich
Militär, lebte damals in Darmstadt, später als Kapellmeister in
Magdeburg, dann in Stuttgart.
2) Emile S., französischer Geigenvirtuos und -Komponist (geb.
1852).
3) Heinrich L., Pianist Lisztscher Schule in Hannover.

218. Eduard von Liszt.

Mein innigst verehrter Freund!

Sit tibi faustus introitus Romae! Die Ruhe des Gemüthes, der Friede erfüllter Pflicht, der Hauch der Unsterblichkeit umwehe Dich, und mache aus Deinem Aufenthalt in und bei der ewigen Stadt für Dich Tage des Segens! Ich will gerne gestehen, daß ich mich auch mitunter nach einer längeren Zeit der Ruhe und Sammlung ernstlich zu sehnen beginne; aber Du selbst hast mich gelehrt, daß der Mensch zur Arbeit geschaffen ist. So bestrebe ich mich denn, mein Tagespensum fleißig und gut zu machen, damit der ewige Classifikant mit Rücksicht auf den Willen seines schwachen Geschöpfes mit der Unvollkommenheit der Leistungen Nachsicht tragen könne . . — .

In den Morgen- und Abendstunden, wenn die Muse Dich besucht, möchte ich gar gern in der Villa d'Este still lauschen und die Klänge vernehmen, in welchen Du uns *St. Stanislas* vorführen wirst. Deine Werke, besonders die geistlichen, haben das Eigene, daß sie den Hörer erheben, ihn Gott näher bringen. Sie geben Dir nicht bloß den Platz in der Kunstgeschichte, sondern auch Anspruch auf ewige Seligkeit. Es kommt ihnen der Charakter von ›geistlichen Werken der Barmherzigkeit‹ zu, da sie Zweifel zerstreuen, den Glauben befestigen. Du bist Minnesänger und Psalmist der Gottheit!

Es drückt Dir die Hand

Dein treu ergebener

Eduard Liszt.

Mödling, am 20/8 1877.

219. Fanny Lewald Stahr.

Rome d. 21/10 77.
Hôtel Belvedere du Pincio.

Verehrter theurer Freund!

Ihnen so nahe zu sein, ohne Ihnen zu sagen, daß ich morgen Ihrer denken und Ihnen all das Gute wünschen werde, was ich meinem Adolf nicht mehr wünschen kann, würde mir nicht möglich sein.

Möchte aller Sonnenschein des Lebens den Weg erleuchten, der hoffentlich noch weit und lange vor Ihnen ausgebreitet liegt.

Ich bin gestern nach Rom gekommen und denke den Winter hier zu bleiben. Weshalb ich gekommen bin, wüßte ich Ihnen kaum zu sagen. Es war das alte: >Man glaubt zu schieben und man wird geschoben<.

Ich hatte den flüchtigen Gedanken, ich könne, da ich am Genfersee mich aufhielt, ebensogut 35 Stunden gen Süden als 32 nach Norden — nach Rom statt in meine Wohnung gehen. Meine Geschwister, mein Arzt bemächtigten sich des Einfalls — versprachen sich von Rom für mich, was es mir unmöglich leisten kann — und ich bin nun eben hier.

Kommen Sie einmal in die Stadt und scheuen Sie die beiden Treppen nicht, so würde ich sehr glücklich sein, Sie wieder einmal zu sehen. Aber lassen Sie mich's wissen, wenn Sie kommen können; es würde mir doch gar zu leid sein, wenn ich Sie versäumte.

Vorläufig bin ich noch im Hotel — ob ich hier bleibe oder eine meublirte Wohnung nehme, hängt von den Preisen ab, die man für das Eine oder das Andere verlangt.

Wollen Sie mich nebenher wissen lassen, ob Frau Fürstin Wittgenstein in Rom ist und wo und wann ich dieselbe finde, so thun Sie mir eine Liebe mehr.

Ihnen in alter Gesinnung treu und mit herzlichster Verehrung eigen

Fanny Lewald Stahr.

220. Hans von Bronsart.

Hannover, 17/4 78.

Mein hochverehrter Meister!

Inga hat zwar vor etwa 14 Tagen an Sie nach Pest geschrieben, um Ihnen, da der Mai herannaht, unsre Bitte nochmals auszusprechen, Sie möchten uns wieder Ihren lieben Besuch schenken, aber wir fürchten, daß dieser Brief nicht mehr in Ihre Hände gelangt sein möchte, da bald darauf die Nachricht herkam, daß Sie Pest schon verlassen. Nun höre ich, daß Sie bereits in Weimar eingetroffen sind, und so sende ich diese Zeilen dorthin, welche Sie an Ihr gütiges Versprechen mahnen sollen.

Sie haben uns ja so liebevoll daran gewöhnt, daß mit dem Frühling auch unser Meister kommt — ich möchte eigentlich sagen: verwöhnt — und eine solche Gewohnheit werden wir auf unsre alten Tage schwerlich mehr ablegen können!

Gegenwärtig ist Bülows Anwesenheit ja ein mächtiger Magnet, und es wird Sie auch noch besonders interessiren, Ihren Lieblingsschüler und Freund in seinem so energischen und erfolgreichen Schaffen und Walten zu sehen.

Unsre Oper und das ganze Musikleben Hannovers hat sich unter dem Einflusse seines Feuergeistes zu ungeahnter Regsamkeit entfaltet, und wenn er selbst auch noch weit entfernt ist, mit den gewonnenen Resultaten zufrieden zu sein, so übertreffen dieselben doch jedenfalls bei Weitem Alles, was vor ihm hier geschaffen worden, und sein Beispiel unermüdlicher Hingebung an die Sache mit völliger Verläugnung persönlichen Interesses genügt fast schon allein, um die bisherige Lethargie zu beseitigen, und die vorhandenen Kräfte über sich selbst zu erheben.

Freilich ging das Alles nicht ohne Reibungen und Aufregungen vor sich, namentlich in der ersten Zeit, wo ich zuweilen besorgter war, als ich es mir merken ließ; aber mit der wachsenden Lust und Leistungsfähigkeit des Personals scheint sich zu meiner großen Beruhigung Bülows Reizbarkeit und Schroffheit zu mildern, so daß ich mich mehr und mehr der Hoffnung hingebe, seine einzige und unvergleichliche Kraft dauernd für uns gewonnen zu haben.

Inga hat sich von ihrem nervösen Asthma immer noch nicht recht erholt, und ihr leidender Zustand hat sie auch vielfach am Arbeiten verhindert, obwohl dennoch der *Hiarne*[1]) all-

---

1) Oper von Frau von Bronsart.

mählich fortschreitet und vor Ungeduld brennt, sich in seinem
Zuwachs dem Meister vorzustellen. Ich fange an zu meiner
großen Beschämung Spuren beginnender körperlicher Hinfällig-
keit zu bemerken, und bin genöthigt ärztliche Hülfe in Anspruch zu nehmen.

Die beste Arznei aber wird wohl für uns Beide die Nachricht sein, daß unser geliebter Meister bald zu uns kommt.

So sage ich Ihnen mit herzlichsten Grüßen von Inga ein
frohes auf Wiedersehen, und verbleibe in unwandelbarer Verehrung und Dankbarkeit Ihr treuergebenster Schüler

Hans von Bronsart.

221. Fanny Fürstin Champagny-Rospigliosi, geb. Herzogin de Cadore,

geb. 13. Sept. 1825, gest. 9. Mai 1899. Liszt bezeichnete sie als die
geistreichste Frau Roms.

Pistoja per Lamporecchio,
Spicchio, ce 8 Mai [1878].

Je vous dis merci du fond du cœur. Je rends grâce aussi
à votre St Patron qui vous a disposé à accueillir si favorable-
ment ma prière. Je suis si heureuse de penser qu'on va essayer
d'extirper cette musique mondaine, soi-disant déguisée en musique d'église. Ah si on parvient à exécuter ce que vous avez
bien voulu envoyer, cela sera un vrai bonheur. Si je vais en
Allemagne, j'essaierai de rapporter quelques notions, et vos
renseignements me sont précieux. Je vous envie le séjour
chez Monsieur Wagner. Je ne me console pas d'avoir manqué
Bayreuth il y a deux ans. On vient de donner le *Lohengrin*
à Rome, cela n'a eu aucun succès. Adelina Patti[1] a été
presque sifflée. Les Romains sont incroyables. C'est le pays
des fours. Vous voyez que je cite mes auteurs.

Je reçois le paquet, et je n'ai pas voulu tarder à vous
témoigner toute ma reconnaissance. Dites-moi de combien je

---

1) Die gefeierte Diva.

vous suis redevable, car il ne faut pas frustrer vos pauvres.
On me dit que c'est vendu au profit d'œuvres de charité. Je
suis sûre que je vais très mal mettre l'adresse. Pardonnez-
moi mon manque de savoir vivre. Je ne sais jamais me rappeler les titres. Il n'y a que le nom qui frappe quand il est
grand et célèbre. Mes meilleurs sentiments d'affection et d'admiration pour vous, *caro Maestro di quei che sanno.*

Sua aff^{ma} e dev^{ma}

Fanny Rospigliosi

222. Carl Friedrich Weitzmann.

Hochverehrter Herr Doctor!

Vor Allem nehmen Sie meinen besten Dank für die freundliche Empfehlung des Harmoniesystems [1]) und anderer von mir
veröffentlichten Schriften und Compositionen, welche Sie dem
Maestro Attilio Picchioni bei Gelegenheit seines Vorhabens, mein
Harmoniesystem ins Italienische zu übertragen, haben zukommen
lassen. Auf das Ersuchen meiner Zustimmung zu dieser Übersetzung, welche die Herren Blum v. Hyrth [2]) und G. Sgambati
an mich richteten, habe ich sogleich eingehend geantwortet und
den Maestro Sgambati, der mir als einer Ihrer vorzüglichsten
Schüler lieb geworden ist, um seine Photographie für mein
Künstleralbum gebeten. Ein weiterer Bericht über diese Angelegenheit ist noch nicht zu mir gelangt.

Der zweiten Auflage meiner Geschichte des Clavierspiels
habe ich einen völlig neuen, ersten Theil: Geschichte des
Claviers, beigefügt. Wie Sie, verehrter Freund, der Kunst des
Clavierspiels erst die höchste Weihe gegeben haben, so habe
ich auch Ihre ergreifenden, die zartesten wie die aufgeregte-
sten Seelenzustände zum Ausdruck bringenden Vorträge als

1) 1860 erschienen, preisgekrönt.
2) Früher Advokat, studierte bei Liszt.

die Hauptkraft angegeben, welche dem Concertflügel erst seine heutige Vollkommenheit verliehen haben. »Das schönste Denkmal auf dem Fundament meiner Claviergeschichte« sollte nun ein Brief über Ihre eigene interessante Instrumentensammlung sein, mit dem Sie mich im Jahre 1861 erfreut haben, und den ich hier in Abschrift mit der Bitte einlege, mir erlauben zu wollen, ihn zu dem erwähnten Zwecke am Schlusse meiner Claviergeschichte abdrucken zu lassen. Angemerkt habe ich bei der Mittheilung Ihres lieben, ausführlichen Briefes noch, daß seit 1873 ein prächtiger Steinway-Flügel an der Spitze Ihrer Instrumente auf der Altenburg steht. Sollten Sie aber geneigt sein Ihrem Briefe, der einen bleibenden Werth für die Geschichte des Claviers hat, ebenfalls eine zweite, schon durch die eigenhändige Hinzufügung des Steinway-Flügels und der heutigen Jahreszahl sehr vervollkommnete Ausgabe schenken zu wollen, so würde ich Ihnen dadurch zu doppeltem Danke verpflichtet sein.

In freundlichster, innigster Hochachtung

Ihr Ihnen treu ergebener

Berlin, d. 11. Mai 78.   C. F. Weitzmann.

223. Wanda Lipinska[1].

Exelance!

Je sai que vous etiez plain de bontée pour mon pauvre père qui m'a aprie de vous adorai. Exelance! vous ete mon culte l'etoile de ma vie — mon raive le plus chére. Je mi autourai de vos envres musicale — je fai tout mon possible de les ecsecuter: Je m'exerce troi heures par jour. —

J'anvoi ces quelque mots avan mon mariage vous suplian de m'anvoyiez votre cher benediction.

J'espaire Exelance que vous ne la refuserai pas par souvenir pour mon pauvre père Felix Lipinski qui a eu le bonneur de vous émai — et de vous connaitre pérsonnellement.

---

1) Vorstehender Brief mit seiner fabelhaften Orthographie sei unsrer Sammlung als liebenswürdiges Kuriosum eingereiht.

Vous bénirai son orfeline qui se marie — et qui est seule sur la tére.

Mon mariage ora lieu le second du moi prochain — mais il ne ce celébrera pas avan que je recoi — la cher maternele benediction de votre Exelance.

Mon prétendue est un amployer au chemain de fér — avec peu de revenu mes au moin j'aurai un protecteur sur la tére.

Si vous pérmaiterai Exelance — d'anvoyez a votre bontai une petite esai de ma composition musicale de jeune fille — se serai mon plus grand bouheur.

Veuillai agreai Exelance mes humble réspec — et une Adoration san borne — je me signe la plus atacher de vos sérvante

Wanda Lipsińska.

Mon Dieu donnai moi l'ocasion de toucher le bor de votre robe. — (Je le dit avec l'appotre) — et j'ecsecuterai ce progai — Dieu m'édera!

Mon adresse N^ro 9 Rue Dominaine. Leopol. 15. 5.

[Amtliche Bestätigung:] Von Seite des röm. kath. Lemberger Fronleichnams-Pfarramtes wird hiermit bestätiget daß das obige Fräul. Wanda Lipinska im Pfarrbezirke lebt u. wohnt u. daß dieselbe Tochter des H. Felix Lipinski u. der Frau Salomea Lipinska ist.

Lemberg am 16/5 1878.

Fr. Hieronymus Niemczunowski.
Ord. Praed. Vic. Paroch.

[Von Liszts Hand dazu bemerkt:]

Emile Ollivier me disait, il y a de cela 20 ans: »Vous êtes légendaire«. Je ne le comprends qu'à demi, mais les fautes d'orthographe très ostensibles de cette lettre me touchent, et je voudrais y répondre chrétiennement.　　F. L.

224. Fanny Fürstin Champagny-Rospigliosi.

Pistoja per Lamporecchio,
Spicchio, ce 19 Mai[1]) [1878].

Je suis désolée, désolée de ne pas vous rencontrer à Paris comme je l'espérais, mais vous y allez *al principio* et moi à la fin[2]). Comment vous joindre?

Merci encore pour la musique. Je ne me suis permis cette demande métallique, seulement en faveur des pauvres; il me semblait avoir lu que cela se vendait en faveur de bonnes œuvres. Vous me pardonnez ma gaucherie, n'est-ce pas? et vous ne m'en voulez pas d'avoir fait cette demande. Puisque vous venez en Italie, souvenez-vous de ce coin nommé Spicchio. Venez-y, je vous en prie, non en météore, mais plutôt en étoile fixe.

Ah vous avez bien raison de vous souvenir de Napoléon III. Je dis *mea culpa*, et je ne crois plus guère à la liberté républicaine. A Rome les deux collines semblent bien marcher. Au Vatican, on vit, on respire, on lit. Le Cardinal de Hohenlohe paraît avoir repris la place qui lui allait après tant d'années d'injustices[3]). Mais je ne veux pas laisser courir ma plume sur ce thème. Je regrette Paris, c'est-à-dire vous à Paris. La ville sans vous me semble sans charme. *Sono, caro e grande Maestro, Sua aff^{na}*

Spicchiana.

P. S. On déchiffre, on étudie et j'ai demandé malgré la chaleur d'aller à Florence vous entendre.

---

1) Im Original lautet das Datum 19 Mars. Es muß verschrieben sein und 19. Mai bedeuten, wie sich aus dem Inhalt des Schreibens und seinem Bezug auf das frühere vom 8. Mai ergibt. Auch erfolgte die Ernennung des Kardinal Hohenlohe zum Bischof von Albano erst Ende April 1878, so daß nicht am 19. März schon darauf hingewiesen werden konnte.

2) Zum ungarischen Mitglied der internationalen Jury bei der Pariser Weltausstellung erwählt, hielt Liszt sich im Juni 1878 in der französischen Hauptstadt auf.

3) Er war zum Bischof von Albano ernannt worden.

225. Adolph von Henselt.

Hochzuverehrendster, unvergleichlichster Freund!

Schon seit ungefähr 30 Jahren habe ich Deine *Réminiscences de Lucia* für meine Lehrer und Lehrerinnen zum Gebrauch der Elevinnen unserer Anstalten, als eines der beliebtesten Stücke, arrangirt, d. h. so viel als möglich falschen Auffassungen entrückt, befingert, hie und da auch erleichtert, und namentlich kleineren Händen zugänglich gemacht. Nun wage ich Dich mit der großen Bitte anzugehen, nämlich erstens: ob Du erlaubst, daß dieses Stück in meiner Hochschule[1] (anknüpfend an die Ryba'sche Rationelle Clavierschule) aufgenommen werden darf, und zweitens ob du im Willfahrungsfalle Dich gütigst der Mühe unterziehen wolltest, das was Dir nicht gefällt zu streichen, und Deine endgültigen Bemerkungen gütigst beizufügen?!

Ein zweites Anliegen, welches meinem Herzen nicht minder nahe, besteht darin, indem ich es wage, Deiner gütigen Beachtung und strengen Gerechtigkeitsliebe die Russischen Clavierinstrumenten-Producte in der gegenwärtigen Ausstellung zu Paris anzuempfehlen.

Um Deine kostbare Zeit nicht noch länger mit Entziffern meiner schlechten Schrift in Anspruch zu nehmen, spreche ich nur noch den Wunsch aus, Gott möge Dich noch lange mit Gesundheit segnen, um in Deinen unerreichten Leistungen, wie bisher, noch lange zum Besten der Kunst und zum Vorbild aller ihrer Jünger zu wirken, und verbleibe ich in tiefster Verehrung Dein Dich liebender alter Freund

Adolph Henselt.

St. Petersburg, den $\frac{7}{19}$ Mai 1878.

P. S. Bei mir hat sich seit 2 Jahren die Gicht in Händen und Füßen bemerkbar gemacht, welcher ich in einem mehrwöchentlichen Gebrauch von Carlsbad und Teplitz entgegenzuhandeln suchen werde.

---

1) ›Haute école du Piano‹. Leipzig. Hofmeister.

226. Niels W. Gade,

der hervorragendste Tonschöpfer Dänemarks. Begründer der skan-
dinavischen Schule, geb. 22. Febr. 1817 zu Kopenhagen, gest. daselbst 21. Dez. 1890) als Hofkapellmeister. Direktor des Konservatoriums und des Musikvereins.

34. Bredgade Copenhagen,
3ⁿ Juni 1878.

Hochgeehrter Herr Fr. Liszt!

Ein junger, talentvoller Clavierspieler, Siegfried Langgaard,
der Ihre Compositionen spielt und liebt, ist jetzt von einem
einzigen Wunsche erfüllt, nämlich in Ihrer Nähe, ob auch nur
eine kurze Zeit leben zu können, um Sie zu sehen und zu hören,
und möglicherweise das Glück zu erreichen, daß Sie ihm Ihre
Aufmerksamkeit schenken möchten.

Der Vater des jungen Mannes, Kammerrath Langgaard,
hat mich gebeten die Sache einzuleiten; ich erlaube mir deshalb bei Ihnen anzufragen, ob Sie ihn überhaupt empfangen
wollen, und wenn dies der Fall ist, welche Zeit Ihnen die be-
quemste sein möchte und wann er dann nach Weimar kommen dürfte.

Ich weiß wohl daß ich Sie etwas belästige, wenn ich Sie
bitte mir ein paar Zeilen als Antwort zu schicken, hoffe indessen, daß Sie so freundlich sein werden.

Sie würden mir dadurch eine Freude machen und für
mich wäre es ein Zeugniß, daß Sie nicht ganz vergessen haben

Ihren hochachtungsvoll ergebensten

227. Ambroise Thomas,

bedeutender französischer Opernkomponist, seit 1871, als Nachfolger
Aubers, Direktor des Pariser Konservatoriums, geb. 5. Aug. 1811
zu Metz, gest. 12. Febr. 1896 zu Paris.

Cher Maître,

Je vous disais hier qu'un travail très pressé, destiné à nos
examens du Conservatoire, me forcerait de me réfugier demain,
Dimanche, à ma campagne. — C'est là seulement que je puis
être seul et libre. — Je doute fort aujourd'hui qu'il me soit
possible de terminer ce travail assez tôt pour revenir le soir
à Paris.

Je serai donc privé du plaisir de me rendre demain à votre
cordiale invitation, et je le regrette vivement.

Je vous remercie de votre aimable et précieux souvenir,
et je vous prie de faire agréer mon hommage et l'expression
de mes regrets à Madame Erard¹), qui m'a fait l'honneur de
m'adresser aussi une invitation.

Croyez, mon cher illustre, aux affectueux sentiments de
votre dévoué et sincère admirateur

15 Juin 1878.

---

1) Liszt war Gast derselben.

228. Judith Gautier,

französische Schriftstellerin, geb. 1850 zu Paris. Tochter des Schrift-
stellers Théophile G., Gattin des Dichters Catulle Mendès. Als
begeisterte Anhängerin Wagners veröffentlichte sie 1882 ein Buch:
›Wagner et son œuvre poétique‹.

[Juni 1878.]

Maître,

Je reçois à l'instant cette lettre de chez Victor Hugo.
J'envoie chez vous pour avoir la conscience tranquille, car je
suis parfaitement sûre que vous n'y serez pas. Je vais répondre
que je n'ai pu vous trouver et que nous viendrons à dix heures.
Si par hasard vous étiez là et si vous acceptez l'invitation,
le dîner est pour 8 heures.

Je baise vos mains, cher Maître, toute heureuse de vous
revoir ce soir.

Judith Gautier

[Paris,] 29 rue des Martyrs.

229. Carolus Aggházy,

ungarischer Pianist, geb. 30. Okt. 1855, Schüler Liszts, durch den
empfohlen er 1883—90 zuerst am Sternschen Konservatorium, dann
an Kullaks Akademie in Berlin als Lehrer wirkte. Seitdem bekleidet er eine Professur am National-Konservatorium in Budapest.

Hochverehrter Meister,

Ihre mich betreffenden gütigen Zeilen an den H. Abrányi[1])
sind hier angelangt und die diesbezüglich nöthigen Schritte bereits gethan. Besprechungen betreffs des Stipendiums mit dem
Hrn. Ministerialrath Candid Hegedüs; — dann das Einreichen

---

1) Kornel A. geb. 1822, ungarischer Musiker, Schriftsteller und
Kritiker in Budapest.

des Gesuchs beim Minister Trefort am verflossenen Samstag (21. d. M.): Alles in schönster Ordnung und mit gehöriger Seelenruhe abgethan, — so wie es einem Liszt'schen Schüler geziemt: *noblesse oblige.* Die Realisirung der ministeriellen und -räthischen Versprechungen folgt erst im Oktober; in den ersten Tagen d. s. Monats könnte ich schon bereits abreisen.

Lieber Meister, das Alles ging bisher so leicht und so über alle meine Erwartungen gut, daß mich der Zweifel befeicht: ob denn nicht eine von Ihren Dienstgeistern — eine gute Fee die Fäden in die Hand genommen und als Direktorin die Rollen vertheilt, das Stück in Scenen und Tableaux — denn auch solche haben nicht gefehlt — getheilt hat.

Wie dem auch sei: Sie sind der mächtigste unter und über den Mächtigen, und ich bin nicht würdig, daß ich Ihnen um Ihre väterliche Fürsorge danken kann. Ich thue es dennoch: weil das Danken-Können so wohl thut!

Nehmen Sie gnädigst meinen tiefgefühltesten Dank entgegen für Ihre maaßlose Güte — die wirklich schon an das Nimmer-Menschliche grenzt, von Ihrem dankbar ergebenen Schüler   .

Budapest, am 25ten Sept. 1878.

230. Max Pinner,

Klaviervirtuos, geb. 14. April 1851 zu New York, gest. 10. Mai 1887 in Davos, machte seine Studien 1865—67 am Leipziger Konservatorium, 1867—69 bei Tausig und Weitzmann in Berlin, 1873—75 unter Liszt und nahm nach längeren Konzertreisen, 1877, als Pianist und Lehrer sehr geschätzt, in New York seinen Wohnsitz.

726 Lexington Avenue, New York,
7ten October [1878].

Hochverehrter, theurer Meister!

Nach längerem schonungsvollen Schweigen mache ich mir endlich wieder das Vergnügen einige Zeilen an Sie zu

20*

richten, und zwar heute um Ihnen zu Ihrem Geburtstage herzlichst zu gratuliren. Mögen der Welt noch viele, viele Jahre
Ihres thatenreichen, segenbringenden Daseins gegönnt werden,
— möge die Sympathie und Liebe Ihrer Freunde und Jünger
Ihnen in ungetrübter Gluth bis zum Ende bewahrt bleiben! —
Je näher ich die Menschen und ihr Treiben kennen lerne, desto
mehr fühle ich mich von der grenzenlosen Güte Ihres Wesens
durchdrungen — so befestigt sich mehr und mehr mein Glauben
an die Wahrheit und Erhabenheit Ihrer Tonschöpfungen!
— In diesem Sommer habe ich mich von neuem mit der *H-moll*
Sonate beschäftigt und denke, daß ich nun endlich reif bin
sie dem Publikum vorzutragen; es sind technische Schwierigkeiten darin enthalten, die ich bisher nicht zu meiner Befriedigung überwältigen konnte, und die mir Angst machten
das Werk öffentlich zu spielen; aber nun sind mir die Noten
wenigstens ziemlich sicher. Ich hörte zu meiner Freude von
meinem Bruder, den Sie im Sommer mit solcher Freundlichkeit
empfingen, daß Sie so wohl und munter aussehen; er fand,
daß Sie sich äußerlich nicht im Geringsten seit 74 verändert
hatten. Wie sehne ich mich Ihr theures Antlitz zu sehen und
die lieben Hände wieder zu drücken! Vorläufig zwingen mich
die Verhältnisse hierzubleiben — in diesem Lande, das, obgleich meine Heimath, mir im höchsten Grade unsympathisch
ist. In Betreff meiner Carrière bin ich zu der Einsicht gekommen, daß man hier nicht in die Concerte geht um ge-
wisse Werke etwas besser aufführen zu hören wie man es zu
Hause gewöhnt ist, und sich so einen Kunstgenuß zu verschaffen, sondern um die Virtuosen zu begaffen und anzustaunen
— daher ein Künstler höchstens während einer Saison ›in
Mode‹ sein kann und in der nächsten schon nach ›Novität‹
verlangt wird. Ich bin überzeugt, daß, wären selbst Rubinstein und von Bülow zum zweiten Male hergekommen, sie vor
leeren Bänken gespielt hätten. Es giebt allerdings ein ganz
kleines Publikum, das ein tieferes Verständniß der Musik zu
haben scheint — was mich auch ermuthigt, Kammermusik-
Soireen einführen zu wollen. — Ich spielte am vorigen Donnerstag zum ersten Mal wieder in dieser Saison. Es war bei

Gelegenheit des Abschiedsconcertes von Theo. Thomas¹) vor seiner Uebersiedlung nach Cincinnati, wo er zum Direktor des neuen Conservatoriums ernannt ist. Das Programm war so umfangreich, daß mir ein größeres Clavierconcert nicht am Platze schien; so wählte ich Ihre »Ungarische Fantasie« zum Vortrage und errang damit einen außerordentlichen Erfolg. Welche Erinnerungen das Stück immer wieder in mir wach ruft! Nie werde ich die ergreifende Scene vergessen, die sich abspielte als Sie 1874 die Fantasie im Redoutensaale in Pesth spielten, und das Publikum nach der Melodie

in einen nieendenwollenden Jubel ausbrach! —

Nun, lieber Meister, die Akademie, von der ich mir schmeicheln kann ein »Mitbegründer« gewesen zu sein, ruft Sie gewiß zu Ihren »Pflichten«, so werde ich lieber mit meinem Geschreibsel aufhören. Seien Sie tausend Mal gegrüßt und betrachten Sie mich immer als den alten, Ihnen treu ergebenen

Für Damrosch ist eine *New Philharmonic Society* gegründet worden — hoffentlich wird es ihm damit besser ergehen wie mit der alten Gesellschaft.

----

1) Theodor Th. (geb. 1835). Dirigent des von ihm gebildeten Thomas-Orchesters in New York, seit 1888 Direktor des Konservatoriums in Chicago.

231. Martha Remmert,

geb. 1854 zu Großschwein bei Glogau, bildete sich unter Th. Kullaks, Tausigs und Liszts Führung zu einer hervorragenden Pianistin aus. Sie lebt in Berlin.

Theurer, einziger Meister!

Zu Ihrem Geburtstage sende ich Ihnen aus tiefstem Herzensgrunde meine Glückwünsche; Gott erhalte Sie in Kraft und Gesundheit! Im Geiste folge ich diesen Zeilen, denn ich sehne mich unsagbar nach Ihnen — ich bin nur glücklich in Ihrer Nähe und jeder andere Aufenthalt liegt furchtbar schwer auf mir! An Ihrer Sonate feiere ich wahre Andachtsstunden, hoffentlich führt sie mich Ihnen wieder näher. Der einzige Wunsch beschäftigt mich fortwährend, Sie diesen Winter in Pesth zu sehen! Für jetzt weisen Sie die wärmsten Grüße aus dem Dunklen nicht zurück! Ich küsse mit stets gleicher Verehrung und Liebe Ihre theuern Hände und bin immer Ihre

treu ergebene

Martha Remmert

Grätz, d. 18/10 78.

232. Franz Servais.

Maitre bien aimé!

Permettez que le 22 octobre vous apporte mes plus affectueux souvenirs, mes plus vifs souhaits. Les rares moments où j'ai eu le bonheur de vous voir dernièrement à Paris ont fait revivre en moi ces temps heureux où votre affectueuse sollicitude encourageait mes jeunes espérances, fortifiait ma volonté. Aussi attends-je avec impatience le printemps qui doit me ramener cet âge d'or.

Je travaille avec ardeur, j'en suis au second acte de mon *Apollonide* [1]). Je pourrai conséquemment vous présenter la partition des deux premiers actes. Puissent-ils être dignes de la sympathie attentive que vous n'avez cessé de me témoigner. Mais .... les grandes causes produisent parfois de bien petits effets ...!

Je vous embrasse, mon bien cher Maître, du cœur de mon cœur.

Franz Servais.

Toute ma famille chante en cœur un hymne en l'honneur de votre fête.

Hal, Vendredi, 18 Octobre 1878.

233. Hans von Bronsart.

Hannover, 20, 10 78.

Mein hochverehrter Meister!

Mit dem herzlichsten Dank für Ihren gütigen Brief aus Bayreuth empfangen Sie Ingas und meine innigsten Glückwünsche zu Ihrem bevorstehenden Geburtstage! Möge das neue Lebensjahr ein gesegnetes für Sie werden, und möge es neue Blumen in den unverwelklichen Kranz Ihrer herrlichen Schöpfungen flechten. Wie freut es mich, daß Sie diesmal den bedeutungsvollen Tag mit der Frau Fürstin verleben; darf ich Sie bitten, ihr meine ehrerbietigsten Grüße zu Füßen zu legen? Bald hoffe ich ihr die Ballade [2]) schicken zu können, deren Widmung sie sich ausgebeten hat — worauf ich ganz besonders stolz bin und nur wünsche, daß das Werk sich einigermaßen dieser Ehre würdig erweisen möge. Ich werde in diesen Tagen auch das *»Märchen von der schönen Melusine«*

---

1) Oper.
2) Für Klavier, als Op. 5 bei Breitkopf & Härtel erschienen.

an Härtels schicken, zu dessen Veröffentlichung mich Bülow
besonders ermuthigt hat[1]; ich hatte es fast ganz aus dem
Gedächtniß verloren, und hielt das Ganze überhaupt für verfehlt, da ich es in so kurzer Zeit componirt hatte; erst Ihr
gütiges Lob, geliebter Meister, erweckte in mir ein neues Vertrauen, und nun ich mich neuerdings wieder damit beschäftigt
habe, will es mir fast besser erscheinen, als meine sonstigen
Compositionen für Klavier allein.

Jetzt freue ich mich auch auf die Herausgabe der *Frühlings-
phantasie*, und am meisten deßhalb, weil sie Ihren Namen an
der Spitze tragen darf — denn Sie haben ja die Widmung
angenommen, und das ist der schönste und stolzeste Schmuck,
den dieses mir aus alter Zeit ans Herz gewachsene Werk
tragen kann!

Wie gütig ist es, daß Sie dasselbe in Pest aufführen wollen
— und ferner auch auf der nächsten Tonkünstler-Versammlung!
Ist das aber nicht zuviel? Ich fühle mich ordentlich beschämt,
daß auf meine alten Tage so viel Ehre auf mein unwürdiges
Haupt gesammelt wird.

Eigentlich scheint es mir praktisch, den Stich erst nach
der Pester Aufführung vorzunehmen, da Sie ja vielleicht noch
manche Aenderung in der Partitur zweckmäßig finden dürften.
Einstweilen wollte ich die Aenderungen in der Instrumentirung
nach Ihren Andeutungen vornehmen; am meisten Kopfzerbrechen
macht mir der Strich in den *Lebensstürmen* — es will mir gar
Nichts Gescheidtes einfallen! und ich möchte am liebsten den
ganzen Satz durch einen neuen ersetzen!

Wenn ich Partitur und Stimmen bis Ende Februar fertig
stelle, so ist es wohl zeitig genug, da Sie die Aufführung ja
erst im März beabsichtigen? Vielleicht führt mich eine Dienst-
reise im März nach Wien, und ich könnte dann den Ausflug
nach Pest unternehmen, der Aufführung beiwohnen und die
unaussprechliche Freude haben, meinen geliebten Meister wiederzusehen!

Für heute sende ich Ihnen nur noch die herzlichsten Grüße,

1) Für Klavier. Op. 9.

und bitte Sie übermorgen auch in Liebe zu gedenken Ihres
getreuen, Ihnen in unwandelbarer Dankbarkeit und Verehrung
ergebenen Schülers

Hans v. B. II.

234. Eduard Reuss,

**Pianist und Musikschriftsteller, geb. 16. Sept. 1851 zu New York,
Schüler Liszts, war lehrend in Karlsruhe tätig, lebte dann in Wiesbaden und unterrichtet jetzt am Dresdner Konservatorium.**

Göttingen, d. 20. Oct. 1878.

Hochverehrter Meister,

Empfangen Sie für die große Anregung, welche ich durch
Sie, hochverehrter Meister, empfangen habe, meinen tiefgefühlten Dank.

Das Einzige, womit wir Ihnen unsere Dankbarkeit beweisen
können ist der Fleiß, und daß ich es daran im Lauf des
Winters nicht werde fehlen lassen, hoffe ich Ihnen, lieber
Meister, im nächsten Jahre, wenn Sie mir ein Wiedererscheinen
in der Hofgärtnerei[1]) gütigst gestatten wollen, zu beweisen.

Wenn die mir von Weimar her bekannten Studiengenossen
zu einer »Stunde« um Sie versammelt sind, so bitte ich Sie
freundlichst, lieber Meister, von mir gelegentlich einen Gruß
fallen zu lassen.

Mit der vorzüglichsten Hochachtung Ihr dankbar ergebener

Eduard Reuss.

---

1) Liszts Wohnung in Weimar seit 1869.

235. Franziska Freifrau v. Loë, geb. Gräfin v. Hatzfeldt-Trachenberg.

Lugano, den 12. November [1878],

Hôtel du Parc.

Werden Sie es sehr unbescheiden finden, verehrter Meister, wenn ich wieder bei Ihnen anklopfe und frage, ob es möglich wäre, Sie einmal wiederzusehen? Oft schon habe ich diese Frage, die Ihnen gegenüber immer eine Bitte ist, gethan, aber leider vergebens. *Pulsate et aperietur* giebt mir immer neuen Muth und neue Hoffnung!

Wie ich gehört habe, sind Sie in Rom und bleiben noch einige Zeit dort. Auch ich bringe diesen Winter in Italien mit meinen drei Töchtern zu, und ich habe mir gedacht, daß es vielleicht möglich wäre, Ihnen irgendwo zu begegnen .. —. Nach Rom zu gehen und Sie dort zu sehen, würde mir eine doppelt große Freude machen. Ihr Wesen und Ihre Musik gehören dorthin, das weiß ich ja, und grade dort Sie zu hören, würde Seele und Herz erheben .. —.

Je pense si souvent à vous, et tout ce que j'ai entendu de vous est gravé dans ma mémoire. A Hanovre, le matin où Mimi et moi nous allions vous voir, où la petite Bronsart[1] a commencé la sonate pathétique, que vous avez fini après — le soir à Bayreuth où vous nous avez joué Beethoven! Quels souvenirs, et comme je serais heureuse d'être encore assise près de votre piano, et d'écouter cette musique que les anges inspirent et qui emporte l'âme au ciel! —.

Donnez-nous, si c'est possible, la possibilité de vous revoir, cher maître, et vous nous rendrez toutes très heureuses.

Recevez, cher maître, l'expression de mes sentiments bien dévoués et affectueux.

Bᵃ de Loë.

1) Die Tochter Hans und Ingeborg v. Bronsarts.

236. Kardinal Ludwig Haynald.

Hochgeehrter, Edelster Herr Abbé!

Es wird Sie interessiren von unserem Freunde Hofrath Rohlfs was zu hören, dem S⁰ Majestät anstatt des ursprünglich verliehenen Franz Joseph-Ordens-Ritterkreuzes jetzt einen höheren Orden, nämlich den der eisernen Krone gegeben hat, leider! aber wiederum nicht das von mir erbetene Comthur- sondern das Ritter-Kreuz. Ich bedauere sehr nicht alles was ich hoffte erlangt zu haben. Möge ihm das Gebotene angenehm sein.

Der Liszt-Verein will ein Lebenszeichen geben¹). Ich melde es unserem verehrten Meister. Franz Doppler schreibt aus Hochachtung für den großen Maestro eine Ballade über ein Bajza'sches Gedicht zu dieser Gelegenheit für gemischte Chöre mit Sopran- und Baryton-Solos. Wir trachten uns würdig zu zeigen des Namens, den wir führen. Doppler erkundigte sich angelegentlich um Tag und Tageszeit des Concertes; es könnte sein, daß er uns die Freude macht, ihn dann sehen zu können; doch ist hinsichtlich der Zeit noch nichts bestimmt.

Die entsetzliche Tragödie in zwei Ihnen, verehrter Meister! befreundeten Häusern wird Sie schmerzlich berührt haben. Augusz Vater und älterer Sohn todt, der Mann der Claire im Irrenhause. Trefort's Schwiegersohn Batthyányi todt, der einzige Sohn in Bosnien gestorben, etc. Gott tröste die Hinterbliebenen.

Ich hatte einen angenehmen Aufenthalt in Bagnères-de-Luchon, aber meinen schmerzhaften Rheumatismus brachte ich wiederum heim.

Zu Kálocsa bewunderte der zu einem sechstägigen Besuche hingekommene Nuntius Jacobini Ihr schönes Portrait.

Unserer durchlauchtigsten Frau Fürstin bitte mich zu Füßen zu legen und zu glauben an die innigste Hochachtung

Ihres ganz ergebenen Dieners

Budapest, 12/11 1878.　　　　　Dr. Ludwig Haynald.

¹) Kardinal Haynald war Ehrenpräsident des Budapester Liszt-Vereins.

237. Alfred von Reumont,

geb. 15. Aug. 1808 in Aachen, gest. 27. April 1887 in Burtscheid, war der preußischen Gesandtschaft in Rom attachiert, zuletzt Minister-resident an den Höfen von Florenz, Modena und Parma. Seit 1860 lebte er, von diplomatischen Geschäften zurückgezogen, bald in Rom, bald in Aachen wissenschaftlichen Arbeiten, welche meist die Geschichte Italiens zum Gegenstand haben.

Burtscheid bei Achen, 24. November 1878.

Hochgeehrter Herr

Erlauben Sie mir bei Übersendung des beifolgenden Schrei-bens des Comités des rheinischen Musikfestes angenehme, nun allmälig altwerdende Erinnerungen aus Weimar, Florenz, Rom aufzufrischen, indem ich mich selber in Ihr freundliches An-denken zurückrufe. Ich brauche Ihnen nicht zu sagen, welche Freude Sie allen Kunstfreunden meiner Vaterstadt machen würden, wenn die Umstände Ihnen gestatteten, den in dem Schreiben des Comités ausgesprochenen Wunsch zu erfüllen, und Ihr großes Werk St. Elisabeth von Ungarn hier zu diri-giren. Mit den Kräften, welche das Rheinland Ihnen zur Aus-führung stellen kann, würden Sie, glaube ich, zufrieden sein; von den schönen Künsten ist es die Musik, welche hier die meisten Verehrer und das beste Verständniß findet, worüber Sie sich von früher her einen Begriff haben bilden können. Ihre An-wesenheit aber würde eine zwiefache Anregung und ein Sporn sein, das Höchsterreichbare anzustreben. So lassen Sie mich denn mit meinen Landsleuten hoffen, daß es Ihnen möglich sei eine zusagende Antwort zu geben.

Schon im dritten Jahre bin ich verhindert worden, die Alpen zu überschreiten, gebe mich jedoch der Hoffnung hin, Rom, das veränderte Rom, zu Ende des Winters wiederzusehn — wol zum letztenmale, da die Flucht der Jahre mir schwer-lich viel Zeit zum Wandern übrig läßt. Die römische Gesell-schaft hat sich währenddessen für mich ganz verändert; ver-hältnißmäßig wenige Häuser sind mir geblieben. Unter den-selben ist der Salon der Gräfin Malatesta-Jablonowska, den Sie vielleicht gelegentlich besuchen.

Genehmigen Sie, hochgeehrter Herr, den Ausdruck der hochachtungsvollen Gesinnung, womit ich verharre

Ihr ganz ergebener

238. Walter Bache.

42. Upper Gloucester Place. Dorset Square. N. W.
London, den 24ten November [1878].

Hochgeehrter Meister!

Auf Wunsch des Herrn von Bülow melde ich Ihnen den ganz brillanten Erfolg von Ihrem *Todtentanz* im Concert vom letzten Dienstag. Die Aufführung war eine musterhafte — oder eher eine exceptionelle zu nennen — sei es Seitens des Orchesters (Dirigent Bülow) oder des Solisten, sein Schüler Frits Hartvigson [1]). Letzterer besitzt durchaus die nöthige Kraft, welche das Stück beansprucht — und hat es mit der möglichsten Sicherheit, Brillanz und Intelligenz aufgeführt. Beim Publikum war das Resultat ein durchschlagendes — — Pianist und Dirigent wurden drei Mal gerufen. Die Analyse auf dem Programme war von Barry [2]) verfaßt — und Herr von Bülow wünscht, daß ich Ihnen auch die beiliegende *Times*-Recension schicke: es könnte Sie vielleicht amüsiren zu

---

1) Däne (geb. 1841, lebt seit 1864 in London als Professor an der Royal Academy of Music.

2) C. Ainslie B., englischer Musikschriftsteller, verfaßte vortreffliche Programmanalysen für die Crystal Palace-, die Richter- und Bache-Konzerte. übersetzte auch Liszts Lohengrin-Artikel ins Englische.

erfahren, daß der alte Davison[1]) so quasi abgeschafft ist: und
an seiner Stelle ist Dr. Hueffer — der sich bereit erklärt der
früheren Feindseligkeit gegen Ihre Werke eine andere Wendung
zu geben: natürlich muß dies sehr allmählig geschehen —
aber es scheint wirklich als ob Hueffer die aufrichtige Absicht
hätte. Jedoch ich halte nie Etwas von Zeitungen und Re-
censenten und schicke Ihnen nur diese etwas alberne Notiz auf
Wunsch des Herrn von Bülow.

Am Mittwoch den 20ten gab Bülow sein erstes Recital
(5 letzte Sonaten von Beethoven) vor einem sehr intelligenten
Publikum. Sein Spiel wie sein Dirigiren scheinen jetzt ihren
Gipfelpunkt erreicht zu haben; ich habe ihn nie (scheint es
mir) so vollkommen und ruhig-meisterhaft spielen hören.

Verzeihen Sie, großer Meister, daß ich etwas zerstreut
schreibe — dreimal hat man mich gestört, seitdem ich diese
Zeilen anfing — die ich jedoch heute abschicken muß, da ich
es Herrn von B. versprochen habe. Uebrigens scheint er
(Bülow) wohl zu sein — ist guter Laune und von der größten
Liebenswürdigkeit.

Für mein nächstes Concert (25. Februar) habe ich wieder
Mazeppa (mit sehr großem Orchester) gewählt. Nach dem
großen Erfolg von 1877 muß man es wieder hören.

Mit Verehrung und Liebe Ihr dankbarer Schüler

Walter Bache.

239. Jenö Hubay,

ungarischer Geigenvirtuos, geb. 15. Sept. 1858 zu Budapest, war
Schüler seines Vaters und Joachims, ging 1878 mit Empfehlungen
Liszts drei Jahre nach Paris, übernahm 1882 eine Professur am
Brüsseler Konservatorium, 1886 eine gleiche an der ungarischen
Landes-Musikakademie. Durch Konzertreisen und zahlreiche Kom-
positionen hat er sich weithin bekannt gemacht.

Hochgeehrter theuerer Meister!

Der Östreich-Ungarische General-Consul Herr von Walcher-
Molthein übergab mir das beiliegende kleine Buch, um daß

1) James William D. 1813—85 , Gatte der Pianistin Arabella
Goddard, lange Zeit der einflußreichste Musikkritiker Londons, ein
erbitterter Gegner der Liszt-Wagnerschen Richtung.

ich es Ihnen schicke mit den Versicherungen seiner Verehrung und Hochschätzung.

Ich nun ergreife mit Freuden diese Gelegenheit, nachdem es mir hierdurch erlaubt ist ein Viertelstündchen von Ihrer so kostbaren Zeit zu rauben. Ich hätte dies schon früher gewagt, hätte ich nicht von Ihnen selbst gewußt und später auch aus den ungarischen und ausländischen Blättern erfahren, daß Sie sich nach Rom und Weimar bis Weihnachten zurückziehen um ein Oratorium zu vollenden.

Und wie dankbar Ihnen für ein so großes Werk die Welt sein muß, erinnerten mich zu zwei Gelegenheiten Compositionen von Ihnen. Das erste Mal war es im Trocadéro (Salle des Fêtes) im St. Saëns'schen Orgelconcert, das letzte Mal im Cirque d'hiver bei Pasdeloup [1]), der eine Rhapsodie Hongroise vortrug.

Einen großen Erfolg erzielte St. Saëns insbesondere mit der Legende *Saint François d'Assise, prêchant aux oiseaux*, welche St. Saëns wirklich wunderbar executirte.

Noch mehrere Orgel-Concerte fanden statt, doch keiner von den Organisten konnte einen so nachhaltigen Erfolg erzielen wie eben St. Saëns. Seine geniale Virtuosität und das schön gewählte Programm mögen die Hauptursache gewesen sein.

In Paris ist gegenwärtig musikalisch, wie man zu sagen pflegt, »sehr wenig los«. Außer Pasdeloup und Colonne's [2]) allsonntäglichen Orchester-Concerten hat auch noch gar nichts begonnen; im Gegentheil, eine kleine Reaktion auf das wilde Treiben der Weltausstellung läßt sich allenthalben verspüren.

Graf Géza Zichy, der sich kurze Zeit in Paris aufhielt und — wie ich hörte — auch Concerte geben wollte für die in Bosnien und der Herzegowina verwundeten östr.-ung. Krieger, ist in Folge dessen auch abgereist ohne concertirt zu haben.

---

1) Jules P. 1819—87, der verdiente Dirigent und Gründer der »Concerts populaires« in Paris.

2) Edouard C. (geb. 1838), berühmter französischer Dirigent, war der Erste, der Berlioz' Werke in Paris zu vollständiger Aufführung brachte. Er begründete 1874 die von ihm noch jetzt geleiteten »Concerts du Châtelet«.

Uebrigens hat Gr. Zichy in mehreren großen Soiréen mit immensem Succès gespielt; unter andern beim Prinzen Wales und noch mehreren hochgestellten Persönlichkeiten; enfin, in einer Soirée des *Figaro* .. — .

Vor kurzer Zeit kam ein ausgezeichneter Schüler von Ihnen, hochgeehrter Meister, nach Paris, nämlich: Aggházy Károly. Nachdem er ein Pianist, ich ein Violinist, obendrein wir beide Söhne eines Volkes sind, eignet es sich vortrefflich, daß wir desto mehr zusammen spielen und concertiren.

Zu unseren Hauptpiècen erwählten wir die *Cis-moll* Rhapsodie[1]) und die Kreutzer-Sonate[2]).

Zum Anfang der Saison gedenken wir auch ein Concert zu geben womöglich im »Salle Erard«. Wir würden zu diesem Vorhaben große Unterstützung finden, umsomehr nachdem unser »Zusammenwirken« in unseren bekannten Kreisen überall Anklang findet. Namentlich in der Person des Herrn von Walcher hätten wir einen Freund gewonnen. Bei letzterem auch werden wir kommenden Sonntag in einer Soirée die *Cis-moll* Rhapsodie das erste Mal zusammen vortragen.

Zum Schluß noch erlauben Sie, theuerer Meister, daß ich meiner Freude Ausdruck gebe über Ihr Wohlbefinden, und daß ich Sie bitte, mich zu denjenigen zu zählen, die Sie, Hochgeehrter Meister, verehren und lieben!

Jenő Hubay

Paris, 1878 den 29ten November.
9. Rue de Constantinople.

---

1) Von Liszt.
2 Von Beethoven.

240. Clémence Autran,

Witwe des französischen Dichters Joseph Autran, der 1813 in Marseille geboren, 6. März 1877 daselbst verstorben war.

Marseille, 8 Décembre 1878,
6, rue Joseph Autran.

Monsieur,

Vous avez perdu un grand admirateur et un grand ami; et moi, j'ai perdu l'affection la plus noble, la plus tendre, la plus intime qui puisse exister entre deux êtres qui se sont choisis.

La renommée a dû vous apprendre que Joseph Autran, mon cher mari, était mort, il y a bientôt deux années.

Vous vous étonnerez peut-être que mon souvenir vous arrive si tard; voici comment ce retard s'explique.

A la suite d'un coup si terrible et si inattendu j'ai été longtemps dans un profond accablement, et quand il a fallu en sortir, pour continuer la publication de ses œuvres, j'ai appris que vous arriveriez bientôt à Paris. J'y suis restée dix mois, souvent malade, toujours occupée de ce qui touchait à cette chère mémoire. Enfin on m'annonce que vous êtes arrivé; je cours chez Erard, vous veniez de partir!.. Il ne me restait plus qu'à attendre que le dernier volume des Œuvres complètes eût paru. Ce volume vient d'obtenir un grand succès, il contient des pages qui vous sont consacrées et qui ont été citées avec éloges dans un grand nombre d'articles. Je vous envoie ce volume qui vous rappellera, avec les souvenirs de notre jeunesse, l'amitié et l'admiration que vous aviez su inspirer. J'y joins une étude de Monsieur A. de Pontmartin[1]) et un *Memento* que nos amis ont fait imprimer dans les quelques jours qui ont suivi la mort de Joseph Autran.

Adieu, Monsieur, je vous revois tout brillant de jeunesse et de gloire dans ce beau passé où m'apparait votre figure aimée. La gloire est toujours jeune, et vous êtes sans doute

---

1) Armand Graf P., französischer Roman- und Memoirenschriftsteller (1811—90).

heureux! Croyez du moins que la seule douceur que je puisse
goûter, c'est de souhaiter le bonheur à ceux qui ont aimé mon
cher Poète.

P. S. La poste n'ayant pas voulu se charger du volume,
je l'ai fait mettre au chemin de fer.

241. Jules de Zarembski,

geb. 28. Febr. 1854 zu Shitomir in Rußland, gest. daselbst 15. Sept.
1885, Klaviervirtuos und Komponist Lisztscher Schule, wurde 1879
Louis Brassins Nachfolger als Professor am Konservatorium zu
Brüssel.

Schweidnitz, le 16 Déc. 78.

Très cher Maître,

Il y a déjà bien longtemps que j'ai eu le plaisir de vous
donner de mes nouvelles.

Après votre départ de Paris, j'ai continué à piocher mon
double piano[1]) et j'ai arrangé et composé en somme six pièces.
Entre autres j'ai écrit un prélude qu'on peut jouer à quatre
mains sur le piano ordinaire et que je joue tout seul sur
le double. J'ai complètement changé la manière de traiter cet
instrument et je me flatte d'avoir fait quelques progrès. Au
mois d'Octobre M. Rivière, directeur des Concerts de Covent-
Garden à Londres, m'a engagé pour 15 jours avec le nouveau
piano. Mais j'ai dû cesser mon engagement après la cinquième
soirée. Le public qui fréquente ces concerts préfère entendre

— — — —

1) Das auf der Pariser Weltausstellung 1878 von ihm gespielte
»Piano Mangeot«.

un quadrille qu'un morceau sérieux. Peu leur importe si l'artiste joue bien ou mal, sur un piano double ou quadruple, pourvu qu'il joue des blagues. La salle du Covent-Garden est trop grande pour un piano, de sorte qu'on ne pouvait pas se rendre compte de la vraie sonorité. Messieurs les critiques n'y ont rien compris et ont condamné l'invention. Toute cette affaire était mal menée. Je compte retourner à Londres au mois de Mai prochain, pour la vraie saison.

Cher Maître, permettez-moi de vous communiquer une grande et grave nouvelle. Le 1er Janvier (19 Décembre vieille date) sera célébré mon mariage à Gitomir avec Mlle Wenzel [1]). Nous sommes ici à Schweidnitz pour remplir les formalités civiles. Vous, cher Maître, qui étiez le premier à vous apercevoir de notre amour, et à nous entourer toujours de votre bonté vraiment paternelle, vous ne nous refuserez pas votre bénédiction. Quel malheur qu'une si grande distance ne nous permet pas de pouvoir vous compter parmi les nôtres, le jour de notre bonheur. Aussitôt que nos intérêts le permettront nous viendrons à Rome ou à Pest, pour demander votre bénédiction personnelle.

En attendant avec impatience cet heureux moment, je vous prie, cher Maître, d'agréer l'assurance de ma plus grande admiration et de ma plus profonde reconnaissance.

Votre très dévoué élève

242. Hans von Bronsart.

Hannover, 29/4 79.

Hochverehrter Meister!

Die schönen Tage sind dahingegangen, flüchtig wie ein Traum — nur zu flüchtig! aber die Erinnerung bleibt uns,

---

1) Johanna W., ebenfalls Schülerin Liszts. mit Z. vermählt, jetzt Professorin am Brüsseler Konservatorium.

und sagt uns, daß es kein Traum war, daß unser geliebter
Meister uns wieder eine unvergeßliche Woche geschenkt, als
unser lieber Gast in unserm Hause geweilt hat. Dank, tausend
Dank nochmals durch die Ferne!

Bülow hat mir eine große Zahl von Berichten über den
Christus mitgetheilt, welche sämmtlich, wie verschieden sich
auch die Herren Referenten dem Werke gegenüber zu verhalten
suchen, doch nur den großen und durchschlagenden Erfolg
desselben constatiren. Welche Herzensfreude mir das gewesen,
können Sie Sich vorstellen, und es muß Ihnen auch wohlthun
zu erfahren, daß Sie einer der wenigen großen Meister sind,
der es noch er lebt, daß weitere und weitere Kreise das Unsterbliche seiner Werke zu ahnen und zu erkennen beginnen.

Die erste Nachricht von dem Erfolg des *Christus* brachte
uns Goldschmidt, der ganz begeistert zurückkehrte, und dieses
Werk für das Höchste hält, was Sie geschaffen. Ist denn
keine Aussicht, es in Wiesbaden aufzuführen? Da der Rühl'sche
Verein es so gut studirt hat, so wäre es doch eine Kleinigkeit,
wenn derselbe *in pleno* nach Wiesbaden käme; es wäre wohl
an einem Tage zu erledigen. Das könnte für mich den Ausschlag geben, mich von allen Intendanten-Pflichten loszulösen,
und zur Tonkünstlerversammlung nach Wiesbaden zu kommen.

Der Mai steht vor der Thüre, und es weht ein so eisiger
Wind, als sollten wir wieder Schnee bekommen! Und jetzt
ist der geliebte Meister nicht bei uns, der uns mit seinem Blick
den Frühling herzauberte. Aber außer der Erinnerung blieb
uns ja auch die Hoffnung! und das gütige Versprechen, daß
Hannover als stehende Nummer in das alljährliche Reise-
programm aufgenommen — trotz Weimars gewitterschwülem
Grollen und Wetterleuchten. Und nun noch ein herzinniges
Lebewohl und tausend Grüße von Ihrem Ihnen unwandelbar
treu und dankbar ergebenen Schüler

Hans II.

243. Francesco Florimo,

Italienischer Musikforscher, geb. 12. Okt. 1800 zu San Giorgio Morgeto bei Reggio, gest. 18. Dez. 1888 in Neapel, wo er seit 1826 Bibliothekar am Archiv des Collegio Reale di Musica war. Auch kompositorisch hat er sich betätigt.

Napoli, 1° Maggio 79.

Illustre Maestro,

Vi hanno doni la cui immensità è incomprensibile, ed emozioni delle quali un cuore si crede incapace: Il dono immenso è il vostro[1], l'emozione potente è stata la mia nel riceverlo. Il principe che protegge le arti, il ricco che vi profonde il suo oro sono solamente generosi, ma l'artista che dona un suo autografo, che si stacca dall'opera sua è magnanimo, divino. Essi spandono i favori loro concessi dalla fortuna, l'artista cedendo le sue ispirazioni che potenti scaturiscono dalla mente, cede i suoi figli. Immortale Maestro, l'*Ave Maria* da voi data a questo archivio è sublime ed eletta composizione; il dono è degno di un grande artista, che nell'offrire il suo tributo al tempio delle arti sceglie una delle migliori sue opere. L'ammirazione, l'entusiasmo in noi tutti destatesi sono indescrivibili, ed unanimamente abbiamo esclamato: Quest'*Ave* è uno dei più preziosi gioielli del nostro Archivio, è degno veramente di stare accanto a' capolavori dei nostri sommi Maestri. In nome dell'arte dunque, e di questo Conservatorio io vi esterno i sentimenti della più alta gratitudine, e nell'unirmi a loro, per mio conto poi aggiungo i più sentiti ringraziamenti, per aver voi fatto avverare il sogno dorato del vecchio archivista, ed averlo fatto piangere di tenerezza e di gioia. —

Con quelle considerazioni di alta stima, rispetto ed ammirazione mi onoro ripetermi

Servo riconoscentissimo

Francesco Florimo

---

1) Liszt hatte auf Bitten Florimos dem unter seiner Obhut stehenden Archiv das Autograph eines von ihm komponierten Ave Maria geschenkt.

244. Ferdinand von Saar,

Österreichischer Dichter und Schriftsteller von Ruf. geb. 30. Sept. 1833 zu Wien, gab die Offizierslaufbahn auf und lebt seitdem in Wien oder Blansko in Mähren.

Hochverehrter Meister!

Gestern erhielt ich zu großer und freudiger Überraschung ein Schreiben von dem Freiherrn von Loën, worin mir derselbe mittheilt: daß mein Trauerspiel *die beiden de Witt* am Pfingstmontag in Weimar zur Darstellung gelangen werde. Zugleich enthielt der Brief eine huldvolle Aufforderung von Seite Seiner Königlichen Hoheit, des Großherzogs, mich persönlich zur Aufführung einzufinden. Ich brauche wohl nicht erst zu betheuern, wie gern ich diesem mich so sehr erhebenden hohen Wunsche Folge leisten würde: allein eine Verkettung von Umständen macht es mir geradezu unmöglich, Wien vor dem 10ten Juni zu verlassen. Sollte mein Erscheinen in Weimar bis dahin noch beliebt werden, so würde ich zwischen 10ten und 15ten dort eintreffen — und könnnte dann, neben all dem Großen, Edlen und Schönen, das mich dort erwartet, auch noch die Freude erleben, einer Reprise meines Stückes beizuwohnen; vorausgesetzt, daß dasselbe nicht gänzlich mißfallen hat. Wie dem auch sei, ich kann nur im Tiefsten bedauern, daß ich von dem mir so nahe bevorstehenden bedeutsamen Ereignisse bis gestern auch nicht die leiseste Ahnung hatte. Denn ein Handschreiben, womit mich Seine Königliche Hoheit vor einiger Zeit auszeichnete, sprach von einer Aufführung bei Beginn der nächsten Saison. So wird mich wohl die Stimme des Herzens nicht täuschen, wenn ich diese Beschleunigung Ihrer edlen und fördernden Theilnahme zuschreibe und Ihnen dafür herzlich danke. Ich hoffe, daß die Zeit nicht mehr allzu fern ist, wo sich mein künstlerisches Wesen (und somit auch mein menschliches) freier entfaltet, und dann sollen Sie die Überzeugung gewinnen, wie tief ich Ihnen ergeben bin.

Zum Schlusse bitte ich, Seiner Königlichen Hoheit meinen

ehrerbietigsten Dank auszusprechen; Sie aber, Hochverehrter Meister, mögen nach wie vor gewogen bleiben

Ihrem

[signature: Ferdinand von Saar]

Döbling bei Wien, 29ten Mai 1879.

245. Kardinal Ludwig Haynald.

Edelster, Verehrtester Herr Maestro!

Über Rom kam mir das liebe Schreiben hier zu mit dem kurzen inhaltsschweren Thema, zu welchem das ebenso schöpferische Herz des liebenswürdigsten Freundes — als schöpferisch der Geist des Meisters ist — seit fast einem Vierteljahrhunderte unserer für mich theuersten Bekanntschaft die bezauberndsten Variationen in unzähligen Freundlichkeiten mir aufgespielt hat.

Herzlichen Dank für alle erwiesene Liebe, und die innigsten Segenswünsche für Ihr liebes Wohl.

Ich war sehr glücklich in Wien einer längeren Conversation von Ihrer Königlichen Hoheit der Erbgroßherzogin von Sachsen-Weimar und Ihrer Hoheit der Prinzessin von Reuß gewürdiget zu werden. Interessante, edle Damen voll Geist und herablassender Güte; mit großem Interesse ward da auch des lieben Maestro gedacht.

Mit wahrster Hochachtung unwandelbar

Ihr ganz ergebener Freund, Verehrer und Diener

Cardinal Haynald.

Budapest, 5/6 1879.

246. Kardinal Gustav Hohenlohe.

Rome, 16 Juin 79.

Cher ami,

Vous remerciant bien de cœur pour Vos deux lettres, pour mon jour de naissance et pour l'Evêché d'Albano, je Vous demande pardon de n'avoir pas écrit plus tôt; mais le temps me manquait. Maintenant que je suis de retour d'Albano, où il y avait assez à faire, je profite d'un moment libre pour Vous dire que non seulement à la Villa d'Este, mais aussi à Albano Vous êtes le bienvenu.

Je ne sais pas encore si je pourrai aller à Stresa et Domodossola. Le Général des Rosminiens, qui nous a invités, ne retourne d'Angleterre qu'au commencement d'Août. Le 17 d'Août il faut que je me trouve à Albano, où il y aura un *cinquantesimo anniversario* d'une image miraculeuse de la Ste. Vierge, ou plutôt une grande fête en honneur de la Mère de Dieu. J'espère que la fête sera bien belle et que nous aurons beaucoup de conversions et communions.

Per la paratura della Cattedrale raccolgo del denaro e faccio da Francescano, parce que mon pauvre diocèse ne rapporte rien. Garibaldi[1]) est parmi mes brebis, mais je ne l'ai pas encore vu, il habite une Villa entre Albano et Ariccia.

La Princesse me dit hier que Vous désirez les paroles de *Roma nobilis*[2]), je les ferai venir de Tivoli de suite.

Rath Schmidt vient de m'écrire enchanté des bontés que Vous avez eues pour lui à Weimar.

Veuillez me mettre aux pieds de LL. AA. RR. regnantes et héréditaires.

Je me recommande à Vos prières.

Votre tout dévoué ami

† Gustave C. d'Hohenlohe.

---

1) Der italienische Freiheitsheld (1807—82).
2) Eine alte kirchliche Hymne.

247. Franz Servais.

[Juni oder Juli 1879.]

Bien cher et vénéré Maître,

Je suis arrivé ici la veille du festival belge; cette fois je ne me suis pas senti »coiffé«, pour me servir de l'expression dont vous aimez à endimancher ma mince personne. — Enfin mes oreilles se sont armées de courage; le troisième et dernier concert eut lieu hier et je me suis sauvé! Les ovations n'ont point fait défaut; mon frère y eut une large part avec le Concerto (4°) du Père; Lassen, à son tour, après son »ouverture de *Jubel*« voulut grimper sur l'estrade. La Cantate de Lassen sera exécutée pour la 1ʳᵉ fois le 16 août; au festival on entendit le *Salvum fac regem* et l'ouverture. —

Enfin nous voilà libres de musique et de visites obligées; je puis enfin vous dire, cher Maître, tout le bonheur que j'ai eu de vous revoir, vous remercier de votre accueil si bienveillant! Croyez à la gratitude profonde que je vous porte pour la sympathie attentive dont vous avez entouré mon travail; je vous l'ai dit maintes fois et je me plais à le répéter: votre sympathie est le soleil qui me féconde. Merci, merci, du cœur de mon cœur!

Je causai beaucoup de vous Mardi avec Gounod — Buste et piedestal — redevenu humain. Nous nous rencontrâmes à dîner chez le directeur de *l'Indépendance belge*. Gounod fut enchanté d'avoir de vos nouvelles si fraîches et m'a prié de vous envoyer ses plus affectueux souvenirs. Il me parla beaucoup d'une messe que ses éditeurs ont dû vous envoyer dernièrement....

J'aurai demain à déjeuner M. Almossy enchanté des Belges et de la Belgique!!.. Messieurs Hanslick[1]) et Filippi représentaient l'Autriche et l'Italie!!! La musique et le monde sont sauvés — plus de têtes chauves!

----

[1] Eduard H., der Wiener Musikkritiker.

Toute ma famille, cher Maître, vous salue en cœur. Croyez
à l'admiration profonde et à la respectueuse affection que vous
porte votre sujet mal discipliné mais bien intentionné et ›coiffé‹.

Franz Servais.

Quelles belles pages intéressantes et instructives que les
chapitres consacrés à la Polonaise et la Mazoure dans votre
Chopin! — Je suis en pleine lecture!

Hal, Vendredi.

248. Julius Kniese,

geb. 21. Dez. 1848 zu Roda bei Altenburg, von W. Stade. Carl
Riedel und Brendel zum Musiker ausgebildet, leitete 1871—76 die
Singakademie in Glogau, dann bis 1884 den Rühlschen Gesang-
und den Wagnerverein in Frankfurt a. M., weiter die städtischen
Konzerte in Aachen. Seit 1889 wirkt er als Musikdirektor der
Bühnenfestspiele und der Stilbildungsschule in Bayreuth.

Frankfurt, 9, 7 79.

Verehrter Meister!

Ihnen den tiefsten, herzlichsten Dank für Ihren Brief. Er
traf mich schon hier, und die Freude darüber hat gewiß zu
meiner nun vollständigen Reconvalescenz beigetragen. Der
Strike meines Nervensystems wäre nicht eingetreten, wenn sich
meine Thätigkeit im vorigen Winter nur auf meine Kunst er-
streckt hätte; aber es gab viel Ärger dabei, und mit je tieferen,
heiligeren Dingen man sich beschäftigt, desto schärfer muß man
den Gegensatz zur Außenwelt büßen. Ein Kampf um den
Christus[1]) hat hier nicht stattgefunden, weil ich von allen un-
liebsamen apriorischen Bemerkungen, u. A. der von Herrn
Raff[2]), daß der *Christus* im Meyerbeer-Spontini-Style geschrieben
sei, gar keine Notiz genommen habe. Ob sich Raff durch die
Aufführung vom Gegentheil überzeugt hat?

Für Ihre herzlichen Worte über meine Ouverture danke ich

---

[1] Den Lisztschen.
[2] Joachim R., (1822—82, Komponist, von 1877 bis zu seinem
Tod Direktor des Hochschen Konservatoriums in Frankfurt.

Ihnen vor Allem. Ich hatte ein so schönes Lob nicht gehofft.
Meine compositorische Thätigkeit ist nur eine geringe. Ich
warte, bis es mich von innen heraus dazu drängt, und das
ist nicht oft. Zudem kann ich nur in gegebenen Stylen,
denen Liszt's und Wagner's, schreiben, so daß der Ausdruck
meines Empfindens höchstens wahr, aber nie originell sein
wird. Ich fühle, daß ich mein kleines Compositionstalent dazu
habe, unseren Größten um so intensiver nachempfinden lernen
zu können, wie es sich für einen Dirigenten ziemt. Im nächsten
Winter bestehen meine Oratorien-Aufführungen aus: 1. Orgelconcert G moll mit Orchester von Händel und C moll-Requiem
v. Cherubini; 2. Weihnachts-Oratorium von Bach; 3. *Damna-
tion de Faust* v. Berlioz. Wenn Sie, verehrter Meister, im
Herbst noch in Weimar sein sollten, würde ich Sie ersuchen,
mir dort einen kurzen Besuch gestatten zu wollen, um Sie um
die Berlioz'schen *Faust*-Intentionen und um ein — Bild von
Ihnen zu bitten. Verzeihen Sie mir diese letzte Bitte, doch
ist sie mir Herzensbedürfniß. Eine mir von früher bekannte
junge Pianistin, Frl. Levyson, bat mich neulich um eine Empfehlung an Sie; sie kam jedoch derselben zuvor, da sie von
Ihrer baldigen Abreise von Weimar gehört hatte.

Ich fahre morgen mit meiner Frau auf einige Wochen nach
der Schweiz. Auf dem Rigi gedenke ich mit Frl. Breidenstein
die Gretchen-Parthie zu studieren. Die Aufführung des *Faust*
wird ungefähr in dieselbe Zeit, wie die des *Christus*, gegen
Ostern, fallen. Mit einem stillen Wunsche in Bezug hierauf,
und dem Ausdrucke der tiefsten Dankbarkeit und Verehrung,
zugleich von meiner Frau,

Ihr

Julius Kniese.

249. Kardinal Gustav Hohenlohe.

Villa d'Este, 10 Juillet 79.

Cher ami,

Hier, le Chapitre de la Cathédrale d'Albano Vous a nommé (à l'unanimité) Chanoine honoraire de la même cathédrale d'Albano. Je Vous en fais mes félicitations les plus sincères, heureux d'avoir dans mon Chapitre un homme de si grand mérite comme Vous. — Vous aurez les bulles de nomination, que je Vous enverrai à Weimar.

Agréez mes respects et mes amitiés.

Votre tout dévoué

† G. Card. Evêque d'Albano.

Mgr. le Com^r de Liszt,
Chanoine d'Albano.

250. Derselbe.

Tivoli, 14 Juillet 1879.

Cher ami,

Le Chapitre de la cathédrale d'Albano Vous ayant élu Chanoine honoraire de cette même cathédrale, je n'ai pas manqué de Vous en donner de suite la nouvelle, en priant la Princesse de se charger de ma lettre. J'espère qu'elle Vous aura envoyé la lettre, et en peu de jours je Vous enverrai la bulle de nomination. Je suis enchanté que la première nomination, faite dans mon nouveau diocèse soit la Vôtre. Vous savez que le Chanoine honoraire n'est pas obligé à se rendre au chœur, bien qu'il en ait toujours le droit. Il y a toutes sortes d'honneurs, soutane violette, etc., auxquels Vous n'attachez aucun prix, je le sais, mais je tenais beaucoup à Vous donner un signe d'amitié par cette nomination, et j'espère que nous nous trouverons souvent ensemble à Albano.

Mr Blum von Hyrth m'avait écrit, qu'il voulait habiter cette année à la Villa d'Este. Il me semble que ce n'est pas

précisément la société que Vous désirez, puis il n'y a pas de
place, et cette raison a été dite à Mr Blum ou Bluhm. Il ne
vient donc pas.

Veuillez avoir la bonté d'écrire un mot *al Reverendissimo
Capitolo di Albano*, en leur remerciant pour Votre nomination
de Chanoine honoraire, car c'est le Chapitre qui fait la nomination, et l'Evêque qui l'approuve.

Vous aurez reçu ma lettre pour la Croix de Pezzini.

Agréez mes respects et l'assurance de l'amitié la plus
sincère de Votre

tout dévoué

† Gustave Card. Evêque d'Albano.

251. Franz Erkel,

nationaler ungarischer Komponist, dessen Opern seine Landsleute
begeisterten, geb. 7. Nov. 1810 zu Gyula. gest. 15. Juni 1893 in
Budapest als Generalmusikdirektor.

Hochwohlgeborner Herr Präsident,
Verehrtester Meister!

Vor allem meinen innigsten Dank für die durch E: II: an
mich geschriebenen herzlichen Zeilen — und besonders für
dero Ermächtigung in Betreff des Hilfs-Klavier-Lehrers Julius
Erkel[1]) zu meinem adlatus. — Es war auch schon die höchste
Zeit, denn allein konnte ich schon nicht mehr genüge leisten
einem so starken Andrang von Schülern. — Jetzt werde ich
Ihren weisen Rath erst recht befolgen können — d. h.: Rüstig
Fortschreiten in der Heranbildung tüchtiger Musiker
und Künstler bleibt die Aufgabe der Akademie; sie
soll sich, Kraft dem übereinstimmenden Verständniß
der Führer, im In- und Auslande mit Ehren behaupten
und exemplarisch wirken.

Ich eilte nach Empfang Ihres werthen Schreibens sofort
zum Ministerialrath Hegedüs, welcher in Betreff des kranken

---

1) Sohn Erkels.

Juhász[1]) sich sehr zuvorkommend und liebevoll äußerte; unter
andern sagte er mir: Schreiben Sie dem Herrn Präsidenten
meine Empfehlung, und bis Juhász nicht vollkommen gesund
wird, wird man ihm auf Empfehlung des Präsidenten und
Directors ein Stipendium zukommen lassen. Dies bitte ich zur
Beruhigung des H: Präsidenten ihm schreiben zu wollen. —

Ich war sehr erfreut über die Zuvorkommenheit. — Auch
sagte Er: Mit Brust- und Herz-Krankheiten Behaftete bedürfen
der Ruhe — müssen von jeder geistigen und physischen Anstrengung befreit seyn .. — .

Ich glaube E: H: Intentionen gemäß ziemlich glücklich vor-
gegangen zu seyn. — Und nun empfehle ich mich Ihrer ferneren
Gewogenheit und verbleibe wie immer Ihr allergetreuester, ergebenster Diener

P. S.   Bitte die Gnade zu haben den Empfang dieses
Schreibens mir allsogleich zu wissen zu machen. — —

Budapest, 22/7 1879.

252. Kardinal Gustav Hohenlohe.

Villa d'Este, 4 Sept. 1879.

Cher ami,

La P^{sse} Carolyne me donna la bonne nouvelle de Votre
prochaine arrivée à Rome, et me demanda quand je serai à
Albano ou à Rome. Je lui ai répondu, que je dois encore
prendre quelque bain ici pour mon pied malade, — et que je
dois être à Rome pour le Consistoire, dont j'ignore encore le
jour, que ensuite je n'ai rien encore décidé pour mon retour
à Albano, qui dépend de plusieures circonstances. Pour Votre

---

1) Aladár J., Schüler Liszts, ungarischer Pianist.

possesso dans la Cathédralé d'Albano nous pourrons aller ensemble à Albano, si Vous voulez.

Vous avez Vos chambres à la Villa d'Este et à Albano au palais de l'Evêque, *basta un Suo cenno per preparare tutto per il Suo arrivo.*

J'ai chargé Don Marcello[1]) de faire faire pour Vous la *sottana paonazza, collaro paonazzo e cotta e rocchetto* pour Votre *possesso* à Albano. Ce sont des détails fort simples, et aussi le *possesso* est une cérémonie ni fatigante, ni longue, et nous fixerons le jour *con tutto il commodo.* —

Je suis heureux de Vous revoir, et je Vous prie d'agréer l'assurance de mon dévouement et de mon amitié bien sincère. Votre bien dévoué serviteur

G. Card. Ev. d'Albano.

253. Sir William Cusins,

geb. 14. Oktober 1833 zu London, gest. 1893, Schüler von Fétis in Brüssel, von Bennett u. a. in London, woselbst er als Dirigent der Philharmonischen Gesellschaft und königlicher Kapellmeister lebte.

33, Nottingham Place, W.
Sept. 9th 1879.

My dear Sir,

I have been travelling in Switzerland for a month past for my holidays and it was only last evening on my return home that I found your most kind letter and the enclosed lovely song you are so good as to honor the new collection with. The piece is a gem of the first order and I will take care it is placed in good hands for singing.

I shall have it carefully copied and when the proofs have been corrected once by myself I will let you have them to look over without fail.

Thanking you again for this beautiful song and with the assurance of my great esteem believe me

sincerely yours

Herrn Franz Liszt.

---

1) Haushofmeister des Kardinals.

I send this to Bayreuth to be forwarded. Please send me a postcard to say where the proofs are to be sent to.

254. Giovanni Sgambati,

einer der bedeutendsten Pianisten. Komponisten und Dirigenten Italiens, Schüler Liszts, geb. 28. Mai 1843 in Rom. woselbst er seit 1877 die erste Klavierprofessur an der Accademia di Sta. Cecilia inne hat und sich durch die Pflege deutscher Musik verdient macht.

Caro e Venerato Maestro,

Nel dirle il benvenuto fra di noi, dolente di non poter farlo in persona, mi affretto di farle pervenire appena pubblicato un esemplare del Quintetto del quale Ella ha voluto degnarsi di accettare la dedica.

Conto aver il bene di rivederla fra due o tre settimane. Intanto pregandola di conservarmi la Sua protezione, Le bacio le mani rispettosamente ed ho l'onore di dichiararmi

di Lei

aff^{mo} obbl^{mo} scolare

G. Sgambati.

Bagni di Lucca, Ponte a Serraglio,
10 Settembre 1879.

255. Siegmund Noskowski.

Hochverehrtester Herr Doctor!

Ich wollte sofort nach dem Empfang Ihrer mich so erfreuenden Zeilen meinen Dank für Ihre unendliche Güte aussprechen, erfuhr aber daß Sie auf der Reise seien, und erst jetzt las ich in der Zeitung die Nachricht Ihrer Ankunft in Rom.

Empfangen Sie also jetzt, hochverehrter Herr, meinen tiefen Dank für das aufrichtige Interesse und die Aufmerksamkeit, welche Sie meinem kleinen Talente und dem Quartette geschenkt haben. Ihnen habe ich es heute zu verdanken, daß ich mit meinen Compositionen in Deutschland aufgetreten bin, sonst wäre es unmöglich gewesen. — Ihre Güte hat aber noch viel weitere Wirkungen ausgeübt: sie hat nämlich die Aufmerksamkeit des Publikums in meinem Vaterlande auf mich gelenkt, sodaß vielleicht dadurch meine Zukunft gesichert werden wird .. — .

Ich zeichne als Ihr stets hochachtungsvollst dankbarer

Siegmund von Noskowski.

Constanz, d. 16. September 1879.

256. Elisabeth, Prinzessin von Sachsen-Weimar,
gegenwärtig Gemahlin des Herzogs Johann Albrecht von Mecklenburg-Schwerin.

Château de la Wartbourg,
17 Sept. 1879.

Voilà, je vous ai bien retrouvé, aimable et bon comme toujours, *caro Maestro*, dans ce charmant envoi, qui m'est parvenu ici, à la Wartbourg. Merci de cœur! Le *Chopin*[1]) m'est un précieux souvenir, non seulement de l'aimable auteur, mais aussi des bonnes heures passées au piano avec lui, tant ›Chopinant‹ que causant! Et le Weitzmann[2]), en voilà du cassetête, et du fameux encore. Il est bien divertissant, et ses cartes de visite sont des plus savantes et originales.

Nous sommes ici depuis les premiers jours du mois et comptons prendre notre vol demain, pour faire un bon plongeon dans l'océan. Maman se rend avec moi à Biarritz, où papa pense nous rejoindre au commencement d'Octobre. Nous ne faisons que traverser Paris, mais j'espère qu'au retour maman s'arrêtra plus longtemps, et que j'aurai alors le loisir de voir Pauline[3]), à laquelle je ferai votre message de vieille amitié.

1) Liszts Buch.
2) ›Musikalische Rätsel‹.
3) Pauline Viardot-Garcia, die unvergleichliche Gesangskünstlerin.

L'arrière automne nous verra de retour, je le suppose du
moins; c'est alors que je me jetterai la tête basse dans le »piano-
tage« et que je m'appliquerai à faire de mon mieux, afin de
mériter la bienveillance avec laquelle le gracieux maestro a
toujours prêté l'oreille, quand j'étais en train de les lui écorcher!

Maman me charge encore de vous exprimer tous ses regrets
de vous avoir manqué de si près dans nos bois; elle vous souhaite un bon hiver et vous envoie bien des messages.

Quant à moi, *caro Maestro*, encore mille fois merci! Je
ne dis jamais adieu aux personnes que j'aime revoir — donc
je n'ajouterai que: *a rivederla!* et cela de tout mon cœur.

Le substitut des étourneaux.

Elisabeth.

257. Josephine von Kaulbach,
**Witwe des 1874 verstorbenen Historienmalers Wilhelm von Kaul-
bach in München.**

München, d. 2. Oktob. 1879.

Hochverehrter Freund und Meister,

Sie werden sich wundern von mir einige Zeilen zu erhalten.
Ich hatte eigentlich auf Ihren alljährlichen Besuch gehofft, wo
ich Ihnen mündlich meine Bitte vortragen wollte; aber die
Freude Sie bei mir zu sehen wurde nicht erfüllt. So erlaube
ich mir daher einliegendem Schreiben eines jungen Musik-
schülers diese wenigen Zeilen beifügen zu dürfen. Dieser junge
strebsame fleißige Kunstjünger, der von der höchsten Begeisterung beseelt ist, würde, wenn Sie hochverehrter Meister für einige Monate ihm erlaubten Ihr Schüler sein zu dürfen, der dank-

barste und glücklichste Mensch sein[1]). Ich bin überzeugt daß
Sie bald an dieser ideal angelegten Natur und fein gebildetem
jungen Manne große Freude haben würden. Auch brauche ich
Sie wohl nicht zu versichern daß ich meine Protektion keinem
Unwürdigen zuwende und Sie mit dieser Bitte nicht belästigt
hätte, wenn ich nicht vollständig überzeugt wäre daß dieser
junge Mann des großen Meisters würdig sei.

In der Hoffnung recht bald eine entscheidende Antwort
zu erhalten, verbleibe ich in alter treuer Freundschaft Ihre
Sie hochverehrende

258. Leopold Damrosch.

New York, October 5. 79.
142 E. 47th Str.

Mein hochverehrter theurer Meister!

Oft, in allen den Lebenskämpfen und Drangsalen, die das
irdische Leben begleiten und mir ebensowenig fehlen, als andern Sterblichen, taucht ein liebes Bild vor meiner Seele auf,
das mich zugleich befeuert, beruhigt und erhebt.

Sie sind's, mein theurer Freund, Sie stehen vor mir mit
Ihrem hohen Geist, Ihrem edlen Herzen, Ihrer liebeathmenden
Seele, und mit wehmüthiger Wonne gedenke ich der kurzen,
aber unvergeßlichen Tage, die an Ihrer Seite zu leben mir
vergönnt war! Sie ist lange dahin, diese Zeit, und in meinem
innigsten Bestreben, Ihnen Liebe und Dank zu erweisen, durch
weite Ferne und meine Lebensumstände gehemmt, würde ich
oft wenigstens durch schriftliche Mittheilung Ihnen auszudrücken

1) Josef Giehrl, der Empfohlene, wurde von Liszt als Schüler
angenommen. Der sehr begabte junge Mann aber starb vorzeitig.

versuchen, wie fest ich Sie in mir hege. Allein die Besorgniß, Ihnen unbequem zu werden, hält mich hiervon ab — darf ich ja annehmen, daß Ihnen nicht unbekannt ist, was Sie mir waren, sind und bleiben werden.

Heute doch mögen Sie mir gestatten, mich Ihnen zu nahen — diese Zeilen sollen Ihnen zu Ihrem Geburtstage die Glückwünsche eines Ihnen von ganzer Seele ergebenen Freundes darbringen. Wie viele tausend Meilen sie auch durchlaufen haben werden, bevor sie zu Ihnen gelangt sind, so kann doch keine irdische Entfernung ihnen die Wärme nehmen, die meine Seele im Gedanken an Sie durchströmt, und die ich diesen Zeilen eingehaucht habe. Möchten Ihnen in langem, langem Lebensabend noch viele beseligende Erfahrungen beschieden sein! Mit diesem Wunsche und der sehnlichsten Hoffnung, Ihnen bald wieder Auge in Auge blicken zu dürfen, verabschiede ich mich heute von Ihnen, meinem Meister und hehrem Vorbild, und bitte Sie um einen Augenblick freundlichen Gedenkens für

Ihren unwandelbar ergebenen

Leopold Damrosch.

259. Hugo Riemann,

bedeutender Musiktheoretiker und -Schriftsteller, Dr. phil., geb. 18. Juli 1849 zu Großmehlra bei Sondershausen. habilitierte sich 1878 an der Universität Leipzig, deren Professorenkreis er noch heute angehört, nachdem seine Tätigkeit daselbst während der Jahre 1881—95, wo er an den Konservatorien zu Hamburg, Sondershausen und Wiesbaden unterrichtete, unterbrochen war.

Leipzig, d. 6. October 1879.

Hochverehrtester Meister!

Sie haben mir in der freundlichsten Weise gestattet, meine theoretischen Speculationen Ihnen des weiteren vorzutragen, und ich mache davon Gebrauch, auf die Gefahr hin, Sie zu langweilen; doch will ich versuchen, umständliche Expositionen und Motivirungen zu vermeiden, und mich beschränken auf die Darlegung der Kernpuncte dessen, was ich will — vielleicht, daß

es mir gelingt, Ihre Zustimmung zu erhalten. Daß Sie selbst
nicht daran denken, Sich mit der dürren und nur wenig frucht-
baren Theorie zu befassen, ist mir begreiflich genug; wer wie
Sie als schaffender Künstler auf sonniger Höhe seiner Zeit
vorangeht, darf es getrost der Nachwelt oder den *diis minorum
gentium* überlassen, das »Wie« zu erklären oder — nicht zu
erklären.

Allerdings weiß ich wohl, daß die künstlerische Production
sich dem Secirmesser des musiktheoretischen Anatomen entzieht; wie ein großes Werk geschaffen wird, ja wie auch nur
das kleinste Lied, das kleinste Albumblatt entsteht, wird
schwerlich je die Theorie ergründen; sowenig sich auf theore-
tischem Wege das geringste organische Gebilde construiren
läßt, eine Blume, ein Blatt, ebensowenig wird sich auf theore-
tischem Wege ein Kunstgebilde construiren lassen, wenn es
als lebender Organismus und nicht als höchstenfalls krystall-
artige Formgebung erscheinen soll. Das hindert jedoch nicht,
diesen Erzeugnissen einer uncontrolirbaren Fantasie näher zu
treten und mit dem Microscop den Wundern der organischen
Gliederung weiter und weiter nachzugehen. In diesem Sinne
gehört die Musiktheorie unter die Naturwissenschaften, soweit
nämlich die Kunst Natur ist; sie würde eine Existenzberech-
tigung haben, auch wenn sie nur den einen Zweck verfolgte,
die immanente Gesetzmäßigkeit des künstlerischen Schaffens
nachzuweisen.

Das ist es aber nicht allein. Die Musiktheorie ist und
will sein auch ein pädagogisches Instrument; sie will dem
Kunstjünger den Erwerb technischer Fertigkeiten, welche für
die Ausübung seiner Kunst unerläßlich sind, erleichtern. Daß
es eine Technik der musikalischen Composition giebt, sogut
wie eine Technik der Bildhauerkunst, der Malerei und der
Dichtkunst, ist wohl selbstverständlich; zu behaupten, daß ein
vollständiges Innehaben dieser technischen Fertigkeit schon ein
künstlerisches Können sei, wäre derselbe Irrthum, als wenn
man den Steinmetzen für einen Bildhauer hielte. Der Kölner
Dom konnte aber ohne Winkelmaß und Senkblei doch nicht
aufgebaut werden.

Wie rathlos unsere alte musikalische Theorie vor den Erzeugnissen unsrer' heutigen Kunst steht, wissen Sie. Nicht zum kleinsten Theile sind es Ihre herrlichen symphonischen Dichtungen, welche wie Bücher mit sieben Siegeln vor ihr liegen. Weitzmanns geistvolle Arbeiten sind mir wohlbekannt; dieselben beweisen schlagend, daß hier das Messen mit der alten Elle nicht aufgeht. Auch Graf Laurencin hat nur negirt; allein die Negation der herkömmlichen Regeln, so berechtigt sie ist, bleibt doch nur eine Negation — wir müssen aber statt des verworfenen Positiven ein neues Positive haben.

Es wäre Vermessenheit, wollte ich mir einbilden, dieses neue Positive mit einem Schlage endgültig hervorzaubern zu können. Nicht für Vermessenheit halte ich es dagegen, darauf hinzuweisen, daß die Keime des neuen Musiksystems, der neuen Lehre, welche für unsere Zeit vollständig mit der Praxis im Einklang steht, so alt sind wie die harmonische Musik selbst.

Der Cardinalfehler unserer noch immer allgemein üblichen Lehre des musikalischen Satzes, der Harmonielehre, ist, daß sie ihren Ausgang von der Scala und nicht vom Klange nimmt. Die heterogensten harmonischen Bildungen fallen zufolge dessen unter dieselbe Kategorie. Was begreift nicht alles der Name Septimenaccord!

(T = große Terz, t = kleine Terz, °t = verminderte Terz.)

Was haben diese Accorde mit einander gemein, das sie berechtigte, in einem und demselben Kapitel abgehandelt zu werden? Giebt's eine einzige gemeinsame Regel für die Behandlung derselben? Nein. Oder die Dreiklänge:

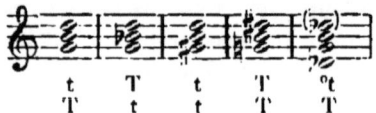

Die Zusammenstellung dieser Gebilde ist eben ein Resultat der
Generalbaßbezifferung, denn die ersteren sind sämtlich 1, 3,
5, 7 die letzteren 1, 3, 5 mit verschiedenen Veränderungs-
zeichen. Die Generalbaßbezifferung verräth nichts von der
Natur des Accordes, sie verräth nicht einmal, aus was für
Intervallen derselbe besteht, denn bei verschiedenen Tonart-
vorzeichen bedeutet dieselbe Bezifferung ganz verschiedenes:

$$\begin{array}{ccccc}
\mathrm{T} & \mathrm{t} & \mathrm{t} & \mathrm{t} & {}^{o}\mathrm{t} \\
\mathrm{t} & \mathrm{T} & \mathrm{t} & \mathrm{T} & \mathrm{T}
\end{array}$$

Längere Nachweise der Mangelhaftigkeit der Generalbaßbezifferung werden Sie mir erlassen, da ich hoffen darf, daß
Sie selbst von derselben überzeugt sind. Nur eins will ich
noch hervorheben, nämlich daß die Generalbaßlehre überhaupt gar keine Terminologie für Harmoniefolgen
besitzt. Wenn dem harten Dreiklange von *d* der harte von
b oder *f* folgt, so ist das durch diese Worte zwar unzweifelhaft
ausgedrückt; aber wenn dann dem harten Dreiklange von *g* der
von *es* oder *b* folgt, so muß das auf dieselbe umständliche
Weise ausgedrückt werden, weil wir für das Wesen des Schrittes
— abgesehen von der zufälligen Tonhöhe — keinen Ausdruck
haben. Hierin zeigt sich aber ganz kraß, daß diese sogenannte
Harmonielehre alles ist, nur eben keine Harmonielehre, da ihr
selbst für ganz einfache Folgen consonanter Accorde die Be-
zeichnungen fehlen.

Schon Zarlino[1]) (Istit. arm. I, XXX und III, XXXI) hat
vor 320 Jahren als Kernpuncte der harmonischen Bildungen
den Dur- und den Mollaccord aufgestellt und die namhaf-
testen Theoretiker, nämlich Rameau[2]), Tartini[3]) und in neu-

---

1) Gioseffo Z., großer venetianischer Theoretiker (1517—90).
2) Jean Philippe R. (1683—1764), französischer Komponist, Organist und Theoretiker.
3) Giuseppe T. (1692—1770), italienischer Violinspieler, Komponist und Theoretiker.

erer Zeit M. Hauptmann[1]) haben daran festgehalten, von
der ziemlich großen Schar neuerer Dualisten zu geschweigen.
Leider sind die Theoretiker aber über diese primitive Auf-
stellung nicht viel hinausgekommen, mit alleiniger Ausnahme
des Dorpater Physik-Professors Arthur von Öttingen[2],
durch den ich auf die Bahnen gekommen bin, welche ich wandle.
Zwischen Hauptmann und v. Öttingen fällt als nothwendiges
Zwischenglied Helmholtz[3]), in dessen Werke »Lehre von
den Tonempfindungen« zum ersten Male das *punctum saliens*
der eigentlichen harmonischen Auffassung, nämlich die Auffassung des Tones im Sinne eines Klanges, d. h. eines
Dur- oder Mollaccordes zweifellos klargestellt ist. Nicht als
so und so vielste Stufe der und der Scala sondern als Ver-
treter dieses oder jenes Klanges muß der Ton bezeichnet
werden, denn so und nicht anders wird er verstanden. (Sie
gestatten mir wohl diese apodictische Redeweise; denn um zu
überzeugen, muß man fest und bestimmt und nicht zaghaft
auftreten.) v. Öttingen bezeichnet den Duraccord durch den
Buchstaben seines Grundtones mit einem Kreuzchen, z. B.
cdur = c^1, den Mollaccord durch den Quintton, der nach
dualistischer Auffassung (schon bei Zarlino) der Hauptton ist,
mit einer kleinen Null, also cmoll = ^0g. Diese Bezeichnungs-
weise habe ich acceptirt und weiter vervollständigt. Nach
meiner Ansicht müßte nun eine neue Bezifferung geschaffen
werden, welche den jedesmaligen Accord im Sinne eines Dur-
oder Mollaccordes auffaßt und bezeichnet, in seltenen Fällen
vielleicht als zugleich Bestehen zweier solcher Klänge.

Der weitere Ausbau der Bezifferung nimmt dann zunächst
für die im Klange als Oberton enthaltene kleine Septime (natürliche Septime) die Zahl 7 an. c^{+7} oder kurz c^7 wäre dann
= c. e. g. b, des^7 = des. f. as. ces u. s. w. Sie sehen, hier

---

1) Moritz H. (1792—1868), Kantor der Thomasschule in Leipzig,
Komponist. Sein System legte der große Theoretiker in seinem
Hauptwerk: »Die Natur der Harmonik und der Metrik« (1853)
nieder.

2) Jetzt an der Leipziger Universität (geb. 1835).

3) Herm. v. Helmh. (1821—94), berühmter Berliner Physiker.

ist von einer Scala oder von Tonartzeichen schon keine Rede
mehr. Ein analoges Gebilde resultirt durch Hinzufügung der
kleinen Unterseptime zum Mollaccord. Für Moll wähle
ich römische Zahlen. $^{o}g^{VII}$, kurz g^{VII} wäre dann $= a. c. es. g.$
Die hervorragende Bedeutung dieser Art von Septimenaccorden,
welche dem Dominantseptimenaccord wenig nachstehen, ist Ihnen
hinreichend bekannt. Der verminderte Dreiklang resultirt
nun aus den Septimenaccorden, sobald der Hauptton ausge-
lassen wird; ich bezeichne das durch Durchstreichen des Klangbuchstaben z. B. $e. g. b = \cancel{e}^{7}$, oder auch $= d^{VII}$ (denn d^{VII}
ist $= e. g. b. d$), doch ist die Mollbedeutung wohl die seltenere,
nur dann zweifellose, wenn die Auflösung schließend nach
d moll geschieht.

Die Möglichkeit ist nun gegeben, streng im Sinne der
Klangvertretung alle dissonante Gebilde im Sinne mehrerer
Klänge zu bezeichnen. Die Theorie wird das auch zu betonen haben. Die Bequemlichkeit für die Praxis, welche
eine schnelle Übersicht, Leichtverständlichkeit der Zeichen erfordert, wird es aber vorziehen lassen, daß man Töne, welche
im Durchgange oder als Leittöne zu andern, sowie die, welche
als Vorhalt von Accordtönen (Accordtöne sind nur: Grundton,
große Terz, reine Quinte) auftreten, als solche bezeichnet,
d. h. nicht durch besondere Klangbuchstaben sondern nur
durch Zahlen, die eine Beziehung und bestimmte Bedeutung
zum Klangbuchstaben haben. Während die Zahlen im General-
baß eine schwankende Bedeutung haben, würde ihnen hier
eine feststehende zu geben sein. Ich schlage vor:

> 1 ist selbstverständlich Hauptton des Duraccordes (in
> $c^{+} = c$).
> 2 ist die große Secunde (für $c^{+} = d$).
> 3 selbstverständlich die große Terz (in $c^{+} = e$).
> 4 die reine Quarte (für $c^{+} = f$).
> 5 selbstverständlich die reine Quinte (in $c^{+} = g$).
> 6 die große Sext (für $c^{+} = a$).
> 7 die kleine Septime (für $c^{+} = b$).
> etc. (8 = 1, 9 = 2, 10 = 3.)

Alle Zahlen außer 1. 3. 5 (8. 10) sind immer dissonante
Töne. c^{4+} würde also den *c*duraccord mit dem dissonanten
Tone *f* (meist wohl als Vorhalt vor der Terz) bezeichnen,
c^{6-} (das + kann immer weggelassen werden, wo arabische
Ziffern stehen, da diese den Duraccord bedeuten, also c^4, c^6)
den *c*duraccord mit dem dissonanten Tone *a* (einerlei ob mit
oder ohne *g*) bezeichnen. Die Möglichkeit genauer zu be-
zeichnen ist da, denn $c^{\frac{4}{3}}$ würde die Terz trotz der Quarte, $c^{\frac{6}{5}}$
die Quinte trotz der Sexte fordern.

Eine unter den Klangbuchstaben geschriebene Zahl fordert
den bezeichneten Ton in der Baßstimme, z. B. $\underset{6}{c}$ ist der
Sextaccord *e. g. c.*, $\underset{5}{c}$ der Quartsextaccord *g. c. e.* Steht eine
8, 3, oder 5 über dem Klangbuchstaben, so soll dieselbe in
die Oberstimme: $\overset{3}{c}$, $\overset{5}{c}$. Für andere Zahlen ist es nothwendig, einen Strich über den Klangbuchstaben zu machen,
zum Zeichen, daß der Ton in die Oberstimme soll, z. B.
$\bar{c}^6$ u. s. w.

Sie sehen, diese neue Bezifferung wäre nicht wie die
Generalbaßbezifferung an eine Baßstimme gebunden, sondern
sogar ohne jede gegebene Stimme verständlich. Noch
bedarf es eines Zeichens der Erhöhung und eines der Er-
niedrigung der durch die Zahlen bestimmten Töne um einen
halben Ton. Für ersteres wählte ich ◂, für letzteres ▸, da
♯ und ♭ leicht zu Mißverständnissen führen würden.

Sehen Sie nun, wie die oben aufgeführten vielen Septimen-
accorde und Dreiklänge in dieser Bezifferung sich ausnehmen
würden:

Diese Bezifferungen gestalten sich bei gegebenem Hauptton
noch wesentlich einfacher:

Daß diese Bezifferung in nichts hinter der des General-
basses zurücksteht, scheint mir evident; ihre eigentlichen Vor-
züge treten aber erst hervor, wenn es sich nicht um den
einzelnen Accord sondern um Accordfolgen handelt. Die Bezifferung verräth dann jederzeit die Art der Fortschreitung,
die Harmoniefolge ist in der Bezifferung jederzeit als Har-
monieschritt, als Intervall ausgedrückt, z. B.

Damit komme ich zum zweiten Puncte, der Terminologie
der Harmonieschritte.

Jeder Schritt kommt in vierfacher Gestalt vor, nämlich
1) als $+$ ➤➤ $+$ resp. $\circ$ ◄◄ $\circ$, 2) $+$ ◄◄ $+$ resp. $\circ$ ➤➤ $\circ$,
3) als $+$ ➤➤ $\circ$, 4) als $\circ$ ➤➤ $+$. Z. B. der einfache Quintschritt mit den Haupttönen c und g: 1) als $c^+ - g^+$ ($c$dur —
$g$dur $=$ schlichter Quintschritt) oder $\circ g - \circ c$ ($c$moll —
$f$moll, schlichter Quintschritt); 2) als $g^+ - c^+$ resp. $\circ c - \circ g$
(Gegenquintschritt). 3) als $c^+ - \circ g$ resp. $\circ g - c^+$ ($c$moll —
$c$dur Quintwechsel), 4) als $\circ c - g^+$ resp. $g^+ - \circ c$ ($f$moll —
$g$dur $=$ Gegenquintwechsel). Gleichermaßen giebt es schlichte
und Gegenterzschritte, Terzwechsel und Gegenterzwechsel u. s. w.
Statt dieser einfachen deutschen Terminologie habe ich in
meiner »Musikalischen Syntaxis« eine umständliche griechische
angewendet, die Ihnen wahrscheinlich nicht gefallen wird,
nämlich:

homolog homonom statt: schlichter Schritt.
antilog homonom statt: Gegen-Schritt.

homolog antinom statt: schlichter Wechsel.

antilog antinom statt: Gegen-Wechsel.

Ob die Wahl der neueren Terminologie (der deutschen) eine wirklich glückliche ist, muß ich natürlich dahingestellt lassen. Vielleicht findet aber wenigstens die Idee Ihre Zustimmung, die Mängel und Lücken der bisherigen Lehre in einer der hier angedeuteten ähnlichen Weise auszufüllen.

Die Lehre von der Stimmführung läßt sich an der Betrachtung der einfachen Harmonieschritte mit und ohne Dissonanzbildungen viel einfacher und doch systematischer abhandeln als bisher; denn ein schlichter Terzschritt ist ein schlichter Terzschritt und weist ein für allemal bestimmte Schwierigkeiten für die Stimmführung auf.

Sollten die im vorstehenden angedeuteten Reformideen Ihr Interesse erwecken können, so würde ich mich ganz außerordentlich glücklich schätzen; denn Sie würden als Haupt der neueren Tonschule durch Sanctionirung des neu eingeschlagenen Weges meinen resp., da ich glücklicherweise nicht allein stehe, unseren Bestrebungen einen ganz gewaltigen Nachdruck zu geben vermögen trotz alles passiven Widerstandes unserer Conservatorien.

Indem ich Ihnen nochmals das Ziel meines Lebens und Strebens angelegentlichst der Berücksichtigung empfehle, zeichne ich mit der Versicherung der größten Verehrung und Ergebenheit

Hugo Riemann,

Kirchdor/ a. d. Werra.

Leipzig, Floßplatz 10.

260. Felix Mottl,

einer der größten gegenwärtigen Dirigenten, geb. 24. Aug. 1856 in St. Veit bei Wien, studierte auf dem Wiener Konservatorium, wie nachmals bei Wagner in Bayreuth und wurde 1880 Hofkapellmeister in Karlsruhe, wo er, seit 1886 Generalmusikdirektor, eine bahnbrechende Wirksamkeit entfaltet. Auch als Leiter der Bayreuther Festspiele wie als Komponist ist er hervorgetreten.

Hietzing bei Wien, 10. Oct. 1879.

Hochverehrter Meister!

Es drängt mich Ihnen zu sagen, (Ihnen, der Sie so vielen und freundlichen Antheil an mir nahmen,) daß ich soeben von einer Reise nach Leipzig und Weimar zurückgekehrt bin, mit dem Resultate, — daß meine Oper in diesen beiden Städten zur Aufführung angenommen ist. Herr von Loën will die *Agnes Bernauer* noch vor Neujahr bringen und Leipzig dürfte sich im Frühjahr anschließen. Wie ich glücklich darüber bin, brauche ich nicht zu sagen. Nur darf ich in meiner Freude nie jenes Mannes vergessen, der mir den Weg zur Annahme meines Werkes geebnet hat und der durch seine milde und freundliche Beurtheilung mir den Muth zur Einreichung des Werkes gegeben hat. Der Mann sind Sie, hochverehrter Meister. Nehmen Sie meinen innigsten Dank für alle Ihre Güte und Nachsicht und erhalten Sie mir Ihre Zuneigung, deren ich mich immer würdiger zu zeigen bestrebt sein werde. —

In alter Treue und Ergebenheit

Ihr dankbarer

261. Nadine Helbig, geb. Prinzessin Schahawskoi,

Gattin Professor Helbigs in Rom, vormaligen Sekretärs am deutschen archäologischen Institut daselbst, eine hervorragend musikalische Schülerin Liszts.

Moscou, ce 15 Octobre 1879.

Mon cher et adoré maitre,

Je n'aurai pas cette fois-ci le bonheur de venir Vous féliciter de vive voix, comme j'en ai la douce habitude depuis tant d'années, Vous aurez donc pour Votre jour de naissance une visite, i. e. un ennui de moins. De loin comme de près, je fais mille et mille vœux bien sincères pour Votre bonheur et Votre santé qui nous est si précieuse à tous. J'espère du moins que Vous ne quitterez pas Rome de sitôt; je me fais une telle fête de Vous revoir! Ce printemps je suis tombée malade à Marienbad, au moment où je me proposais de venir chez Vous à Weimar et chez Cosima à Bayreuth.

Nous avons passé un délicieux été auprès de maman, bien délicieux puisqu'il l'a été malgré un temps affreux et mon ennuyeuse santé.

Je ne saurais Vous dire combien j'ai été heureuse de voir ma sublime mère au milieu de ces œuvres colossales créés par son vaste génie, toujours active, toujours charitable, élevant les orphelins, soignant les malades, apaisant les fous, consolant les malheureux, gâtant sa fille, priant pour tous.

Il est grandement temps pour nous de faire nos paquets et de rentrer dans Rome que j'aime tant, malgré tout ce que Vous y trouvez de désagréable et qui m'a aussi bien fatiguée l'année passée. Nous comptons partir la semaine prochaine. Je suis si partagée entre la douleur de quitter maman et le bonheur de revoir Rome, Vous, mon mari, mon *home*, que non seulement je ne pourrais exprimer, mais je ne puis même comprendre ce sentiment si compliqué, et qui va si peu à ma simple nature. Depuis mon départ, je n'ai décidément rien entendu et il me tarde de finir ce jeûne forcé. Ici, je ne suis pas parvenue à entendre Rubinstein, je regrette bien de ne Vous avoir pas prié de me donner un mot pour lui. Le Chopin de Klindworth[1]) m'a été une grande jouissance, surtout après votre délicieux panégyrique. Au revoir, je vous baise les mains. Veuillez présenter mes meilleurs respects à la Princesse et saluer les Sgambati.

A Vous de cœur

Nadine Helbig

Maman me charge de ses meilleurs souhaits pour Vous et me prie de Vous remercier de sa part pour tout ce que Vous m'êtes.

262. Hans von Bronsart.

Hannover 19/10 79.

Mein hochverehrter Meister!

Die herzlichsten Glückwünsche sende ich Ihnen zum Beginn Ihres 69. Lebensjahres, welches ein frohes und gesegnetes sein möge!

Bülow machte uns die freudige Mittheilung, daß Sie uns zu Ostern besuchen werden; wir hoffen, daß uns diesmal das Glück eines längeren Besuches unseres geliebten Meisters bevorsteht.

Wenn Sie es genehmigen, würde Bülow bei Gelegenheit Ihrer Anwesenheit Ihre *Faust-Symphonie* zur Aufführung bringen, über deren großartigen Erfolg in Wiesbaden ich mich auf das Innigste gefreut habe, zumal mir dieses wunderbare Werk ganz besonders ans Herz gewachsen ist. Da ich leider

---

1) Die von Klindworth redigierte Ausgabe von Chopins sämtlichen Kompositionen. Berlin, Bote & Bock.

in Wiesbaden selbst nicht anwesend sein konnte, so habe ich
mich durch Lesen der Partitur ein wenig zu entschädigen
gesucht.

Die Frau Fürstin hat mir in überaus gütiger und liebe-
voller Weise geschrieben, und mir unaussprechliche Freude
durch ihr Bild bereitet. Da sie auch das meinige zu haben
wünschte, werde ich ihr dasselbe in nächster Zeit senden, und
ihr zugleich meinen herzlichsten Dank aussprechen.

Darf ich Sie bitten, lieber Meister, Ihrer Durchlaucht vorläufig unsere verehrungsvollsten Grüße zu bestellen? Ich glaube
gewiß, daß Sie die Frau Fürstin am 22. sehen werden. Ich
habe im Sommer die Composition eines Streichquintetts begonnen, bin aber, seit ich wieder in Hannover bin, nicht viel
weiter damit gekommen; hoffentlich gelingt es mir, im Winter
noch genügende Muße zu finden, um es zu vollenden. Die
Frau Fürstin Hohenlohe hat mir erlaubt, es ihr widmen zu
dürfen — ich schrieb der Frau Fürstin Wittgenstein, daß ich
diesen Wunsch hege, wenn mir die Composition einigermaßen
gelingen sollte: Nun muß ich mir schon doppelte Mühe geben!

Für heute sage ich Ihnen Lebewohl! und bitte Sie, am
22. freundlich zu gedenken Ihres treuergebenen dankbaren
Schülers

Hans II.

263. Max Meyer-Olbersleben,

geb. 5. April 1850 in Olbersleben im Weimarischen, Komponist, Professor an der kön. Musikschule in Würzburg.

Hochverehrtester Meister!

Gestatten Sie, daß ich Ihnen zunächst aus vollem Herzen
danke für die große Freundlichkeit, mit der Sie meine Bitte,
Ihnen eine meiner im Drucke erscheinenden Compositionen
widmen zu dürfen, gewährten[1]. Leider war es mir nicht

---

1) Es war eine Klavierballade in Gis-moll, Op. 9. Leipzig, Fritz
Schuberth jun.

möglich, Sie diesen Sommer noch einmal aufzusuchen, um dies persönlich zu thun, und so geschieht es erst heute, indem ich damit zugleich die Uebersendung der gedruckten Sachen verbinde. Es ist nun nur noch mein höchster Wunsch, daß Ihnen, hochverehrter Meister, das von einem Schüler und Anfänger Dargebrachte nicht allzusehr mißfällt.

Für kommendes Frühjahr beabsichtigt der Direktor unserer Schule eine Aufführung der *Elisabeth*, die erste in Würzburg; wie sehr wir uns Alle auf dieses wunderbare Werk freuen, brauche ich wol nicht erst zu erwähnen[1]). — Seit Anfang October ist Pohlig als Stellvertreter von Petersenn[2]) an unserer Schule thätig; soviel ich beurtheilen kann, scheint es ihm bei uns ganz gut zu gefallen. Auch Hermann Ritter, der Erfinder der Alt-Viola, ist seit Kurzem Mitglied unseres Collegiums; der Reiz des neuen Instrumentes dürfte wol Veranlassung dazu geben, die bis jetzt noch wenig cultivirte Literatur desselben in Zukunft zu bereichern.

Indem ich auch heute nicht unterlassen kann, Ihnen von Neuem meinen herzlichsten Dank auszusprechen für das warme Interesse, was Sie, hochverehrter Meister, von jeher an meiner musikalischen Entwickelung genommen, verbleibe ich für alle Zeiten in ausgezeichneter Hochachtung und Verehrung

Ihr ergebenster

Meyer-Olbersleben

Würzburg, den 19. October 79.

---

1) Die Aufführung — die erste eines Lisztschen Werkes in Würzburg — erfolgte 31. März 1880 unter Leitung des Direktors Dr. Kliebert.
2) G. v. P. (geb. 1849., livländischer Pianist, Professor des Klavierspiels an der Hochschule in Berlin.

264. Karl Pohlig,

geb. 10. Febr. 1864 in Teplitz, machte seine pianistischen und kompositorischen Studien unter Liszt in Weimar, Rom und Pest, wurde Kapellmeister in Graz, Hamburg, am Londoner Coventgarden-Theater, in Coburg-Gotha und ist jetzt erster Leiter der Stuttgarter Hofkapelle.

[Würzburg, Oktober 1879.

Hochverehrtester Meister!

Zum 22ten Oktober erlauben Sie mir Ihnen die allerherzlichsten Segenswünsche zu senden; was nur Gutes das Leben bieten kann, möge Ihnen begegnen. Doch wozu bedarf es dieses Wunsches; das Höchste, was ein Genie erreichen kann, ist ja da: Liszt ist schon lange unsterblich, die drei Namen Beethoven, Liszt und Wagner werden, solange es eine Kunst giebt, nie erlöschen. Möge der 22te Oktober noch recht, recht oft für Sie wiederkehren, Ihnen zur Freude, der Welt zum Heil.

Hier in Würzburg geht es ganz gut, — man merkt freilich, wenn man aus Ihrem Salon kommt, eine sehr bedeutende Luft-Veränderung; aber ich kann sehr gut studiren und will mit aller Kraft mich jetzt dahinter legen, vor allen Dingen eine möglichst vollendete Technik, die mir noch hauptsächlich fehlt, zu erreichen suchen, und mein ganzes Streben geht jetzt dahin, im Frühjahr von Ihnen einen gehörigen Fortschritt bemerkt zu sehen. Ich habe, nachdem ich die Sonate fertig, die zwölf großen Etuden von Ihnen begonnen. Ach! welche Großartigkeit! Man schweigt lieber darüber, denn jedes Wort ist viel zu matt, um etwas von dem gewaltigen Eindruck wiederzugeben, den sie machen. Dieser riesig-geniale Zug! Wenn man so ein Werk nach dem anderen in sich aufnimmt, — es ist wirklich nicht zu schreiben, — die Begeisterung, wenn sie am höchsten scheint, steigert sich immer mehr; ich sage: Liszt ist der größte! unter den Tondichtern. Ich werde es mir zur Lebensaufgabe machen, wo ich kann, auch Andere dafür zu begeistern, und das wird mir wahrhaftig nicht sehr schwer fallen, und ist eine schöne Aufgabe. Natürlich erst in ein paar Jahren, wenn ich was kann. Denken Sie, verehrter Meister, wir wollen hier im März die *heilige Elisabeth* aufführen; verzeihen Sie unsere Kühnheit, und — bitte — haben Sie nichts dagegen einzuwenden. Es wird — glaub' ich — gut werden, so viel ich weiß studirt jetzt schon der Chor daran. Ich habe hier ein Pathen-Kind von Ihnen kennen gelernt: Fräulein Ritter[1], ihr Papa hat hier eine Musikalien-Handlung, auch mit Wagner sind sie entfernt verwandt. Zum Schluß müssen Sie mir noch erlauben, Meister, dem Drang meines Bedürfnisses zu folgen und Ihnen für Alles, Alles, was Sie so viel Gutes an mir schon gethan haben, meinen innigsten, herzlichsten Dank auszudrücken. Was sollte aus mir werden, wenn Sie mich nicht in Ihrer großen Herzensgüte bei sich aufgenommen hätten. Ich fühle das genau, wenn ich es auch nicht so wiedergeben kann. Leben Sie recht wohl, verehrter Meister, kommen Sie gesund wieder nach Weimar, vielleicht macht Ihnen dann ein wenig mehr Freude, als bisher

Ihr Ihnen in Dankbarkeit ergebener Schüler

Pohlig.

265. Otto Lefsmann,

geb. 30. Jan. 1844 zu Rüdersdorf bei Berlin, war Schüler von A. G. Ritter, Bülow und Fr. Kiel. Seit 1866 lehrte er in Berlin am Sternschen Konservatorium, sodann an Tausigs ›Schule für höheres Klavierspiel‹ und der Kaiserin Augusta-Stiftung; seit 1881 ist er Eigentümer der von ihm redigirten ›Allgemeinen Musik-Zeitung‹, in der er von Anbeginn die Fahne der neudeutschen Richtung hochhielt.

Hochverehrtester Meister,

In dankbarster Ergebenheit und aufrichtiger Bewunderung sende ich Ihnen zum 22. October die herzlichsten, tiefempfundensten Wünsche für Ihr Wohlergehen.

---

[1] Hertha R., die geist- und temperamentvolle Liedersängerin, jetzt Gattin des Komponisten Sigmund von Hausegger. Ihr Vater war der Komponist Alexander R., ihre Mutter Franziska geb. Wagner, Nichte Richard Wagners.

Es wäre tollkühn, wollte ich den Wunsch aussprechen, daß alles Gute, was Sie Anderen erwiesen haben und täglich erweisen, Ihnen zehnfach vergolten werden möchte durch herzliche Freude an dem Aufgehen der Saat, die Sie so menschenfreundlich in die Herzen Anderer gelegt haben — es hieße das ja etwas Übernatürliches wünschen, insofern die Menschen nur zu leicht empfangene Wohlthaten vergessen. Aber daß Ihnen trotz allem Ihr großes Herz so jugendlich lebendig bleibe wie bisher, das ist ein Wunsch, den Apoll für Sie, seinen Liebling, sicherlich erhören wird . . — .

Theuerster Meister, bewahren Sie Ihr Wohlwollen und Ihre gütige Gesinnung Ihrem Sie herzlichst begrüßenden, dankbarst ergebenen

Charlottenburg-Berlin 20/10 79.

266. Malwida von Meysenbug,

die weiten Kreisen bekannt gewordene geistvolle Verfasserin der »Memoiren einer Idealistin«. die, geb. 28. Okt. 1816 in Cassel, für religiöse und politische Freiheit eintretend, sich nach wechselvollem Leben 1873 in Rom niederließ, wo sie 26. April 1903 starb. Sie war eine der ersten und wärmsten Anhängerinnen Wagners, ihm seit 1855 bekannt und in der Folge eng befreundet.

22. Oct. [1879? Rome.]

Grand, admiré, cher maître,

J'ai hâté mon voyage pour me trouver ici le jour de votre fête et pouvoir vous apporter, tout frais, le salut ci-joint de Bayreuth, qui, je crois, vous fera plaisir. En même temps je me permets de mettre à vos pieds mes plus chaleureux vœux et l'expression d'un attachement que vous, accoutumé à tant d'affections, ne dédaignerez pourtant pas, sachant combien cet attachement est sincère. J'ai été bien peinée de n'avoir pu vous serrer la main lors de votre départ de Bayreuth, mais j'espère me dédommager ici. A B. tout le monde se porte bien et vous envoie saluts, baisers, bon vœux et tout ce qui peut s'imaginer de mieux. Je serais venue moi-même si je n'étais pas dans toutes les horreurs du déballage. En attendant, agréez avec bienveillance l'expression de mon profond dévouement.

Malwida Meysenbug

267. Ludwig Nohl.

Verehrter Meister.

Heute den ganzen Tag war Festtag, für mich und die zahlreichen Glücklichen, die Ihnen näher zugehörig sein dürfen. Mögen ihrer viele sich heute geistig bei Ihnen eingefunden haben, dessen Herrschaft über unsere Herzen ein unerschöpflicher Verjüngungsquell ist, dessen schöpferische Gewalt unnahbar bleibt.

Ich bin leider leidend, — »Gedanken machen mich alt«, sagt das Locheimer Liederbuch, — ich bin überarbeitet und muß morgen zu einer Kur nach Cannstadt. Dies und ein Vortragsconcert in Düsseldorf ließen mich erst in diesem Moment zu einem kurzen Worte kommen. Die innigste Empfindung war all die Tage bei unserem geliebten Meister.

Sipoß [1] war vor 6 Wochen hier, er will ein solches Vortragsconcert »Liszt« in Pest. Ich freue mich darauf wie Schüler auf den Unterricht des echten Lehrers — mit Schrecken. Denn wie soll man da eine sichere Handhabe gewinnen? Aber versucht, gewagt wirds werden. Noch hoffe ich mir vertrauen zu können. Und sind Sie nicht dabei selbst mein treuester

[1] Ungarischer Musiker.

Helfer? Viele, Tausende, Unzählige vernahmen den Zauber-klang Ihrer Töne , — ich hörte noch vorige Woche von den Tagen, wo Sie auch mich nach Düsseldorf eingeladen hatten, — aber ich durfte und darf manchmal persönlich in dieses Auge schauen, dem die fackelnde Unruhe selbstmörderischen Bewußtseins fehlt und die tiefe Feierstille der ewig schöpfe-rischen Natur selbst inne wohnt. Und das vergißt sich nicht!

Also tausend herzliche Wünsche für Ihr Wohl, theurer Meister. Nächstens sende ich eine bescheidene Mozart-Novität in Ihre reiche Stille. Bewahren Sie mir Ihre Freundesgunst, sie ist mein schöner Ersatz in der Oede, Thorheit und gei-fernden Mißberührung vorübergehender Gewalt, wie ich sie in meiner speciellen Zunft zu verkosten habe.

In treu verehrender Liebe Ihr

L. Nohl.

Heidelberg, 22. Oct. 1879.

Eine Curiosität kam mir neulich von der ewigen Stadt zu: der *Courrier d'Italie* mit einer neunspaltigen Besprechung eines Franzosen über die englische Uebersetzung meiner (größeren) Mozart-Biographie! Eine Art internationalen Gottesurtheils über meinen speciellen literarischen Telramund hier!

268. Lilla von Bulyovszky,
ungarische Schauspielerin von europäischem Ruf, lebt in Budapest.

Gmunden, 28. Oct. 1879.

Hochgeehrter Herr Meister,
Mein Herr und Gönner!

Als ich heute meine Bibliothek arrangirte, kam mir ein ganz klein winziges Gebetbuch in die Hand, welches ich bei meinem ersten Gastspiel in Breslau (also in Mitte meiner ersten Triumphe) im Hotel Zedtlitz aus Ihrer berühmten Hand das Glück hatte zu erhalten. — Mein Gott, welche Erinnerungen; ich nahm das heilige Buch und konnte die kleinen Buchstaben nicht mehr lesen, dann kamen unwillkürlich Thränen in meine Augen und

ich rief aus: »Lilla Deine Zeit ist um!« — Bei diesem Gebetbuch kann ich nicht umhin, 10 Minuten aus Ihrer theueren
Zeit raubend, Ihnen meine aufrichtigsten Glückwünsche zu der
Auszeichnung, welche dem großen Manne unlängst zu Theil
geworden ist, darzubringen, — obwohl ich befürchten muß,
daß man Sie in Folge dessen noch weniger in Ungarn sehen
wird als von jeher! Heute las ich zu meinem großen Schrecken
im *Fövárosi lapok* daß: »unser berühmter Landsmann erst
gegen Mitte Januar die Hauptstadt mit seiner Gegenwart beglücken wird.« — O glückliches Rom und noch glücklichere
Römerinnen! — Ich fürchte der Meister kommt noch im Januar
auch nicht nach Pesth, und Sie haben Recht, auch ich möchte
lieber in Rom hausen! — —

Darf ich meinen unterthänigsten Gruß Sr. Eminenz dem
Cardinal Haynald zu Füßen legen? Und dürfen Sie einen
warmen Kuß auf der Fürstin Wittgenstein Hand in meinem
Namen drücken? . — .

Der geistreichen Frau von Helbig und der Frau Baronin
Stein meine Hochachtung. — Von mir schweige ich, ich bin
in Sturm, Kälte und Schnee noch immer in Gmunden, und ich
glaube dies genügt, um zu bedauern Ihre bis zum Grabe dankbar ergebene

Lilla von Bulyovszky

269. Arnold Senfft von Pilsach,

Dr. jur., angesehener Konzertsänger, geb. 15. März 1834 zu Grumenz
in Pommern, gest. 7. März 1889 in Marburg. Besondere Verdienste
erwarb er sich um das Zustandekommen des Ehrenfonds für
Robert Franz.

Venedig, 9. 11. 1879.

Hochverehrter Meister!

Empfangen Sie meinen verbindlichsten Dank für Ihre sehr
liebenswürdigen Zeilen vom 6ten h., die Ihren mir schon so oft
bethätigten freundlichen Gesinnungen erneuten Ausdruck geben.

Meiner herzlichen Verehrung und unwandelbaren Anhänglichkeit sind Sie gewiß. Es bedarf keiner Versicherung. Aber
es gereicht mir zur Freude, daß Sie mir Gelegenheit geben,
dies von Neuem auszusprechen.

Mit vorzüglicher Hochachtung

ganz ergebenst

270. Giovanni Sgambati.

Roma, 24 Nov. 1879.

Caro e Venerato Maestro,

Ella vorrà io spero perdonarmi se mi prendo la libertà di
presentarle una dilettante appassionata di musica, Miss Bettina
Walker di Dublino [1]). Questa Signorina da lungo tempo am-
bisce l'onore di conoscerla. Il mio amico Callander [2]), del
quale Ella certo si ricorderà, me l'ha indirizzata, secondando
il desiderio della medesima di iniziarsi all'arte moderna per la
quale ha ora una sincera ammirazione, malgrado sia stata per
lungo tempo un'allieva preferita del Bennett. Essa ha tutto
l'entusiasmo di una neofita e studia con profitto notevole,
benchè da pochi mesi dati la sua conversione. Deve nella settimana ripartire per l'Irlanda, e perciò mi fa premura di pro-
curarle un'introduzione presso di Lei.

Voglia conservarmi la Sua benevolenza ed accogliere i miei
ossequi.

Il Suo allievo dev[mo]

G. Sgambati.

1 Nach pianistischen Studien bei Bennett, Tausig, Sgambati,
Liszt, Deppe, Scharwenka und Henselt veröffentlichte sie über dieselben ein anziehendes Buch »My musical experiences« (Neue Ausgabe London, Novello, Ewer & Co. 1892.

2. W. T. Burn C., ein eifriger englischer Musikliebhaber.

271. Anatole Liadow,

russischer Tonschöpfer, Lehrer der Komposition am Konservatorium zu St. Petersburg, geb. 12. Mai 1855, schrieb Klavier- und Orchester-werke, Lieder etc.

Saint-Pétersbourg, Rue du Cabinet, N° 5,

ce $\frac{14}{26}$ Novembre 1879.

Cher et vénéré maitre,

Je prends la liberté de Vous adresser par la poste mes *Arabesques*, que je viens de terminer et de publier. C'est une œuvre, qui certainement n'a pas une grande valeur, et j'avais d'abord fortement douté de Vous la faire connaitre, mais la lettre que Vous avez bien voulu nous adresser à propos de nos *Paraphrases*[1] nous a prouvé que dans Votre grande bien-veillance pour notre jeune école musicale russe Vous accordez Votre sympathie même à des œuvres qui n'ont d'autre mérite que celui de tâcher de suivre de loin le grand exemple qui nous est donné par les grands maitres, et c'est ainsi que, vénérant en Vous l'un des plus grands parmi eux, je prends la résolution de Vous faire connaitre mes *Arabesques*, comme témoignage de mon admiration et de mon profond respect.

Veuillez agréer, cher maitre, l'expression de mes sentiments respectueux et de mon hommage sincère.

Anatole Liadow

272. Kardinal Gustav Hohenlohe.

Albano, 9 Déc. 79.

Cher ami,

En Vous remerciant pour Votre bonne lettre, je Vous prie de croire que loin ou près de moi, je Vous conserverai tou-jours l'amitié la plus sincère. Je conçois bien que dans ce

---

[1] Vergleiche La Mara »Franz Liszts Briefe«, II, Nr. 248.

moment Vous ne pouvez pas venir; je regrette de ne pas me trouver ici le 3ème Dimanche d'Avent, peut-être je viens pour un jour à Tivoli, mais c'est incertain.

Tous les Chanoines demandaient de Vous, et Vous présentent leurs compliments respectueux, ainsi que le Comte de Szyryn et aussi M. de Gobineau, que j'ai vu avant mon départ pour Albano.

Nous avons eu grande fête ici, et des communions si nombreuses presque comme à l'âques, Dieu merci.

J'ai été bien heureux d'entendre parler du concert, où on a exécuté Votre *Ave Maria*. Deo gratias.

Veuillez Vous souvenir de moi dans Vos prières et agréer les sentiments de respect et d'amitié de Votre

tout dévoué

Gustave Card. Evêque d'Albano.

273. Heinrich Freiherr von Stein,

Philosoph, Ästhetiker, geb. 12. Febr. 1857 in Coburg, war 1879—80 Erzieher von R. Wagners Sohn Siegfried, habilitierte sich dann an der Universität Halle und setzte seine Vorlesungen in Berlin fort, wo er am 20. Juni 1887 vorzeitig starb. Eins seiner geist- und wertvollen Werke: »Helden und Welt« (1883) wurde durch ein Vorwort Wagners in Form eines Briefes eingeführt.

Halle 1. 1. 1880.

Verehrter Meister!

Sei es denn einmal ausgesprochen, klar und ernst, daß es der Glaube an die Überlegenheit Ihrer Person ist, der mich, und ist es auch entgegen allen Rücksichten auf etwaige bloße Verständigkeit eines durchschnittlichen Lebenslaufes, zu Ihnen zwingt und führt. Sei es ein »Petrus«-Glaube. Es gibt eine Rechtgläubigkeit, deren Erforderniß ich immer zu erfüllen gedenke: sie bezieht sich auf die Art der Andacht, mit welcher man den Gründen alles Seins in's Auge zu sehn wohl erschaudert, aber es wagt.

Lassen Sie mich unter Ihren Augen Sicherheit und Freudigkeit gewinnen, solche Freudigkeit, wie sie dann auch Andre froh und sicher macht.

Und so nehmen Sie, angekommen in dem neuen Heim, meinen verehrungsvollen Neujahrsgruß!

Heinrich von Stein.

274. Gerhard Rohlfs,

geb. 14. April 1831 zu Vegesack, gest. 1896, bereiste seit 1860 Afrika, war zuletzt Reichskommissar in Sansibar. Zwischen seinen Reisen hielt er sich von 1870 an in Weimar auf, auch als er 1885 bleibend nach Deutschland zurückkehrte, bis er sich 1890 nach Godesberg a. Rh. wandte.

Rom, 4. Jan. 80.

Hochverehrter Herr Doctor,

Meine Frau und ich wollen Rom nicht verlassen ohne wenigstens schriftlich Lebewohl zu sagen, und den herzlichsten Dank zu bezeugen für die viele Freundschaft, die Sie auch diesmal wieder für uns hatten. In der That, der Besuch in Tivoli wird uns beiden unvergeßlich sein. Daß wir leider verhindert waren wegen Unwohlseins meiner Frau dem herrlichen Conzert in Tivoli beizuwohnen, wird Ihnen Schweinfurth[1]) geschrieben haben. Gestern Abend hatten wir das Glück die Fürstin Wittgenstein kennen zu lernen, eine Dame von Geist und von einer bewundernswürdigen allgemeinen Bildung. Und diese sprudelnde Lebhaftigkeit! Auch das verdanken wir Ihnen.

Leben Sie also wohl, hochverehrter Herr Doctor, und auf recht baldiges Wiedersehen in Weimar. Bekannte darf ich wohl grüßen auch ohne speciell beauftragt zu sein?

In bekannter Verehrung Ihr treu ergebenster

Gerhard Rohlfs.

1. Wohl Georg Sch., Afrikareisender (geb. 1836).

275. Adalbert von Goldschmidt,

Komponist, geb. 1853 in Wien, woselbst er studierte und lebt, erwarb sich durch das Oratorium »Die sieben Todsünden«, die Oper »Helianthus« sowie zahlreiche feinsinnige Lieder einen angesehenen Namen.

Hannover, 22. Januar 1880.

Hochverehrter, theurer Meister!

Es wäre mir eine ganz besonders innige Herzensfreude und Befriedigung gewesen, gerade das erste Exemplar der nun erschienenen *Todsünden* Ihnen darreichen zu dürfen. — Es sollte nicht sein. — Soeben erfahre ich, zu meiner Wuth, zu meinem Kummer, daß die vor vier Wochen erfolgte Sendung in Verlust gerathen sei.

Gestatten Sie mir denn, theurer Meister, daß ich Ihnen wiederhole, was mir den Sinn, das Herz vollauf erfüllt, daß der Tag, an welchem Sie die Widmung meines Werkes annahmen, der seligste meines Lebens war. Seit meiner frühen Jugend waren Sie mir, als Schöpfer, Künstler und Mensch die irdische Verkörperung meiner Ideale.

Als ich den dichterischen Entwurf zu den *Sieben Todsünden* faßte, so war es Ihre Person, die in mir das Bild des Sängers schuf.

»Wahrheit, Freiheit, Schönheit, Güte und Liebe« — sie waren die Sonnen, die Ihren Erden-Wegen leuchteten. Solchen Lichts umflossen erschienen Sie mir unaufhörlich und ich blickte, wenn auch von ferne, zu Ihnen empor. Ich verehrte, ich bewunderte, ich liebte Sie.

So hegte ich den ganz heimlichen Wunsch einst mein Werk, bei dessen Vollendung, an den Stufen Ihres Altars niederlegen zu dürfen.

Meinem Wunsche ward Erfüllung. Seien Sie hierfür bedankt. Ich danke Ihnen überhaupt, was ich mein All heiße: Ihren schöpferischen Thaten — den Pfad der mich begeistert und entzückt — Ihrer Person — den Glauben an die Menschheit.

Ihr Sie liebender

276. Kardinal Ludwig Haynald.

Hochwürdiger Herr Domherr,
Hochverehrter Herr Maestro!

Den auf Herrn Michael Bogisich[1]) bezüglichen Vorschlag
habe ich in Begleitung Ihrer geehrten Zuschrift erhalten und
Seine Excellenz den Herrn Cultusminister wegen Assignirung
des Stipendiums unverzüglich ersucht. Er wird mein amtliches
Schreiben mit dem ersten Botschaftskurier zugesandt erhalten.

Innigen Dank sage ich für die gütige Mühewaltung.

Ihre Durchlaucht, die Fürstin Sayn-Wittgenstein sah ich
gestern; sie ist bereits wohler, aber noch immer an das
Zimmer gebannt.

Ich habe viele und schwere Geschäfte zu besorgen.

Mit wahrster Hochachtung bin ich wie immer Hochihr ganz
ergebenster Diener

Dr. Ludwig Haynald.

Rom, 15/3. 1880.

S⁰ Em. Cardinal Hohenlohe befindet sich wohl und hat für
mich viele Freundlichkeiten.

277. Emmerich Baron Augusz,
**Sohn von Liszts langjährigem Freund Baron Anton Augusz in
Szegzárd.**

Szegzárd, ce 30 mars 1880.

Très honoré maitre!

C'est pour la journée de S⁺ François de Paule que nous
Vous saluons. Ce grand saint, marchant sur les flots nous
apparait une allégorie du génie, qui se brave parmi les vagues
de notre vie vulgaire. Il n'a pas de soutien ici-bas, car son

---

1) Kaplan in Budapest, Verfasser des Werkes: »Die Urmusik
der christlichen Kirche von den Aposteln bis zur Gründung der
niederländischen Schule 1450«.

pays est celui des idéals, dont nous, simples humains, ne
pouvons entendre que les rumeurs lointaines. Il descend parmi
nous, et comment soutenir son poids de lumière? Mais voilà
son manteau, sur lequel il marche avec confiance; ce talisman
contre la gravitation vers le néant: la noblesse du cœur. Les
vagues, les ouragans, les tempêtes l'assaillent, mais le génie
marche en sûreté, soutenu par ce trésor intense, il aplanit où
il voit une houle de médiocrité, il relève où la platitude des
sentiments le renverserait: il aime et il marche, c'est la vie
du génie. Cette flamme, qui est le fond des âmes élues, Vous
nous l'avez fait comprendre par Votre grande et noble amitié,
dont Vous nous honorez. On ne peut souhaiter aux astres
tel ou tel état de prospérité (nous ignorons leur nature), mais
nous les remercions de leur lumière et de leurs rayons, c'est
ainsi que nous Vous disons: Dieu Vous bénisse et gardez-nous
Votre noble souvenir d'amitié! Agréez l'expression de ces
sentiments dévoués de ma famille et de

Votre reconnaissant

et tout dévoué

Emeric d'Auguz

278. Kardinal Ludwig Haynald.

Hochwürdiger Herr Domherr,
Edelster Herr Maestro!

Ich war ganz vernichtet, als mir Frau von Bösendorfer am
1ten April Abends mittheilte, Sie seien bereits abgereist, wo
ich aus dem lieben Briefe vom 9ten März, insbesondere aus
dem Passus, daß verehrtester Herr Maestro bis zum 2ten April
in Wien sein werden, entnehmen zu können glaubte, der 2te April
sei in dem Aufenthalt mit inbegriffen.

Unendlich bedaure ich's, zu Folge dieses Fehlschlusses des Glückes beraubt worden zu sein, Sie in Ihrem Wiener Heim zu begrüßen.

Vielleicht werde ich das so Versäumte in Weimar einbringen, und mich Ihrer Nähe, Ihrer Freundlichkeit erfreuen können.

In Rom sah ich öfters den edlen Cardinal Hohenlohe, ein Mal Pinelli und Furino[1]), welch' letzterer bei Stainleins spielte. Sonst kam ich zu keinem musikalischen Schmaus. In öffentliche Concerte gehen jetzt die Cardinäle nicht. Aber am Char-Samstag entsetzte ich mich in S. Carlo al Corso an einem Opern- und Operetten-Quodlibet, das zu Ehren des auferstandenen Weltheilandes verbrochen wurde. *Oh Dio mio!*

Gott segne Sie Edelster, Verehrtester Herr Meister, aber auch Ihren ganz ergebenen

Kálocsa, 16/4. 1880.   Dr. L. Haynald.

279. César Franck,

erst spät zur Anerkennung gelangter Komponist, geb. 10. Dez. 1822 zu Lüttich, lebte seit 1843 als Organist und Lehrer am Konservatorium in Paris, wo er 8. Nov. 1890 starb.

Cher Maître,

Je vous adresse par l'intermédiaire de notre ami Saint-Saëns deux partitions de moi. Je les estime, mais cette estime s'augmentera si vous les aimez.

Votre admirateur toujours reconnaissant

Paris,
18 Mai 1880.

[Außen:]
An Dr F. Liszt.

_____

1) Neapolitanischer Cellist.

280. Marianne Brandt.

Vöslau bei Wien, Villa Lange N° 139, den 7/7 80.

Lieber verehrter Meister,

seit ich Sie damals in Frankfurt zur Bahn begleitet hatte
und mit recht schwerem Herzen aus Ihrer lieben Nähe schied,
habe ich eine recht bewegte Zeit durchgemacht, und nun, da
ich wieder zur Ruhe komme, schweifen mit meinen Gedanken
auch diese Zeilen zu Ihnen nach Weimar und wollen dort er-
forschen, wie es dem lieben Meister geht, und wie ihm alles
bekommen, was damals und seitdem ihn gequält hat; —
denn ohne Quälgeister ist ja Ihr liebes Ich gar nicht denkbar,
und ich rechne mich zu deren allergetreuesten und aus-
dauerndsten! —

Mein Wiener Gastspiel war mit 7 Rollen eine Kette von
7 Triumphen, und obwohl ich sonst nicht schadenfroh bin, so
habe ich doch diesmal wirklich recht sehr gewissen Menschen
die kleinen Niederlagen gegönnt, die ihnen wurden, da man
mir so viele Prügel zwischen die Beine geworfen hatte, als
man nur immer auftreiben konnte, über die ich aber ohne zu
stolpern hinweg sprang! —

Das Wiener Operntheater war augenblicklich in einem
rechten Zustande des Verfalls und der Disziplinlosigkeit; Baron
Hofmann[1]) hat ein schweres Werk vor sich, da Alles wieder
in regelmäßige Geleise zu bringen. Doch scheint er ein sehr
kunstverständiger Mann und hat den besten Willen; so wird
es schon gehen! — Mitten in meiner Gastspiel-Hetzjagd war
ich einmal bei der Prinzeß Marie Reuß (Weimar) mit Standhartner's[2]) zum Diner geladen, wo ich auch nachher mit vielem
Beifalle die *Jeanne d'Arc* produzirte; vorher hatte ich eines
Abends dieselbe schon bei Standhartner gesungen, wo sie
ebenso sehr gefiel. Die Prinzlichen Herrschaften erkundigten
sich natürlich eingehend nach dem verehrten Meister. Bei

---

1) Damals Intendant der Hoftheater.
2) Dr. St., angesehener Wiener Arzt, naher Freund R. Wagners.

Standhartner lernte ich auch ein Original von Componisten kennen, einen gewissen Herrn Bruckner[1]), der aber sehr begabt scheint. Dr. Standhartner sagte mir, Sie, lieber Meister, interessirten sich auch für den armen ungeleckten Teufel. Ich möchte gerne daß Bilse[2]) seine Symphonie aufführt, und wollte Gräfin Schleinitz um ihre Verwendung bitten, die gerade herkommen sollte nach Wien; sie änderte aber dann ihre Tour, und so wurde mein Plan zu Wasser! Vielleicht können Sie, lieber Meister, in Weimar ein Wort für den armen Bruckner einlegen, daß von ihm etwas gemacht wird!

Mottl hat mir bei Prinz Reuß die *Jeanne d'Arc* sehr gut begleitet, im Verhältniß besser als es das Orchester in Baden that. Jetzt ziehen Sie, lieber Meister, gewiß schon recht bald wieder aus Weimar ab; ich werde muthmaßlich bis Ende August hier in Vöslau bleiben und so keine Gelegenheit haben Sie zu sehen, aber nächstes Frühjahr dann!!

Meine arme Mutter ist noch immer recht elend, obwohl sie durch die Freude über meine Erfolge bedeutend besser geworden war und ja auch ist als z. B. Anfangs Mai. Nun hoffen wir noch auf die gute Landluft. Mein Bruder soll vorderhand noch in der Anstalt bleiben, er ist auch etwas besser! Ich will Sie nun nicht länger quälen, liebster Meister, sondern küsse die »*mains d'un artiste*« tausendmal, und bin wie immer in treuester Ergebenheit Ihre

M. Brandt.

---

1) Anton B. (1824—96), genialer, doch viel umstrittener Wiener Tonschöpfer, war Organist der Hofkapelle, Professor am Konservatorium und Lektor an der Universität, die ihn zum Ehrendoktor ernannte.

2. Benjamin B. (1816—1902), Hofmusikdirektor in Berlin, unternahm mit seiner Kapelle weite Konzertreisen.

281. Karl Klindworth,

bedeutender Klaviervirtuos, Pädagog, Bearbeiter und Dirigent, geb. 25. Sept. 1830 zu Hannover, empfing seine Ausbildung durch Liszt in Weimar, übte seine Kunst 1854—68 in London, dann bis 1884 in Moskau aus. Weiter leitete er in Berlin die Philharmonischen und Wagnervereins-Konzerte und gründete eine Klavierschule, die, seit 1893 mit Scharwenkas Konservatorium vereinigt, von ihm geführt wird.

Hall in Tyrol.

Hochverehrter und geliebter Meister!

Durch Bülow kömmt mir die entzückende Nachricht, daß Sie Ihr gütiges Versprechen, mich hier einmal zu besuchen, bald erfüllen wollen. Voll der Freude hierüber schwelgen wir, meine Frau und ich, in Vorausnahme der herrlichen Zeit, die Sie bei uns zubringen werden. Diesem gesellt sich nur eine quälende Sorge: ob es uns auch möglich sein wird Sie so weit zufrieden zu machen, daß Sie mit Freundlichkeit der hier verlebten Tage später gedenken können. Wir rechnen hierbei nicht wenig auf Ihre Nachsicht und mir so oft erwiesene Güte, zu dem, was unsere bescheidene Häuslichkeit Ihnen zu bieten vermag, den herzlichen Wunsch Sie glücklich zu sehen in die Wagschale des Mangelnden zu legen. Das Beste unserer bäuerlichen *cottage* ist, ich gestehe es Ihnen im Voraus, das außer ihr Liegende, nämlich die sie umgebende große Gebirgsnatur. Möge denn auch ein gütiger Himmel meinem geliebten Meister ein herzliches Willkommen durch heitersten Sonnenglanz bieten, so würde dann doch auch ein Einziges hier vollkommen sein: das herrliche Berg-Panorama mit der erfrischenden Waldesluft.

Bülow sah ich am Sonntage in München, wo wir zusammen den *Tristan* hörten. Ich hoffte ihn mit mir hierher zu bringen, doch fesselt ihn ein Unwohlsein noch dort. Doch nach nächstem Sonntage, für welchen ich nochmals zu den *Meistersingern* hinüberfahre, wird er mit mir zurückreisen und mir die Ungeduld des Erwartens auf eine Woche verkürzen. Das Plaudern über dies und jenes verschiebe ich nun gern bis zu baldigem, persönlichen Verkehre und bitte jetzt nur noch ergebenst, mir zur Zeit eine Zeile oder Telegramm mit Bestimmung Ihrer Ankunft zu schicken.

In alter verehrendster Freundschaft Ihr ergebener

Karl Klindworth.

13. July 1880.

282. Kardinal Ludwig Haynald.

Edelster, verehrtester Herr Maestro!

Ein schweres Leiden ließ mir heuer anstatt Teplitz Carlsbad ordiniren; und ich eilte gleich nach der Abwicklung der vor der Badesaison zu beendigenden Geschäfte hierher mit der Absicht und in der Hoffnung, Sie, Edelster Maestro! in Weimar besuchen zu können.

Nun aber, so die höchst nöthige Badekur begonnen wurde, verweigert mir mein Arzt die Hinreise-Erlaubniß vor dem 4ten August, Sie aber verlassen Weimar schon am 1ten, und so komme ich wiederum um das Glück Sie dort zu begrüßen. Und doch freute ich mich darauf gar inniglich.

Es bleibt mir also kaum was Anderes übrig, als Sie im Geiste herzlich zu umarmen und Ihnen jeden Segen des Himmels zu wünschen . . — .

Gott geleite Sie auf allen Ihren Wegen und führe [Sie] in die Heimat gesund und heiter zurück.

Meine Cur in Gastein beginnt am 15ten August. Die Zeit zwischen dem 5ten und 15ten gedenke ich nun auf einer kleinen Rundreise in Deutschland zuzubringen.

Bitte mich Herrn Hofrath v. Rohlfs bestens zu empfehlen und zu glauben an die aufrichtigste Hochachtung Ihres ganz ergebenen Dieners und Freundes

Dr. Ludwig Haynald.

Carlsbad, 23/7. 1880.

283. Amy Fay,

Pianistin. geb. 21. Mai 1844 zu Bayon Goula am Mississippi.
Schülerin von Tausig, Kullak, Liszt, lebt in Chicago. Sie veröffentlichte ein Buch: »Music Study in Germany«.

Chicago, den 21ten Aug. 1880.

Geliebter und geehrter Meister!

Heute übersende ich Ihnen Grüße von vier amerikanischen
Lisztianern, die sich zufällig in Chicago befunden und die
einige sehr schöne Tage dort zugebracht, indem sie sich von
Ihnen und von der Musik unterhielten. Diese vier Personen
heißen: Mr. Sherwood[1], Mrs. Sherwood, Mr. Orth[2] und Miss
Amy Fay. Letztere bin ich! Vor fast zwei Jahren habe ich
Boston verlassen und bin nach Chicago gekommen, wo ich bei
meinem Bruder wohne. Soeben haben Sherwood und seine
Frau hier Klavier-Concerte gegeben, und Orth ist blos zu
seinem Vergnügen eingetroffen. Nachdem die Sherwoods mit
ihren Concerten fertig wurden, kamen die drei zu uns auf
einen kleinen Besuch. Wir haben uns sehr schön amüsirt auf
echt weimarische Mode, da wir am Tage Partien machten und
Abend musizirten. Sie können Sich wohl denken, Meister, daß
von Ihnen und von den glücklichen Stunden, die wir bei Ihnen
verlebten, viel die Rede war. Wie viele müssen Sie glücklich
gemacht haben! Ich kann Ihnen gar nicht sagen wie bewegt
ich war, als ich Ihren lieben Brief, welchen Sie mir vor vier
Jahren schrieben, erhielt. Sie werden Sich erinnern, Sie wollten
wissen ob Mr. Longfellow[3] die Musik zu den *Bells of Strasbourg*, sowie Ihren zueignenden Brief, den Sie ihm schickten,
erhalten. Ich bin gleich zu Mr. Longfellow hingegangen, den
Brief habe ich ihm vorgelesen, und er versprach mir selber

---

1) William Hall S., Lisztscher Schüler, amerikanischer Pianist
(geb. 1854) in Boston.
2) John O., Pianist, Schüler Liszts, in Boston.
3) Henry Wadsworth L., amerikanischer Dichter (1807—82).
Auf einen Text von ihm komponierte Liszt »Die Glocken des
Straßburger Münsters« für Bariton-Solo, Chor und Orchester.
(Leipzig, Schuberth.)

an Sie darüber zu schreiben. Später erfuhr ich, daß er es
erst nach dem Verlauf eines Jahres gethan. Dann schämte
ich mich zu schreiben, obschon ich mir unendliche Vorwürfe
darüber gemacht. Meine Idee war nämlich, die Musik in
Boston zur Ausführung zu bringen und Ihnen dann darüber
zu berichten. In der That wurde es auf das Programm eines
der größten Gesang-Vereine Bostons gesetzt, aber es ist doch
nichts daraus geworden, warum weiß ich nicht. Wahrscheinlich weil das Orchester zu kostspielig war. Zwei Dirigenten
habe ich auf das Werk aufmerksam gemacht. Jetzt habe ich
einen dritten im Auge, und vielleicht wird es mir dieses
Mal gelingen. Mr. Longfellow erzählte mir, er habe an Sie
geschrieben sowie er die Musik und Ihren Brief erhielt. Seinen
Brief und auch ein Buch hat er einem Freund, der sie Ihnen
übergeben sollte, anvertraut. Dieser Freund hat Sie aber nicht
getroffen, und anstatt daß er Ihnen den Brief und das Buch
beförderte, brachte er sie Mr. Longfellow wieder! So sind
Sie in Unwissenheit geblieben.

Zu Weihnachten hoffe ich ein Buch drucken zu lassen.
Es heißt: *Sechs Jahre musikalisches Studium in Deutschland* und
wird aus meinen Briefen von meiner Schwester, Mrs. Pence,
gesammelt. Da sie sehr gewandt mit der Feder ist, so hat
sie die Briefe sehr geschickt zusammen gestellt. Mr. Longfellow interessirt sich sehr dafür und in so hohem Grade, daß
er mir die große Ehre gewährte, selbst das Buch durchzu-
gehen und es seinem eigenen Verleger zu empfehlen. In diesem
Buch habe ich viel über Sie geschrieben, Meister, und wenn
es einen Erfolg hat, so werde ich mir die Ehre thun, Ihnen
ein Exemplar zu schicken. Ich glaube, daß ich den richtigen
Begriff von Ihnen habe. Ich habe so oft gedacht ich möchte
Ihre Lebensgeschichte schreiben! Aber dann müßte ich Alles
von Ihren eigenen Lippen hören!

Seitdem ich Weimar verlassen, habe ich mich immer mit
Clavierspiel beschäftigt. Ich spiele oft in Concerten, gebe
Stunden u. s. w. Mein letztes Programm lege ich ein, so daß
Sie sehen können, daß ich fleißig bin. Die Recension war
sehr gut. Ihr Walzer hat das Publikum ganz entzückt. Auch

hat der Tausigsche sehr gefallen. Sie werden Sich freuen zu
hören, daß Sherwood sich kolossal entwickelt hat. Er ist
jetzt ein Künstler ersten Ranges und kann Alles. Er
gehört zu den großen exceptionellen Künstlern, wie Bülow,
Tausig und Rubinstein, die Alle Andern überragen, und hat
schon eine glänzende Carrière in America gemacht. Später
beabsichtigt er in Europa zu reisen. Er componirt auch sehr
schön und ist ein sehr bedeutender Mensch. Theodor Thomas
ist wieder zurückgekehrt und es steht viel in der Zeitung über
ihn und seine Reise. Er sagt daß sein größter Genuß sein
Besuch bei Ihnen in Weimar war. Es thut ganz America
weh, weil Sie sollen ihm gesagt haben, daß Sie nicht mehr
für die Oeffentlichkeit komponiren wollen. Warum denn nicht,
Meister? Sie sollten nie aufhören!

Aber ich ermüde Sie durch mein langes Schreiben. Schnell
also zum Schluß! Ich hege die Hoffnung immer noch Ihnen
noch Mal die Hand zu drücken! Nächsten Sommer hoffentlich!
Fräulein Gaul[1]) ist ganz in meiner Nähe, das heißt nur zehn
Stunden auf der Eisenbahn von Chicago. Sie ist in Cincinnati,
aber ich habe sie noch nicht gesehen. Thomas wird Ihnen
wohl von ihr erzählt haben. Ich höre nur Gutes von ihr.
Bitte grüßen Sie die Damen Stahr von mir, auch Frl. von
Cruikshank, wenn Sie sie sehen. Adieu, Meister: bitte entschuldigen Sie diesen fehlerhaften Brief, da ich all mein Deutsch
ziemlich verlernt habe. Er ist von Ihrer Sie vielliebenden

›The Walton‹
N. Clark St. Chicago, Illinois, U. S. A.

Amy Fay

284. Karl Klindworth.

Mein hochverehrter und lieber Meister,

nicht Sie mir, sondern allein ich schulde Ihnen herzlichsten
Dank für Ihren liebenswürdigen Besuch, durch den Sie mich

---

1) Kathi G., Pianistin, Schülerin Liszts.

so hoch geehrt haben, und auch für die gütige Nachsicht, die
Sie gegen unvermeidliche Unvollkommenheiten unserer beschränkten tyroler Häuslichkeit gezeigt haben. Ich machte
mir nur den Vorwurf, Ihnen nicht dringender die unaussprechliche Freude ans Herz gelegt zu haben, die Sie uns Allen
durch einen verlängerten Aufenthalt gemacht haben würden,
und glaubte daß Ihrerseits ein Bedenken irgend welcher ver-
ursachenden Unruhe Sie veranlaßte schneller als beabsichtigt
uns zu verlassen. Dieß machte mich fast traurig, doch aber
werde ich nie die kurzen schönen Stunden vergessen, die mir
eine stolze theure Erinnerung für das Leben bleiben werden.

Ich empfing gestern Ihre freundlichen Zeilen, als auch das
schöne Geschenk Ihres *Chopin*, mir unschätzbar gemacht durch
die Dedication, die mein Bemühen für eine correkte Ausgabe
von dessen Werken so höchst ehrend anerkennt. Für Beides
spreche ich Ihnen meine tiefste Erkenntlichkeit aus. Sie erlauben mir, Ihnen sobald ich nach Moskau zurückkehren werde,
die Partitur des Concerts[1]) und Cadenza zur 2ten Rhapsodie
nach Rom zuzuschicken. Ich mache mir Vorwürfe, daß ich
es früher nicht gleich selbst gethan habe, da ich aus Erfahrung hinlänglich weiß, wie wenig auf russische Zuverlässig-
keit zu rechnen ist.

Kurz nach Ihrer Abreise empfing ich telegraphische Anfrage von La Mara aus Jenbach, wie lange Sie noch hier verweilen würden. Die Anzeige Ihrer bereits erfolgten Abreise
ließ ich zurück expediren. Auch Buonamici wünschte den
Tag Ihrer Reise durch Florenz zu wissen, um Sie am Bahnhofe
zu begrüßen — auch dies zu spät, um noch helfen zu können.
Er hat Wagner, der jetzt in Siena ist, zu wiederholten Malen
gesehen, und sagt daß W. wirklich das amerikanische Projekt
anzunehmen gedenke — unglaublich — also keine Zeitungs-
lüge?[2]) — Unsere Freunde haben uns verlassen, wir sind
allein und gedenken Mitte nächster Woche ebenfalls nordost-
wärts zu steuern.

---

[1] Chopins F-moll-Konzert, von Klindworth orchestriert.
[2] Wagner ging bekanntlich nicht nach Amerika.

Mit herzlichsten Wünschen für Ihre Gesundheit und freundlichsten Grüßen von meiner Frau und mir

Ihr Sie dankbar verehrender

Karl Klindworth.

Hall, 3. September 80.

Spitzweg[1]) theilt mir die traurige Nachricht mit, daß Bülow
wieder sehr leidend in Liebenstein ist.

285. Bertrand Roth.

geb. 12. Febr. 1855 zu Degersheim in der Schweiz, unter Liszt zum
Pianisten gebildet, unterrichtete in Frankfurt a. M. am Hochschen,
sodann an dem 1882 von ihm mitgegründeten Raff-Konservatorium
und lebt jetzt, zum Professor ernannt, in Dresden, seit 1890 nur
noch privatim als Lehrer tätig, daneben konzertierend. Seine vorzugsweise der Wiedergabe zeitgenössischer Musik gewidmeten sonn-
tägigen Matineen erfreuen sich eines weithin verbreiteten Rufes.

Frankfurt a. M. 22/IX 1880.

Verehrtester Meister!

Hiermit erhalten Sie von mir die schuldige Nachricht, daß
ich eine Stellung in Frankfurt am Conservatorium angenommen
habe und Heymanns[2]) Nachfolger geworden bin. Eine Stunde
bevor ich in einem Festconcert zu Baden-Baden Ihr Es-dur
Concert bei gutem Accompagnement vortrug, erhielt ich Raff's
Offerte zugeschickt, und ging darauf ein, weil ich zu Concerten
jeweilig Urlaub erhalte und sonst die Stellung recht ist.

Aus Raffs Brief ersah ich, daß Sie, verehrter Meister, und
Frau Dr. Merian mich ihm besonders empfohlen haben. Ich
schreibe diese Zeilen um Ihnen dafür herzlichen Dank zu sagen.

Erhalte Ihnen Gott noch lange Jahre Ihre jugendliche
Frische und Gesundheit zur Freude Ihrer Mitmenschen, zum
Segen für die Kunst!

---

1) Münchner Musikverleger, Firma Aibl.
2) Carl H. (geb. 1854), ausgezeichneter Klavierspieler, auch
Komponist, durch Nervenleiden früh seiner Kunst entzogen.

In der Hoffnung, Sie im Frühjahr, wenn auch nur kurz, zu sehen grüßt Sie

Ihr immer dankbar ergebener

286. Max Schwarz,

Pianist, geb. 1. Dez. 1856 in Hannover, studierte bei Bülow und Liszt, lehrte 1880—83 am Hochschen Konservatorium in Frankfurt a. M. und beteiligte sich sodann an Gründung des Raff-Konservatoriums, dem er gegenwärtig als Direktor vorsteht.

Frankfurt a/M. den 19/10 80.
Alte Mainzergasse No. 7, III

Verehrtester theurer Meister,

Zu Ihrem Geburtstage sende ich Ihnen devotest meine herzlichsten Glückwünsche! Recht sehr hoffe ich Ihnen später einmal mündlich zu der Wiederkehr dieses Tages gratuliren zu können, — für diesmal bin ich leider hier gefesselt.

Das Farbenspiel *rouge et noir* hat sich wiederholt, indem wir beide[1]) hier am Conservatorium gegen »accentloses Klavierwischen«, wie Herr von Bülow sich ausdrückt, wirken. Gott sei Dank haben wir sehr viel freie Zeit für uns und überhaupt jede nur mögliche Freiheit. Es ist mir dabei nur sehr schmerzlich, daß ich nicht dauernd im Sommer werde nach Weimar kommen können, zumal wieder eine zweimonatliche Militairdienstzeit für mich in Aussicht ist, welche ich im Lauf des nächsten Sommers absolviren muß. Wenn es nicht anders geht, so komme ich jedenfalls, mit Ihrer gütigen Erlaubniß, auf ein paar kürzere Besuche nach Weimar.

Mit vielen herzlichen Grüßen Ihr stets treu ergebener

---- --- ----

1) Roth und Schwarz, die beiden Lisztschüler.

287. Marianne Brandt.

Lieber verehrter Meister!

Seit den schönen Tagen von Baden-Baden habe ich keine direkte Nachricht von Ihnen und weiß ich nur einiges Nähere über Ihr Befinden während des ganzen Sommers durch den kleinen »Struwelpeter« [1]), der mich im September hier besuchte und mir kürzlich Ihre römische Adresse brachte. Was man in der Zeitung liest, ist Einem immer zu wenig über den lieben Meister; man möchte am liebsten immer mit ihm wandern!

Da man dies nun nicht kann, so sendet man oft seine Gedanken zu ihm, und wenn der 22. Oktober nahe ist, kleidet man die Glückwunsch-Gedanken in s c h r i f t l i c h e Worte und sendet sie, mit immergrünen Blumen geschmückt, gewöhnlich nach Rom, um sie zu den Füßen des Meisters niederzulegen!

Von dem traurigen Ereignisse, das mich im Sommer durch den Tod meiner guten Mutter betroffen hat, habe ich Ihnen, lieber Meister, nach Weimar Anzeige gemacht! Es ist ein schweres Jahr für mich nun vorüber, ich habe in demselben einen meiner aufrichtigsten, besten Freunde (Eckert) und meine beste natürliche Freundin (meine Mutter) durch den Tod verloren; mein armer Bruder ist noch immer sehr krank in der Anstalt in Wien.

Meine liebenswürdigen Collegen, die der Neid verzehrt hat, suchten mir meine Wiener Erfolge hier auch durch allerlei Chicanen zu verkümmern, als ob sie Einen dadurch schlechter machen könnten als Künstler, als man eben ist! Ich wehre mich aber tapfer meiner Haut.

Gestern war hier erster Wagner-Abend im Wagner-Verein, und hörte ich die herrliche *Orpheus*-Symphonie auf zwei Clavieren von Manstädt und Eichberg recht gut vorgetragen, die Vorrede dazu laut vorgelesen von Eichberg. Es war für mich eine stille Geburtstagsfeier meines Meisters, als ich den herr-

---

[1]) Eine Schülerin des Meisters.

lichen Tönen lauschte. Ich sang zwei Lieder von Wagner gestern im Verein. Gräfin Schleinitz ist noch in Venedig, ich habe sie im August in der Brühl bei Wien besucht, wo sie sich sehr wohl befand.

Wir studiren jetzt am *Nero* von Rubinstein. Ob die Oper großen Erfolg hat? Dramatisch ist die Musik nicht.

Ich schließe nun, bin ohnedieß schon zu weitläufig geworden und denke mit Schaudern an die vielen Briefe, die Ihnen, verehrter Meister, der 22te bringen wird, und die ich noch vermehren helfe.

Also herzlichst alles Allerbeste! Auf das Glück Sie im nächsten Jahre wiederzusehen!

In treuester Verehrung, lieber Meister, Ihre ergebenste

Marianne Brandt.

288. Adalbert von Goldschmidt.

Wien, Renngasse, 3. November 1880.

Hochverehrter, theurer Meister!

Simon[1]) macht mir soeben die Mittheilung, daß Sie die *Todsünden* einer Bearbeitung gewürdigt haben[2]). Diese Thatsache erfüllt mich mit namenloser Dankbarkeit für Sie. Theurer Meister, Sie sind so überaus gut, so liebenswerth, wie sollte ich Worte finden um Ihnen das zu sagen, was ich fühle. Ich werde bestrebt sein, mich dieser großen Auszeichnung würdig zu erweisen und dem Ideal nachzustreben, das sich in Ihnen als Künstler und Mensch verkörpert. Innigsten unauslöschlichsten Dank. In Bewunderung und Liebe Ihr

Adalbert v. Goldschmidt.

1) Musikverleger in Hannover.
2) ›Liebesscene‹ und ›Fortunas Kugel‹. Leipzig, Breitkopf & Härtel.

289. Marcelline Fürstin Czartoryska, geb. Prinzessin Radziwill,

eine bevorzugte Schülerin Chopins, gest. 8. Juni 1894 in Krakau.

18 Novembre [1880], Cracovie.

Illustrissime Maître,

Après un bien long temps de séparation j'ose me rappeler à votre souvenir; le mien est si plein de votre bonté que j'ai conçu l'incroyable projet de vous adresser une instante et peut-être, hélas, indiscrète prière. Ecoutez-moi, je vous en prie; vous n'êtes pas sans avoir entendu parler du clergé ruthène et combien il laisse à désirer en Gallicie, et je crois aussi en Hongrie. Lorsque le schisme a voulu s'emparer des Grecs-unis en Podlachie, c'est en Gallicie que le gouvernement russe a recruté des prêtres ruthènes pour l'aider à accomplir cet acte anticatholique; ceci en dit assez et sans m'appesantir davantage sur cette question de honte et de douleur, je tourne les yeux vers le Vatican et j'y vois à ma grande consolation notre St Père Léon XIII très occupé des peuples slaves, dans son paternel intérêt pour le clergé ruthène, Il a daigné accorder aux Resurrectionistes l'usage des deux rites (latin et grec), ce qui les mettra à même de travailler à la régénération de ce clergé tout en lui laissant son rite distinct. Un internat se fonde actuellement à Léopol pour y élever les fils des prêtres grecs-unis. Cette maison manque de tout et, dans mon ardent désir de la servir, j'ai eu la pensée de m'adresser à votre bonté, vous suppliant de consentir à organiser dans ce but un concert à Pesth ou Vienne (l'Empereur est personnellement très favorable à l'Internat grec-uni). Si votre réponse n'est pas négative, et que vous croyez ma pauvre présence pas absolument insignifiante, je viendrai me mettre à vos ordres là où vous voudrez bien m'appeler[1]). Ah! je vous en prie, ne

---

1) Das Konzert fand, zum Besten des Roten Kreuzes und einer in Lemberg zu gründenden Schule, Anfang April 1881 im Saale des Ministeriums des öffentlichen Unterrichts in Wien statt. Liszt und die Fürstin Cz. spielten.

me refusez pas; vous n'avez pas besoin de chercher bien loin pour entendre une voix qui vous dira avec moi l'importance de cette œuvre.

Veuillez recevoir l'assurance de mon ancienne et très admirative amitié.

290. Fanny Lewald Stahr.

Hotel Molaro 23/11 80.

Lieber, sehr verehrter Freund!

In Rom zu sein und den Papst nicht zu sehen — das habe ich stets mit Gelassenheit ertragen. In Rom zu sein, und Sie nicht wiederzusehen, das könnte ich nicht verschmerzen; und da Sie doch öfter in die Stadt kommen, als ich in das Land hinaus, wäre es nun ein Akt der Güte, deren ich und Stahr immer von Ihnen gewohnt waren, wenn Sie mich einmal bei Ihren Stadtfahrten aufsuchen — und — denn sonst hilft es mir ja Nichts — mich benachrichtigen wollten, wann ich Sie erwarten darf. — Sie haben es einmal zu Stahr gesagt, Sie wüßten, er und ich wären treue Naturen. Das sind wir in der That — aber die Treue ist auch anspruchsvoll — und diejenigen, gegen die sie geübt wird, haben davon, wie Sie heut erfahren, zu leiden.

Uebrigens lieber Freund! haben Sie mir mit der Feier Ihres 70. Geburtstags einen ungerechten Vorsprung abgewonnen, weil Sie sich den Tag des Geborenwerdens als ersten Geburtstag angerechnet haben, während wir in Deutschland — die Wiederkehr des Geburtsfestes feiernd — erst die Vollendung des 70. Lebensjahres als 70. Geburtstag feiern. So blieb Ihnen mein warmer Glückwunsch zu demselben aus — und ich feire

meinen 70. Geburtstag für mich am 24. März des nächsten
Jahres, und hoffe Ihnen am 22. Oktober (Stahr's Geburtstag)
81 — zu Ihrem 70. Geburtstag nach deutschem Brauch alles
Heil und all den heitern Frieden zu wünschen, dessen man
im Herbst des Lebens nöthiger als je hat.

Ich habe Bruchstücke aus Ihren Briefen in den Jour-
nalen gefunden[1] und größte Freude an der Ursprünglich-
keit Ihres Geistes gehabt, die uns immer so zu Ihnen hin-
gezogen hat — und ich bin sehr begierig auf das ganze Werk.

Wenn ich Sie sehe, erfahre ich wohl mehr davon. Bis
dahin und für immer, getreu die Ihre.

Fanny Lewald Stahr.

Ich habe diesmal eine Schwester mit mir, Frl. Lewald, die
ich Ihnen vorzustellen hoffe, denn ich bleibe bis zum Frühjahr hier.

291. Ferdinand von Saar.

Hochverehrter Meister!

Erst heute gelange ich dazu, Ihnen zu sagen, mit welch
freudigem Stolz es mich erfüllt, daß Sie meinem kleinen
›Schlummerlied‹ das Reich der Töne erschlossen haben[2].
Denn erst jetzt habe ich es singen gehört — und zwar von
derjenigen Dame, welche Sie selbst auserlesen. Frau Gomperz-
Bettelheim[3], welche nun für einige Zeit in Brünn weilt, hat
es mir in Gesellschaft noch einiger Herren mit tiefer Begeisterung vorgetragen. Die Wirkung war eine eben so tiefe. Was
ich mit Worten nur angedeutet, hat die Composition, so zu
sagen, zum Unendlichen ausgeführt.

---

[1] Wohl aus den ›Reisebriefen eines Baccalaureus der Tonkunst‹. Ges. Schriften, II.
[2] In die ›Gesammelten Lieder‹ Liszts wurde dies ‹Schlummerlied‹ nicht aufgenommen. Es blieb Manuskript und als solches im
Besitz des Dichters.
[3] Vor ihrer Verheiratung die gefeierte Altistin der Wiener
Hofoper.

Gestatten Sie mir daher, hochverehrter Meister, daß ich
Ihnen meinen wärmsten, innigsten Dank darbringe.

In wahrer Ergebenheit

Ferdinand von Saar.

Schloß Blansko in Mähren,
13. December 1880.

292. Eduard Stehle,

Orgelvirtuos und Komponist, geb. 17. Febr. 1839 zu Steinhausen in
Württemberg, ist Domkapellmeister in St. Gallen.

St. Gallen den 14. Dezember 1880.

Hochverehrtester Herr und Meister!

Vor Allem meinen, leider verspäteten, aber nichtsdestoweniger herzlichen Dank für Ihre eben so gütige, wie wirksame Verwendung für meine Orgelfantasie über die österreichische
Hymne. Dieselbe ist, Dank Ihrer schwerwiegenden Empfehlung,
von Seiner K. K. Hoheit dem Erzherzog Rudolf angenommen
worden und wird bei Gebrüder Hug in Zürich erscheinen.

Hoforganist Gottschalg hat mich von Ihrem Wunsche, das
opus mit Ihrer Pedalapplicatur-Bezeichnung gedruckt zu sehen,
bekannt gemacht und habe ich natürlich sehr gerne davon
Notiz genommen.

Fast wage ich es nicht, abermals mit einer Bitte zu kommen.
Aber es ist einmal das Loos der Fürsten, von der Hülfs-
bedürftigkeit angesprochen zu werden, — und daß auch ein
Fürst im Reich der Töne hiervon keine Ausnahme macht,
sondern in Folge seiner Würde diese Bürde auch tragen muß,
haben Sie, hochverehrter Meister, schon sattsam erfahren und
speziell auf meine bescheidenen Arbeiten so viele Sonnenblicke
Ihrer Huld fallen lassen, daß ich auch diesesmal zu hoffen wage.

Ich habe zur Erinnerung an das 700jährige »Wittelsbacher
Jubiläum« eine 8stimmige Festmesse a capella geschrieben, die
ich Ihnen vorzulegen mir erlaube. Ungeschickterweise habe
ich das Manuscript an den bayerischen Hof eingesandt, ehe

die drei Referentenberichte, die jetzt auf zweiter Seite stehen, eingelaufen waren, sonst wäre es vielleicht doch etwas anders gegangen; so aber kam das Manuscript durch den Cabinets-chef Herrn Dr. von Ziegler mit Dank und der Bemerkung retour, »daß Seine Majestät grundsätzlich niemals Manuscripte annehmen«.

Zwanzig Tage später langten die Referate an und nun wollte ich natürlich die Messe drucken lassen, wurde aber von allen Verlegern überall abgewiesen, »weil 8 stimmige Messen keinen Markt hätten«.

So bin ich nun im Falle, die mühevolle Frucht vieler Stunden im Papierkorb begraben zu müssen, wenn nicht Hilfe kommt und ein zweiter Moses Quellen aus dem Felsen schlägt.

Da kam letzte Woche der Tenorist Franz Nachbaur[1]) von München und gastirte im Theater hier. Der zeigte mir einige seiner Geschenke vom bayerischen König: eine gar prächtige Uhr mit vielen Diamanten und schwerer Kette, kostbare Pre-tiosen, Ringe pp. — daß mir fast übel wurde: o du arme *musica sacra*, dachte ich, o ihr armseligen Kirchenmäuse von Cäcilianern, hättet ihr doch auch etwas Rechtes gelernt, und wäre es auch nur das hohe c zu singen (das übrigens hier Herr N. nicht mehr gut bekam).

Weiter dachte ich: mit einem einzigen dieser Steinchen, wie diese Uhr sie viele hat, wären die Herstellungskosten Deiner Messe bezahlt. Sollte der so sehr freigebige und kunst-liebende Monarch, wenn er von der rechten Seite angesprochen wird, doch vielleicht noch Etwas für ein Werk thun, das noch wirken könnte, wenn Nachbaur's Stimme längst vergangen ist!

Sollte es vielleicht möglich sein, den Herausgeber von Palestrina's *Stabat Mater*, den erklärten Liebling des bayerischen Königs zu einem Fürwort zu vermögen? Freilich soll er ziem-lich unzugänglich sein, aber . . . — Noth bricht nicht nur Eisen, sondern macht auch bisweilen Courage.

Ich bitte, hochverehrter Meister, sehen Sie sich mein Manu-script ein wenig an. Wenn es zu bestehen werth ist, so

---

1 Münchner Hofopernsänger (1835—1902).

schenken Sie mir zu Weihnachten nur zwei Worte Ihrer Hand und ein kleines Billetchen an Ihren großen Freund Richard Wagner.

Es wird Sie oder Ihren Freund Wagner (der ja Ihrem Takt-stock und Ihrer Feder Alles verdankt und aus eigener Erfah-rung weiß, wie es thut, bei rastlosem Streben und Schaffen abgewiesen zu werden) nur ein paar Worte kosten, und mein Werk ist aus dem Papierkorb gerettet, für den es vielleicht doch zu gut ist.

Mit Koenen[1]), Mayer[2]), Mettenleiter[3]) richte ich am Kgl. bayerischen Hofe jedenfalls nichts aus, das ist klar, aber den Namen Liszt und Wagner öffnen sich alle Thore und Herzen[4]).

Kann es aber nicht sein, so verzeihen Sie meine Freiheit und seien Sie nur ganz fest überzeugt, daß ich dessenungeachtet niemals aufhören werde, zu sein und mich zu bekennen als Euer Hochwohlgeboren oft und vielmals zu größtem Danke verpflichteter Diener

F. G. Eduard Stehle.

293. Adalbert von Goldschmidt.

Wien, 20. Dezember [1880].

Theurer Meister!

Tausend Dank für Ihre lieben, lieben Worte. Gestern sandte mir Simon aus Hannover die Copie Ihrer Transcription, die mich geradezu entzückte. Wie schön, wie herrlich wird und erblüht Alles unter dem belebendem Hauche Ihres Genius!

---

1) Franz K. (1829—87), Priester, Domkapellmeister und Kirchen-komponist in Cöln, Vizepräses des Allgem. deutschen Cäcilien-vereins.

2) J. G. M., Referent des Allgem. deutsch. Cäcilienvereins.

3) Bernhard Mett. (geb. 1822), Chordirektor und Diözesanpräses der Diözese Augsburg.

4) Dank Liszts Befürwortung wurde die Dedikation — ohne daß Wagners Mithilfe in Anspruch genommen worden wäre — von König Ludwig II. angenommen, das Werk gedruckt und vielfach aufgeführt.

Wie sollte ich Ihnen es je danken können, daß Sie meine künstlerischen Bestrebungen in Nachsicht so edel fördern. Es wird mir wohl schwer werden, den April abzuwarten, und wenn Sie es gestatten, so stelle ich mich auf ein paar Tage in Pest ein.

Ihre Nähe sie spendet Licht und Wärme und gibt mir Kraft auf Weiteres den Winter meines Wiener Mißvergnügens zu ertragen.

In Bewunderung und Liebe Ihr dankbarer

Goldschmidt.

294. Sara Ole Bull,

Witwe des norwegischen Geigenkünstlers O. Bull, der, geb. 5. Febr. 1810 zu Bergen, 17. Aug. 1880 in seiner Villa Lysoén bei Bergen gestorben war.

[1881 [1])]

My dear Maestro;

My beloved husband Ole Bull was warmly attached to you and has often told me with delight of his early acquaintance and association with you.

He bequeathed me his Violin notes, never published, and now Reminiscences of his life, by friends, will be added[2]. May I ask you to write a few words of the early days when Yourself, Chopin and Mendelssohn were his friends? I venture to ask this, because I felt, when I had the honor of seeing you, that you returned his affection.

The Norwegian Nation from King to peasant, have shown their love and devotion to his memory, most touchingly and grandly.

The Reminiscences will be written only by friends, and will include many illustrious names.

---

1) Der Brief ist nicht datiert, muß aber, da O. Bull 1878 in Pest war, 1881 geschrieben sein.
2) Das Buch erschien 1886 unter dem Titel: »Ole Bull, der Geigerkönig. Nach dem Original der Sara O. Bull bearb. von L. Ottmann.« Stuttgart, Lutz.

If my request seems possible to you, I shall be very grateful for a response.

Please accept the assurance of my most distinguished regard, and thanks for your kind hospitality in Pesth, three years since.

Very sincerely

Sara Ole Bull

Please address
    Mrs. Ole Bull
Cambridge, Massachusetts U. S. A.

295. Franz von Lenbach,

der große Bildnismaler, der die berühmtesten seiner Zeitgenossen verewigte, geb. 13. Dez. 1836 zu Schrobenhausen in Oberbayern, lebt in München und Rom.

•

3 Uhr.
[Berlin, 27. oder 28. April 1881.]

Höchstverehrter Meister!

War leider verhindert Frl. Daniela[1]) noch zu sehen, und zu meinem Bedauern hat sich die Frau Kronprinzessin um 4 Uhr in meine Werkstatt zu kommen anmelden lassen[2]. Und so fürchte ich daß ich Sie auch nicht mehr sehen werde, was mir unendlich leid thut.

Mit tiefster Hochachtung und Verehrung

Ihr ganz ergebener

F. Lenbach.

---

1) Daniela v. Bülow, Liszts Enkelin, jetzt Frau Geh.-R. Thode in Heidelberg.
2) Lenbach hatte ein provisorisches Atelier bei Gräfin Schleinitz in Berlin etabliert.

296. Géza Graf Zichy,

geb. 23. Juli 1849 in Szláva in Ungarn, bildete sich, obwohl er juristische Studien betrieb und als 14jähriger Knabe bei der Jagd den rechten Arm verloren hatte, zu einem einzigartigen Klaviervirtuosen aus, als der er in allen Hauptstädten Europas Bewunderung erregte. Schüler Rob. Volkmanns und Liszts, ist er als Komponist — nicht minder als Dichter — produktiv. Er ist Präsident des National-Konservatoriums in Budapest und bekleidet verschiedene hohe Stellungen. Mit Liszt verband ihn innige Freundschaft.

Hochverehrter Meister!

Unter den vielen Beglückwünschungsadressen und Briefen, die Sie zu Ihrem 70ten Geburtstage entgegenzunehmen haben, naht sich auch das Budapester National-Conservatorium, seine aufrichtigen Glückwünsche aussprechend. — Diese Anstalt verdankt Ihrer unvergleichlichen Hochherzigkeit und Großmuth ihren Bestand, Ihr großer Name ist auf ewige Zeiten mit dem Conservatorium verflochten. — Man hat mich beauftragt Ihnen beigeschlossene Adresse zukommen zu lassen, ich entledige mich denn hiermit meines Auftrages und bitte Sie dieselbe gnädigst annehmen zu wollen. —

Nachdem der Präsident gesprochen, wendet sich Ihr Schüler an Sie und wünscht Ihnen alles erdenkliche Glück. — Gott der Allmächtige muß Sie ja segnen für all das Gute und Schöne, das Sie hier geleistet. Sie haben erhellt und erwärmt, Thränen des Leides getrocknet, Thränen der Freude entlockt, Sie haben die Kunst bereichert, den Künstler geadelt, Sie haben Gott, dem Thron und der Menschheit gedient, treu und aufopfernd gedient, und nun mit 70 Jahren können Sie stolz zurückblicken auf die ewig leuchtende Bahn. Doch nicht nur zurück haben Sie zu blicken, Gott der Allmächtige hat Sie noch nicht Ihres Dienstes in Gnaden enthoben. Als grauer Jüngling haben Sie muthig vorwärts zu schauen, zu schaffen, zu arbeiten, auf die schon fertige Kirche neue Thürme zu bauen, deren höchste Spitzen sich in den Wolken verlieren sollen. Sie haben Ihre Schatzkiste noch nicht entleert, es sind geheime Fächer darin — räumen Sie aus. —

Gott hat Sie beschützt, Gott wird Sie auch fernerhin be-
schützen, dies mein Wunsch, mein Gebet, meine feste Überzeugung. —

Vergessen Sie nicht ganz Ihren treuen Freund

Tetétlen (per Kaba, Theisbahn),
den 16. Oktober 1881.

297. Derselbe.

Mein lieber Meister!

Ich hätte Ihnen für die freundliche Durchsicht meiner Lieder
schon lange gedankt, wenn mich ein Unwohlsein nicht daran
verhindert hätte. Wie Sie wahrscheinlich schon gehört haben,
wurde ich durch den Kaiser nach Wiesbaden geladen, wo ich
auch in einer Matinée spielte. Der Kaiser war außerordentlich
gnädig für mich, und so wäre alles gut gegangen, wenn ich
nicht meine Kopfkrämpfe bekommen hätte, die mich durch
eine Woche an das Bett fesselten. Nun jetzt werde ich durch
einen Wasserschmierer behandelt und werde diese Geschichte
schon los werden. — Mit unendlicher Freude las ich den Empfang, der Ihnen überall zu theil wurde. Die Menschen ehren
sich ja selbst, wenn sie ihre äußerste Entwicklungsstufe in Ihrer
unvergleichlichen Person lieben und verehren. Ich danke Ihnen
daß Sie in Weimar meine poetische Zukunft vertraten, bedaure
aber eigentlich Ihre kostbare Zeit, die Sie mir opferten, um
aus mir einen »mit der linken Hand klavierspielenden Menschen«
zu formen (nicht Pianisten)! — —

Nun mein einziger lieber Meister, Gott segne und schütze

Sie. Auf Wiedersehen in Bayreuth und später Weimar. Viel
Herzliches an alle Ihre Freunde und Freundinnen.

Ihr unwandelbar treu ergebener Freund

Géza Zichy.

Budapest den 18/5 82.

Frau und Kinder gesund.

298. Derselbe.

Budapest, den 18. Okt. 82.

Mein theurer Meister!

Vom Grunde meines Herzens wünsche ich Ihnen alles erdenkliche Glück zu Ihrem Geburtstage. Gott der Allmächtige
wache über Ihr theueres Leben. — Menschen von Ihrer Größe
können und dürfen nicht in der Vergangenheit leben.
Darum auch wünsche ich Ihnen eine glorreiche schaffensreiche
Zukunft. Ihr hohes Genie kann sich nie ausgesprochen haben,
immer und immer wieder haben Sie Neues zu offenbaren, und
wir, Ihre treuen Schüler, wollen dies Evangelium der Kunst
treu hüten und bewahren. Wenn Sie auf Ihre unvergleichlich
ruhmreiche, glänzende Vergangenheit zurückblicken, so muß
ein Gefühl der treuesten Pflichterfüllung in Ihrem großen
Herzen erwachen. Und doch müssen wir alle Ihre unersetz-
liche Thätigkeit von Gott und Ihnen erflehen. — Wir können
Ihre Führung nicht vermissen, wir fühlen unsere Ohnmacht,
unsere Hülflosigkeit ohne Sie und müssen um Ihren Beistand
flehen. Also lieber Freund! gesund an Leib und Seele sollen
Sie als leuchtende Säule vor uns wandeln durch Jahrzehnte
hindurch.

Gott segne und schütze Sie, mein lieber Meister und
väterlicher Freund.

Ihr sehr ergebener Freund

Géza Zichy.

299. W. V.,
Verfasser des nachstehenden Kuriosums.

Emmerich den 21. Nov. 82.

Sehr geehrter Herr!

Ein Unbekannter wendet sich an Sie mit einer merkwürdigen Bitte! Ich suche nämlich einen Tonmeister, der mir die Musik zu einem meiner Gedichte komponirt; dasselbe ist sehr kurz, so daß vieles, was nicht ausgesprochen ist, nur durch eine passende Musik zum Ausdruck gebracht werden kann. Leider ist es mir selbst nicht vergönnt gewesen, Unterricht im Klavierspiel zu erhalten, daher muß ich mich an Fremde wenden. Sollten Sie selbst nicht geneigt sein, meine Bitte zu erfüllen, aber doch finden, daß meine Worte der musikalischen Begleitung wert sind, würden Sie, verehrter Herr! dann vielleicht so freundlich sein, mir Jemanden zu nennen, der es wohl übernehmen würde?

Das Gedicht heißt:

Nach des Geliebten Tode.

Das Mägdlein saß am blauen See,
Und schaute tief hinein! — — — —
›O Gott! ich den Geliebten seh! — —
Dort unten muß er sein!‹ — — —

Sehnsuchtsvoll zog es sie hinab,
Ach! in den kühlen See!! — — —
Dort unten´fand sie wohl ihr Grab!?
Darum wird mir so weh!!!

Obgleich ich selbst nicht weiß, in wie fern meine Anforderungen erfüllt werden können, so will ich doch in wenigen Worten andeuten, was durch Melodie und Musik ausgedrückt werden soll.

Das Vorspiel drückt zunächst wilde Trauer aus, den Tod des Geliebten darstellend; allmählich mildert sich die Musik, eine sanfte Melancholie macht dem rasenden Schmerze Platz. Es werden dann die zwei ersten Zeilen gesungen; die zweite vielleicht in einer tieferen Tonreihe wiederholt, um die stille, tiefe Versenkung auszudrücken. Auf einmal sieht die Geliebte in einer Phantasievision im See das Bild des Geliebten, und wird hinabgezogen. Der Componist jedoch wird das besser wissen, wie alles ausgedrückt wird! Nach den Worten: »Darum wird mir so weh!« die vielleicht auch wiederholt werden könnten, ist die Musik, oder vielmehr das Nachspiel auch stürmisch traurig, mildert sich aber allmählich und erstirbt endlich ganz leise und sanft.

In der Hoffnung, daß Sie mich verstanden haben und meine Bitte erfüllen können, verbleibe ich in ehrfurchtsvoller Bewunderung Ihr　　　　　　　　　　　　　　W. V.

Sind Sie aber nicht im stande, wollen Sie mir es nicht freundlichst mittheilen? Mit Ihrem Brief sende ich zugleich einen an den Maler Franz Defregger ab, mit der Bitte mir ein Bild zu machen zu einem längeren Gedichte. Hoffentlich habe ich Erfolg!

Freundlich grüßend

Ihr

W. V.

300. Alexis Holländer,

geb. 25. Febr. 1840 zu Ratibor in Schlesien, begründete, nachdem er lange an Kullaks »Akademie« gelehrt, eine eigene »akademische Musikschule« in Berlin. Als Dirigent des »Cäcilien-Vereins« läßt er sich besonders die Verbreitung wertvoller neuerer Werke angelegen sein. .

Berlin, den 23. Novbr. 1882.
Schöneberger Str. 16.

Hochverehrter Herr!

Es gereicht mir zu großer Freude, Ihnen berichten zu können, daß ich am 17. d. Ihr unvergleichliches Oratorium *Christus* hier wiederholt zur Aufführung gebracht habe. Mit Enthusiasmus Seitens des Chors, mit gesteigerter Empfänglichkeit des Publicums, mit einem besseren Orchester, und, wie ich mit Stolz sagen darf, in einer noch sorgfältigeren Gesammtdarstellung. Die bisher erschienenen Rezensionen in der Post,

Kreuzzeitung, Börsencourier, Tageblatt, Montagszeitung, Vossi-
schen bestätigen, was ich sage. Wenn das Werk noch An-
fechtungen erfährt, so liegt das an seiner von Vielen unver-
standenen Größe; der Genius, der darin waltet, wendet sich
ja nur an Solche, die ein Allerheiligstes kennen, oder wenigstens
hinangeführt zu werden *bonae voluntatis* sind.

Zu Gunsten eines besseren Verständnisses hatte ich diesmal
allen Billetbesitzern freien Eintritt zur Generalprobe gewährt.. —.

In größter Verehrung Ihr ergebenster

[Unterschrift: Paris Hollaender]

301. Carl Reinthaler,

geb. 13. Okt. 1822 zu Erfurt. gest. 13. Febr. 1896 in Bremen, daselbst er als städtischer Musikdirektor, Domorganist und Gesang-
lehrer wirkte. Er schrieb Opern, ein Oratorium »Jephta«, Chor-
werke u. a. m.

Hochverehrter Herr Dr.!

ich erlaube mir, Ihnen von der am vergangenen Dinstag
Statt gehabten Aufführung Ihres Oratoriums *die heilige Elisabeth*
Nachricht zu geben. Sie war eine gelungene, würdige, und
ich glaube auch erfolgreiche. Als wir Ihr werthes Schreiben
erhielten, welches uns der Hoffnung beraubte, Sie bei der Aufführung anwesend zu sehen, trat an uns die Frage heran, ob
wir nicht zu dem ursprünglich angesetzten Termin der Aufführung im November zurückkehren sollten. Wir entschieden
uns dafür, da nur bei diesem Termin sich die Vorbereitungen
und Studien mit der nöthigen Ausführlichkeit und Stätigkeit
machen ließen. Unser zahlreicher Chor hat fleißig geübt und
das Werk sehr lieb gewonnen; es ist dies wohl bei jedem
größeren Chorwerk der wichtigste Maßstab für die innere
Wahrheit und Schönheit eines Kunstwerkes, weitaus den Eindruck überwiegend, welchen ein einmaliges Hören eines Oratoriums bei diesem oder jenem unvorbereiteten Zuhörer hervor-

bringt. Doch ist auch von dieser Seite ein mächtiger Eindruck nicht ausgeblieben, der sich immer weiter, so weit ich es erfahre, bestätigt. Wir haben eine große künstlerische Freude und Erhebung daran gehabt und auch die Sorgen, eine gute Ausführung der vielen und nicht gefahrlosen Details in Chor und Orchester zu erreichen, haben der Freude am Gelingen Platz gemacht (u. A. auch die a capella Stellen, sowie der Frauenchor am Schluß der 3ten Scene). Die Soli waren in den bewährten Händen von Frl. Marie Breidenstein und Herrn Bulß[1]), denen sich unsre Altistin vom hiesigen Theater Frl. Minor, ein sehr musikalisches Mädchen, welches über glänzende Stimmmittel verfügt, würdig anschloß. Unser Orchester zählt 12 I., 12 II., 8 V., 6 Celli, 7 C. B. — Harfe etc. . . .; es ist auch von dieser Seite her Alles gut gelungen und mit größter Hingebung an die Sache ausgeführt worden. Außerordentlich haben wir Alle Ihre Abwesenheit bedauert, um so mehr als wir schließlich erfuhren, daß Sie erst acht Tage vorher abgereist waren. Doch hatte man mir früher schon aufs Bestimmteste versichert, Sie seien nach Rom abgereist. Mit dem herzlichsten Wunsche, daß Ihnen diese Zeilen eine kleine Freude bereiten mögen, — die wohl jeder Autor hat, wenn er von gutem Gelingen eines großen Werkes hört — und in der Hoffnung, daß Sie im schönen Italien einen glücklichen Winter verleben mögen, bin ich in aufrichtiger Verehrung Ihr ergebenster

Bremen, den 27ten Nov. 82.　　　　*Reinthaler.*

302. Ettore Pinelli.

Roma, 30/11 82.

Illustre Maestro Liszt,

Per inaugurare il decimo anno dei Concerti Sinfonici della Società Orchestrale avrei stabilito di eseguire la Sua 6ª Rapsodia

---

1) Paul B. (1847—1902), Baritonist, seit 1888 an der Berliner Hofoper.

Ungherese (*Carnevale di Pest*) ed il preludio del *Parsifal*. Per avere il primo mi rivolsi al Suo editore e la musica infatti mi è di già pervenuta; per il secondo però non sapendo come fare, mi sono fatto coraggio e con una buona dose di sfrontatezza mi sono rivolto a chiederlo allo stesso Wagner! Ho fatto bene o male? In ogni modo non posso esimermi di confessarmi con Lei di questo mio peccato, perchè conosco da molti e molti anni quanto Ella sia buono ed indulgente verso coloro che amano l'arte e che la professano il meglio che possono.

Nella scorsa settimana abbiamo dato un gran Concerto a beneficio totale degl'inondati nel Veneto, e vi abbiamo eseguito uno dei Suoi capolavori, cioè: *Les Préludes*; il pubblico ne rimase profondamente impressionato, e ciò mi fa sperare che l'esecuzione non sia stata di troppo inferiore all'altezza della composizione, benchè per eseguire bene tale musica ci vuole altra orchestra ed altro direttore che me! —

Il Pergini ha concorso al posto di Capomusica della nostra Banda Municipale e vi è riuscito in modo splendido; io aveva la fortuna di far parte del giurì esaminatore.

Deploriamo tutti di non vedere ancora fra noi il nostro illustre e caro Maestro Liszt, ma speriamo sempre che il nostro desiderio venga presto appagato. Intanto mi permetto darle il benvenuto in Italia e segnarmi come sempre

Suo dev^{mo} ed aff^{mo}

E. Pinelli.

303. Camille Saint-Saëns.

Paris, 9 févr. 1883.

Cher maitre,

Ce petit mot vous sera remis par M. Brodsky[1], le nouveau professeur de violon du Conservatoire de Leipzig, pour qui j'ai beaucoup d'amitié.

---

1) Adolf B. (geb. 1851), ausgezeichneter russischer Geiger, früher in Leipzig, seit 1892 in New York.

J'ai reçu votre charmante lettre et son porteur M. Humperdinck [1], auquel je n'ai pu encore rendre sa visite, puisque je suis entre les répétitions de *Henri VIII* [2]) et un état de santé déplorable.

Vous savez peut-être que Pasdeloup a joué votre *Faust-Symphonie* avec beaucoup de succès. Je la lui ai jouée et expliquée d'un bout à l'autre, et je lui ai conseillé de jouer d'abord la première partie seule (j'avais grand'peur de l'exécution — non sans raison). Il a suivi mon conseil, et ensuite il a joué deux fois, je crois même trois fois, la symphonie entière. Ce n'était pas parfait et ne vous aurait pas satisfait, mais enfin voilà la chose bien accrochée et bien préparée pour l'avenir. Nous avions rédigé un petit argument avec Friedheim [3]), avec qui je vous joue à deux pianos tous les lundis. *Faust, Hungaria et les Préludes* ont fait fureur devant le public très nombreux que j'ai cet hiver.

Votre tout affectionné

C. Saint-Saëns.

304. Fanny Fürstin Champagny-Rospigliosi.

[Febr. 1883.]

Je veux vous dire que je prends une grande part à votre douleur et à celle de Madame votre fille, outre que je suis particulièrement affligée de voir ainsi disparaitre un grand homme [4]).

Les immortels ne devraient pas être mortels.

A rimirarla presto.

Sua aff.ma

Champagny-Rospigliosi.

---

1 Engelbert H. (geb. 1854), der Komponist von »Hänsel und Gretel«. Professor an der Hochschule für Musik in Berlin.
2 Oper von Saint-Saëns.
3 Arthur Fr. geb. 1859, hervorragender Pianist Lisztscher Schule.
4 Richard Wagner war am 13. Febr. gestorben.

305. Anton Urspruch,

geb. 17. Febr. 1850 zu Frankfurt a. M., von Ignaz Lachner, Raff und Liszt zum Klavierspieler und Komponisten ausgebildet, lebt als Lehrer am Raff-Konservatorium in seiner Vaterstadt. Ein Klavierkonzert, Kammermusikwerke. Lieder und besonders die komische Oper »Das Unmöglichste von allen« haben ihn bekannt gemacht.

Frankfurt a. Main, 15ten Februar 1883.

Verehrtester Meister!

Zu dem Schmerze, mit welchem mich die Nachricht von dem unersetzlichen Verluste erfüllt, der die ganze Kunstwelt betroffen hat, gesellt sich nun noch bei allen denen, welche Ihnen, lieber Meister, nahe stehen, das Gefühl der herzlichsten, innigsten Theilnahme für die Lücke, welche ein ungeahntes Schicksal Ihrem nächsten Kreise gerissen hat.

Daß Sie diese aufrichtigste Theilnahme bei meiner lieben Frau und mir finden, das wissen Sie wohl auch ohne alle Worte. Lassen Sie sich aber an diesem ganz von Herzen kommenden Ausdruck unseres Mitfühlens genügen, welches Ihnen in diesen, für Sie so schweren Tagen gewidmet ist, und glauben Sie der hingebendsten Freundschaft Ihres dankbaren Schülers

Anton Urspruch.

306. Paul von Joukowsky,

russischer Maler, Sohn des berühmten Dichters Wasili J., geb. 13. Jan. 1845 in Sachsenhausen bei Frankfurt a. M., lebt, zur Excellenz erhoben, in Moskau.

Cher et vénéré Maître!

Je tâcherai de Vous faire un court compte rendu de la semaine dernière, après Vous avoir jusqu'à un certain point rassuré sur l'état de santé de Madame Votre fille. Elle vit, c'est le principal; elle dort un peu, elle prend un peu de lait

et de vin rouge tous les jours, mais elle n'a rien mangé depuis
8 jours. Elle ne voit absolument personne excepté ses enfants,
avec lesquels elle est calme et sereine et douce. Je crois
qu'elle s'est résignée à vivre. Dans tous les cas c'est plus que
nous ne pouvions espérer, il y a une semaine. Elle a supporté
notre terrible et long voyage mieux que nous ne pouvions le
penser. Il faut dire que tout le monde, je pourrais dire tous
les pays, par lesquels nous passions, se sont parfaitement bien
comportés. Il y avait à craindre des démonstrations musicales,
marches funèbres, etc. Malgré tous les préparatifs, on a suivi
complètement nos prières et nous avons passé avec notre cher
cercueil et notre chère malade au milieu de foules absolument
silencieuses.

Cher Maitre, je ne sais si vous avez pu avoir des nouvelles
exactes sur la fin de Wagner. Je sais bien que si j'étais
bon à quelque chose, j'aurais dû vous en donner il y a longtemps; mais j'étais comme paralysé. Ce n'est qu'aujourd'hui
que je sens se dégager de mon cœur cette torpeur. Le 13 Févr.,
Wagner s'est levé en disant à son valet de chambre: »*heute
muß ich mich in Acht nehmen*«. Cependant il a pris son café
avec sa femme et s'est mis à travailler après à son nouvel
article, *Das Männliche und das Weibliche*. Jusqu'au dîner il
est resté dans sa chambre. A deux heures, il nous a fait
dire qu'il avait ses crampes habituelles et que nous devions
nous mettre à table sans l'attendre. Nous étions gais comme
toujours. Au milieu du dîner, Betty est arrivée en disant à
Madame Wagner qu'il la priait de venir tout de suite. Les
enfants et moi, nous avons attendu les parents au salon jusqu'à
4 heures. Le médecin Keppler était arrivé déjà à 3 heures,
ce qui nous avait entièrement rassurés. Mais à 4 heures, nous
commencions à être inquiets, car nous devions tous sortir avec
Wagner pour aller voir la maison de Walkoff. Tout d'un
coup nous entendîmes des cris de désespoir et les gens nous
dirent la vérité. — Il est mort dans les bras de sa femme,
il s'est endormi sans souffrance; car c'est une rupture au cœur,
suite de l'effort causé par ses crampes ordinaires, qui l'a tué.
Quand le médecin est arrivé, c'était trop tard. Madame

Wagner est restée auprès de lui toute la première journée et la nuit après. A deux heures, mercredi, le médecin a pu l'emporter dans une autre chambre. Je ne puis pas vous faire le récit des jours passés à Venise, où nous étions partagés entre notre douleur et notre crainte extrême de perdre aussi Madame votre fille. Nous sommes partis vendredi à 2 heures de Venise. Gross[1]) et sa femme étaient arrivés déjà jeudi. Hans Richter nous a accompagnés ici de Venise; Levi et Porges étaient à nous attendre à Innsbruck, M. de Bürkel[2]) est venu à Koufstein de la part du Roi. Samedi, à 11 heures, nous sommes arrivés à Bayreuth. Dimanche a été l'enterrement dans le fond du jardin de Wahnfried. A Bayreuth, nous avons trouvé presque tous les amis. Nous avons suivi le cercueil jusqu'à la porte de Wahnfried. Là nous autres intimes amis l'avons porté avec les enfants jusqu'au tombeau. Le pasteur a dit les prières et puis tout le monde, excepté les enfants, a quitté Wahnfried, et le cercueil a été mis dans la terre par la mère et les enfants.

Espérons maintenant que le calme descende dans les cœurs si immensément affligés. Les enfants, qui sont admirables et des exemples à nous tous, Vous baisent les mains.

Moi je fais de même et suis Votre dévoué

P. Joukowsky"

Wahnfried, 20 Févr. 1883.

---

1) Kommerzienrat Adolf v. G., nachmals Vormund der Kinder Frau Wagners. Verwaltungsrat der Bayreuther Festspiele.
2) Kabinetssekretär des Königs von Bayern.

307. Hans Freiherr von Wolzogen,

Musikschriftsteller, geb. 13. Nov. 1848 zu Potsdam, wurde durch Wagner 1877 als Redakteur der »Bayreuther Blätter« in die Festspielstadt gezogen.

Bayreuth, 26. Februar 1883.

Hochverehrter Meister,

es ist mir schon seit Tagen ein Herzensbedürfniß Ihnen aus dem verwaisten Bayreuth einen innig empfundenen Gruß treu-ehrfurchtsvollen Gedenkens zu senden! Aber ich wollte mich nicht in die Morgenstunde des großen Schmerzes drängen; wenn auch alles Warten auf eine bessere Zeit uns kein Wort lehrt, womit man über den Schmerz reden könnte, welchen eine Welt trägt, und worin einem Jeden eine Welt sich birgt. Es ist gesagt worden: wenn ein deutscher Kaiser in Italien verschied, so glaubte das deutsche Volk, er sei in den Winterberg zu den Göttern gestiegen, aber er werde einmal wiederkehren, wenn die Kraft des Volkes nicht mehr ausreiche, sich selbst zu helfen. Halten wir, um etwas glauben zu können, an diesem Gleichnis fest, so sagt es uns auch, daß wir nun zeigen sollen, wie weit wir uns selber helfen können. Wollten wir, der Welt zugewendet, verzagen und sagen: es ist alles vorbei, dann würden wir der großen Lehre des Glaubens, des Muthes und der Treue wenig Ehre machen, welche unser Meister uns vorgelebt hat. Das Erbtheil, das er uns hinterlassen hat, erfordert alle Kräfte, welche sein erhabenes Vorbild in uns jemals erweckte. Noch lebt die Tradition — noch steht das Haus von Bayreuth — und damit ist mehr gesagt, als alles Geschrei der Welt zu sagen weiß. Wir halten die Festspiele, welche der von uns Geschiedene bis zuletzt vorbereitet hatte, als weihevolles Vermächtnis am Leben und feiern damit am Würdigsten des Helden Todtenfest in diesem dunkeln Jahre. Ein Blick voller Ehrfurcht und Bewunderung auf die ihm nächsten Überlebenden, auf den edelsten Freund und auf die mit gewaltiger Überwindung dem Leben für den Sohn sich erhaltende Gattin, zeigt uns die leuchtenden Spuren, denen wir nachzuwandeln haben. Möge denn auch, während unsere Arbeit fortschreitet, der Segen des Himmels über den Trauernden walten, Ihrer hochverehrten Tochter die kostbare Lebenskraft dauernd erhalten und stärken und Ihnen selbst, verehrtester Meister, lindernden Trost gewähren! Dies wünscht mit allen Ihnen und ihr Nahestehenden von Herzen Ihr treulichst ergebener

[Unterschrift: Hans Paul Frhr. v. Wolzogen]

308. Richard Pohl,

Musikschriftsteller, einer der frühesten Vorkämpfer für Wagner, Liszt und Berlioz, geb. 12. Sept. 1826 zu Leipzig, gest. 17. Dez. 1896 in Baden-Baden.

Baden-Baden, 26. Februar 83.

Theuerster, einzigster Meister,

Nun sind Sie in der That unser Einzigster — unser Trost, unser Leitstern und unser Stolz! Gott möge Sie uns noch recht lange erhalten, uns und der Kunst! — Das edelste Dioskurenpaar ist nun getrennt — aber der Ueberlebende soll uns nun für Beide gelten. Sie vertreten jetzt zugleich Richard Wagner und Sich selbst. Sie thaten das zwar von jeher, aber solange Er noch lebte, ließen Sie ihm ja immer mit Selbstverleugnung den Vortritt. Jetzt aber, in dieser ernsten Zeit, verlassen Sie uns nicht. Wir müssen ein Haupt haben, das über Alle emporragt, einen Willen, der entscheidet, eine Autorität, der wir uns beugen, und das sind Sie allein. Alles, was Sie seit 33 Jahren gegründet und befestigt haben, könnte — wenn auch nicht in seinen idealen Zielen, doch in seiner praktischen Verwirklichung — gefährdet sein, wenn Sie nicht an der Spitze bleiben, allenthalben — vor Allem aber in Bayreuth. Bitte, lesen Sie, was ich in dieser Woche in der Neuen Zeitschrift (Kahnt) schreibe. Ich nannte Ihren Namen noch nicht, weil ich nicht wußte, ob es Ihnen genehm sei, gerade jetzt genannt zu werden. Aber das ist meine feste Ueberzeugung: daß es ohne Sie, in inniger Verbindung mit Ihrer

Tochter, — die Gott aufrecht erhalten möge in ihrem ungeheuern Leid, — nicht vorwärts gehen kann. Stillstehen kann und darf das große Werk des großen Geschiedenen nicht. Denn sein Werk ist sein Vermächtniß an die Nation, das wir zu erfüllen haben, Jeder nach seinen Kräften und Vermögen. Und Wem am meisten verliehen ward, von dem wird auch am meisten gefordert werden. Und das sind Sie, theuerster Meister! Gott segne Sie! —

In Bayreuth, bei dem schweren Gange nach Wahnfried, traf ich Herrn Baron von Loën, der mir die höchst erfreuliche Nachricht gab, daß Sie in Betreff meiner bereits an S. K. Hoheit den Großherzog geschrieben haben[1]) und daß ich durch Sie warm empfohlen worden sei. Nehmen Sie meinen innigsten Dank dafür, und bitte, sagen Sie mir, ob S. K. Hoheit Ihnen bereits geantwortet hat und was ich nun zu thun habe, um mich Serenissimus vorzustellen. Ich war in solchen Dingen stets ungeschickt, wie Sie wissen, habe daher auch im Leben so wenig erreicht.

Aber in meiner Liebe, Verehrung und Dankbarkeit für Sie nehme ich es mit Jedem auf, und bleibe bis an's Ende Ihr treuer, Ihnen innigst ergebener

Richard Pohl

309. Marianne Brandt.

Weimar, Hotel Erbprinz, 27. 2. 83.

Hochverehrter lieber Meister,

Zu dem Vielen, was ich Ihnen schon zu danken habe, kommt nun eine neue Schuld!

Se. Kön. Hoheit hat mir am Sonntag die goldene Medaille verliehen, und ich weiß, auf wessen Fürsprache!

Daß ich mich natürlich sehr gefreut habe darüber, kann

---

1) Bezüglich der Widmung des 2. Bandes seiner Ges. Schriften. (Leipzig, Elischer.)

ich nicht leugnen. Eine Auszeichnung ist mir jetzt doppelt
werthvoll, denen gegenüber, die mich in Berlin so sehr zurück-
setzen wollten, und natürlich noch lieber, wenn sie von einem
Hofe kommt, wo so echter Kunstsinn herrscht, und wo man
mir — auch durch Ihr mir zugewandtes Interesse, lieber Meister
— stets so gnädig und freundlich begegnet ist. Es war mir
wieder so lieb und heimlich in Weimar — weil ja an jedem
Plätzchen eine schöne Erinnerung hängt, wenn auch die ver-
hängten Fenster in der Hofgärtnerei die Freude des Hierseins
trübten! Ich sang zweimal *Walküre* und einmal *Orpheus* bei
meinem Gastspiele; — welche Erinnerungen knüpften sich an
letzteren, wo wir alle damals so vergnügt im Erbprinzen darnach zusammen waren, der gute Tausig noch dabei!

Seit ich Sie nicht gesehen habe, ist ein großes Ereigniß
gewesen; — wer hätte das im Sommer gedacht! Lieber
Meister, der erste Gedanke dabei waren Sie, und ich tauschte
meine Gedanken über Ihren Schmerz mit Herrn Lesimple in
Cöln[1]) aus, wo ich damals gerade zum Gastspiele war.

Vielleicht sehe ich Sie doch, mein theurer Meister, im
Sommer in Bayreuth; wenn ich auch nicht singe, so zieht es
mich doch wieder hin, umsomehr wenn ich hoffen kann, Sie
dort zu sehen.

Jetzt gehe ich wieder für einen Monat mit Angelo Neumann[2]). Am 1. ist Conzert in Wiesbaden, dann sind wir in
Carlsruhe und Darmstadt mit dem Cyklus. Es war Anfangs
die Rede von Ungarn für März, doch jetzt hörte ich nichts
weiter darüber. Das wäre hübsch, wenn wir nach Pesth
kämen!

Ich habe hier am 16. im Hofkonzerte die *Jeanne d'Arc*
am Clavier gesungen, und waren die Herrschaften alle sehr
entzückt davon. Am 9/3 ist großes Hofkonzert, zu welchem
mir der Großherzog die Ehre einer Einladung zum Singen zu
Theil werden ließ. Nur ist es noch nicht sicher, ob Neumann

---

1. August L., Schriftsteller, veröffentlichte Erinnerungen an
Richard Wagner. Dresden und Leipzig, 1884.
2 Damals Leiter eines wandernden Richard Wagner-Theaters.
jetzt Direktor des deutschen Theaters in Prag.

mich beurlauben kann; da Frau Kindermann[1]) krank ist, so ist er sehr auf mich angewiesen; gestern hat er noch unbestimmt telegraphisch geantwortet. Morgen verlasse ich Weimar, gehe direkt nach Wiesbaden, am 4. beginnt es in Carlsruhe. Der Großherzog fuhr gestern nach Berlin, ich ging an die Bahn, und er bemerkte mich und war wieder sehr gnädig, da er mich ansprach.

Lieber verehrter Meister, nehmen Sie meinen tausendfachen herzlichen Dank und gönnen Sie mir das Glück, mich ferner nennen zu dürfen Ihre in treuester Anhänglichkeit ergebenste

M. Brandt.

310. Paul von Joukowsky.

Munich, 5 Mars 1883.

Cher et vénéré Maitre,

n'écoutant que mon extrême désir de Vous revoir, je Vous ai parlé, dans ma dernière lettre, de mon projet de prendre le chemin de Pest pour me rendre à Venise. Mercredi dernier, me sentant assez mal, et ne voulant pas être malade à Wahnfried, je suis allé à Munich, croyant guérir facilement en route et espérant de pouvoir tout de suite repartir pour Pest. Mais arrivé chez mon ami Levi, je me suis mis au lit et j'y suis resté tout ce temps-ci, dans un assez triste état de prostration et de fièvre. Cependant il faut que je me traine jusqu'à Venise, où m'attendent des affaires urgentes, concernant des publications sur mon père. En attendant, le temps que j'avais pour aller à Pest est passé, et d'ailleurs je ne me sens pas les forces pour faire ce long détour. Je dois donc renoncer cette fois-ci au bonheur de Vous revoir et à la triste joie de pleurer avec Vous. Que de fois j'ai pensé à la *gondole lugubre*[2]), après avoir vu la gondole portant les restes du grand défunt!

---

1 Hedwig Reicher-Kindermann, temperamentvolle dramatische Sängerin (1853—83.

2) Klavierkomposition Liszts.

Heureusement les nouvelles de Wahnfried continuent à être satisfaisantes, et c'est une consolation immense dans ce temps de tristesse infinie. Madame Votre fille s'occupe constamment de ses enfants et de tout ce qui concerne l'héritage littéraire et artistique. En apprenant que j'allais peut-être Vous voir, elle m'a fait dire par les enfants, de Vous adresser de sa part 3 prières: 1) d'avoir la bonté de lui rendre les lettres de Wagner qu'il Vous a adressées. 2) de bien vouloir lui donner aussi »das Manuscript des Entwurfs zum Christus« (c'est ainsi que s'est exprimée Mademoiselle Daniela). 3) de bien vouloir prendre des dispositions dans le cas que cela ne soit pas fait déjà, afin de préserver l'exemplaire de l'autobiographie de Wagner, que Vous possédez, de tomber d'une manière quelconque dans des mains étrangères, car en ce moment beaucoup de personnes, surtout de la presse, font des demandes pour se procurer cette biographie, qui cependant ne doit être connue de personne jusqu'au moment de sa publication, c. à. d. 30 ans après la mort de Wagner.

J'aurais été si heureux de Vous communiquer tout cela de vive voix, mais on a bien tort de faire des plans!

Ci-inclus Vous touverez un exemplaire de Votre portrait[1]. Vianelli, après avoir retenu chez lui le tableau plus de 3 semaines, a déclaré ne pas pouvoir faire une photographie plus grande que celle-ci. Alors j'ai pris le parti de copier Votre portrait en plus petite dimension, c. à. d. ce qu'on appelle Brustbild, et d'acheter pour les 300 francs un fort beau cadre sculpté. Ai-je bien fait? Je serais désolé de Vous avoir déplu en changeant ainsi Vos dispositions. Maintenant je Vous prie, cher Maître, de bien vouloir me faire parvenir l'adresse américaine[2]; car de retour à Venise et remis de ma fièvre, je finirai immédiatement ce cher travail qui a été interrompu par notre grand malheur. Il est peut-être bien que je sois empêché de venir Vous voir, car la seule manière de supporter

---

1) Von Jonkowsky.
2, Dem Autograph ist hier von Liszts Hand beigefügt: »Messieurs Mason et Risch — Facteurs de Pianos. Toronto. Canada, Amérique«. Liszt machte denselben sein Porträt zum Geschenk.

ce que j'ai eu à supporter, est de ne pas en parler, de ne pas y penser même.

Je Vous supplie, cher Maître, de me donner des nouvelles de Votre santé, et de me dire combien de temps Vous comptez rester encore à Pest. Quand je me serai un peu remis, par mon travail et la solitude la plus complète, je recommencerai à faire des projets et je m'arrangerai de manière à ce que tous mes chemins me conduisent vers Vous. —

Pardonnez-moi la longueur extrême de cette lettre et ma détestable écriture, pour laquelle mon manque de force ne peut être qu'une faible excuse.

Levi me charge de Vous transmettre ses respectueuses salutations, et moi je Vous supplie, cher Maître, de me conserver Votre indulgente bienveillance et de croire au profond et respectueux dévouement de Votre

P. Joukowsky.

311. Imre Graf Széchényi,
österreichisch-ungarischer Botschafter in Berlin von 1878—92, geb. 15. Febr. 1825, gest. 11. März 1898 in Budapest.

Berlin, 8 Mars 1883.

Cher et illustre Ami,

Géza Zichy vous aura peut-être dit que j'ai été malade. Ceci vous expliquera comment il se fait que je réponds si tard à vos bonnes et aimables lignes du 17 du mois dernier. Nous avons été bien charmés, ma femme et moi, de revoir les traits de votre écriture après en avoir été privés si longtemps et nous en savons gré à M. Agghàzy d'en avoir été le motif. Ma maladie m'a empêché d'aller l'entendre, mais je l'ai reçu le plus cordialement possible, et il a dû me parler de vous.

Nous avons pris une part vive et sincère à la grande perte que l'art ainsi que vous-même, venez d'essuyer. Ma femme, qui vous dit mille amitiés, me charge de vous en donner l'assurance. Elle est toujours un peu souffrante du climat, ce qui lui donne des accès de *Heimweh* auxquels je ne suis pas étranger non plus. Puissions-nous nous revoir bientôt quelque part; c'est avec ce vœu que je me dis votre sincère admirateur et très affectionné ami

312. César Cui.

Le 26 Novembre [1885].

Cher Maître,

Avant de publier le précieux feuillet, (nous désirons le publier en autographe) avec Votre paraphrase[1]), il y a une petite lacune à y remplir. Dans les mesures **5, 6 et 7** Vous avez omis la basse. C'est évidemment un B $\left[\text{music notation}\right]$, mais je le voudrais écrit de Votre main. C'est pourquoi je sollicite un mot de Vous là-dessus.

Chez nous rien de nouveau, sinon que me voilà derechef dans la mêlée, la plume à la main. Une de nos gazettes les plus répandues, le *Golos* (la voix) m'a fait des propositions relativement à la critique musicale, que j'ai acceptées — ma foi — non sans empressement. Notre société musicale donnera Votre *Tasse* et Votre *Rhapsodie hongroise C-moll*. La »petite Verréle«[2]) a déjà exécuté Vos *Ruines d'Athènes* et non sans brio. Tout cela est bel et bon, mais cela ne me suffit pas, et je vais m'escrimer avec ma plume pour qu'on donne Vos oratorios, Vos messes, etc.

Ma petite brochure *La musique en Russie* paraîtra proba-

---

1) Liszts Transcription einer Tarantelle von Cui.
2) Wohl Vera Timanoff, die russische Pianistin, Schülerin Liszts.

blement dans un mois. Je Vous remercie encore une fois
avec effusion pour la dédicace — son plus bel ornement —
que Vous avez si gracieusement acceptée et une fois parue, je
Vous l'expédie de suite.

Tout à Vous

C. Cui.

Moskhowaïa, 19.

313. Joseph Arthur Graf Gobineau,

französischer Orientalist, geb. 1816 in Bordeaux. widmete sich der
diplomatischen Laufbahn, wurde 1855 Gesandter in Teheran, ging
dann nach Nordamerika, nach Athen, trat 1877 ins Privatleben und
starb 13. Oktober 1882 in Turin. Er hinterließ historische und
kritische Werke von Bedeutung.

Rome, Via Montebello,
4 mai 1886.

Je parierais bien gros que vous supposez que je ne vous
écris pas ou par paresse ou parce que j'ai peu à vous dire.
Ce sont de grosses erreurs. J'ai une envie extrême de vous
écrire. D'abord j'ai cédé le pas à Madame la comtesse de la
Tour[1]) qui voulait vous parler de la *Hunnenschlacht* (la vôtre).
Nous ne parlions d'autre chose, elle et moi, l'ayant entendue
deux fois, nous sommes d'accord que c'est un grand mal si
on ne nous la donne pas davantage. Je suis d'autant plus
aiguisé là-dessus que je m'en occupe moi-même d'une autre
façon, naturellement. Je voudrais savoir pourtant comment
vous allez vous-même et si l'hiver, rude comme il est, ne vous
a pas trop maltraité. Le cardinal[2]) a eu la bonté de me
mener voir le musée Torlonia, ce musée, le plus fermé, le plus
inaccessible, le plus défendu de tous les musées (et Dieu sait
pourquoi!) et depuis je n'ai pu le joindre, ce dont je suis très
fâché, ayant pour lui autant de goût que de respect.

La pauvre Madame Helbig n'est pas bien du tout. Je n'ai

---

1) Eine Freundin Gobineaus.
2 Hohenlohe.

pu parvenir jusqu'à elle depuis pas mal de temps, et Monsieur
de Keudell a la goutte. Vous voyez qu'il y a mille raisons en
ce moment de se souvenir ici de la faiblesse de l'Humanité.
Je ne vous parle pas des doubles malheurs des Radziwill.
C'est trop triste. Figurez-vous que tous ces mois-ci on avait
la rougeole à gauche et à droite la scarlatine et en face des
gens qui ne voulaient pas vous voir pour soupçon d'avoir
communiqué avec ces pestiférés. Adieu, au revoir. Que n'êtes-
vous ici davantage, et moins harcelé et partant plus libre de
l'être par moi! Mais la vie est ainsi faite et cela ne fait pas
du tout que je ne sois pas tout à vous et de cœur.

Ct. de Gobineau.

314. Kardinal Ludwig Haynald.

Hochwürdiger, Hochverehrter Herr Domherr und Freund!

Inmitten der dringendsten Arbeiten kann ich nur mit paar
Worten auf Ihr liebes Schreiben antworten, und dies auch
wegen heftiger rheumatischer Affection meiner Rechten nur mit
vertrauter Hand[1]).

Ihr Günstling kann nicht besser empfohlen sein, als von
unserem lieben, innig verehrten Meister. Uebermorgen sehe
ich P. Hennig[2]) und werde durch ihn die Zeugnisse seines
Neffen einfordern um je früher schlüssig werden zu können.

Ich bin ganz desperat, wenn Sie Anfang August nicht
disponibel sind, denn nur dann kann ich nach Weimar kommen,
um Sie herzlichst zu umarmen, und für den Besuch der Mun-
kácsy's[3]) in Colpach fiscalisch zu machen.

1) Nur der letzte Satz des Briefes und der Schluß sind eigenhändig.
2) Verwandter von Liszt.
3) Michael M., der berühmte ungarische Maler, den Liszt im Juli
noch in Colpach besuchte, bevor er sich in Bayreuth zum Sterben
niederlegte.

Anfang Juli kann ich erst vom Hause abkommen um nach
böhmisch Teplitz zu fahren, wo ich bis Ende Juli bleiben muß,
um dann per Weimar und Colmar nach Biarritz zu fahren.

Bitte um freundliche Mittheilung, wie lange Sie in Bayreuth
bleiben, und wo Sie sich dann aufhalten?

Bitte auch mich in Bayreuth gütigst zu empfehlen, wäre
gar gerne hingekommen.

Herzlichst umarmt Sie

Ihr alter Diener, Freund, Verehrer

Haynald.

Budapest 6/6. [1886.]

Verzeichnis der Briefschreiber.

———

(Die Ziffern bezeichnen die Nummern der Briefe.)

Agghàzy. Carolus 229.
Amelli, Guerrino Don 128.
Andersen, H. Chr. 11.
Andrássy, Julius Graf 94.
Antonelli, Kardinal 34.
Apponyi, Albert Graf 96.
Asantschewski, Mich. von 175.
Auerbach, Berthold 24.
Auersperg, Friederike Fürstin (Schwester Raymondine) 99.
Angusz, Anton Baron 181.
— Emmerich Baron 277.
Autran, Clémence 240.

Bache. Walter 62. 95. 117. 134. 238.
Baudelaire, Charles 36.
Bauernfeld. Eduard v. 19.
Baumann, Alexander 17.
Beauvau, Ludmilla Fürstin 204.
Bechstein, Ludwig 30.
Bendemann, Eduard 57.
Berlioz, Hector 1. 2. 3.
Bodenstedt, Friedrich von 87.
Bonaparte, Lucian Kardinal 54.
Brandt, Marianne 111. 190. 191. 211. 280. 282. 309.
Breidenstein, Heinrich Carl 4.
Bronsart. Hans von 131. 172. 185. 197. 217. 220. 233. 242. 262.
— Ingeborg von 193.
Bulyovszky, Lilla von 268.

Carl Alexander, Großherzog von Sachsen-Weimar 45. 46. 47. 50. 53. 59. 66. 100. 142. 146. 155.
Champagny-Rospigliosi, Fanny Fürstin 221. 224. 304.
Cornelius, Peter 108.
Cui, César 85. 312.
Cusins, William Sir 253.
Czartoryska, Marcelline Fürstin 289.

Damrosch, Leopold 192. 196. 215. 258.
Dessauer. Josef 90.
Dingelstedt, Franz von 174. 178.
Dohm, Ernst 162.
Doppler. Franz 110.
Dorval, Marie 6.
Dudevant, Baron (Maurice Sand) 182.
Dumonceau, Graf 148.

Ehrlich, Heinrich 163.
Eichberg, Oscar 123.
Elion J. 184.
Elisabeth, Prinzessin v. Sachsen-Weimar (nachmalige Herzogin v. Mecklenburg-Schwerin) 256.
Erdmannsdörfer-Fichtner, Pauline 206.
Erkel, Franz 251.

Fay, Amy 283.
Feustel, Friedrich 98.
Filippi, Filippo 114.
Florimo, Francesco 243.
Forchhammer, Theodor 145.
Franck. César 279.
Franz. Robert 78. 80. 82. 83.
Friedrich Wilhelm IV., König v.
Preußen 9.
Frommann, Allwina 25.

Gade, Niels W. 226.
Gautier, Judith 228.
Georg II., Herzog von Sachsen-
Meiningen 55. 77.
Girardin, Delphine Gay de 5.
Gobineau, Joseph Arthur Graf
313.
Godebski, Cyprian 183. 216.
Goldschmidt, Adalbert von 275.
288. 293.
Götze, Augusta 166.
Guffens, Godfried 32.

Haberl Franz 106. 107.
Hacke, A. Gräfin 93.
Hartog, Edouard de 177.
Hauk, Minnie 140.
Haynald, Ludwig Kardinal 189.
236. 245. 276. 278. 282. 314.
Heeckeren, Baron de 121.
Helbig, Nadine 261.
Henselt, Adolph von 70. 225.
Herbeck, Johann von 133.
Herwegh, Georg 21.
Hillebrand, Karl 137. 143.
Hoffbauer, Karl 126.
Hoffmann v. Fallersleben, Hein-
rich 23.
Hohenlohe, Gustav Kardinal 58.
132. 141. 151. 165. 187. 205.
246. 249. 250. 252. 272.
Holländer, Alexis 300.
Holstein, Franz von 203.
Hubay, Jenö 239.
Hueffer, Francis 97.
Hugo, Victor Graf 33.

Josika, Nikolaus Baron 8.
Joukowsky, Paul von 306. 310.

Kahrer, Laura nachmals Frau
Rappoldi, 113.
Kalckreuth, Stanislaus Graf 92.
Kaulbach, Josephine von 257.
Kellermann, Berthold 201. 214.
Klapka, Georg General 135.
Klindworth, Karl 281. 284.
Kniese, Julius 248.
Kroll, Franz 73. 74.
Kullak, Theodor 200.

Lamartine, Alphonse de 13.
Lankow, Anna 212.
Laube, Heinrich 35.
Laurencin, Ferd. P. Graf 194.
Laussot, Jessie nachmals Frau
Hillebrand) 116. 119.
Lenbach, Franz von 295.
Leßmann, Otto 265.
Lewald - Stahr, Fanny 89. 219.
290.
Liadow, Anatole 271.
Lichnowsky, Carl Fürst 176.
Lipinska, Wanda 223.
Liszt, Eduard von 147. 156. 179.
209. 218.
— Franz von 210.
Loë, Franziska Freifrau von 186.
235.
Loën, August Frh. von 109.
Ludwig I., König von Bayern 29.
Ludwig II., König von Bayern
63. 136.

Marr, Heinrich 15.
Maximilian II., König von Bayern
31.
Mehlig, Anna nachm. Frau Falk)
86.
Meinardus, Ludwig 154.
Menter, Sofie 81. 101. 103.
Metternich, Clemens Fürst 16.
Metzdorff, Richard 152.
Meyer-Olbersleben, Max 263.
Meysenbug, Malwida von 266.
Montalembert. Charles Graf 27.
Mosenthal. Salomon 18.
Mottl, Felix 161.
Moukhanoff, Marie von 60, 61,
64. 75. 79.
— Serge von 105.

Napoléon III., Kaiser der Franzosen 28.
Nohl, Ludwig 159. 168. 180. 195.
208. 267.
Noskowski, Siegmund von 213.
255.

Ole Bull, Sara 204.
Ollivier, Emile 40. 42. 48. 49. 56.
158.
— Blandine. geb. Liszt 37. 38.
39. 41. 43.

Pinelli, Ettore 124. 302.
Pinner. Max 230.
Pohl. Richard 308.
Pohlig, Karl 264.
Polko, Elise 130.
Preller, Friedrich 91.

Radowitz. Joseph von 10.
Raimondi. Pietro 12.
Ramann, Lina 112.
Ratzenberger. Theodor 104. 149.
170.
Reinthaler, Carl 301.
Reményi. Eduard 157. 169.
Remmert, Martha 231.
Reumont. Alfred von 237.
Reuß, Eduard 234.
Riedel, Carl 115.
Riemann. Hugo 259.
Rohlfs. Gerhard 274.
Roquette. Otto 26.
Rossi. Marie Gräfin 72.
Roth. Bertrand 285.
Rubinstein, Anton 76.

Saar, Ferdinand von 244. 291.
Saint-Saëns, Camille 68. 167. 171.
188. 303.
Sand, George 14.
— Maurice 182.
Scharwenka, Xaver 202.
Schleinitz. Marie Gräfin (nachm.
Gräfin Wolkenstein) 207.

Schulhoff. Julius 173.
Schultz-Beuthen, Heinrich 160.
Schwartz. Marie Espérance von
118. 161.
Schwarz. Max 286.
Senfft von Pilsach, Arnold 269.
Servais. Franz 67. 69. 84. 139.
232. 247.
Sgambati, Giovanni 254. 270.
Smetana. Friedrich 52.
Spohr, Louis 22.
Stahr, Adolf 88.
Stehle, Eduard 292.
Stein, Heinrich von 273.
Stern, Julius 125.
Stoltz, Rosine 7.
Swert, Jules de 122.
Swerts. Jan 32.
Széchényi. Imre Graf 311.
— Alexandra Gräfin 163.

Thierry, Augustin 20.
Thomas, Ambroise 227.
Timanoff, Vera 199.
Tolstoy, Alexis Graf 51.

Urspruch, Anton 305.

V., W. 299.
Viotta, Henry 198.
Vorstand des Maria Elisabethen-
Vereins zu Preßburg 102.

Wächter, Julius 164.
Waß, Ottilie Gräfin 127.
Weitzmann, Carl Friedrich 44.
120. 222.
Wilhelm III., König von Holland
138. 150.
Wilhelmj, August 144.
Witt, Franz 65. 71. 129.
Wolzogen, Hans Frh. von 307.

Zarembski, Jules de 241.
Zichy, Géza Graf 296. 297. 298.